国家社科基金重大招标项目
中英美印俄五国有关中印边界问题解密档案文献整理与研究
（12&ZD189）

世界史视阈下的中印边界问题

孟庆龙等　著

世界知识出版社

图书在版编目（CIP）数据

世界史视阈下的中印边界问题 / 孟庆龙著. -- 北京：世界知识出版社，2022.12
ISBN 978-7-5012-6621-0

Ⅰ. ①世… Ⅱ. ①孟… Ⅲ. ①中印边界问题—研究 Ⅳ. ①D823

中国版本图书馆CIP数据核字(2022)第257847号

书　　名	世界史视阈下的中印边界问题 SHIJIESHI SHIYU XIADE ZHONGYIN BIANJIE WENTI
著　　者	孟庆龙等
责任编辑	范景峰
责任出版	王勇刚
责任校对	张　琨
出版发行	世界知识出版社
地址邮编	北京市东城区干面胡同51号（100010）
网　　址	www.ishizhi.cn
电　　话	010-65265923（发行）　010-85119023（邮购）
经　　销	新华书店
印　　刷	艺堂印刷（天津）有限公司
开本印张	787毫米×1092毫米　1/16　26½印张
字　　数	438千字
版次印次	2022年12月第一版　2022年12月第一次印刷
标准书号	ISBN 978-7-5012-6621-0
定　　价	156.00元

序 言

在中国和平发展的过程中，与周边国家的边界争端成为重要影响因素，其中最为典型的就是与印度之间麻烦不断的边界争端。进入21世纪后，印度出于国内政治和对外政策的需要，仍然不时在边境地区制造摩擦、挑起事端，使中印边界问题和中印关系成为世界上最为复杂、解决难度极大的边界热点问题之一。中印边界争端已使我国西南边疆成为国家安全面临的威胁和挑战最为严重、解决难度最大的地区之一。

历史上，中印两国人民之间的往来源远流长。和平、友好是中印关系的主流，妨碍两国关系健康发展的主要因素是英国殖民南亚次大陆时期遗留下来的边界问题，以及与此有关的几代印度政治精英的不健康思想和印度人独特的心态。自20世纪50年代以来，对于作为历史遗产的边界问题的态度和处理方法，不仅在很大程度上决定着中印两个世界上人口最多的国家之间关系的发展，而且影响着两国与南亚其他国家之间的关系、南亚国家之间的关系乃至整个国际关系的发展。

中印边界问题之棘手、复杂，对中印关系影响之深远、持久，在世界历史上实属罕见。它不只涉及中印双方，而且影响到巴基斯坦、尼泊尔、不丹、斯里兰卡、孟加拉国、马尔代夫、缅甸等域内亚洲大陆诸国，与域外的英国及英联邦国家、美国、苏联（俄罗斯）、东南亚国家、日本、法国、德国等国际因素也有不同程度的关联。中印边界问题不但是一个历史遗留问题，更与许多重大现实问题密切相关。

国家社科基金重大招标项目《中英美印俄五国有关中印边界问题解密档案文献整理与研究》立足历史，着眼于现实，开阔视野，旨在从世界历史的大背景、地区和国际关系史的角度出发，从纵、横两个方向入手，对中印边界问题的历史根源、中印关系恶化、武装冲突、1962年边界战争（中方称“中印边境自卫反击战”）及战争后关系的发展、国际反响，对边界问题发展演变的历史及其与地区史、国际关系史的相互影响进行深入研究。通过对中、英、美、印、俄等国档案文献资料的搜集、整理、筛选和解读，力图对中印边界问题的历史根源、发展过程、对中印关系的影响以及与地区关系和国际关系的相互影响，进行较为系统、全面、深入的梳理和分析，进而做出有说服力的阐释。自2012年10月立项以来，孟庆龙和课题组成员及合作人员通过各种渠道，利用多种手段和方法，搜集了多个国家及中、英、俄三个语种的55,300余页、逾4100万字的原始档案及一手文献资料，以及多个国家主要媒体的即时报道和评论文章，筛选出6900余份、共计24,000余页英文和俄文档案文献进行了中文标引及数据库建设和数据处理，又从其中精选出750余份文件翻译成了中文，连同840余份中华人民共和国外交部解密档案和中国清代、民国以来的档案文献资料，并吸收部分其他学者已经翻译成中文的外国档案文献资料，共计近1600份文件。上述档案文献搜集、整理和研究工作，为本专著的撰写提供了强大的基础资料支持和保证。通过对相关档案文献资料的系统整理、解读和研究，可以清楚地看到，中印关系对于中印两国来说都十分重要。尽管还有一些问题需要解决，今后的发展过程不会一帆风顺，边界问题对中印关系的消极影响起伏不定，维护边境地区的安宁、寻求共同发展的中印两国共识有待加强和巩固，然而，我们相信，中印两大文明古国有足够的智慧和耐心最终找到公平、公正地解决复杂棘手的边界问题的方法。只要双方都采取主动行动，进一步加强交往和互动，切实照顾彼此的利益关切，妥善管控分歧，就会实现共赢。中印关系的和平发展，对于亚洲乃至整个世界都具有十分重要的意义。

本研究成果还具有重要的现实意义，主要体现在两个方面。

其一，汇总国内外观点，有助于厘清中印边界争端的历史细节，为历史学、国际关系学、外交学、南亚学、国际法等学科的研究及相关政治外交活动提供历史依据和法理依据等不可替代的有力支持。例如，从已搜集整理的档案文献资料看，关于20世纪初非法的“麦克马洪线”的由来，其法律效力、历史地位、国外历史学家的观点等，其中相当部分都说明中方是守法占理的。对重要档案文献资料的整理和研究，可为我国的对外政治斗争、外交谈判、军事活动、文化交流、民间交往、心理互动等提供扎实、有力、有利的历史依据。需要强调的是，直至今日，中、印及其他国家的史学家仍对中印边界争端及1962年中印边界战争的历史原因众说纷纭，尤其是对两国在战争中的得失、此战对两国关系乃至地区关系和国际关系的影响，更是各执一词，甚至在某些观点上针锋相对。究其原因，除了政治立场、意识形态、国家利益上的不同之外，主要原因应是史学家们迄今为止对有关历史问题进行的多角度、多专题、多层面综合研究还不够充分。本研究旨在主要依据多国原始和一手档案文献资料，对上述各个方面进行深入研究，以期为相关领域的发展作出实实在在的贡献。

其二，服务于现实。进入21世纪后，同为金砖国家的中国和印度这两个最大的发展中国家之间的关系已成为中国同周边国家最重要的双边关系之一。与此同时，中印边界争端被视为最具爆炸性的国际热点问题之一，有人甚至断言，随着国际因素不断介入，中印之间必有一战。数十年来，中印两国举行的边界谈判旷日持久，但实质性进展比较缓慢。处理好中印边界争端以及相关双边关系问题，不但是政治家和外交官的职责，也是且首先是史学家义不容辞的义务。史学家们不仅需要对相关历史问题及时提供客观、有力的档案文献支持，而且还要依据历史资料，对有关问题进行全面、深入的解读和研究，提出有力的观点，为政治家和外交官们提供必要的支持和咨询。要妥善解决中印边界问题，在很大程度上有赖于在世界历史的大背景下，依据足够的一手文献档案和研究成果，对中印关系，特别是边界问题的历史渊源、发展变化及现状进行系统、缜密的梳理、归纳和研究。本成果本着历史与现实相结合的原则和指导思想，以中国学者的立场和角度，从世界史的广阔视阈，对自清朝后期以来中国对西南边疆的治理、英国对西藏的侵略、中印边界问题的缘起、边界争端与中印关系的互动、中印关系与地区关系和国际关系的相互影响等诸多专题，在对多种来源的档案文献资料进行搜集、整理和解析的基础上，得出有说服力的观点，以期有助于深究细节、系统分析，并进行相互联系、深入研究，在资料、方法上均体现出鲜明的创新性，兼具学术价值和现实意义。

本成果是在对多国档案文献资料进行搜集、整理、解读、研究的基础上，参考了国内外相关研究成果后陆续完成的。全书专题与编年相结合，分“中印边界问题的根源和症结”“中印关系与地区关系”“域外因素与大国反应”及“外交政策与国际关系”四章，各章自成一体，四章又紧密相连，从不同历史时期、不同层面和不同角度，对中印边界问题的起源、中印在边界问题上的分歧、1962年边界战争对两国关系的影响以及对地区关系和国际关系的影响等重大问题，历史与现实紧密结合，进行了较为系统、全面的研究。

最后，本书也要献给英勇卫国的雪域高原的戍边战士们！

孟庆龙

2022年3月

目　录

第一章　中印边界问题的根源和症结

第二章　中印关系与地区关系

第三章 域外因素与大国反应

第四章 外交政策与国际关系

附 录

参考文献

第一章　中印边界问题的根源和症结

第一节　英国对西藏的图谋与中印边界问题的缘起

一百多年来，中印边界争端一直未能解决。从历史来看，它之所以成为世界历史上罕见的棘手的影响双边关系的最重要因素，与英国在西亚南亚的殖民扩张活动以及对西藏的侵略和控制密不可分。英国对中国西藏早有野心，曾一度动过吞并西藏和支持西藏“独立”的念头，后来演变为通过多种手段极力削弱中国中央政府与西藏的关系，图谋使西藏实现“自治”，进而达到实际控制西藏的策略。英国官员先是提出中国对西藏拥有“宗主权”（Suzerainty），后又一手策划和操办持续时间长达八个多月之久的西姆拉会议（The Simla Conference），以图逐步提高西藏的地位，达到与中国中央政府实际上的“平起平坐”，为西藏“自治”制造历史依据和法理依据。它在“西藏问题”上的一系列图谋和行径，特别是划分“内藏”和“外藏”，企图扩大西藏地方政府的权力，并软硬兼施迫使中国政府代表草签以条约方式承认包含非法的“麦克马洪线”（The McMahon Line）的地图的“西姆拉协定”（The Simla Convention），为日后中印边界问题埋下了纷争的种子。

19世纪末20世纪初，英国加紧了对西藏的侵略和渗透，企图将它与中国分裂开来，达到独自控制西藏之目的。为此，英国政府和英印殖民当局的文武官员们，密谋对西藏采取了一系列外交、经济和军事行动。经过英国外交部、英印政府及英国驻有关国家官员的多次公开和隐蔽活动，英国人主要采取了千方百计、精心策划，一步步逐渐提升中国西藏地方政府代表的地位，并在西姆拉会议上与中国政府代表地位几乎同等的各种手段和伎俩，企图通过迫使中国政府代表签署“西姆拉协定”，以条约的方式承认英国人一手搞出的非法的“麦克马洪线”。在各种实力对比均处弱势的情况下，中国政府代表陈贻范在未经中央政府同意的情况下，草签了“西姆拉协定”及其含有非法的“麦克马洪线”的附图的草稿，但未在协定正式文本和地图上签字和盖章，并明确声明草签无效，中国政府也声明不予承认“西姆拉协定”。但对于明确无误的历史细节，西方国家和印度等有意无意地采取模糊做法，只提中国代表签署了协定，而闭口不谈中国代表未在正式文件上签字表明该协定不具任何法律效力的问题。从此后的历史发展来看，英国为图谋西藏“自治”而一手炮制的“西姆拉协定”及非法的“麦克马洪线”的附图，成为日后印度在中印边界问题上所持固执立场的主要历史“依据”和法理“依据”。

一、西姆拉会议前英国对西藏的侵略和图谋

英国在19世纪下半叶吞并全印度后，开始逐步向喜马拉雅山区推进，企图侵占中国西藏。1888年，英国利用种种借口发动了第一次英国侵藏战争。19世纪末20世纪初，英国与俄国对西藏的争夺十分激烈，为达到尽快驱逐和防范俄国势力的进一步扩张、完全控制西藏的目的，乔治·寇松（G.N. Curzon）出任英属印度总督（1898—1905年在任）后，于1901年6月提出把西藏变成“印度与俄国之间的一个缓冲区”，企图提升西藏的国际地位，成为受英国控制的“缓冲国”。[①] 1903年1月，寇松首次提出中国对西藏的“宗主权”问题，[②] 企图借此概念否定中国对西藏的主权，实为日后英国将西藏从中国分裂出去提供法理“依据”。1903年12月，趁中国内忧外患，英国军官荣赫鹏（F.E. Younghusband）和麦克唐纳（G. Macdonald）率1159名英军发动了第二次英国侵藏战争，表面上是为了解决锡金和西藏的边界问题，真正目的是建立英国在西藏的霸权。1904年8月，英军进入拉萨，十三世达赖喇嘛出走，荣赫鹏胁迫噶伦等留下的西藏官员签订《拉萨条约》（即《英藏条约》）。该条约不但只字未提中国对西藏的主权，第九款竟然规定“西藏一切事宜，无论何外国皆不准干涉”

---

① 吕昭义：《英属印度与中国西南边疆：1774—1947》，中国社会科学出版社，1996，第七章。

② 寇松在致英国印度事务大臣汉米尔顿的信中称，中国驻藏大臣非总督而是“大使”，十三世达赖喇嘛才是西藏的“合法国主”，中国只是西藏的“宗主国”，英属印度应撇开中国，同达赖喇嘛直接交往。

等，[①] 把中国暗列为“外国”，企图排斥中国对西藏的主权，建立英国对西藏的保护关系。清政府所派驻藏大臣拒绝签署该条约，后经过修约谈判，清政府与英国在1906年签订《中英续订藏印条约》，英国承认中国对西藏的领土主权，并承诺“英国国家允不占并藏境及不干涉西藏一切政治”，要求中国“亦应不准其他外国干涉藏境及其一切内治”。[②] 该条约为英国继续干涉西藏事务提供了借口。

英国对西藏的步步进逼，特别是1904年英国与西藏直接贸易关系的正常化，使清政府更加警醒。为防止失去西藏，清政府采取了一些有力的措施，加强了对西藏的管理。为了在行政上加强对西藏的统治，清政府把打箭炉并入四川。在平息西藏土司叛乱后，1906年7月，清政府考虑到“四川、云南两省毗连西藏，边务至为紧要”，决定设立相当于省级建制的川滇边特别行政区，任命赵尔丰为川滇边务大臣，辖东起四川打箭炉、西至昌都，南起云南、北至青海湖和甘肃的广大地区。1908年2月，清政府任命赵尔丰为驻藏大臣兼川滇边务大臣。1909年，赵尔丰率军挫败进攻巴塘的西藏叛军，并乘胜进入西藏，一直到达江达宗。1910年，为削弱英国在西藏的影响，清政府增兵拉萨。十三世达赖喇嘛命藏兵武力抵抗清军，失败后逃往英属印度，中央政府革除了十三世达赖喇嘛的一切封号。

辛亥革命前夕，面对腐败、羸弱的清王朝，英国加强了对中国西南地区的侵略。一些英国军官认为此时正是干预西藏、与西藏发展独立于北京的关系和消除俄国在西藏影响的好时机。1911年2月，英军占领云南的片马。同年6月10日，北京的《北华捷报》报道说，英国人想让清政府同意把片马以德国租借胶州湾一样的期限和条件租给他们，此外还要开辟自由贸易区，建立一条连接缅甸和云南的铁路。此时已处于风雨飘摇之中的清政府对英国意在割裂西藏的胆大妄为的行为很是恼火，但又近乎无计可施。1911年10月辛亥革命爆发后，清廷驻西藏的军队给养不保，准备撤离。

从外部形势来看，辛亥革命后，面对世界上越来越多的国家承认中国新政权、中国的国际地位有所提高的趋势，英国担心在华利益方面其在诸列强中的话语权会逐渐减少，进而导致其在中国的利益受损，遂急于巩固

---

① 吕昭义、孙建波:《中印边界问题、印巴领土纠纷研究》，人民出版社，2013，第42页。

② 王铁崖编《中外旧约章汇编》(第二册)，生活·读书·新知三联书店，1959，第345—346页。

其在西藏的地位。1912年1月13日，英国外交部为探讨是否能形成可行的西藏政策，向英印统治当局提出几个问题征求意见:（1）根据已有相关条约，英国政府是否有权利反对把西藏完全包含在中国之内。如反对，英国的利益是否会得到最好的维护;（2）英国如持反对立场，是否会在中国引起反英抗议活动或中国其他边远地区的肢解;（3）如持反对立场，英国政府是否应采取有效措施。英印政府的意见是，如反对把西藏完全包含在中国之内，英国的利益（包括在尼泊尔、不丹和锡金的特殊权益）都会得到最好的维护，也不大可能招致反英抗议活动。①

英国在经济方面也有动议。为了加快清军从西藏的撤离行动，英国驻锡金政治专员贝尔（又译柏尔，Sir Charles Bell）提出不允许中国人经印度去西藏，建议英国与尼泊尔、不丹和锡金联手，禁止向西藏输出大米，因为大米是驻藏清军的主要食物，大米供应不保可迫使清军尽早撤离西藏。贝尔的建议虽未被采纳，但表明了英国一线外交官对英国的西藏政策所持的激进立场。②

中国越来越怀疑英国人对西藏的新图谋，这在政府和舆论层面都有反应。1912年春，中英双方尽管在十三世达赖喇嘛返藏问题上取得共识，但动机不一。中华民国政府认为，十三世达赖喇嘛在印度逗留了两年，有助于他摆脱此前流露出的亲俄倾向。为了稳定西藏，中华民国政府对十三世达赖喇嘛采取了更具安抚性的态度。新上台的大总统袁世凯致函十三世达赖喇嘛，恢复了此前授予十三世达赖喇嘛的所有封号和头衔，还撤销了引起藏人不满的西藏办事大臣联豫的职务，任命钟颖为代理。中国媒体反应强烈。1912年3月最后一周的《京话日报》刊登了该报记者发自印度加尔各答的一篇报道，抗议2月19日孟买媒体的一则新闻，该新闻称英国敦促十三世达赖喇嘛在拉萨建立一个对英国"友好"的政府。《京话日报》警告

① "Political Status of Tibet-attitude of Chinese Government towards Tibet," NAI/GOI/FD/SE/P, October 1912, Nos. 12-45, Pro no. 22, p.11, National Archives of India, New Delhi, in Atul Bhardwaj, "Simla Conference, 1914: British Diplomacy and Strategy" (paper presented at the conference "Symposium on 100 Years after the Simla Conference-1913-14," June 6-7, 2014, Shimla, India), p.5.

② Ibid.

英国人不要干预达赖喇嘛作为西藏教首的事务，敦促英国人保持中立。[①]

对于十三世达赖喇嘛，英国政府自感很是自信。英国人认为，在十三世达赖喇嘛流亡印度期间对他的盛情款待（每年花费约2万卢比），已经在一定程度上培养了十三世达赖喇嘛某种对居停主人的忠诚感，特别是在对十三世达赖喇嘛做了大量的工作后，已经有把握控制他了，甚至觉得没必要去支持西藏另一支重要力量九世班禅了。部分英国外交官建议乘机干涉西藏，扩大英国的势力和影响。1912年4月，英国驻锡斯坦和凯恩的领事奥康纳（O'Connor）少校写信给英印政府外交部长麦克马洪（Sir Henry McMahon），提出：鉴于俄国处理蒙古问题没用太长时间，英国“现在必须考虑与西藏的关系”，西藏局势的发展一旦出现机会，英国就要立即抓住。英国驻尼泊尔的代表曼纳斯–史密斯（Manners-Smith）中校向英国政府建议，由尼泊尔为西藏军事力量提供主要支持，以使拉萨政府能够利用当前的机会，赶走中国军队，在西藏建立一个自治政府。[②] 曼纳斯–史密斯的建议未被麦克马洪和尼泊尔王公采纳。

但奥康纳的另一个建议让麦克马洪动了心思。奥康纳在1912年4月21日提出：在承认中华民国所派驻藏官员之前，英国政府应从中国得到如下让步：（1）中国应继续保证1906年4月签署《艾奇逊协定》时西藏的地位；（2）英国在拉萨建立代理机构；（3）废除英国很不满意的1908年《中英藏印通商章程》。奥康纳打的算盘是：如果在拉萨派驻英国代表，就“表明英国负有保证西藏不被中国并为一体的责任的延续”，还可以抵消中国派驻西藏大臣的影响，使十三世达赖喇嘛安心。[③]

这期间英国采取的最重要的外交行动是英国驻北京公使朱尔典（Sir John Jordan）提交的照会。1912年6月，袁世凯命令云南与四川军队进军西藏，并在四川巴塘打败了藏军。8月17日，朱尔典向中华民国政府呈递一份照会，要求西藏作为中国拥有宗主权而非主权（sovereignty）的自治

---

① “Dalai Lama's Return Delayed. His Interviews with British Officers,” NAI/GOI/FD/SE/P, October 1912, Nos. 12-45, pp.11-13, National Archives of India, New Delhi, in Atul Bhardwaj, “Simla Conference, 1914: British Diplomacy and Strategy” (paper presented at the conference “Symposium on 100 Years after the Simla Conference-1913-14,” June 6-7, 2014, Shimla, India), p.6.

② Atul Bhardwaj, “Simla Conference, 1914: British Diplomacy and Strategy” (paper presented at the conference “Symposium on 100 Years after the Simla Conference-1913-14,” June 6-7, 2014, Shimla, India), p.7.

③ Atul Bhardwaj, “Simla Conference, 1914: British Diplomacy and Strategy,” p.8.

国家（autonomous country）得到中国政府的正式承认。中华民国政府拒绝了朱尔典的要求，坚持中国中央政府在西藏拥有完全的行政管辖权，不受任何条约的限制。英国人狡辩说，依据1906年4月签订的《中英续订藏印条约》，中国无权实际干预西藏的内治，也无权改变西藏现状。中华民国政府也援引《中英续订藏印条约》，指出只有中国政府有权在西藏进行干预。

朱尔典还企图削弱中华民国政府对西藏的管理能力，他坚持要限制在拉萨的中国军队的数量。中华民国政府认为：在西藏保有驻军2000人并非不合理，向西藏派驻军队是防御性的，旨在执行条约义务，英国没有理由干涉西藏事务，因为英国与西藏的通商贸易已通过现有条约得到了保证。朱尔典反驳了中华民国政府的上述观点，继续要求依据其1912年8月的照会，就西藏地位问题缔结一项新的协议。

英印政府中也传出主张派英军直接入侵西藏的声音。有人提出，如果中国拒绝朱尔典1912年8月的照会，英军就侵入西藏。英印政府外交部副部长格兰特（A.H.Grant）等人认为，如果英国当权派中对此事谈论的人多了，就有可能导致英国政府做出对西藏发动另一次军事入侵的决定，英军再次入侵西藏的危险是存在的。

英国官员急于把中国军队排挤出西藏，以加强英国在与中国政府谈判时的地位。1913年1月10日，格兰特在提交给麦克马洪一封给俄国总领事的信的草稿中说：如无意外，过不了几天，中国军队就要最终离开西藏了，届时西藏就不会受汉人的干预了。如果这成为现实，定会成为英国与中国政府谈判中的资本（优势），在相当程度上会加强英国的态势。[①]

英国还利用国际媒体打心理战，向中国政府施压。1913年1月的第一周，一些英国报纸对俄国报纸有关多治夫（Agvan Dorjieff，又名多尔吉或德尔智，藏文名字为阿旺洛桑，颇得十三世达赖喇嘛信任，对十三世达赖喇嘛与俄国关系影响很大）与俄国谈论把西藏作为英俄保护国的想法进行了广泛报道。俄国驻加尔各答总领事对此报道断然否认。鉴于1904年英国人入侵西藏前英国驻北京公使制造过诸如中国政府正在考虑宣布西藏是它的一个省的传言，此次英国报纸的报道有可能也是英国人故意造的谣，目的是向中国政府施压，让其同意与英国人坐到谈判桌边。

---

① Atul Bhardwaj, “Simla Conference, 1914: British Diplomacy and Strategy,” p.9.

关于英国人在西藏寻求的真正目标，他们自己公开声称：绝非要把西藏据为己有，既无兴趣把西藏作为英国的保护国，也不想正式吞并西藏；他们在西藏的全部要求，就是建立一个对英国友好的政府，该政府的边界不受干涉，英国与西藏的商业利益得到保护。

二、英国利用谈判蓄意抬升西藏的地位

为了实现西藏“自治”的图谋，英国人绞尽脑汁、精心设计，在与中国政府的谈判中，一步步、渐进式地抬升中国西藏地方政府代表的地位。从1905年的中英谈判到1913—1914年的西姆拉会议，英国人费尽心机，在礼遇方面对西藏地方政府代表一点点地提高，以至于将其与中国中央政府代表的地位视为等同。

在1905—1906年中英就《中英续订藏印条约》举行的双边谈判中，没有让西藏地方政府的代表参加（尽管他想参加）。而后在1907—1908年的“中英藏印通商章程”会谈中，西藏地方政府的官员参加了会谈，但其地位明显低于中国中央政府大员。在此次会谈中，虽然英国有意安排中国中央政府钦差大臣张荫棠和西藏地方政府噶伦汪曲从拉萨同乘一辆车，一起抵达会议地点西姆拉，但根据藏印通商章程序文的描述，噶伦汪曲是“秉承张大臣训示，随同商议”。在英印政府对待的礼遇上的差别更是显而易见。在印度加尔各答举行的谈判中，张荫棠得到了英印政府15响礼炮的礼遇，而谈判筹办方对西藏地方政府代表的礼炮事宜甚至讨论都未讨论过。对中国中央政府代表的称呼，无论书面还是口头，都是“张大臣”，而对西藏代表的称呼，只是称作噶伦。

那么，为什么中国中央政府在西藏地方政府代表参加会谈问题上的态度发生了变化，先是不让参加，后来又让参加了呢？有印度学者认为，中国政府是想向英国表明，中国在西藏是进出自由的。在1905年的会谈中，不让西藏地方政府代表出席，主要是因为中国政府希望英国人远离西藏。1908年与英国人谈判时，中国政府代表携西藏地方政府代表参加，主要是因为自信能对付西藏，也是因为当时把英国人视为使俄国人远离中国领土的战略同盟者。①

---

① Atul Bhardwaj, “Simla Conference, 1914: British Diplomacy and Strategy,” p.10.

随着英国人在“西藏问题”上的得寸进尺，他们在接待中国中央政府代表和西藏地方政府代表的规格上也耍了不少花招。1913年9月13日，英国驻北京公使在发给英国驻印度总督的一份电报中，建议给予参加西姆拉会议的中国中央政府代表和西藏地方政府代表通常享有的“特殊外国游客”的同等待遇，均不给双方官方礼遇，意在表明西藏的独立性。而中国中央政府代表认为，西藏谈判代表的地位应当依然如1908年谈判时一样。西姆拉会议时，英国方面为了在接待中国中央政府代表和西藏地方政府代表时既体现出表面的不平等，又要暗含实际上的近似平等，可谓是绞尽了脑汁，与此前的情况形成了鲜明对比。英国政府采纳了贝尔的建议，决定给西藏地方政府代表的礼遇明显升级，但执行时又躲躲闪闪，半遮半掩，不想“刺激”中国，生怕影响最后协议的达成。1913年9月24日，西藏地方政府代表伦钦（首席噶伦）夏扎·边觉多吉抵达西姆拉时，在火车站受到了穿工作服的英印政府外交部副部长格兰西（B.J.Glancy）和身着制服的贝尔（时任英印政府驻锡金行政官，英方西姆拉会议西藏事务顾问）的迎接，意在显示接待规格的半官方色彩。

中国中央政府代表团到达印度的时间要比西藏地方政府代表晚十天。在西藏地方政府代表抵达西姆拉的同一天，陈贻范率中国政府代表团才从新加坡起航，乘英印公司的轮船，于1913年10月3日抵达印度加尔各答，在港口受到格兰西和英国代表团主要成员罗斯（A.Rose，英国驻云南腾越前领事）的迎接，欢迎仪式的规格与1905年会谈时给唐绍仪的一样。

在到达西姆拉后的各种礼遇上，英国人更是有意使西藏地方政府代表十分接近中国中央政府代表。在下榻地的级别上，中国政府代表团的驻地（Okover）与西藏地方政府一行人的下榻处（Mythe）属同一级别。西藏地方政府代表和中国中央政府代表分别在随行人员陪同下先后于1913年9月22日和10月7日正式前往拜会了英印政府外长麦克马洪。边觉多吉和陈贻范分别在总督官邸受到了印度总督查尔斯·哈丁（Charles Hardinge）的热情款待，只是会晤的时长、谈话内容稍有差异。9月30日，边觉多吉与哈丁会晤了10分钟，对英国人为筹办西姆拉会议所作的努力表示赞赏。10月8日，陈贻范与哈丁会晤了15分钟，哈丁就北京的总统大选结果向陈表示了祝贺，还回顾了他们此前在英国相识以及旅行时在温莎偶遇的情景。

三、西姆拉会议期间英国的图谋和伎俩

在西姆拉会议举行之前，英国的官员们曾提出过军事入侵西藏和经济制裁西藏等建议，麦克马洪心目中酝酿的强硬路线中，也包括“对西藏提供实质性帮助”的内容，实际上就是提供金钱、武器以及为组织西藏军事力量（临时）提供英国军官。但西姆拉会议很快就成为英国最重要的目标。1913年1月31日，朱尔典报告说，中国政府希望以他1912年8月17日的照会为基础，重新开始谈判。他请求英国政府拟一份新的协定草案，新协议的框架要确保回到1904年以前的状况，要有限制中国军队数量和防止中国军队干预西藏内治的条款。朱尔典不同意在英国人监控下由中国中央政府和西藏地方政府进行双边对话的建议，认为英国政府需要认真考虑如何减少中国在西藏的影响，要加强对西藏事务的干预，为此，应认真、周密地考虑在印度举行一次初步会谈，讨论缔结英、中、藏三方协议，该协议要“确保反对中国侵蚀西藏的东部边界”，西藏地方政府可接受中国中央政府在拉萨派驻携有适当规模卫队的官员。他还建议，如果会谈失败，英国可撇开中国中央政府与西藏地方政府进行直接谈判。①

此时，英国外交部大体上已同意与西藏地方政府直接谈判的政策方针，也同意朱尔典提出的中国派驻拉萨的官员可携为数300人的卫队的建议，但他们反对举行三方会谈，担心这样会使英国承担履行三方协议的责任。而朱尔典和贝尔都认为，英国不应避免卷入西藏事务，也不能“推辞英国在西藏应担的责任”。

英国此时酝酿在西藏采取实际行动有其深层动机。表面上的理由是接受十三世达赖喇嘛提出的由英国安排一次中国中央政府代表和西藏地方政府代表在印度举行会谈，以讨论中国中央政府在西藏驻军问题的请求，真正原因则是英国想在拉萨设立代表机构，并利用藏人对汉人的不满情绪，怂恿和支持十三世达赖喇嘛寻求西藏独立或自治。英国人还担心，如果他们不予以支持，十三世达赖喇嘛就有可能寻求俄国人的帮助。英国更有人猜测：中国政府迟早有可能在包括九世班禅在内的亲汉人势力的支持下再度有效控制拉萨。在印度总督哈丁的一再劝说下，英国外交部最后同意举

---

① Atul Bhardwaj, “Simla Conference, 1914: British Diplomacy and Strategy,” p.12.

行一次三方会议。

此后举行的西姆拉会议，始终尽在英国人掌控之中。第一，会议举办地点的变更完全由英国决定。为了就近控制会议进程，同时便于操控中华民国政府的代表，英国政府把会议地点原定为印度的大吉岭，但后来又改为西姆拉。西姆拉小镇位于印度首都德里北面，实际上是英印政府的夏季办公地。英国人认为在西姆拉比大吉岭更容易控制会议和封锁消息，因此在陈贻范抵达印度后，便把会议地点由大吉岭改为西姆拉。陈贻范在英印政府办公地参会和活动，自然身处不利环境。

第二，在中国政府代表人选和头衔上施压，逼迫中国政府一让再让。中国政府在1913年3月时决定任命前清时期的驻藏大臣温宗尧为代表，但温宗尧因不同意把会议地点定在印度大吉岭而坚辞。后中国政府又准备改派具有与英国人谈判经验的张荫棠，遭到英国人的坚决反对。同年4月，英国驻华公使朱尔典直接向袁世凯请求让陈贻范来当中国政府代表，袁世凯“允诺接受此建议”。朱尔典认为在英国留过学、曾长期在中国驻英公使馆供职的陈贻范能够很好地和英国人合作，容易听任其摆布。陈贻范于4月15日被任命为“西藏宣抚使”，但英国人认为宣抚使的头衔与承认为三方会议相悖，不能让中国政府的代表对藏人进行领土司法和行政管理上的控制，要求北京政府取消成命。在英国人的强硬要求和压力之下，中华民国临时大总统袁世凯于8月2日改任陈贻范为“西藏议约全权专员”。不久，中华民国政府任命具有反英倾向的胡汉民为副代表（同陈贻范享有同等权力），但因英国人认为胡汉民具有反英倾向而提出抗议，遂又撤销对胡汉民的任命，而改命王海平为执行正宣抚事西藏副抚使，为中国中央政府副代表，随陈贻范参加西姆拉会议。

第三，在知己知彼方面，中国政府代表处于严重的信息不对称状态。在西姆拉会议开始前三个多月，英国就已派贝尔前往江孜，与西藏噶厦政府伦钦（首席噶伦）夏扎·边觉多吉见面，授意他怎样与中华民国中央政府代表纠缠。亦是说，在陈贻范到达西姆拉之前，英国与西藏地方政府已开始联手做准备工作。陈贻范到达印度以后，其活动受到严格限制，无法正常进行会前准备工作。为防止西藏地方政府代表团成员见到中央政府官员后想法受影响，英国不许陈贻范与边觉多吉轻易接触，还派人以“陪同”“招待”为名，严密控制与监视西藏地方政府代表团成员。由此可见，陈贻范一开始就处于不“知彼”的被动境地。此外，陈贻范赴西姆拉之前，既未来得及准备谈判所需的背景材料，协议草案一个字没有，也无中央政府的任何具体指示，有点两眼一抹黑的味道。

中国政府代表团不仅准备工作与英国人相差甚远，而且对英方来说基本上是无密可保，甚至还形成了英国政府代表和西藏地方政府代表联手对付陈贻范的局面。有两件事足以说明：一是同一个翻译共侍二主。1913年10月底，边觉多吉表示对配给他的汉语译员对陈贻范所提意见和建议的翻译信不过，要求由受雇于英国代表团主要成员罗斯的汉语译员来给西藏地方政府代表做翻译，罗斯很痛快地把自己的汉语翻译介绍给边觉多吉。这样，英国人的翻译同时也为西藏地方政府代表服务，如此，西藏方面对英国方面能有何密可保？更有甚者，这位翻译有时还在边觉多吉“身体不适”时代表后者出席会议。二是中国政府代表与国内的通信联络全被英国人掌握。在会议过程中，因为会议地点距国内太远，中国政府代表在信息的及时传递上存在很多不便。陈贻范先与中国政府驻藏官员陆兴祺以函电互通消息，再由后者向北京请示报告，回电也要经过陆兴祺。这些函电均被英印政府所截获，“因此，在西姆拉会议大部分时间里，英国人不仅知道对方手里有什么牌，而且还弄清了自己手里的牌究竟哪几张是对方所知道的”。所以，即使陈贻范能够准确地把消息呈送回国内，并得到中央政府的指示，英国人也能根据所获情报掌握中国政府的谈判方针、策略、想法等，并据此从容做出应对，制定相应策略。[①] 鉴于以上原因，在会议过程中，陈贻范很难适时应变，尽显被动。

第四，英国对中国政府代表实施拖延、疲劳战术。1913年10月13日至1914年7月3日，西姆拉会议历时八个多月，先后在西姆拉开了五次，在德里开了三次。麦克马洪为达目的，对中国政府代表和西藏地方政府代表大打疲劳战。对于英国人的疲劳战，中国代表团准备不足。为表明中国政府外交上的严谨以及对西藏的控制，中国政府代表抵达西姆拉后不久，便通知英国代表团说，中国政府代表团所带衣服有限，没有换季衣服，希望会后马上启程回国。麦克马洪的谈判策略则是：在会上自己少说话，让中国政府代表和西藏地方政府代表去争论，待双方都筋疲力尽、灰心丧气，不得不做出妥协时，英国代表才站出来做“调解人”（实为仲裁人）。在1913年10月13日的第一次会议上，西藏地方政府代表就首先提出了按

① 何洁:《试论西姆拉会议中的陈贻范》,《西藏研究》2002年第3期，第84—89页。

英国人授意精心炮制的六项要求：独立，赔款，废除1906年中英协定规定的中国政府对西藏的权力，修正1893年及1908年的贸易条例，“归还”西藏所有的土地——远至打箭炉和包括青海在内的“西藏领土”，态度非常强硬。[①] 陈贻范根据中央政府指示，对西藏代表的要求提出驳复。鉴于意见分歧太大，双方请求举行非正式会议，就此事进行谈判。此时，早已操控西藏地方政府代表并侵略西藏的英国，摇身一变成为中国两方代表的仲裁人。麦克马洪成了中国两方代表参加的会议的主持人，名为“调停”，实际上密谋并干着有损中国主权的勾当，对中国政府代表施压和“折磨”。比如，中国政府代表很不愿意讨论边界问题，麦克马洪就威胁要与西藏地方政府代表就边界问题进行双边会谈，逼使陈贻范同意讨论边界问题。在1914年4月的会议上麦克马洪再次提出“内藏”“外藏”及有关边界的建议时，遭到中国政府代表的强硬抵制。为逼陈贻范就范，麦克马洪采取了两种伎俩：一是声称暂停与陈贻范的一切个人联系，除非中国政府改变态度；二是把陈贻范“囚禁”在英印政府外交部，强行进行了长达十个小时的封闭讨论，虽然因为陈贻范根本不提任何实质性问题使得这次长谈没取得什么结果，但却进一步加重了陈贻范身心的疲劳，其耐心也明显减弱。

英国倡议和一手操办西姆拉会议的主要目的，就是为了进一步把西藏与中国分裂开来。1913年10月28日，麦克马洪把有关西藏与中国其他省区的边界地图的副本送给中国政府代表和西藏地方政府代表。11月6日，麦克马洪又向中国两方提交了标明中国政府代表和西藏地方政府代表分别提出的边界线的地图；10日，英国向英印政府送交了一份三方协议的草稿，并传给伦敦和英国驻北京公使；17日，陈贻范告诉会议主席麦克马洪，在地图送达北京之前，讨论边界问题是不切实际的。陈贻范还建议，会议应依照写有他的修改意见的草稿逐条进行讨论。他还在12月18日的会议上提出，在1914年1月2日之前，把他关于争议领土的主张和建议一字一句写下来，在全体会议上进行讨论。麦克马洪的答复是，讨论只限于在德里拿到的文件，没有时间和精力讨论其他证据了。

1914年1月6日，伦敦批准了麦克马洪关于把西藏分为“内藏”和“外藏”的建议。17日，麦克马洪在会上宣布了其关于“内藏”和“外藏”的建议。麦克马洪这一政治解决方案的目的是承认“外藏”自治，而保留中

---

① 张云侠编《康藏大事纪年》，王辅仁校注，重庆出版社，1986，第371页。

国在"内藏"恢复控制的权力，这样将保证中国在西藏的历史地位，而不会危害西藏地理和政治上的完整。其逻辑是，表面看来，西藏地方政府从自治的"内藏"地区所获甚少，但实际上西藏地方政府和英国都是赢家，因为该建议可达到如下目的：（1）使中国不再宣称西藏是其一个省；（2）保持了西藏的领土完整和安全，俄国等外部势力不会再觊觎它；（3）根据1904年中英间有关协议，条约可适用于整个西藏地区。

在1914年3月7日的会议上，西藏地方政府代表和中国政府代表都对1月17日麦克马洪划分"内藏"和"外藏"的声明提出批评。英国人又提出一份做了较小修改的协议草案。3月11日，麦克马洪正式抛出了英方调停约稿十一条，核心内容是把西藏分为"内藏"和"外藏"，重要内容还包括中国对西藏拥有宗主权并承认"外藏"有自治权，所有"外藏"内政由拉萨政府掌理，中国不改西藏为行省，西藏不有代表于中国议院或类似之团体，中国于西藏不派军队，不驻文武官员，并不办殖民之事，英藏议订新通商章程，英国商务专员可于必要时随时带卫队前往拉萨，等等。[①] 3月19日，中国外交部给陈贻范的指示电态度强硬，麦克马洪在对此感到惊讶和遗憾之余，蛮横地宣称中国政府寻求按照政治基础解决"西藏问题"的前景事实上已不存在。

1914年4月27日是麦克马洪规定的草签"西姆拉协定"的最后期限。会上，陈贻范按中央政府指示态度坚定。麦克马洪则语气强硬，声称必须在当天解决边界等问题，实际上是逼陈贻范草签协定。陈贻范仍然表示"本人不能做主签字"。麦克马洪又威胁说，如果中国政府不签字，会议只能破裂，英国将与西藏单方签约，如此，草约所规定中国政府应享有之权利，中国方面就不能享受了。

为了使陈贻范同意草签草约，麦克马洪又丢出一根胡萝卜，同意在草约第二款中删去"承认中国的宗主权"的字眼，还做了西藏代表的工作，使其同意做出一些小的让步。而后麦克马洪和边觉多吉在陈贻范不在场的情况下先行对草约进行了草签。在与代表团成员商议后，陈贻范最终同意草签草约，草签后"面带怒色立即离去"。[②] 西姆拉草约的主要内容和中国

---

① 北京大学历史系等编《西藏地方历史资料选辑》，生活·读书·新知三联书店，1963，第297—298页。

② 祝启源、喜饶尼玛：《中华民国时期中央政府与西藏地方的关系》，中国藏学出版社，1991，第48页。

代表签字的消息在国内报纸上披露后，引起了全国舆论的反对。4月29日，陈贻范通知英国方面，称中国政府拒绝对他草签草约的行为承担责任，也不会接受此种解决方案。同日，中国政府照会英国驻北京公使，声明界务一端，不能承认，其余大致同意，称愿意今后继续与英国政府在友好情况下进行谈判。同时，中国政府电告驻伦敦公使刘玉麟，要他到英国外交部声明：中国谈判代表陈贻范是在没得到中国政府指示和被迫的情况下草签草约的，中国政府不能承认。英方则不予理会，认为会议已结束，不能再谈判，并要求中国承认草约。6月6日朱尔典的一道照会称，三方在西姆拉草签的草约，“实为解决西藏问题之唯一法案”。[①] 6月25日，英方威胁中国政府：如中国政府不于6月底之前在条约上签押，英方将同西藏方面单独订约。7月2日，陈贻范仍表明不能签押。3日，英国与西藏两方代表分别在“中英藏条约”英、汉、藏三种文字的正式文本上签字画押。陈贻范正式向英国提出严重抗议：凡英国和西藏所签之条约或类似文件，中国政府一概不能承认。6日，中国政府指示驻英公使照会英国政府，声明中国政府不能同意签押，也不能承认英藏所签之约或类似文牍。

四、“西姆拉协定”的历史影响

作为西姆拉会议的主要“成果”，“西姆拉协定”包括一份“中英藏条约”（Convention between the United Kingdom, China and Tibet）文本和一张地图，地图是根据“中英藏条约”第九款附加的包含有非法的“麦克马洪线”的把西藏划分为“内藏”和“外藏”的内容。中国政府代表陈贻范虽然在未经政府允许的情况下草签了“西姆拉协定”草稿，但他的签字方式颇值得玩味。三方代表的签名：英国代表麦克马洪签的是英文；中国西藏地方政府代表边觉多吉签的是藏文；按常理，陈贻范应该签汉文，但他签的却是潦草的英文。[②] 此外，三方代表在草约和地图上都草签在了旁白处，而不是正规的文件的末页底端，足见“草签”之“草”。

需要强调的是，正式文本的“中英藏条约”所附正式地图上边的旁白处增加的手写体的文字说明：三方代表“签字和盖章”后，即表明认可根

① 牙含章:《达赖喇嘛传》，人民出版社，1984，第252页。

② “Draft Convention, United Kingdom, China and Tibet,” April 27, 1914, FO: 93/105/5, The National Archives, London.

据1914年7月3日“中英藏条约”绘制的地图。[①] 中国中央政府代表陈贻范在正式协定文本及所附地图上既没签字，也没盖章。英国与中国西藏地方双方之间的那份划界换文，是麦克马洪通过利诱中国西藏地方政府代表，私下里背着中国中央政府代表搞的。不但对西藏拥有主权的中国政府当时并不知情，就是十三世达赖喇嘛和噶厦也事先未给其派去参加西姆拉会议的代表划界的授权，后来了解了情况的噶厦对非法的“麦克马洪线”不予承认。不论是“西姆拉协定”的文本还是地图，均未得到当时派出陈贻范做谈判代表的中华民国政府的批准和盖印，此后历届中国政府均明确表示不承认非法的“麦克马洪线”。一个三方协定，只有两方签字，显然是没有什么效力的。有印度学者也认为，“由于中国拒绝签字，西姆拉会议流产了，因而也就没有任何国际意义了”。[②]

然而，不容忽视的是，“中英藏条约”的某些条款为日后印度与中国西藏之间的边界埋下了纷争的祸种。该条约的草稿和最终文本虽在附款中规定“今订约各国订明西藏为中国领土之一部分”，但又在第二款和第三款规定，“中英政府承认中国与西藏有上邦权，并认西藏有自治权，今订定尊重西藏疆界之完全，所有外西藏之内政，其中有达赖选举到任各事，应由拉萨政府掌理，中英政府均不干涉”，“中国政府现承认西藏建有实力政府及保守印度与毗连各国一带地方之治安”。[③]

特别要指出的是，自西姆拉会议之后百年来，英国政府、英印政府、独立后的印度政府及一些西方国家和印度的学者，通常只是（有意）笼统地说中国代表在“西姆拉条约”上签了字，强调陈贻范“特命全权代表”的身份及其签字的“法律效力”，而对陈贻范只是草签草约而未在正式条约上签字的事实只字不提，对于陈贻范一再声明草签无效和中国政府拒绝签字盖印的确凿事实也只字不提。以后的历史发展证明，英国政府代表和中国西藏地方政府代表两方签字的“中英藏条约”及其附图，为日后的中印边界埋下了纷争的祸根。令人慨叹的是，第一次世界大战后美国总统威

① “Draft Convention, United Kingdom, China and Tibet,” April 27, 1914, FO: 93/105/5, The National Archives, London; “Convention, United Kingdom, China and Tibet,” 1914, FO:93/105/2, The National Archives, London.

② Atul Bhardwaj, “Simla Conference, 1914: British Diplomacy and Strategy,” p.28.

③ “Convention, United Kingdom, China and Tibet”；中国藏学研究中心等编《元以来西藏地方与中央政府关系档案史料汇编（第6册）》，中国藏学出版社，1994，第2414页。

尔逊在“凡尔赛和约”上签了字，后因国会不同意而宣布签字无效，被人称誉为西方政治制约平衡之范例。而陈贻范被迫草签“西姆拉协定”，随即宣布草签无效，更没在协定正式文本上签字、盖印，并一再声明反对该条约；中国政府也拒绝承认陈贻范的草签，上述历史事实百年来被有关外国政府和西方舆论熟视无睹、置若罔闻，强迫中国人民承认无法律效力的“西姆拉协定”及非法的“麦克马洪线”，吞下英国政府和英印政府给中国人种下的苦果，岂有公理可言。

第二节　印度对中印边界问题的态度

多年来，边界问题成为阻碍中印两国关系健康发展的顽疾。中印边界谈判难获实质性进展，主要症结在于印度人对边界“线”和边境问题的态度。纵观一百多年来英国政府、英印政府和印度政府在中印边界问题上的态度、立场和政策，并依据多国档案史料进行细致的梳理和剖析，可以发现，印度对中印边界问题的态度包括两层含义，即对地理上的习惯线和实际控制线的立场，以及对解决中印在地理边界问题上的分歧的态度。70年来印度在地理边界上的顽固立场没有明显变化，但其政府、议会、军方、媒体和公众，特别是学术界，对边界问题的认知以及解决问题的态度，出现了一些复杂但也不乏积极迹象的变化，对于中印关系的健康发展具有重要意义。通过对多国档案文献资料的解读和分析，既可对中印边界问题的极端复杂性和解决问题的长期性有充分的认识，也会对解决问题的前景保持信心。

中印边界问题是国内外史学界研究的一个热门话题，成果浩繁。关于印度对中印边界问题的态度及其对中印关系的影响，著述颇丰，但就印度独立70多年来在边界问题上态度的变化进行专门研究的成果还比较少。即便是已发表的相关研究成果，主要依据的是有关国家主流媒体的报道和评论，美国和苏联的档案文献，以及二手研究成果，而对于最有价值的英国（包括英联邦国家）和印度的档案文献资料[①]，则使用的较少，也不太系统。本节主要依据英国、印度和中国的一手档案及文献资料，通过对事实细节的梳理和解读，就中印边界问题的缘起、中印关系从友好到恶化、1962年边界战争以来三个历史阶段印度对中印边界问题不同态度的历史背景、发

① 因印度关于中印关系恶化至1962年中印边界战争的档案文献很少开放，故本书中所使用的印度档案多从英国查阅，或通过其他渠道获取。

展演变及其影响进行考察和解析，以期为中印边界问题的深入研究及中印关系的正常发展提供学术支持，尽绵薄之力。

一、印度与中印边界问题的起源

中印边境包括东段、西段、中段和锡金段，其中东段和西段争议较大，东段边界情况最为复杂，人们关注的焦点主要是东段边界问题。东段边界的争端主要源于印度的前宗主国英国的殖民遗产及中印两国的不同解读和看法。

人们通常把1913—1914年的西姆拉会议作为中印边界问题起源的主要历史事件，将“西姆拉协定”[①] 及所附的标有非法的“麦克马洪线”的地图作为中印边界问题起源的重要历史文献。这主要是从中印之间或英印政府与中国政府之间的角度出发得出的结论。如果从英帝国的整个殖民政策及其对英属印度的政策来审视，中印边界问题的缘起从时间上还可往前推，而“西姆拉协定”及非法的“麦克马洪线”则是英国推行和追求英属印度“边界安全”的结果之一。对于东段边界问题的产生，英国应负主要责任。

中印边界争端是典型的殖民主义的产物。印度对整个边界问题的态度及其原因极为复杂。中印边界争端长期得不到解决，并导致20世纪五六十年代两国关系的不断恶化、武装冲突乃至1962年的战争，除了中印两国对这一历史遗留问题有着截然不同的解读，特别是印度政府对中国立场的主观臆断乃至误读以及所采取的既不合时宜又不切实际的对策和行动之外，印度政要、议会、军方和公众舆论对中印边界问题的起源、发展及解决办法时常意见不一，相互影响，也是重要原因。在有关中印边界问题的政策形成过程中，印度政府受议会、媒体和公众舆论的掣肘之多、影响之大，在世界大国中实属罕见。究其主要原因，一是印度政府从来没有及时向议会和媒体道明中印之间的分歧，而是听凭媒体在中印边界问题和中印关系上屡屡发出不符合历史事实、无益于中印友好的声音而不予以纠正、引导或说明；二是印度公众对有关边界问题的历史细节真相知之甚少，且所获信息主要是印度方面的一家之言，并逐渐养成了不愿听不顺耳的信息的心

---

① “西姆拉协定”包括一份条约和一张附图。条约的名称，中文为：“中英藏条约”，英文为：“Convention between the United Kingdom, China and Tibet”，所附地图是根据条约第9款手工绘制的标有非法的“麦克马洪线”、把西藏划分为“内藏”和“外藏”的地图。

态和行为习惯。

中印边境东段边界问题源于英国在印度的殖民扩张。18世纪后期北美十三州独立后，英国开始打造以印度为中心的第二英帝国，持续在印度周边进行渗透和扩张，并大力加强对印度的“安全防御”，其中最重要的战略之一，是想方设法让英属印度与邻国签订各种形式的边界条约或意向书等文本文件。1849年3月29日，英国兼并印度西北边境的旁遮普后，即拟建立旁遮普边界线，试图与每个普什图部落签署和平协议。为了在印度西北边境建立在战略和军事上最能保护印度的“科学边境”，英国不惜多次发动战争，诱逼阿富汗国王于1879年签订《甘大马克条约》，于1893年签订《杜兰德协议》，使“杜兰德线”成为英属印度与阿富汗的边界线。这样，英国就以其比较擅长的战争/签约方式，把印度的西北边界大大北移，实际上使阿富汗沦为英国的附庸，进而把阿富汗变为保护印度的缓冲国。1899年，身为边疆地理专家的寇松出任印度总督后，搞出一套印度防御体系（后被称为“寇松体系”），把治理印度西北边境的“经验”运用到印度东北边境，派英军入侵西藏，企图控制西藏。从1913年开始，英国人又一手操办中国政府、英国和中国西藏地方政府三方西姆拉会议，不择手段地炮制非法的“麦克马洪线”，企图如法炮制上述在阿富汗的做法，确定印度的东北边界。有的印度学者也对英国的意图直言不讳，认为英国“在印度周边组成一个受英国支配和控制的敌对国家的包围圈”的方针策略，是“一项极为明确、坚定和万无一失的政策，其主要目的是使印度边界任何时候都不受威胁”；根据此项政策，“位于印度东北边界的西藏必须是独立的，而且对印度必须是友好的，同时，还得受英国支配”。① 因此，不难看出，英国的上述做法是中印边境东段边界问题的主要历史根源，为中国西藏与周邻的边界埋下了纷争的种子。

英国一手操控的西姆拉会议拟定的“中英藏条约”包含了西藏“自治”的条款，但该条约正式条款之外还附有一项重要规定，即中国中央政府、英国政府和中国西藏地方政府三方代表都在“中英藏条约”和根据此约所画地图上“签字和盖章”后方“表明接受”。② 中国中央政府代表陈贻范虽然（用英文）草签了“中英藏条约”草约，但并未在正式条约文本和

① 〔印〕D. R.曼克卡尔:《谁是六二年的罪人》，杨双举、王鸿国译，范名兴校，西藏社会科学院西藏学汉文文献编辑室，1985，第6页。

② “Convention, United Kingdom, China and Tibet.”

地图上签字或盖章，中国中央政府通过三个管道[①]声明上述草签无效。[②]对于这个十分重要的历史细节，印度方面避而不谈，只是笼而统之地说，尽管“后来中国政府拒绝承认”“西姆拉协定”，但“三方代表都在协议上签了字”，并主观得出结论，说西姆拉会议“确定了印度—西藏，西藏—中国之间的边界”。印度学者承认，西姆拉会议后的30年里，英印政府并未采取什么特别措施来确认非法的“麦克马洪线”。到了1943年，随着世界反法西斯战争的最终结果已经明朗，“印度政府决定，为了消除争端的可能性，应具体地划定印度、西藏和中国的边界”。因此，1944年初，印度在察隅河谷的瓦弄及里卡和戛高修建了哨所，把驻色拉鲁帕永久性哨所的兵力增至一个排，此外还在德让宗建立了一个驻有一个排兵力的永久性哨所。除了建立军事哨所之外，印度还在英国人的帮助下，通过政治手段（如调停争端）和在传染病流行季节派去医务人员等做法，来扩大其对印度与中国西藏边界附近地区原住民的影响。[③]

对于英印政府修建新哨所的做法，中国西藏地方政府表示了抗议。英印政府驳回了西藏地方政府的抗议，“明确表示他们完全有权在边界建立哨所”，还于1944年12月29日致函西藏地方政府说，英印政府“在麦克马洪线以南地区有任意活动的自由”，同时“否认对西藏怀有某种野心”，保证“准备永远尽力同西藏合作”。中国西藏地方政府对英印政府的来函反应强烈，对它“非法占领西藏部分领土表示痛心和不满。并要求印度军队立即从色拉和瓦弄地区撤走”。[④]

印度1947年8月独立后不久即宣布它自然继承英印政府在与中国西藏关系上的“遗产”，接管英国有关西藏的所有条约权利和义务。但印度的此种宣称没有一丁点道理。一是英国推行的是殖民主义政策，印度作为新独立国家，怎能“继承”殖民帝国的遗产；二是英国签署“中英藏条约”

---

① 这三个管道是：中国中央政府代表陈贻范在西姆拉通知英国政府代表团，称中国政府拒绝对他草签草约的行为承担责任，也不会接受此种解决方案；中国政府照会英国驻北京公使朱尔典，声明界务一端，不能承认；中国政府电告中国驻伦敦公使刘玉麟，要他到英国外交部声明，中国谈判代表陈贻范是在没有得到中国政府指示和被迫的情况下草签草约的，中国政府不能承认。

② 有关英国在中印边界问题上的责任和作用，本人已有专文论述，这里就不再赘述。参见孟庆龙:《中印边境冲突中的英国因素》,《清华大学学报（哲学社会科学版）》2014年第6期，以及《西方霸权阴影下的弱国旧事——英国图谋西藏“自治”与中印边界问题缘起》,《人民论坛·学术前沿》2014年12月下。

③〔印〕D. R.曼克卡尔:《谁是六二年的罪人》，第7—8页。

④〔印〕同上书，第8—9页。

及其附图时用的是英国政府（并非英印殖民政府——英印政府只是派员参加了英国代表团）的名义，独立后的印度怎能有"资格""继承"英国政府的权益！三是英国殖民"遗产"的相关方还有巴基斯坦，印度即使想"继承"，资格也不够啊！

按照印度官方的立场，中印边界东、中、西段都已不存在问题。印度认为，其北部边界"不是习惯上早已被承认，就是已被条约所确定，或两者兼而有之"。关于东段，"从不丹到伊洛瓦底—萨尔温段的印藏边界"已在西姆拉会议上"正式确定下来"；而非法的"麦克马洪线"并不是一条新产生的边界线，它只是确认了那个地区长期存在的、基于种族的、自然形成的行政管辖线，西姆拉会议召开时，西藏实际上"已是一个独立的国家"，1950年中国人民解放军入藏之前，"西藏一直是一个主权独立的国家"；"中国虽然还没有正式认可西藏的独立，就像巴基斯坦拒不正式认可1971年12月孟加拉的独立一样"；"因此，麦克马洪线具有完全合法的地位，尽管它只是描绘了已存在的传统边界线"。[①] 1950年1月，印度政府"对西藏深表同情，保证与其友好，并表示，希望西藏保持独立和自治政权"，对于西藏地方政府的军事需求，"印政府将一如既往地给予同情和考虑"。[②] 印度总理尼赫鲁（Jawaharlal Nehru）在1950年7月中国人民解放军入藏后声称，非法的"麦克马洪线"此后将继续作为印藏边界。[③] 关于中段边界，印度认为它沿河系之间分水岭延伸，此划法"可由旧时税收记录和地图来证实"，还可通过数百年来印度行使行政管辖权的范围界限来证实。关于西段边界，印方坚称业已划定，所列"理由"均没有什么说服力。如，印度方面主张，"西段边界线在习惯和传统上一直是被认可的，最早确认其存在的条约是1684年的丁莫冈条约"，1842年10月又被查谟邦多格拉族统治者、克什米尔国王古拉伯·辛格与西藏[④] 喇嘛古鲁莎黑巴和清朝皇帝的代表三方签订的一项协议所承认。对于印度的上述说法，不但中国政府未予理睬，就连英国官员及英国出版的地图也没给予支持。尼赫鲁虽然承认

---

① Dr. P. B. Sinha, Col. A. A. Athale, *History of the Conflict with China, 1962* (History Division, Ministry of Defence, Government of India, New Delhi, 1992), Chapter I, "The Northern Border."

② 〔印〕D. R.曼克卡尔：《谁是六二年的罪人》，第10页。

③ "Boundaries between India, Tibet and China," 1950, FO: 371/84464, The National Archives, London.

④ Dr. P. B. Sinha, Col. A. A. Athale, *History of the Conflict with China, 1962*, Chapter 1, "The Northern Border"；〔印〕D. R.曼克卡尔：《谁是六二年的罪人》，第31页。

"中印边界并没有全线正式划定"，但在他后来于1959年9月26日给周恩来的信中却要求把整个阿克赛钦地区划给印度。[①] 而这是连英国也从未向中国提出过的要求。

长期以来，印度政府一直希望中国政府接受或默认西姆拉会议的结果，承认非法的"麦克马洪线"，却拒不接受历届中国政府的原则立场；中方则一向不承认"西姆拉条约"及非法的"麦克马洪线"，中方坚持认为中印边界从未划定，但可根据历史沿革和实际情况，通过与印度进行友好谈判协商，重新商定边界线。

二、中印关系从友好到恶化时期印度对边界问题的态度

中印关系从友好到恶化这段时期，印度在中印边界问题上的态度和立场表达得最为直截了当，但显然过于片面、自以为是，对中国的立场误读太深，而且其国内意见也多有不一。

中印边界问题的演变及两国关系从友好到恶化的转变，都离不开所谓的"西藏问题"。对于与西藏关系的处理，印度政府起初还算谨慎。1950年1月，尼赫鲁总理的妹妹，时任驻美国大使潘迪特夫人（Vijaya Lakshmi Pandit）称，英印时期对西藏的政策是"承认西藏自治，但对于中国对西藏的宗主权的承认是模糊的"。[②] 1952年10月，英国驻印度专员认为，中华人民共和国成立后，"印度驻西藏使团地位的变化，表明印度人承认了中国对西藏的完全主权，也标志着他们与西藏政府直接关系的结束"。[③] 但印度并不甘心失去对西藏的控制和影响。1954年中印签署《关于中国西藏地方和印度之间的通商和交通协定》后，印度上层仍有人对西藏农奴主表示"同情"。

关于中印边界问题，印度政府、议会和媒体调子并非都是始终高度一致的。尼赫鲁等政府要员的态度较为缓和，议会多数议员言辞激烈，媒体

---

① 《尼赫鲁总理给周恩来总理的信》（1958年12月14日），中华人民共和国外交部编《中国和印度关于两国在中国西藏地方的关系问题，中印边界问题和其他问题往来文件汇编》（1950年8月—1960年4月）〔以下简称"中华人民共和国外交部编《文件汇编》（1950年8月—1960年4月）"〕，中华人民共和国外交部编印，1960，第192—195页。

② "India's Attitude towards Chinese Sovereignty over Tibet," 1950, FO: 371/84463, The National Archives, London.

③ "Sino-Indian Relations," 1952–1959, top secret, DO: 35/8817, The National Archives, London.

的调门火药味最浓，且常起推波助澜的作用。尼赫鲁本人多次试图给议会和媒体降温，但一旦面临的国内压力增大，态度便出现摇摆。1950年11月20日，尼赫鲁在人民院谈到东段边界时称："我们的地图表明麦克马洪线是我们的边界，那就是我们的边界——不管地图不地图。这个事实没有改变。我们坚持这条边界，我们决不允许任何人越过这条边界。"1952—1953年，印度许多报纸报道中国在亚东等地的军事活动时称中国"入侵"了西藏，尼赫鲁在接受记者采访时则称印度和西藏间喜马拉雅的边界不可能被"入侵"。印度在边界问题上对中国的立场有明显误读，主要体现在把中国未做表态臆想成默认。印度政府认为中国当时并没有对其宣布的政策提出质疑，如1951年和1952年中印在多个场合讨论印度在西藏的利益时，"中国政府均未提出有何边境问题需要谈判"。有印度学者认为，1953年12月，中印就中国西藏地方与印度关系问题在北京开始会谈，"印度政府采取这一步骤是希望达到解决数百年来的老问题"的目的。[①] 印度方面主观认定，在1953年至1954年，中印就"西藏问题"进行谈判和签署协定的过程中，"显然是中国政府就西藏与印度边境提出问题的一个机会，但是它没有说任何对边界有疑虑的话，相反，中国还和印度一样表示要尊重对方的领土完整，尽管中国完全清楚对方认为麦克马洪线以南地区是印度的领土"。印度官方间接承认，印度在中华人民共和国成立之初之所以对中国友好，在中国的联合国席位、朝鲜战争、日内瓦会议、万隆会议等问题上帮助、支持中国，主要目的就是为了得到中国的报偿和补偿，其中最想要的就是在边界问题上的报偿和补偿。印度官方透露，1954年4月29日中印签订《中印关于中国西藏地方和印度之间的通商和交通协定》时，印度是"为了表示友善之意"才很不情愿地表示"承认西藏是中国的一个地区"。[②] 尼赫鲁随后于5月15日在人民院称："就西藏而言，中印达成的协定是对那里两三年前就已存在的状况的承认。"人民院中的国大党和共产党议员大多支持政府的对华政策，对协定持欢迎态度，但也有一些议员坚决反对这一协定，甚至还坚持认为西藏是印度和中国之间的"缓冲国"。[③] 但

---

① 〔印〕D. R.曼克卡尔：《谁是六二年的罪人》，第12页。

② Dr. P. B. Sinha, Col. A. A. Athale, *History of the Conflict with China, 1962*, Chapter II, "Origin of Sino-Inidian Conflict."

③ 《人民院辩论集》(*Lok Sabha Debates*)，卷5, 1954年，Cols.75 47–8，转引自王宏纬：《当代中印关系述评》，中国藏学出版社，2009，第92页。

来自媒体等方面的压力使尼赫鲁的态度很快转趋强硬，他在1954年11月再次声称："我们将保卫自己的边界，无论是否有地图。"[①]

实际上，即使在20世纪50年代后期之前中印关系的友好时期，两国在边界问题上也一直存在潜在分歧，只是未演变为公开的冲突而已。1951年2月，印度偷偷占领达旺。中华人民共和国当时正值建国不久，百废待兴，又忙于抗美援朝战争，再加上情报不及时、不全面，对西部边界没有太多顾及，故未对印度侵占达旺及时提出抗议。印度政府虽然颇为得意地认为它"能够在中国政府不置一词的情况下完成了对她具有重大战略意义的达旺地带的兼并"，[②]但心里还是有点发虚，因此决策层没有采纳其职业外交官提出的印度应主动向中国提出非法的"麦克马洪线"问题的建议，认为主动提出该问题不符合印度的利益。但是，中国政府未及时向印度提出抗议并不等于默认了非法的"麦克马洪线"的合法性，这是一个十分简单的道理。1954年中印签订《关于中国西藏地方和印度之间的通商和交通协定》后刚过几个月，印度就开始抢占中国领土。7月，尼赫鲁在向外交部、国防部和工业部发出的通报中说，根据此协定，"北部边疆应被视为确定的、最后决定了的，不容进行任何谈判"。[③]1957年底，新疆至西藏经过阿克赛钦的公路竣工时，中国好意邀请印度驻华大使和武官参加通车典礼，但两人却都拒绝出席。

印度还片面修改关于两国边界的地图。1954年尼赫鲁访华回国后，印度新版官方地图突然改变了此前对中印边界的传统画法，首次把非法的"麦克马洪线"标为中印之间的已定界。此外，尼赫鲁还仅凭自己的理解，在私人笔记里说，1956年末，周恩来总理访问印度时实际上已经承认了非法的"麦克马洪线"。[④]中国外交部后来在1958年11月就周恩来访印时的谈话做了说明，说"随着时间的推移，在经过同各邻国商量并对边界地区进行勘察之后，当会根据商量和勘察的结果，确定对中国边界线的新的画

---

① "Chinese Military Strength in Tibet (1952–1956)," top secret, DO:35/6710, The National Archives, London.

② 〔印〕卡鲁纳加尔·古普塔：《中印边界秘史》，王宏纬、王至亭译，中国藏学出版社，1990，第90页。

③ D. R. Mankekar, *The Guilty Men of 1962* (Tulsi Shah Enterprise, Bombay, 1968), p. 138. 转引自王宏纬：《当代中印关系述评》，第111页。

④ 《尼赫鲁总理给周恩来总理的信》，中华人民共和国外交部编《文件汇编》（1950年8月—1960年4月），第174页。

法”。[①] 周恩来1959年1月致尼赫鲁的信也指出，边界地图的画法有待于边界问题的解决，“这就需要经过勘察和双方协商”。[②] 印度因其在边界问题上的主张缺乏历史依据、未得到英国的支持而底气不足，在看到中国方面的说明后有点惊慌失措。[③] 1954年夏，中印两军在中国领土乌热发生首次对峙，中方为维护两国友谊采取了克制态度，很长时期里未向外界披露。这些潜在分歧、对峙和冲突在1958年前时隐时现。

1958年8月之后中印关系开始恶化。印度认为中国1957—1958年修筑西藏至新疆的阿克赛钦公路“是中印关系史上的一个转折点”，[④] 但它最初也未敢认定那个地区属于印度。印度政府在1958年11月8日给中国政府的复照中说：“这一地区究竟是在印度还是在中国境内，是一个争执中的问题，需要另行处理。”[⑤] 这是印度唯一一次承认与中国在边界问题上存在争执，但几周后它就自己推翻了这一立场。尼赫鲁在12月14日给周恩来的一封长信中说，印度的印象是两国之间不存在边界争端，“印度的这些大片土地（中国地图表明属于中国——作者注）只能是属于印度的，这是毫无疑问的，而且对这些土地不存在争端”。[⑥] 周恩来在1959年1月给尼赫鲁的复信中说：“中印边界是从未经过正式划定的。在历史上，中国中央政府和印度政府之间从未订过有关中印边界的任何条约或协定。”他还把非法的“麦克马洪线”的非法性与这条线本身区别开来，说中国政府感到有必要对此线“采取比较现实的态度”。[⑦] 尼赫鲁在3月22日的复函中辩称，“印度官方地图上所显示的边界，依据的不仅是自然地形地貌，而且也符合传

---

① 《中国外交部给印度驻华大使馆的备忘录》（1958年11月3日），中华人民共和国外交部编《文件汇编》（1950年8月—1960年4月），第292页。

② 《周恩来总理给尼赫鲁总理的信》（1959年1月23日），中华人民共和国外交部编《文件汇编》（1950年8月—1960年4月），第178页。

③ 王宏纬：《当代中印关系述评》，第114页。

④ Dr. P. B. Sinha, Col. A. A. Athale, *History of the Conflict with China, 1962*, Chapter II, “Origin of Sino-Inidian Conflict.”

⑤ 《印度驻华大使馆给中国外交部的备忘录》（1958年11月8日），中华人民共和国外交部编《文件汇编》（1950年8月—1960年4月），第296页。

⑥ 《尼赫鲁总理给周恩来总理的信》（1958年12月14日），中华人民共和国外交部编《文件汇编》（1950年8月—1960年4月），第175页。

⑦ 《周恩来总理给尼赫鲁总理的信》（1959年1月23日），中华人民共和国外交部编《文件汇编》（1950年8月—1960年4月），第177页。

统习惯，大部分已为国际协定所肯定”。[①] 印度政府对中国政府关于非法的“麦克马洪线”的立场的严重误读，再加上它自己超乎常理的单方面理解，是边界争端日后不断恶化并导致战争的主要原因。

西藏叛乱及十四世达赖喇嘛出逃对中印关系影响极大。印度也承认这两件事进一步加剧了边界问题的复杂性，“使两国的误解进一步加深”。[②] 西藏发生叛乱后，印度政界和媒体一片喧嚣，有的甚至鼓吹否认中国对西藏的主权，把西藏说成“国家”。对于中国的平叛行动，印度官方的反应是杂乱的，但起初还算有所节制。1959年3月17日至5月4日尼赫鲁在各种场合发表的关于西藏局势的声明，既有较为温和的调子，如称应谨慎应对西藏局势，将之视为中国的内部事务，又把中国平息叛乱说成是“武装干涉”。他1959年3月17日在议会作报告时说，中国在拉萨的平叛行动“现在仅仅是两种意识形态之争，而绝非肉体和武装上的斗争”。[③] 印度议会和大多数媒体的反应则较为强烈，并把西藏叛乱事件与中印边界问题相联系。3月后半月里，印度各大报纸纷纷用醒目的大字标题报道中国在西藏的军事行动。4—5月，多数报纸都是同情叛乱者，谴责中共。印度议会猛烈抨击尼赫鲁对西藏的政策。一些主流报纸发表语调激进的文章，如《政治家报》发表了题为《中国地图上的印度领土》的文章。[④] 1959年3月底，十四世达赖喇嘛越过非法的“麦克马洪线”进入藏南印控区后，印度政府一方面派外交部司长梅农（K. P. S. Menon）专程到达旺迎接，待之以贵宾之礼，另一方面尼赫鲁于当日在人民院宣布“印度政府给予达赖喇嘛避难”。4月18日，印度外交部联合秘书斯·森向记者散发的用英文写的歪曲事实的“达赖喇嘛声明”，被认为是出自梅农和尼赫鲁之手。西藏叛乱失败后，印度有些媒体及民间和左翼人士发声，谴责国内一些势力借口“西藏问题”破坏中印友谊的企图，但一些政党领袖和政要竟把中国的平叛行动说成是“干涉”和“侵犯”，尼赫鲁之女英迪拉·甘地（Indira Gandhi）居然把西藏称为“国家”。不仅如此，还有些印度人说中国平叛

---

① Dr. P. B. Sinha, Col. A. A. Athale, *History of the Conflict with China, 1962*, Chapter II, “Origin of Sino-Inidian Conflict.”

② Dr. P. B. Sinha, Col. A. A. Athale, *History of the Conflict with China, 1962*, “Preface.”

③ 〔印〕D. R.曼克卡尔:《谁是六二年的罪人》，第110—111页。

④ “Chinese Political and Economic Consolidation of Tibet,” 1959, secret, DO:35/8981, The National Archives, London.

已经“威胁”到了印度及其他国家的安全。4月2日的《印度快报》把西藏说成中印之间的“缓冲国”，要求印度政府采取“更加坚决的态度”。[①] 6—8月，印度出版了精心编写的小册子《关于西藏的真相》，企图动员一些亚非国家反对中国在西藏的政策。[②] 印度许多报纸刊登了中印两国各自出版的有关边界地区的地图。印度一些驻外使节也发表了措辞激烈的讲话和文章，如，印度驻美国大使查格拉（Mahomed Ali Currim Chagla）9月1日在华盛顿美国国家新闻俱乐部发表了题为《印度与共产主义》的演讲，称中国在西藏的平叛行动是“悲剧”；印度与中国友好“并不意味着默认”中国对拉达克及不丹和锡金的“侵略”；印度“将利用其所有的力量和资源”来保卫其“神圣不可侵犯的边界”，“不怕与中国开战”。次日，美国记者罗伯茨（Charles M. Roberts）就把查格拉演讲的主要内容在《纽约时报》上作了整版长篇报道。[③] 当时，中印关系尚未破裂，作为驻在与中国敌对之大国的职业外交官，查格拉发表如此火药味十足、与身份很不相符的言论，在美国、印度乃至世界许多地方都产生了很负面的影响。

针对印度一方面承认西藏是中国领土，另一方面又干涉中国内政的矛盾态度和两面做法，中国政府为了维护中印友好大局，同时也让国内外人民了解中国平叛的必要性，《人民日报》于1959年5月6日发表了《西藏的革命和尼赫鲁的哲学》，此后一段时间，印度方面有所收敛，5月8日和9日，尼赫鲁和国大党都表示印度不奉行敌视中国的政策，希望同中国保持友好关系，但印度政府企图把中印关系恶化的责任推给中方。中方明确主张边界问题应通过协商和平解决，甚至明白无误地说到了中国政府不会蠢到“东方树敌于美国，西方又树敌于印度”[④] 的份上，但印度方面没能或不

---

① 《尼赫鲁在印度人民院再谈我国西藏局势，并在住宅接见了以西藏叛乱分子鲁康娃为首的代表团》，《人民日报》1959年4月3日；《印度执政党和官方一些领袖人物骂朋友，伤友邦，颠倒黑白，国大党主席公然把我国的西藏说成是“国家”，国大党总书记把西藏叛乱说成是“正义事业”》，《人民日报》1959年4月24日；《煽动反华情绪，制造紧张空气，印度反动报纸狂呼我国将会对印度下毒手，诬蔑周总理报告是个“玩笑”，辱骂班禅发言是“走卒的言论”》，《人民日报》1959年4月27日。

② “Chinese Political and Economic Consolidation of Tibet,” 1959, secret, DO:35/8982, The National Archives, London.

③ “Sino-Indian Relations,” 1959, top secret, DO:35/8819, The National Archives, London; “Violation of Borders of India by China,” 1959, FO:371/141271, The National Archives, London.

④ 《印度不是我国的敌对者，而是我国的友人》（1959年5月13日），载《毛泽东外交文选》，中央文献出版社、世界知识出版社，1994，第376页。

愿意正确解读和接受中方如此坦诚的友好表示，反而指责中国“对印度政府使用一种甚至对于敌对国家都是不礼貌和不适当的语言”。[①]

受上述因素影响，印度政府的态度更趋强硬。1959年8月，尼赫鲁一方面在人民院承认中印“边界从未正式划定过”，另一方面又宣称印度有责任保护尼泊尔、不丹和锡金的边界安全和领土完整，防止他国侵略。20世纪50年代中期，中国同尼泊尔签订了经济援助协定，向尼派遣技术专家小组（费用完全由中方承担），修筑连接中国西藏和尼泊尔的公路。此外，中尼还签订了边界协定。印度方面却无礼地认为，“中尼友好意味着中国在经济和政治方面已经打入了那个至今仍受印度支配的地区”，尼赫鲁宣布“尼泊尔的边界就是印度的边界，对尼泊尔的侵略就是对印度的侵略”。[②] 1959年10月，中印发生导致双方出现伤亡的空喀山口事件；11月，尼赫鲁称“将坚定决心，在任何重要细节上都决不会向中国让步”。[③] 10—11月，印度报纸集中报道边境地区（如拉达克南部）发生的冲突事件。《印度斯坦时报》《政治家报》《印度时报》等呼吁坚决保卫印度边界，绝不容忍印度领土被侵犯，中印边境地区印控区反华情绪加剧。[④] 11月4日，印度政府再度照会中国方面，称“印度的传统历史边界，与印度过去2000年左右的文化和传统是有联系的，而且已成为印度生活和思想密不可分的一部分”，印度将“使用一切可以使用的手段”抗击任何对印度独立与完整的侵犯。[⑤] 在中印双方几轮互致照会后，印度于1960年2月12日发出一份十分详细的照会，再称：“中印边界是以习惯线和传统为基础的，遵循的是天然地形地貌，这条线大部分已被条约和协定所确认。数百年来，这条边界始终是固定的、众所周知的。根据国际惯例和做法，遵循众所周知的，而且是像主分水岭这种不变的天然地形的习惯边界线，本身即是定界，无须再进一步或正式确定。”[⑥] 4月19日，周恩来率中国代表团访问新德里后，

---

① 《印度外交部外事秘书杜德对中国驻印度大使潘自力的书面谈话》（1959年5月23日），中华人民共和国外交部编《文件汇编》（1950年8月—1960年4月），第65页。

② 〔印〕D. R.曼克卡尔：《谁是六二年的罪人》，第35页。

③ “Violation of Borders of India by China,” 1959, FO:371/141271, The National Archives, London.

④ “Sino-Indian Relations,” 1959, top secret, DO:35/8820, The National Archives, London.

⑤ Dr. P. B. Sinha, Col. A. A. Athale, *History of the Conflict with China, 1962*, Chapter III, “Towards Armed Conflict.”

⑥ 印度政府1960年2月12日致中国政府的照会。

《印度时报》等印度媒体报道说，中国想以承认非法的“麦克马洪线”来换取印度放弃对阿克赛钦的要求，即“想以正式接受现状来解决边界问题”。媒体还说，周恩来“提议说：如果印度在拉达克承认中国当时已推进到的地方为边界，中国在东北边境特区可以考虑接受印度划分的边界，并可撤到‘麦克马洪线’以北”。印度官方对媒体的上述说法既不证实也没否认，甚至未做任何反应。但“当时印度的一般社会舆论特别是国会中的反对党的怒火使得尼赫鲁没有任何妥协的余地”，给他施加了极大的压力。周恩来在新德里访问期间，有印度人聚众在尼赫鲁官邸前举行游行示威，要求印度政府不要“屈服于周恩来个人的压力。尼赫鲁向人们保证，印度的土地一寸也不会割让给中国”。但中印双方官方立场一致认为，“各方应尽一切努力避免在边境地区发生摩擦和冲突”。[①] 印度媒体和舆论对政府的压力与日俱增。1959年10月，人民社会党在尼赫鲁住所外组织了一次示威游行，要求他辞去总理职务，这是印度独立以来第一次发生公开要求尼赫鲁辞职的事件。[②] 在各方压力之下，印度官方的态度转趋强硬。1959年11月伊始，印度副总统拉达克里希南（Sarvepalli Radhakrishnan）拒绝了周恩来提出的访华邀请；印度政府不同意按中国的提议从东段非法的“麦克马洪线”和西段的双方实控线各自后撤20公里。面临国内急剧升温的局势，尼赫鲁再度对外显示其强硬姿态，在11月27日再度声称“对不丹和尼泊尔的侵略就是对印度的侵略”，必须“制止中国的扩张”。[③] 此种宣示一方面是为了表明对中国经济援助尼泊尔和不丹的不满，更重要的是等于对外宣称尼泊尔、不丹等南亚国家是印度的“后院”，他国不得染指。12月下旬，印度外交部发表《印中边界问题》小册子，进一步公开了中印在边界问题上的分歧。1960年1月24日，印度政府出版了中印两国官员关于边界问题的报告，“以大量证据说明，中印边界的传统习惯线就是印度地图中所表明的那条线。中国非法地向印度提出了大约有五万平方英里的领土要求”。这份报告对印度公众对中印边界问题的认知及对中印关系的态度产生了很大的负面影响。同月，尼赫鲁一方面称日程安排太忙，近期内不会与周恩

---

① Dr. P. B. Sinha, Col. A. A. Athale, *History of the Conflict with China, 1962*, Chapter III, “Towards Armed Conflict.”〔印〕D. R. 曼克卡尔：《谁是六二年的罪人》，第33页。

② Dr. P. B. Sinha, Col. A. A. Athale, *History of the Conflict with China, 1962*, Chapter IX, “Cease-Fire and the Aftermath.”

③ “Sino-Indian Relations,” 1959, top secret, DO: 35/8820, The National Archives, London.

来会晤，但却在2月出访尼泊尔，邀请苏联共产党中央委员会第一书记、部长会议主席赫鲁晓夫（Nikita S.Khrushchev）访印，这分明是有意怠慢中国。3月初周恩来接受尼赫鲁赴新德里会晤的邀请后，印度政府却在会谈前夕出版了明显不顾历史事实的印度北部边界地图，不但没有为即将举行的两国总理会晤营造气氛，反而摆出一副强硬姿态。此外，对于1960年中国同缅甸签订边界协定，有印度官员和学者认为中国“宽宏大量地以麦克马洪线为界划分了两国边界”，是“企图对印度进行揶揄和结束在边界问题上与缅甸存在的类似印度的异议”，是想给印度施加压力；印度认为中国与巴基斯坦和印度尼西亚发展友好关系，“目的在于使印度在它的全部邻邦中孤立起来”，它还指称中国政府“曾提议要尼泊尔、不丹、锡金、东北特区和那加地区联合起来建立喜马恰尔联邦”，“中国在亚非国家的宣传机构还竭力败坏印度的名声以证明它是错误的”。[①] 1962年3月，印度驻华代办班纳吉（Shri P. K. Bannerjee）说，尼赫鲁可能愿意做出让步以有助于中印关系重新回到正确的轨道上，但受到公众舆论的掣肘。[②] 战争结束6年后，印度学者在1968年出版的书中指出，“毫无疑问，反对党以其毫无头脑的行动迫使总理在不适当的时机对中国采取强硬的态度”，逼使尼赫鲁“只能采取唯一的步骤，那就是开火”。[③] 边界战争30年后，1992年完稿、至今仍被列为秘密的印度军史在总结中印边境冲突的历史教训时承认，印度政府受到了来自国会、媒体和民众的巨大压力，但后者并不熟悉军事事务，只知道一味正颜厉色地“谴责政府缺乏决心，坚持认为必须尽早收复已被中国占领的印度领土，必要时可动用武力”。该军史坦言，过后回头看1960—1962年议会的辩论、对领导人的质询及全国性报纸的社论，“都有些骇人听闻”，“无知而喧嚣的媒体和反对党，在迫使尼赫鲁不情愿地走上军事对抗道路方面，扮演了极不负责任的角色”。[④]

---

① 〔印〕D. R.曼克卡尔:《谁是六二年的罪人》，第25、35—36页。

② “Frontier Dispute with India,” 1962, FO:371/164910, The National Archives, London.

③ 〔印〕D. R.曼克卡尔:《谁是六二年的罪人》，第150页。

④ Dr. P. B. Sinha, Col. A. A. Athale, *History of the Conflict with China, 1962*, Chapter X, “Review and Reflections.”

三、1962年中印边界战争后印度在边界问题上态度的变化

1962年中印边界战争前后，印度对于边界问题的激烈情绪达到顶峰，战争使中印关系跌至冰点。1970年，中印关系出现缓和迹象。20世纪80年代末，随着中印关系实现正常化，印度在边界问题上的态度趋于温和，与中国的共识有所增加。

1959年8月25日，中印边境东段发生第一次武装冲突——郎久事件。此后，双方通过照会相互抗议的频率不断加快，[①] 武装对峙和小规模冲突事件频频发生。1962年夏，中印关系已极为恶化。9月9日，印度国防部召开会议，认为“必须立即将中国人从塔格拉山脊以南地区赶走，必要时可诉诸武力”，并将此命令随即下达到东部军区司令部。13日，中国政府照会印度，指责印度政府“推行假谈判和真冲突”的两面政策，根本没有通过和平方法解决边界问题的诚意，“在和平的托词下包藏着蚕食中国领土，企图破坏边界现状的阴谋”。印度政府于当日拒绝了中国政府提出的进行谈判、从非法的“麦克马洪线”和西部实控线各自后退20公里的建议，称“中国的建议是要由侵略者享有其侵略成果”。这是印度政府第一次称中国方面为“侵略者”。[②] 20日，印度东部军区司令部火速电令所有哨所和巡逻队做好与进入射程内的解放军巡逻队交战的准备，印度军方也开始实施驱赶解放军的“里窝那”计划。10月11日，尼赫鲁主持召开有军队、内阁、外交、情报部门高官和代表参加的高层会议，就军事行动做出决定。12日，尼赫鲁启程前往锡兰（今斯里兰卡）科伦坡，在德里机场接受记者提问时说，印度军队接到的命令“是解放我们的国家”。几家报纸对此大肆炒作，说尼赫鲁已命令陆军赶走中国军队。[③] 需要指出的是，在对中印边境东段的中国哨所采取军事行动问题上，印度政府出于政治上的原因，显得比军方最高层更加强硬。尼赫鲁在10月初接见即将出任印度第四军军长的考尔（Brij Mohan Kaul）中将时说，如果不把中国人“从我们的领土

---

① 据印度方面的说法，至1962年7月上旬时，中印之间互换抗议照会达378次。〔印〕D. R. 曼克卡尔：《谁是六二年的罪人》，第43页。

② 〔印〕D. R. 曼克卡尔：《谁是六二年的罪人》，第56页。

③ Dr. P. B. Sinha, Col. A. A. Athale, *History of the Conflict with China, 1962*, Chapter IV, “Invasion of Nefa-Fall of Tawang”; Chapter IX, “Cease-fire and the Aftermath.”

上赶出去”，“政府就会彻底失去公众的信任”。连印度媒体人也认为，“一直到最后政府都是在不顾一切后果地要求部队行动，而军队的高级将领则在说服政府勿在军事行动中鲁莽行动”。[①] 在印军侵犯事件不断发生、谈判解决问题无望之后，中国人民解放军于10月20日在中印边界东、西段同时发起自卫反击作战。22日，尼赫鲁向全国发表广播讲话，指责中国“以怨报德，甚至走到了发动进攻，侵占我国神圣领土的地步”，印度“不会对此容忍屈服”。[②] 然而，战事很快对印军不利。印度及英国等国都对事态的发展心中没底，不敢妄断。印度外长称不知道中国将在何时何地停止进攻。24日，中国方面提议周恩来和尼赫鲁进行会谈，提出双方在东部边境地区各自从实际控制线后撤20公里，双方保证不越过实际控制线，及友好解决中印边界问题三点建议。印度当天即予以拒绝，并坚持只有中国军队撤回到1962年9月8日的位置，对话才有可能。尼赫鲁还于10月26日致函多国首脑，称中国的上述三点建议是试图“威逼印度接受中国制定的有关边界问题的协议”。[③] 11月16日，尼赫鲁要求中国军队退回至1959年9月8日线。战事持续一个月后结束，印度承认军事上完败。印度军方认为，非法的“麦克马洪线”一带的地面战斗“是一场真正的溃败”，“1962年11月20日的黎明，是印度独立以来军事史上最黑暗的一幕”。[④]

对于中国完胜后不但不提任何要求，还主动单方面于11月21日宣布停火、撤军，印度、英国等对中国的动机感到一头雾水，盲目猜测。印度对中国的撤军建议反应十分谨慎。21日当天，印度陆军司令部发电把中方建议通知了部队，但要求部队保持警惕，不要有任何“挑衅行为”。印度军方认为，“虽然政府没有正式接受停火，但事实上已经默认了”。[⑤] 尼赫鲁感到中国的撤军建议太复杂，不好应对。印度政府认为中国提出停火撤军是为了逼迫印度接受其上述三点建议。12月初，印度还在要求中国就停火建议做出几点澄清。尼赫鲁数次发表声明以图鼓舞印度民众的士气，还提

---

① 〔印〕D. R. 曼克卡尔：《谁是六二年的罪人》，第48—49页。

② Dr. P. B. Sinha, Col. A. A. Athale, *History of the Conflict with China, 1962*, Chapter IV, “Invasion of Nefa-Fall of Tawang;” Chapter IX, “Cease-fire and the Aftermath.”

③ 〔印〕D. R. 曼克卡尔：《谁是六二年的罪人》，第61—62页。

④ Dr. P. B. Sinha, Col. A. A. Athale, *History of the Conflict with China, 1962*, Chapter IV, “Invasion of Nefa-Fall of Tawang;” Chapter IX, “Cease-fire and the Aftermath.”

⑤ Dr. P. B. Sinha, Col. A. A. Athale, *History of the Conflict with China, 1962*, Chapter IX, “Cease-Fire and the Aftermath.”

议把中印边界争端提交国际法院解决。[①]

印度官方把这场战争的责任一概推给了中国，同时又感到“委屈”。印度军史的观点很具代表性：1962年的战争“源于中国的扩张主义和对西藏的占领”，“1954年印度虽然通过一纸条约默认了中国人对西藏的占领，但却没有在边界问题上获得任何补偿”。[②]

中国主动宣布停火、撤军后，印度一方面对中国是否会再次发动进攻心中没底，另一方面抓紧在国内进行动员，提高国民士气，增加军事投入，对中国的态度前所未有高度一致地强硬，对中国释放的善意极度曲解，致使中印关系急遽恶化。1962年12月6日，印度政府宣布自15日起撤销印度驻拉萨和上海的总领事馆，并要求中国也自同日起撤销中国驻加尔各答和孟买的总领事馆。到了12月中旬，印度公众持续绷紧的情绪才稍有放松，主要原因是中国单方面的停火和撤军行动使他们觉得中国再次发动进攻的可能性不像原来认为的那么大了。12月下旬，印度的广播宣传稿声称和平是有可能的，但不是依中国提出的条件。1963年7—8月，虽然印度报纸和广播还在起劲报道中国在边境地区的军事部署，但印度陆军参谋长不认为中国会很快发动新的进攻。[③]

1962年战争对印度国内的政治生活和民众心理影响深远。印度军史认为，1962年战争是一场“惨败”，“主要还是一场政治上的失败”；[④]“军事上遭受的羞辱在印度国民心中留下了深深的创伤”。尼赫鲁说印度国民感到败给中国是耻辱。[⑤] 有印度学者认为，中国“获得全胜”，印度在短暂时间内蒙受了“严重的损失和耻辱”。在中印边境自卫反击作战第一阶段结束后，尼赫鲁1962年10月25日在人民院承认中国的自卫反击作战是对印

① “Frontier Dispute with India,” 1962, FO:371/164920, The National Archives, London; “Frontier Dispute with India,” 1962, FO:371/164922, The National Archives, London; “Frontier Dispute with India,” 1962, FO:371/164926, The National Archives, London.

② Dr. P. B. Sinha, Col. A. A. Athale, *History of the Conflict with China, 1962*, Chapter IV, “Invasion of Nefa-Fall of Tawang”; Chapter X, “Review and Reflections.”

③ “Frontier Dispute with India,” 1962, FO: 371/164926, The National Archives, London; “India: Use of Anti-Communist Material in India, Madras and Calcutta Visit Reports, Implications of State of Emergency, Indian Counter-Propaganda Unit and Requests for Material on China,” 1962, FO: 1110/1572, The National Archives, London; “Border Dispute with India,” 1963, FO:371/170674, The National Archives, London.

④ Dr. P. B. Sinha, Col. A. A. Athale, *History of the Conflict with China, 1962*, “Preface.”

⑤ “UK/US Talks Concerning Borders Dispute with India,” 1962, secret, FO:371/164930, The National Archives, London.

度的一个"沉重打击"。[①]无论是印度的国际地位还是尼赫鲁个人的影响力都比战争前大大减弱，印度得到的同情和支持并不多便是佐证。战争前，印度得到了包括苏联、中国等社会主义国家，美、英等西方资本主义国家，以及广大亚非拉国家的支持，尼赫鲁成为国际政治和世界外交舞台上的明星和"宠儿"。战争开始及中国宣布停火、撤军后，印度得到了更多的来自美国、英国、加拿大、澳大利亚及苏联等国的军事和经济援助，也有一些西方国家及苏联等国批评和谴责或揶揄中国，但"印度人偶然中发现，准备同他们此时一起反对中国的亚非朋友为数不多"，53个亚非国家中"始终不渝地支持印度的只有两个国家"，18个国家"仅表示了同情，而且是在印度的一番劝说之后"。[②]

民众的怒火既指向印度政客，也撒向了中国，尼赫鲁声望大跌。1963年8月，反对党第一次提出了对尼赫鲁政府的不信任案，"给这位伟大领袖造成了心灵上的伤害"。尼赫鲁后来在议会称，像中国这样完胜后不提任何要求就单方面停火、撤军，世界战争史上从未有过，对他来说不啻是奇耻大辱，早知如此结果，还不如战死在疆场。战争结束一年后，尼赫鲁患上了中风，还驼了背，于1964年5月27日逝世。有印度记者认为，1962年战争"是尼赫鲁难以承受得住的打击"。这场战争经常被印度人描述为"中国的背信弃义"或"背叛"。出于担心影响民众士气等方面的原因，尼赫鲁显然故意低报了伤亡情况，他1962年12月12日在联邦院说，印军在战争中共阵亡197人，负伤291人，军方认为此数字"足足有6277人未被计算在内"。对于中方主动向印方遣返战俘，交还保养好的汽车、大炮、枪支等武器装备的整个过程，印度认为中国的目的是为了"争取舆论的支持"，"实际上是对印度军队的一种侮辱。中国人交还的大量武器只能表明印度遭受了多么惨痛的失败，或许这才是中国人的本意"。[③]

战争结束时中印双边关系降至低谷。然而我们看到，战争结束后至今，中印边界问题虽出现过多次起伏，甚至经历过严重挫折，但是所呈现

---

① 〔印〕D. R.曼克卡尔:《谁是六二年的罪人》，第74、114页。

② 同上书，第90—91页。公开支持印度的国家是埃塞俄比亚和刚果，同情印度的国家是突尼斯、象牙海岸、摩洛哥、多哥、阿富汗、南斯拉夫、坦桑尼亚、叙利亚和尼泊尔等国，参见"Border Dispute with India," 1963, FO: 371/170669, The National Archives, London.

③ Dr. P. B. Sinha, Col. A. A. Athale, *History of the Conflict with China*, 1962, Chapter IX, "Cease-Fire and the Aftermath;"〔印〕D. R.曼克卡尔:《谁是六二年的罪人》，第116页。

出的积极变化还是比较明显的。1962年战争后，中印之间多次互发照会、抗议，也发生过几次严重的边界对峙，但双方管控分歧，应对和处理严重对峙和武装冲突，维护或尽快恢复边境地区和平的能力都在提高。印度官方后来总结说，经过1962年那场战争，印度的政治和外交领域“变得更务实了”，此战证明“失败一向比胜利更有教育意义”，但如果这等教育次数过多，“是没有一个国家能够承受得起的”。[①] 20世纪60年代中期以后很长时间里，印度议会和媒体对中印边界问题的主调虽然总的来说仍比较强硬，但程度趋于缓和；政府明显受议会和媒体的掣肘，其对华态度和政策也还难说是建设性的。战争过后，印度大力发展国防，且长期在中印边界部署其四分之一至三分之一的军事力量，给国民经济造成沉重负担。此外，此次战败在战略上对印度的不利影响（1962年战争后世界上有更多的国家认识到中印边界问题并未解决），以及给印度国民造成的沉重的心理负担，使得印度国内越来越多的人士对这场战争及中印关系恶化的原因和责任进行总结和反思。到了1970年，英迪拉·甘地表示愿意寻求解决与中国边界争端的途径，中国也开始调整对外政策，中印关系开始出现缓和。但缓和的过程并非一帆风顺。1971年12月，印度议会通过法案，将印控中印边界东段争议地区“东北边境特区”升格为“中央直辖区”。1974年9月，印度通过宪法修正案，把锡金变为印度的一个“联系邦”，1975年4月又变为它的一个邦，完成了对锡金的吞并。10月，中印武装部队在东段土伦山口发生武装冲突，两国关系再度紧张，致使大使级外交关系迟至1976年9月才得以恢复。1979年2月，印度外长瓦杰帕伊（Atal Bihari Vajpayee）正式访华，拟就改善和发展中印关系全面交换意见，但未接受中国提出的“一揽子”解决方案。1981年6月，中印双方同意边界分歧没有必要成为改善两国关系的障碍，边界谈判在中断20年后得以恢复。自1981年12月至1987年11月的6年里，中印就边界问题和发展两国关系的具体措施举行了8轮会谈，虽边界问题进展不大，但其他方面获得进展。1984年10月，接任遇刺身亡的英迪拉·甘地出任总理的拉吉夫·甘地（Rajiv Gandhi）接受访华邀请，中印关系的僵局被打破。1986年，双方再度因扯冬和桑多洛河谷发生公开争辩，中国恢复对该地区的巡逻，印度提出抗议，印度媒体指责“中国侵入印度领土”。1986年12月，印度议会两院通过法案，将此前

---

① Dr. P. B. Sinha, Col. A. A. Athale, *History of the Conflict with China, 1962*, “Preface.”

在中国藏南地区成立的所谓“阿鲁纳恰尔中央直辖区”升格为所谓“阿鲁纳恰尔邦”，中国政府提出严重抗议，宣布不承认该“邦”。两国关系正常化进程严重受阻。

20世纪80年代后期，随着国际格局的巨大变化和世界形势的快速发展，印度开始实行大力推进经济发展的政策，对中印边界问题的态度发生了较为明显的变化。此后很长一段时期，两国领导人增加互访，中印关系发展进一步加快，中印边界问题不断向前推进。特别是20世纪90年代以后一段时期，两国政府都能从中印关系的大局出发，以建设性的态度对待和处理边界问题，双方在边界问题上不断增进互信，有效管控分歧。

1988年12月，拉吉夫・甘地在其外祖父尼赫鲁1954年访华34年后作为印度总理第一次访华，被称为“破冰之旅”，标志着1962年以后中印相互对立的结束和新的睦邻关系的开始，中印关系又走向成熟。两国总理均表示愿意通过谈判和平解决边界争端，中印边界问题谈判在若干问题上达成共识。此后近30年里，中印边界问题虽有争论、争吵，但都有效避免了武装冲突的发生。拉吉夫・甘地访华后，中印就边界问题进行了旷日持久的谈判，在若干问题上达成共识，取得阶段性成果。1991年12月，李鹏总理访印，双方对边界问题表示了共同的关心与愿望。1993年9月，印度总理拉奥（P. V. Narasimha Rao）访华，两国签订了《关于中印边境实际控制线地区保持和平与安宁的协定》，规定双方通过和平友好方式协商解决边界问题。1996年11月，江泽民主席访印，这是中国国家元首首次访问印度，双方签署《中国和印度关于在中印边境实际控制线地区军事领域建立信任措施的协定》。2003年，中印边界问题特别代表会晤机制建立，会晤内容从原来的聚焦边界问题扩大至整个中印关系，至2020年共举行了20多次会晤，边界问题取得了一些实质性进展。双方同意：（1）在边界问题未获解决的情况下，维护边境地区实际控制线两侧的和平与稳定。（2）根据2003年和2005年领导人互访达成的协定规定：边界问题上的分歧不应影响双边关系的整体发展；双方应本着和平共处五项原则，从两国关系大局的政治角度出发，通过平等协商，寻求公平合理以及双方都能接受的解决边界问题的方案。1996年之后至2017年之前的20多年里，中印边境地区未发生过流血冲突，双方边民、军队和平共处。

莫迪总理2015年5月访华前夕对《时代》杂志说：“中印边境并非动荡不安。四分之一个世纪过去了，连颗子弹都没飞过。”莫迪访华与中方发表的联合声明中写道："双方确认，早日解决边界问题符合两国的根本利益，是两国政府努力实现的目标。"2015年8月1日，中印两军在2013年曾经对峙数周的斗拉特别奥里地设立第五个边防会晤点；16日，中印边防官兵又在此共庆印度独立日。11月中下旬，中央军委副主席和印度内政部长前后脚互访，双方同意维护边境地区和平，决定加强军事合作。2016年1月，中印就在实际控制线一带开设第六个边防会晤点展开磋商，以强化两军之间的沟通和建立信任措施；同年3月发布的印度国防部报告在谈到中印边境地区时措辞和语气异常平和，称"继续和平"，"两国军队虽然对'实际控制线'理解不同，但双方通过热线建立了会晤机制，举行了边防人员会议"。4月，中印为通过新一轮"建立互信措施"就建立军事热线进行的会谈取得突破性进展，印度国防部长称对华关系是印度最优先处理的事务，印度将致力于进一步发展与中国的友好合作关系。5月24—27日，印度总统慕克吉（Pranab Mukherjee）在对中国进行国事访问期间表示，印中传统睦邻友好在印度拥有广泛民意基础，发展好印中关系获得印度各党派一致支持；两国关系已超越双边范畴，印中合作可以促进两国和世界的和平、繁荣与发展。越来越多的印度有识之士认识到，虽然中印边界问题十分复杂，最终解决需要时间，中印关系还有许多问题要处理，今后的发展过程也不可能一帆风顺，但两国要向前看，只要中印握手，亚洲大陆就会和平、稳定，整个亚洲就不大可能出现大的动荡，将迎来光明的前景，这也定会对世界的和平与繁荣作出重大的贡献。近年来，随着印度经济的发展和国内政治的需要，再加上域外因素的干扰，印度在边界问题上多次制造摩擦，2017年发生了导致严重武装对峙的洞朗事件，2020年甚至发生了令人震惊的致使双方多人伤亡的加勒万河谷冲突，但双方都较为理性，边界危机在可控范围之内得到了解决。有迹象表明，这两次严重对峙和冲突事件，对印度方面也产生了值得关注的积极影响。

纵观两国关系发展史，印度20世纪50年代末期至60年代初在中印边界问题上态度十分强硬，没有回旋余地，实际上是要求中国同意或默认其关于边界问题的立场。20世纪70年代初，中印关系开始缓和，印度宣明的关于边界问题的立场表面上不再那么"执着"。80年代后期，中印关系实现正常化，此后印度在中印边界问题上的立场某些方面比以前更加接近中国，即双方就边界问题进行和平、友好的会谈，不让边界问题影响中印关系的大局。

从历史的视角和层面研究中印边界问题和中印关系，重点不应放在探究印度在中印边界问题上的责任，仔细掂量印度在1962年战争中的得失既没有什么意义，也不利于中印关系和国际关系的健康发展。要做好历史研究工作，就应依据有关方面的档案文献资料，从细节入手，通过对中印边界问题起源的探究，通过边界问题对中印关系的影响的梳理，以及对印度政府、军方、议会、媒体、公众舆论不同历史时期在边界问题上的态度的具体分析，提高人们对中印边界问题的复杂性和解决问题的长期性的认识。更重要的是，通过考察印度在边界问题上态度的细微变化，及时认识到边界问题对中印关系的消极影响虽有反复，但总的来说在趋向减弱，维护边境地区的安宁，寻求共同发展理应成为中印两国不可动摇的共识。通过历史研究，使越来越多的人相信，中印两个文明古国，世界上两个人口最多的国家，一定会有足够的智慧和耐心最终找到公平、公正地解决复杂棘手的边界问题的方法。中印关系的和平发展，对于亚洲乃至整个世界都具有十分重要的意义。只要中印双方都采取主动行动，进一步加强政府领导人、议会、军方、媒体、学术、教育、青年等方面的来往和互动，切实照顾彼此的利益关切，及时、充分交换看法，摆明并妥善管控分歧，就会由外界有人渲染的“龙象之争”变为现实中的中印共赢，为两国人民造福。历史和事实证明，正常发展、不断深化的中印关系的良好互动，已经带动了边界问题的不断向好进展；而边界问题的缓和、边境地区的安宁和繁荣，乃至边界问题的最终双赢解决，反过来一定能促进中印关系的整体发展。作为两个发展速度最快的发展中国家，中印两国携手，一定能为亚洲乃至世界的和平与发展发挥越来越大的作用。

第二章　中印关系与地区关系

第一节　中印边界争端与巴基斯坦对外政策的调整

巴基斯坦是南亚第二大国，是与中国问题最少、关系最牢固的邻国，以“巴铁”闻名。中巴友好关系的开启和顺利发展，与20世纪50年代后期中印关系恶化，特别是1962年的边界战争有着密切关系。巴基斯坦根据中印关系和地区关系的变化，从本国利益出发，及时调整了对外政策，成为中印边境冲突最大的受益国。

20世纪五六十年代，中印在边界问题上的立场分歧不断公开化，争端日益加剧，两国关系进一步恶化的过程中，受影响最大、对外政策调整最为明显的南亚地区国家当属巴基斯坦。

印度和巴基斯坦是南亚次大陆上的两个主要国家。自公元7世纪伊斯兰教在次大陆开始扩张，本土的印度教和外来的伊斯兰教之间的宗教对抗持续了近千年。18世纪英国殖民主义者踏上次大陆后，把整个南亚次大陆统一为“英属印度”，施行“分而治之”的政策。第二次世界大战后，英国国力遭到极大削弱，它在世界各地的殖民地掀起了民族独立的浪潮。为了最大限度地维护其利益，英国政府在1947年6月由印度总督蒙巴顿勋爵公布了《印度独立方案》(又称《蒙巴顿方案》)，把南亚次大陆分成印度和巴基斯坦两个国家，分而治之。7月，英国议会通过《印度独立法》，同年8月14日和15日，巴基斯坦、印度先后宣布独立，成为英联邦内两个自治领。印度组成以尼赫鲁为总理的联邦政府，巴基斯坦组成以利亚格特·阿里·汗（Liaquat Ali Khan）为首的政府。印度继承了英属印度的绝大部分领土，一下子成为亚洲响当当的大国。巴基斯坦领土则被印度领土分隔为相距两千公里的东西两部分。巴基斯坦东部地区于1971年第三次印巴战争后独立，成为今天的孟加拉国。

印巴分治后，两国关系多数时间里因克什米尔争端处于紧张状态，甚至多次发生战争。20世纪50年代前后，巴基斯坦作为英国的前殖民地和美国的盟国，执行了亲西方、疏远社会主义国家的对外政策，后因不满美英等西方国家厚印度薄巴基斯坦的政策，利用中印关系恶化，地区关系和国际环境发生重大变化的形势，对外交政策不失时机地进行了调整。

20世纪50年代后期，中印边界争端日益公开化及随之而来的两国关系的急遽恶化，特别是1962年爆发的边界战争，对巴基斯坦的外交政策产生了极其重大的影响。巴基斯坦从自己的国内政治和国家利益出发，仔细审视、精准研判南亚地区局势和国际形势的新变化，对它与几个大国的关系及时进行了不同程度、不同方向和不同力度的调整：从在外交、经济、军事方面严重依赖美英逐渐“调整”为寻求较大的独立性；最终打消与印度进行安全合作的幻想。它利用中印关系的恶化，一方面设法从美英等国获取尽可能多的援助，同时积极、主动地与中国接近，并通过友好谈判顺利解决了两国间的边界问题，与中国建立起牢固的友好关系。通过外交政策的调整，巴基斯坦极大地改善了自己的安全环境，成为中印边境冲突的最大的受益者。

对于中巴友好关系的开启与中印边境冲突相互影响、相互关联的研究，国外学者多聚焦于美巴关系、英巴关系、英美与巴的关系、印巴关系、中巴关系等各个角度，而从巴基斯坦的角度、以巴基斯坦为主体进行的研究较为薄弱。国内多数学者的著述主要依据中国、美国、苏联等国的档案文献和媒体报道，从中国、印度或者美国、苏联以及英国等视角分析1962年中印边界战争对国际关系的影响，[①] 有的开始关注到了巴基斯坦作为主体在其中的作用，但多数著述对这段历史的阐述和分析多集中于宏观和中观层面，对影响巴基斯坦外交转向的细节关注较少。然而，这些研究成果为研究中巴关系提供了较为丰富的资料，以及多种视角和不乏新意的观点。例如，成晓河利用中国外交部最新解密档案，对1962—1965年的中巴关系，从巴基斯坦向中国示好，两国关系不断密切、形成近乎同盟关系

---

① 王宏纬：《1962年边界战争及其对中印关系的影响》，《南亚研究》2002年第2期，第3—5页；蔡佳禾：《肯尼迪政府与1962年的中印边境冲突》，《中国社会科学》2001年第6期，第186—197页；康遍霞：《1962年的中印战争与美国对印度的关系》，《中山大学研究生学刊》（社会科学版）2010年第1期，第23—37页；戴超武：《中印边境冲突与苏联的反应和政策》，《历史研究》2003年第3期，第58—79页；戴超武：《关于1962年中印边境冲突和中苏分裂研究的若干问题》，《当代世界与社会主义》2010年第4期；吕利珍：《英国麦克米伦政府对1962年中印边境冲突的反应和政策（1962.10—1963.5）》，华东师范大学2015年硕士学位论文。

的过程进行了梳理；[①] 韩晓青等人分析了当时巴基斯坦的处境和中国外交环境促使中巴走近的原因；[②] 王琛结合美国档案提出中印边境冲突是中巴关系的转折点；[③] 张婧、兰江主要依据巴基斯坦总统的传记等材料，论述了阿尤布·汗任内的中巴、美巴关系。[④] 但未知何故，多数著述都很少使用英国的档案资料。英国作为对印度和巴基斯坦这两个英联邦国家具有重大影响的前殖民宗主国，保存了大量极有学术研究价值的档案资料，而且开放程度很高。本研究在吸收国内外既有学术成果的基础上，主要依据英国、印度和中国的档案文献资料，以及相关国家媒体的新闻报道，力争还原史实，对巴基斯坦调整其外交政策的背景、过程及其影响进行梳理和解析，进而彰显中巴发展双边友好、互利关系的典范效应。

一、巴基斯坦从依赖美英到寻求更大独立性

独立后的巴基斯坦与前殖民宗主国英国依然有着密切联系，在美苏冷战中加入了以美国为首的西方阵营。由于与“天然敌人”印度国力悬殊，巴基斯坦在第一次印巴战争中失利，出于对国家安全的担忧，积极寻求国际援助。1952年，美国出于与苏联争夺势力范围以及遏制和封锁中国的意图，积极向南亚次大陆渗透，而巴基斯坦寻求核保护和军事同盟的外交政策与美国在南亚次大陆抗苏遏中的策略正相契合。1953年5月，美国国务卿杜勒斯（John Foster Dulles）访问巴基斯坦。1954年巴基斯坦加入美英支持成立的东南亚条约组织后，美国便立即“打赏”，宣布计划每年向巴基斯坦提供2.5亿美元的军事援助，帮助其陆军从25万人扩充到100万人。[⑤] 至1958年，美国共向巴基斯坦提供了约7亿美元的援助，帮助它装备

---

① 成晓河:《中国—巴基斯坦关系的嬗变（1962—1965）》,《南亚研究》2009年第4期，第10—23页。

② 韩晓青:《20世纪50年代巴基斯坦对中华人民共和国的“矛盾”外交政策探析》,《云南社会科学》2010年第6期，第33—37页；韩晓青、齐鹏飞:《20世纪60年代初期巴基斯坦积极推动中巴边界谈判之动因分析》,《南亚研究》2010年第4期，第62—73页；韩晓青:《20世纪60年代初期巴基斯坦从根本上改善巴中关系的原因探析》,《国际论坛》2011年第2期，第45—50页。

③ 王琛:《试论1962年中印边境冲突对中巴关系的影响》,《河南大学学报》（哲学社会科学版）2005年第5期，第127—131页。

④ 张婧:《阿尤布·汗政府时期巴基斯坦的对华政策》，郑州大学2014年硕士学位论文；兰江:《浅析阿尤布·汗执政时期的美巴关系》,《南亚研究季刊》2005年第3期，第66—73页。

⑤ 《美国和巴基斯坦订立军事同盟的谈判威胁亚洲和平》,《人民日报》1953年12月9日。

起一支规模不大，但现代化程度相当高的军事力量。[①] 根据巴基斯坦财政部1962年公布的接受外援情况，从1950年初到1962年中，美国共向巴基斯坦提供了21.5亿美元的经济援助、军事援助和救济物资，数额远超加拿大（1.7亿美元）、澳大利亚、英国、日本等其他国家所提供援助之和。巴基斯坦对美国援助的依赖程度可见一斑。

作为美英的盟友，巴基斯坦对美英与宿敌印度发展关系很是敏感。1957年，美国出于与苏联竞争的需要，在英国的“撺掇”下，增加了对印度的经济援助，[②] 而不打算再增加对巴基斯坦的经济和军事援助，试图维持印巴军事平衡，减缓两国之间的军备竞赛。美国此前一直游走于盟国巴基斯坦与不结盟的印度之间，英国也努力在这两个英联邦国家之间搞平衡。美国在经济援助上偏向了印度，就得在军事上偏巴基斯坦一把。印巴几乎同时向美国提出了提供“响尾蛇”空对空导弹的援助请求，结果，美国赠予了巴基斯坦，以美印之间没有防务协议为由，建议转由英国出面解决印度的军事需求。[③] 1958年3月，印度从英国购买了“堪培拉”导弹。对此，巴基斯坦很是不满，其总理第一次公开谴责英联邦“抛弃了弱小的巴基斯坦”，引起了强烈的公众情绪。但英国仍以不符合英联邦的本意为由，拒绝对巴基斯坦提供防御保护。[④]

美国在南亚最期盼的是印巴不要因克什米尔问题长期对峙，故尽力促成它们之间的合作，为此在其对印度提供援助时常常在克什米尔问题上施压，也努力做巴基斯坦的工作。1959年，美国媒体“欣喜地”认为巴基斯坦对中国在西藏平叛的反应使“结束印巴争执有了某种希望”。[⑤] 美国国务院南亚办公室主任与英联邦事务大臣促成了印巴会谈，他们二人一致认为：印度不愿意在克什米尔举行公投，巴基斯坦应该调整对印度的期望

---

① 《“美援”严重损害巴基斯坦，巴各界要求摆脱对美依赖》，《人民日报》1958年7月15日；兰江、毛德金：《1954—1965年美国对巴基斯坦的军事援助及其影响》，《南亚研究季刊》2004年第2期，第111—116页。

② 赵蔚文：《印美关系爱恨录》，时事出版社，2003，第13页。

③ “Supply of Sidewinder and ‘Firestreak’ to India and Pakistan,” 1959, top secret, DO: 35/8262, The National Archives, London.

④ “Genenral Policy on Arms Supplies and other Military Assistance to India and Pakistan,” 1958. secret, DO: 35/5470., The National Archives, London.

⑤ 《印度许多报纸纷纷发表评论，拒绝同巴基斯坦进行“共同防御”重申继续为保持同中国的友好而努力》，《人民日报》1959年5月8日。

值。[①] 但在巴基斯坦看来，美英在印巴问题上没有给予巴基斯坦足够的支持。它抗议说，在美苏之间保持“中立”的印度从西方得到的援助，竟然比与“自由世界”结盟的其他国家得到的援助的总和还要多。在此情况下，美国试图缓和美巴关系，但并未做出“重大让步”。[②] 据英国《卫报》报道，美国准备从1962年开始对印、巴提供大量低息贷款，特别是对印度的援助力度要超过苏联。[③] 美国方面分析认为，巴基斯坦对其当前奉行的外交政策是否明智产生了疑问，很可能是在亲西方的框架中寻求更大的独立性，但不至于发生“反美骚乱”。

1962年中印边界战争爆发后，英美第一时间表示“同情”印度并答应给予武器援助。巴基斯坦当地新闻媒体和公众舆论对西方援助印度武器的反应都很强烈。《每日邮报》报道，巴基斯坦外长表示：任何对印度的武器援助都会被视为对巴的不友好行为。[④] 路透社报道：英美政府试图要求巴基斯坦在印度增兵中印边界时保持不战状态。巴基斯坦《黎明报》对此予以否定，它说英美的尝试似乎已经失败，巴基斯坦不会发出不战声明，除非印度保证和平、公正地解决印巴在克什米尔的问题。英美则保持在印巴之间“不偏不倚”，表示任何印巴问题都需由它们自行解决。

印度很快在中印边界战争中落败。英美以保护整个南亚次大陆安全为由大规模增加对印度的援助，巴基斯坦担心英美继续扩大援助印度的范围和规模。1962年11月5日，总统阿尤布·汗抗议西方对巴施压，谴责西方国家援助印度。巴陆军总司令穆萨·汗（Musa Khan）将军在11月7日中央条约组织的午餐谈话中，抱怨印度在8天里获得的武器比巴基斯坦80年获得的都多。他说西方国家对巴不做任何保证、不计报偿地援助印度，巴基斯坦是不会率先做出对印度和解的姿态的，美、英也将面对与巴的关系危机。媒体上有各种政治领袖的言论，提出调整巴对外政策，称巴基斯坦

---

① “Supply of Arms and Equipment to India, 1954–1959,” 1959, top secret, DO:35/5465, The National Archives, London.

② 邱永辉：《美国的南亚政策试析》，《南亚研究季刊》2000年第2期，第46—52页；《企图缓和美巴之间紧张关系，肯尼迪和阿尤布举行会谈，美报透露美国不会改变“重印轻巴”方针》，《人民日报》1961年7月16日。

③ “Consortium Meeting 1961: Discussion on Aid to India,” 1961, confidential, DO: 189/208, The National Archives, London.

④ “Pakistan’s Reaction to Chinese/Indian Dispute,” 1962–1963, DO: 196/187, The National Archives, London; “Sino-Indian Relations,” 1965–1966, secret, DO: 196/245, The National Archives, London.

应该退出两个条约组织。西巴基斯坦媒体的反应最为强烈。[①] 11月16日，巴基斯坦出现了全国范围的群众抗议活动，左右两派都完全敌视英国和美国。美英做出了一些保证，如，承诺帮助阿尤布·汗“恢复在东巴基斯坦的国家领袖地位”；美援印武器遵守1955年美巴共同安全计划，只用于“防御共产主义”。[②] 英国也参照美国的做法对给印度的援助加以限制。英美“尽量公开”对印援助的详情，谨慎地告知巴基斯坦援助印度的类型、目的以及未来的计划（对数量有所保留），[③] 试图缓和与巴基斯坦关系上的危机。为了安抚巴基斯坦民众的情绪，英美提出英美联合防空使团赴印度后也将到访巴基斯坦，表示在巴基斯坦受到军事威胁时给予庇护。巴基斯坦的境况得到了国际舆论的同情。土耳其外长说，应巴基斯坦的要求，土决定不向印提供武器。泰国、葡萄牙也加入声援巴基斯坦的行列，不满美国援印武器。[④]

巴基斯坦希望在印度面临严重的“中国威胁”时，由英美出面来协调解决克什米尔问题。英美代表表示，他们都很珍惜印巴双方第一次同意西方参与调解的机会，愿继续推动印巴保持官方联系。此时身处反华第一线的印度表示在克什米尔问题上坚决不妥协。英国首相麦克米伦（Maurice Harold Macmillan）坦言，印巴两国只能自行通过协商解决问题，措辞从“现在正是尝试帮助印巴解决分歧的机会”改为“假如有任何可以帮助的我们一定乐意考虑”。[⑤] 英美的态度引发巴基斯坦强烈抗议。11月22日开始，巴紧急国民议会谴责西方无视巴基斯坦国家利益援助印度，质疑西方对巴的援助和保证是否向印度就解决克什米尔问题施加了足够的压力。反对党甚至要求政府考虑巴基斯坦退出中央条约组织和东南亚条约组织。[⑥]

---

① 《巴基斯坦总统希望中印争端和平解决，表示将继续权衡参加军事条约有无益处，如果有害无益，巴将脱身出来，阿里说中国伟大政治家风度的行动证明真诚希望解决争端》，《人民日报》1962年11月24日。

② 兰江、毛德金：《1954—1965年美国对巴基斯坦的军事援助及其影响》，《南亚研究季刊》2004年第2期，第111—116页。

③ “Pakistan’s Reaction to Chinese/Indian Dispute,” 1962–1963, DO: 196/187, The National Archives, London.

④ 《土外长说应巴基斯坦的要求土耳其决定不向印提供武器》，《人民日报》1962年11月9日；《法巴黎〈世界报〉11月9日社论说：巴、土、泰、葡不满美给印武器》，《人民日报》1962年11月10日。

⑤ “China/India Frontier Dispute,” 1962, DO: PREM11/3838, The National Archives, London.

⑥ 《巴基斯坦大部分议员在议会辩论时，赞扬我国声明，谴责美英援印》，《人民日报》1962年11月27日。

巴基斯坦国内的反应起了一定的作用。英美为向印度施压造势说，“假如印度与巴基斯坦继续耗下去，就会影响西方援助印度的规模”。[①] 英美继续充当“和事佬”，它们联手促成了印巴克什米尔谈判，但未设置谈判限制。巴基斯坦报纸认为，英美致力于实现印巴对话已经取得外交成功，使得巴基斯坦政府对国内抗议英美援助印度的示威游行保持沉默，但不致中断英美执行与印度的援助协议。英美为了安抚巴基斯坦，对援助印度的项目做了“微调”，如把向印度直接提供战斗机改为提供空中战术支援。[②] 国民议会闭幕后，巴基斯坦同意继续留在两个条约组织中。

1962年11月22日中国停火、撤军后，美英最初认为中国不久之后将发起新的攻势，故未停止向印度提供武器援助。但为了在巴基斯坦方面“找平衡”，英美对巴在克什米尔问题上的态度和立场予以高度重视。美国一度认为，只有以巴基斯坦可接受的条件解决克什米尔问题，才能改变巴基斯坦总统对美英向印度提供武器的不满态度。[③] 印度刚在边界战争中惨败于中国，认为此时如与巴基斯坦在克什米尔问题上和解，就是向后者投降。[④] 故印巴克什米尔谈判无果而终。

此时，巴基斯坦在外交活动中已经显现出更大的独立性。1961年12月，巴基斯坦一改前几年追随西方的做法，对美国阻挠恢复中国在联合国合法席位的提案投了弃权票，改而投票支持恢复中国在联合国合法席位的苏联提案。[⑤] 巴基斯坦显然已开始调整其外交策略，不再紧紧绑在西方国家身上了。巴基斯坦对英美大力援印的不满和印巴克什米尔问题谈判无果，是促使其调整对华关系的主要动因。

二、巴基斯坦最终放弃对印度的幻想

与印度的克什米尔争端是巴基斯坦生存攸关的安全问题，它始终感受

---

① “China-India Frontier Dispute: Part 2,” 1962, DO: PREM11/3839, The National Archives, London.

② “Sino-Indian Hostilities, Supply of Arms,” 1962, top secret, CAB: 21/5687, The National Archives, London.

③ “Frontier Dispute with India,” 1962, FO:371/164924, The National Archives, London.

④ “UK/US Talks Concerning Borders Dispute with India,” 1962, secret, FO:371/164930, The National Archives, London.

⑤ 《巴〈晨报〉评联大表决我代表权》,《人民日报》1961年12月19日。

到来自印度的严重威胁，曾试图与印度进行某种合作，以减少相互间的敌对。特别是在1962年中印边界战争前后，印度“有求于”巴基斯坦，需要巴与其在对华问题上“保持一致”，至少不去做危害它的事情。此时，巴基斯坦“上杆子”提出与印度签署针对中国的“印巴联防”协定构想，但却被印度拒绝。

当1961年印度陆军司令部在边境地区对中国实行“前进政策”时，曾下达指令明确规定：未经批准，不得从印巴边界抽调任何部队。[①] 此命令直至战争爆发才予以取消。即便印军在中印边界战争中面临崩溃时，也没有从印巴边界抽调军队予以增援。这主要是由于印度认为巴基斯坦对中印边境冲突态度尚不明朗，故仍保留80%的军队部署在印巴边界，将空军主力驻扎在西部地区。这表明即使印度在中印边界战局最不利的时候也依然对巴基斯坦高度防范。

印度被苏联和美、英均视为抗衡中国的重要国家。它通过玩“中立”从美苏两个阵营都获取了大量经济援助。仅1960年5月到1961年11月，美国方面已提供和承诺给印度的援助就超过40亿美元。1962年2月中国和巴基斯坦确认将进行边界谈判时，印度国内最初有人不相信巴基斯坦外交将转而与中国走近，如《印度斯坦旗帜报》就认为，巴基斯坦此举的真实目的只不过是“威胁”美国增加对其援助。苏联向印度第三个五年计划提供了共计7.86亿美元的贷款，是第二个五年计划的4倍。[②] 巴基斯坦希望也获得苏联的援助和支持，但是实质进展不多。[③]

1959年阿尤布·汗总统上台后，在稳定巴基斯坦国内政局的同时，曾一度想乘中印交恶之机，主要通过美国谋求改善与印度的关系。尽管此时巴国内也有声音批评尼赫鲁对西藏局势的态度为“双重标准”：一面怂恿十四世达赖喇嘛“解放”西藏，一面又坚持克什米尔保持现状。[④] 但为了缓和印巴关系，给即将开始的印巴运河水谈判让路，阿尤布·汗第一次就“西藏问题”发表了反对中国的言论，“在面对共产主义威胁的情况下”提

① Dr. P. B. Sinha, Col. A. A. Athale, *History of the Conflict with China, 1962*, pp.311, 329.

② 奉学勤:《1962年中印边境冲突时期的印美、印苏关系》,《天府新论》2007年第1期，第17—18页。

③ “Visit of Secretary of State to India,” 1962, secret, DO: 189/371, The National Archives, London.

④ “Chinese Political and Economic Consolidation of Tibet,” 1959, secret, DO: 35/8981, The National Archives, London.

出“印巴联防”以抗衡中国。然而，尼赫鲁不但对此建议毫无兴趣，还反问“防御谁，为何防御?”[①] 美英则欲“捆绑印巴”，促成巴基斯坦就西巴基斯坦同印度的边界等问题与印度会谈。在美英“帮助”下，印巴关系有了一定改善，解决了印度河水问题以及小的边界调整。但印度不愿外国“掺和”太深，如，它认为“西藏问题”是中印之间的事，不想美苏参与其中，对印巴联合应对中苏的想法也不以为然。[②] 克什米尔问题上，巴基斯坦想换回目前停火线分治区以外的穆斯林居住地，但手中并无与印度谈判的筹码。[③] 印度则并不希望与巴基斯坦达成协议。

1962年10月20日中国发起对印边境自卫反击作战，巴基斯坦政府对此保持沉默。印度认为，尽管美英对巴基斯坦政府施加了相当大的压力，但它仍不愿发表有利于印度的言论。印度官员又建议美英提醒巴基斯坦不要与中国走得太近，表示可以劝说印度政府高层打破与巴基斯坦关系的僵局，开启部长级对话。[④] 21日，印度、加拿大、不丹建议英国敦促巴基斯坦“不要乘机做出错误的短视行为”。[⑤] 但是，印度没有直接与巴基斯坦进行交涉，也没有答复后者提出的保持不战的条件，仅仅做出了一些姿态，包括让与巴基斯坦敌对的国防部长克里希纳·梅农（Krishna Menon）辞职等。11月14日和16日，印军再次发动进攻，中国军队被迫展开第二阶段自卫反击作战。印军大败后，尼赫鲁请求英、美直接进行军事干预。对此，巴基斯坦民众对西方国家的敌对情绪空前高涨，爆发了全国范围的群众示威活动，卡拉奇、达卡和吉大港，以及西巴基斯坦的拉瓦尔品第、海得拉巴等地，都有抗议集会、罢工，还发生了对美、英、印在巴工厂和外交驻地的冲击。11月18日，巴基斯坦外交部主动发声，将和平解决克什米尔的球抛给印度，[⑥] 印度对巴基斯坦的立场也很担忧。

中国的完胜对印度打击很大，印度向英美提出了更多的军事要求，以应付中国的“下一轮进攻”。巴基斯坦强烈谴责西方对印度的援助打破了印巴军事平衡。英美遂施压印度，后者一改过去不肯与巴基斯坦谈判克什

---

① Dr. Dr. P. B. Sinha, Col. A. A. Athale, *History of the Conflict with China, 1962*, p.397.

② “Sino-Indian Relations,” 1959–1960, top secret, DO: 35/8821, The National Archives, London.

③ “Sino-Indian Relations,” 1960, top secret, DO: 35/8822, The National Archives, London.

④ “Frontier Dispute with India,” 1962, FO:371/164914, The National Archives, London.

⑤ “Pakistan’s Reaction to Chinese/Indian Dispute,” 1962–1963, DO: 196/187, The National Archives, London.

⑥ “Frontier Dispute with India,” 1962, FO:371/164921, The National Archives, London.

米尔问题的顽固立场，似乎做出了明显让步。但是，印度内心里认为，此时与巴在克什米尔问题上和解，就是向巴投降。[①] 11月30日，尼赫鲁公开排除了在克什米尔问题上对巴妥协的可能性。[②] 在眼见会谈无任何成功迹象的情况下，[③] 英美促成了"阿尤布·汗—尼赫鲁关于同意进行部长级会晤讨论克什米尔问题的联合公报"这份一纸声明。这个姗姗来迟的消息在巴基斯坦受到人们的怀疑和谨慎欢迎，但反对党领袖巴哈杜尔（Bahadur）等议员及《民族报》《明星晚报》《黎明报》并不看好印巴会谈的结果。[④] 1962年12月29日，在巴印第一轮部长级会谈开始之际，巴基斯坦率先公布了中巴已原则上达成边界问题协议的两国政府联合公报，[⑤] 以示巴基斯坦对邻国的友好。盖与此有关，经过六轮会谈，印巴关于克什米尔问题的会谈宣告失败。至此，巴基斯坦对与印度联防、和平协商解决克什米尔问题的幻想已破灭。

三、巴基斯坦与中国友好关系的开启

巴基斯坦是第一个与中国建交（1951年）的伊斯兰国家。建国初期，和平、友好的外部环境和经济发展对两国来说都是优先选项。巴基斯坦加入敌视中国的东南亚条约组织，不可避免地影响到中巴关系。1955年万隆会议，中巴总理直接接触。在求同存异的原则基础上，中巴关系有了一定的进展，"希望消除彼此间的误解，改进彼此间的关系"。[⑥] 中巴领导人成功实现了互访。中巴尽管政治制度不同，对某些国际事务也有不同的见解，

---

① "UK/US Talks Concerning Borders Dispute with India," 1962, secret, FO:371/164930, The National Archives, London.

② "UK Press Coverage on Kashimir Dispute between India and Pakistan," 1962–1963, confidential, DO:194/28, The National Archives, London.

③ "Sino-Indian Hostilities, Supply of Arms," 1962, top secret, CAB: 21/5687, The National Archives, London.

④ 《巴基斯坦反对派领导人谴责美国力图扩大中印冲突》,《人民日报》1962年11月26日；《巴基斯坦穆斯林联盟总书记主张巴退出东南亚条约组织》,《人民日报》1962年12月19日。

⑤ "Military Quarantees to India and Pakistan," 1962–1963, top secret, DO: 196/147, The National Archives, London.

⑥ 毛泽东:《中国和巴基斯坦应该成为朋友》,《毛泽东外交文选》，第204页。

但两国都赞成万隆会议所通过的十项原则，[①] 都同意存在的分歧不应妨碍两国友好关系的融洽和加强。在冷战的大背景下，中国和巴基斯坦分属两大阵营。如毛泽东所说：我们还是不把巴基斯坦等三个国家“当作主要敌人对待”。[②] 在“西藏问题”上，巴基斯坦与西藏没有交界，“巴政府对中印事务不太感兴趣”。[③] 巴基斯坦《黎明报》还指责尼赫鲁企图干涉中国内政，[④] 认为“英国将西藏视为印度北部的缓冲区，而印度野心更大，鼓吹西藏自治无疑是想换取英美对其克什米尔立场的支持和经济援助”。[⑤] 印度认为，中国在克什米尔问题上所持的中立、维持现状的态度，实际上是偏向它的。而“敌视”中国一度被巴基斯坦视为与印度谈判时手中的“资本”。到了20世纪50年代末，中国与缅甸边界谈判顺利，巴基斯坦开始向中国提出谈判划定边界问题的建议。

历史上中巴之间从未划定边界，双方按照习惯线进行管辖，但很多地段的管辖分界线是很模糊的。1959年11月巴基斯坦总理布托（Zulfikar Ali Bhutto）在率巴代表团出席联合国大会期间与缅甸人接触后，深信“北京的确准备同那些具有同样愿望的邻国求得边界问题的合理解决”。[⑥] 布托回国后，巴基斯坦向中国提出了举行边界谈判的建议。但考虑到巴基斯坦是美国的盟国，又顾及紧张、敏感的中印关系，中国当时没有对巴基斯坦的提议做出答复。1960年2月10日，正值印巴会谈、中印会晤之际，阿尤布·汗总统再次表达了巴基斯坦与中国进行边界谈判的意愿。为了通过和平协商解决中印边界问题，避免进一步扩大中印矛盾，中国对巴基斯坦的第二次谈判提议仍没有做出回应。同年3月，巴基斯坦政府正式照会中国政府，提出就边界问题举行谈判。巴媒体也很“配合”，发文赞扬中

---

① 《中华人民共和国总理周恩来和巴基斯坦伊斯兰共和国总理苏拉瓦底的联合声明》（一九五六年十二月二十四日），《中华人民共和国对外关系文件集1956—1957》，世界知识出版社，1958，第143页。

② 毛泽东：《印度不是我国的敌对者，而是我国的友人》，《毛泽东外交文选》，第376页。

③ “Visit of Mr. McGhee of the US State Department for Talks between UK-US Officials on South Asia Problem,” 1951, top secret, DO: 35/3055, The National Archives, London.

④ 《巴基斯坦报纸论我进军西藏，斥尼赫鲁企图干涉中国内政》，《人民日报》1950年11月9日。

⑤ “India’s Attitude towards Chinese Sovereignty over Tibet,” 1950, FO: 371/84463, The National Archives, London.

⑥ 〔英〕内维尔·马克斯韦尔：《印度对华战争》，陆仁译，世界知识出版社，1981，第238页。

国在解决中缅、中尼边界问题上所体现出来的友好、公正态度，认为中印边界问题错全在印度。[①] 巴基斯坦认为有越来越多的国家正在改变对中国的态度，它在台湾问题、“西藏问题”、中印边界争端以及禁核试验等问题上，也采取了全面支持中国的立场。巴基斯坦政府虽然在改善中巴关系上向前迈出了一大步，但此时仍没有放弃利用“西藏问题”延伸的“中国威胁”“拉印防中”的想法。对于中国政府来说，为了确保边境地区的安宁以及发展与巴基斯坦的睦邻友好关系，当然愿意同意巴方提议。但考虑到巴基斯坦与中国接壤的西部边界涉及印度极为敏感的克什米尔地区，此时中国还没有放弃与印度和平解决边界问题的期望，故中巴关系此时仍非中国的关注要点。中国政府虽然对巴基斯坦政府的边界谈判提议仍未予以答复，但并没有停止与巴基斯坦发展关系。

1960年底，第三次中印官方边界问题会晤结束。《巴基斯坦观察家报》在回顾1960年的变化时说：中国的声誉提高了，她同缅甸的边界纠纷经过谈判得以解决，同印度也在坚持会谈，这种解决争端的态度影响了巴基斯坦。[②] 此时，中印边境冲突不断，且愈演愈烈。“敌人的敌人即朋友。”巴基斯坦夹在印度和阿富汗、中国与苏联中间，不得不寻找摆脱困境的新途径。而中国因中苏关系恶化，外交上又面临以美国为首的西方国家的封锁，也开始寻求更多亚非国家的支持，在处理边界争端中坚持采用和平谈判的方式。巴基斯坦断定这是改善与中国关系的大好时机。因此，它不愿再参与联合国含有谴责中国性质的行动，[③] 停止在其报刊上发表攻击中国的文章，拒绝参加1961年初东南亚条约组织在马尼拉召开的讨论遏制中国的会议。中国方面对巴基斯坦的一系列对华友好行动做出了回应。到了1962年2月，中国政府复照巴基斯坦，表示愿意进行边界谈判。5月3日，中巴就边界谈判问题发表“联合公报”，确认两国将进行边界谈判，[④] 以便就边界的位置和走向取得一致理解，并在此基础上签订一项临时性协议，待印巴克什米尔问题争端解决后，双方再签订一

---

① 《巴〈建设报〉说：在中印边界问题上过错全在印度》，《人民日报》1961年12月12日。

② 《十万缅甸居民夹道欢迎中国贵宾，周总理访问海港城市毛淡棉，缅甸国防军总参谋长奈温将军和夫人陪同前往》，《人民日报》1961年1月7日。

③ “Internal Political Situation in Tibet,” 1959, FO:371/141601, The National Archives, London.

④ 《确保两国边境安谧和发展睦邻关系，中国巴基斯坦同意进行边界谈判》，《人民日报》1962年5月4日。

个正式的边界条约来代替该临时性协议。巴基斯坦认为此举将大大改善其安全形势。其外长认为：巴在亚洲腹背受敌，形势堪忧，必须拓展周边关系；与中国协商边界问题，如中方能够认可巴基斯坦在克什米尔问题上的立场，无论达成什么协议，都符合巴的利益。[①] 10月12日，中巴在北京举行了第一次正式边界谈判。而中印边界战争的爆发无疑加速了中巴边界谈判的进程。

中巴举行边界谈判一周后的10月20日，中印边界战争爆发。巴基斯坦《战斗报》和《新光报》以社论的形式对正在进行的这场战争发表了评论，称中国是“一个热爱和平的国家”，指责印度挑起了这场冲突。[②] 巴基斯坦媒体显然已经接近中国对中印边界战争的说法，认为这“是印度在华盛顿唆使下蓄意进行军事挑衅和侵略的结果”。11月22日零时起，中国主动停火、撤军，寻求和平途径解决边界问题，此举得到了很多国家和国际组织的肯定。朝鲜《劳动新闻》、几内亚《自由报》、尼泊尔《祖国周刊》、阿尔及利亚《人民报》、缅甸《人民报》、柬埔寨《祖国报》，以及越南、沙特阿拉伯等，都要求印度政府接受中国的谈判建议。印度尼西亚《新闻报》和马来亚《马来亚箴言报》则对印度政府仍坚持“长期战争”准备提出质疑，[③] 英国坎特伯雷大主教也支持中国的谈判立场，澳大利亚尤里卡青年团表示全力支持中国政府对解决中印边界问题所采取的正义立场，英国共产党副主席杜德（R.Palme Dutt）在《劳工周刊》上称中印边界问题只能协商解决，《加拿大论坛报》称加拿大共产党全国执委会要求尼赫鲁接受中国提出的建议。

由于受国际大环境的影响，以及对自身利益的考虑，巴基斯坦个别领导人当时对发展与中国的关系似乎还多少有点“权宜之计”的想法。如，阿尤布·汗认为与中国保持关系有利于解决印巴克什米尔问题。[④] 巴基斯坦可“从中国获得一些暂时性的国家利益”，包括贸易往来和边界谈判。但巴基斯坦媒体看得都很远，如《晨报》认为，中巴已原则上达成边界协

---

① “Political Relations with Commonwealth Countries, Including Border Dispute with Pakistan,” 1962, FO:371/164927, The National Archives, London.

② Dr. P. B. Sinha, Col.A. A. Athale, *History of the Conflict with China, 1962*, p.397.

③ 《朝、越、几、尼、沙舆论要求印政府接受谈判，不许帝国主义煽风点火浑水摸鱼，阿尔及利亚〈人民报〉赞扬我国倡议希望印度不要错过机会》,《人民日报》1962年12月8日，第3版。

④ “Frontier Dispute with India,” 1962, FO:371/164921, The National Archives, London.

议的意义在于和平共处，为解决克什米尔问题提供了思路；乌尔都语报纸认为协议的达成将增加巴基斯坦在亚非板块的威望。[①] 中巴之间的经贸关系发展很快。1963年1月5日，中巴两国签订贸易协定，巴基斯坦开启贸易多样化，当年它一半以上的棉花销往中国。

中巴边界谈判不断取得进展：1962年12月18日，中巴发表“联合公报”，宣布就边界问题达成原则协议。1963年2月24日，巴基斯坦外长阿里·布托应邀赴北京签署边界问题协定并进行友好访问。中巴对边界条约的签订都高度重视。1963年3月，两国外长在北京签订了《关于中国新疆和由巴基斯坦实际控制其防务的各个地区相接壤的边界的协议》。中国国家主席刘少奇、国务院总理周恩来出席了签字仪式。副总理兼外长陈毅与布托分别代表各自政府签署了协定。巴基斯坦媒体赞扬中巴签订边界协议加强了亚非集团，使巴基斯坦的国际地位得以提升。8月，巴基斯坦不顾美国的强烈反对，成为与中国通航的第一个非社会主义国家。1963年11月7日，中巴关于边界航空摄影的工作顺利完成。1964年2月，周恩来总理访问巴基斯坦，巴明确支持中国的核政策，双方在边界、贸易和民航方面达成了若干协定，文化交流也进一步扩大。1965年3月，阿尤布·汗总统对中国进行了国事访问，刘少奇、周恩来亲自到机场迎接。两国领导人成功互访，中巴关系进入友好时期。同月26日，在巴基斯坦拉瓦尔品第，陈毅和布托分别代表两国政府在边界议定书上签字，至此，中巴边界谈判工作顺利、圆满结束。边界议定书的签订成为巴基斯坦对华关系的一个里程碑。[②]

1965年9月，由于克什米尔争端，印巴之间再度爆发战争。印度军队一方面越过停火线，向巴控克什米尔地区发动进攻，另一方面又越过印巴边界，向巴基斯坦的拉哈尔地区进攻。对于印巴的冲突，中国仍然坚持不卷入的立场，但是在道义上明确支持巴基斯坦，谴责印度军队的扩张行径。根据巴方的要求，中国以最快速度向巴提供了一批武器和军事装备。此外，中国外交部还连续三次照会印度驻华使馆，对印军侵犯中国领土提出强烈抗议，要求印方拆除它在中锡边界中国一侧和跨中锡边界线上的所

① “Political Relations with Commonwealth Countries, Including Border Dispute with Pakistan,” 1962, FO:371/164928, The National Archives, London.

② 韩晓青：《无意识的推动者——中巴边界谈判过程中的印度因素》，《南亚研究》2010年第3期，第41—52页。

有工事，立即停止在中印边界和中锡边界的一切入侵活动。巴基斯坦需要修建北部公路来加强对所控克什米尔地区的国土安全，1966年与中国合作，开始在险峻的喀喇昆仑、兴都库什和喜马拉雅山脉之间修筑中巴公路。这条中巴公路如今已是中巴经济走廊的一部分。

20世纪60年代末，美国由于长期陷入越战泥潭，在与苏联的争霸中渐处劣势。1969年1月美国总统尼克松上台后，力图从越战中脱身，于8月亲访巴基斯坦，并请巴总统叶海亚·汗（Agha Muhammad Yahya Khan）转告中国领导人，说他愿意同中国对话，改善中美两国关系。此后，叶海亚·汗总统在中美领导人之间多次传递口信，起牵线人作用，直至促成1971年基辛格成功秘密访华和1972年尼克松的中国之行。在中美和解的过程中，巴基斯坦起了重要作用。

回顾历史，独立后的巴基斯坦在人口、地理位置和综合实力上与印度相比均处于劣势，因而在政治、经济、军事乃至外交政策方面都严重依赖美英。但随着克什米尔问题突破无望，美印走近，所谓“不结盟”的印度既有苏联支持，又获得西方的经济援助，这些都使得巴基斯坦对自己的处境深感忧虑。特别是中印关系恶化后，美苏都越发重视印度制华的潜力，忽视巴基斯坦的安全关切，而巴基斯坦则屡次为了英美而牺牲其自身利益去维护与印度的关系，不满情绪日甚。1962年中印边界战争爆发后，西方第一时间给印度提供了大规模武器援助，并逐渐扩大范围，极大地刺激了巴基斯坦民众的不满和愤怒情绪，以致影响了总统阿尤布·汗的国内威望。在当时的冷战格局中，巴基斯坦对英美援印而未兑现事先与其咨询的承诺进行了抗议，也对美英援印的数量和范围可能危及巴安全表达了强烈不满，还对美英没有施压尼赫鲁与巴解决克什米尔问题提出了抱怨，但都没有什么结果。因此，巴基斯坦在很大程度上是因为不满其美英盟友在经济、军事、政治立场方面均明显向印度倾斜才决定调整对外关系的；而印度在克什米尔问题上拒不妥协，令巴基斯坦对其幻想破灭，则更坚定了巴基斯坦寻求外交独立性的决心；中国在与缅甸、尼泊尔等邻国边界谈判中的“示范”效应，再加上中印边境冲突导致的两国关系严重恶化，则使巴基斯坦义无反顾地加快了与中国走近并很快达成边界问题协议的步伐。特别是中国在中印边界战争中完胜仍主动寻求和平谈判，军事实力和综合国力的威慑力及其领导人的战略远见，对巴基斯坦产生了很大影响。可以说，中印边境冲突助推巴基斯坦加快了开启中巴友好关系的新篇章，而中巴处理边界问题的做法，也不失为国家间通过友好谈判，公平、合理地解决历史问题的典范，至今仍具有重大的现实意义。

第二节　中印边界问题的前世今生与中国的和平发展

中华人民共和国成立后70多年的历史发展证明，中印边界问题的走势对中印关系的发展至关重要，而中印关系的发展又与中国和平发展的外部环境密切相关。从世界范围来看，目前决定中国和平发展国际成本的主要有两个国家，即亚洲大陆之外的美国和亚洲大陆之内的印度。极为棘手、复杂的中印边界问题，对于中国的健康发展具有十分重要的影响。自20世纪50年代以来，对于英国统治印度时期遗留下来的边界问题的态度和处理方法，在很大程度上决定着中印这两个世界上人口最多的国家间关系的发展走向。妥善应对这一挑战，不仅是亚洲大陆乃至整个亚洲和平发展的重要前提和保证，也关系到中国提出的“一带一路”倡议及其相关建设的进程。因此，把中印边界问题的过去和现状以及与此相关的主要问题梳理清楚实属必要。近年来，特别是莫迪（Narendra Modi）担任总理后，印度外交日趋灵活，力图“实”“势”兼谋，博取更大利益，这对我国来讲既是挑战，也是机遇。我们应抓住各种有利时机，排除干扰，在继续有效管控边界问题的同时，积极争取推动中印关系全面发展，为实现中华民族的伟大复兴营造良好的外部环境。

中国和印度这两个世界文明古国，历史上长期和平、友好相处，曾在各自的民族革命以及自由、独立事业和国家建设中相互鼓励和支持。20世纪50年代后期之前，“印中人民是兄弟”一直是两国关系的主流，但由于在“西藏问题”上的分歧以及与此相关的边界争端、武装冲突乃至1962年的边界战争，中印关系急速恶化、跌入低谷。此后，边界问题成为影响两国关系健康发展的主要障碍。自20世纪80年代末中印关系实现正常化至2017年洞朗事件的发生，两国在边界问题上虽然仍存有分歧，甚至偶尔发生对峙，但言辞和行动上都鲜有激烈对抗。然而，由于历史的原因及双方对边界问题的认识、解读、意图和立场的严重差异，特别是印度方面由于心态失衡，近年来直接和间接针对边界问题的小动作频频，特别是2017年在洞朗地区发生的军事危机和2020年在加勒万河谷发生的造成重大人员伤亡的严重对峙和冲突，又进一步加重了最终解决边界问题的复杂性、艰巨性和不确定性。继续妥善应对和处理边界问题，不但事关中印两国关系的健康发展，而且直接影响到中印各自与南亚其他国家的关系，也对中印两国与美、日等全球主要大国的关系具有不可忽视的影响，关系到中国和平发展的前景。

一、中印边界问题的影响不容忽视

对于中印关系而言，纠纷的焦点是英国殖民印度时期遗留下来的边界问题。20世纪50年代以来，两国因边界问题发生过分歧、对峙、武装冲突，乃至边界战争，双边关系也因此起起伏伏。中印于20世纪80年代末实现关系正常化30多年来，从表面上看，边界问题对中印关系大局的影响一度在减弱，双方对边界问题实行了卓有成效的管控，在对待和处理双边关系时更加务实，但2017年以来其消极影响又出现“反弹”，使中印关系经受了严峻考验和挑战，边界矛盾的尖锐性时起时伏。然而，从历史来看，需要对解决争端的长期性做好足够的准备，就边界问题对中印双边关系、南亚地区关系、整个亚洲地区的国际关系的长远、深刻和复杂的影响，一定得给予高度的重视。因此，有必要就中印边界问题的几个主要方面进行具体考察和分析。

第一，中印边界大体分为东、中、西段以及锡金段，总体上看大都未划定（只有锡金段已划定），但争议复杂和激烈程度不一。其中，东部和西部边界争议较大，多次引发对峙、冲突甚至战争。从历史来看，酿下中印边界祸端的是英国人，而使边界争端长期不能解决，且不时搅动中印边境地区局势和南亚地区关系，甚至影响国际关系的则是印度人。19世纪末20世纪初，为了扩大英属印度的势力范围，并试图以文件形式划定英属印度的地理边界，英国想尽办法图谋西藏“自治”，一手操办1913—1914年的西姆拉会议，并炮制出东部边界非法的“麦克马洪线”。当时的中国中央政府代表陈贻范，在英方的胁迫下，用英文草签了会议文件草稿。中国中央政府很快通过三个管道[①] 声明其草签无效，而且西姆拉会议正式文件列明，必须要参会三方都在正式文本上签字和盖章后才算生效。因此，陈贻范草签过的西姆拉会议的文件和非法的“麦克马洪线”并不具有法律效力，这一点英国政府是心知肚明的，不少印度学者也是承认的。然而，印度政府一贯置文件规定的生效条件于不顾，强词夺理，片面强调中英藏三方都签了字，条约就是有效的，并轻描淡写地说“中国政府的批准，对西藏与印度之间边境条约的有效性，并不起实质作用”，故一直单方面声称西姆拉会议“确定了印度—西藏，西藏—中国之间的边界”。[②] 时至今日，中印双方对边界问题的历史“证据”和法理“依据”分歧依旧。对于边界的整体状况，印度官方一直坚持其立场，即中印边界东、中、西段都已不存在问题，“不是习惯上早已被承认，就是已被条约所确定，或两者兼而有之”。其东段边界已在西姆拉会议上“正式确定下来”，非法的“麦克马洪线……具有完全合法的地位”。[③] 印度总理尼赫鲁在中国人民解放军入藏后于1950年11月20日接受议会质询时称，从不丹到伊洛瓦底江—萨尔温江的边界“已经由1914年的西姆拉会议上确定的麦克马洪线所清晰界定”，此后将继续作为印度与中国西藏之间的边界。[④] 关于西段边界，印方所列的主要“理由”是1684年的丁莫冈条约以及1842年10月查谟邦多格拉族统治者、克什米尔国王古拉伯·辛格与西藏喇嘛古鲁莎黑巴以及清朝皇帝的代表三方签订的一项协议，而且辩称根据1842年条约，拉达克的边界线“从古时候就已确定了下来”，而这“明确无误地表明，拉达克与西藏之间的界线是众所周知的，无需什么正式划定”。[⑤] 但事实上，西段边界甚至连地图上的一条线都不存在。相比东段和西段，中部边界争议较少，锡金段已由1890年《中英会议藏印条约》确定，印度历届政府多次以书面形式对此予以确认，承认双方对锡金段走向没有异议，甚至在1962年中印边界战

① 这三个管道是：当时的中国中央政府代表陈贻范在西姆拉会议期间通知英方，称中国政府拒绝对他草签草约的行为承担责任，不会接受此种解决方案；中国政府照会英国驻北京公使，声明界务一端，不能承认；中国政府电告驻伦敦公使，指示他到英国外交部声明：中国谈判代表陈贻范是在没有得到中央政府的指示且在被迫的情况下草签的草约，中国政府不能承认。

② 〔印〕D.R.曼克卡尔：《谁是六二年的罪人》，第7—8页。

③ Dr. P. B. Sinha, A. A. Hthale, *History of the Conflict with China, 1992*, pp. 1, 5.

④ “Boundaries between India, Tibet and China,” 1950, FO: 371/84464, The National Archives, London.

⑤ Dr. P. B. Sinha, A. A. Hthale, *History of the Conflict with China,* p. 2;〔印〕D. R.曼克卡尔：《谁是六二年的罪人》，第31页。

争时，这一段边界也是相安无事的。20世纪60年代后期，中印曾在锡金段发生对峙甚至武装冲突，但最终以印军撤走在边界非法建设的军事设施而告终。印度后来又出尔反尔，在2017年挑起洞朗事端时明确提出中印边界锡金段并未划定，强调1890年条约只是提供了这段“边界走向的基础”，这是否认历史界约，给中印边境管控及两国关系埋下了更大的隐患。[①] 中国和不丹虽尚未签署边界协定，但向来少有事端，且在2012年接近达成协议。然而，让人难以理解的是，近年来，在本来没有什么争议的中段边界，印方却时常无理挑起事端。一个世纪以来，历届中国政府的立场都很明确，均不接受西姆拉会议的结果，不承认非法的“麦克马洪线”的合法性，中华人民共和国政府更是明确认为中印边界从未划定，但是态度灵活、友好、务实，主张可根据历史沿革等实际情况，通过与印度进行友好谈判协商，重新商定边界线，而印方却一直不愿相向而行。

第二，印度对于中国立场的片面理解、主观臆测和严重误读。印度历史上视西藏为其势力范围，印度政府认为1949年12月初西藏政府给毛泽东主席写信“很傻”。[②] 印度官方把中华人民共和国成立初期在中印边界问题上未做明确表态臆想成是对印度主张的同意或默认。例如，印方认为，1951年和1952年双方讨论印度在西藏的利益时，“中国政府均未提出有何边境问题需要谈判”；[③] 1953—1954年中印就我国西藏地方与印度关系进行谈判和签署《中华人民共和国和印度共和国关于中国西藏地方和印度之间的通商和交通协定》的过程中，中国也没有提出边界问题。印度竟然据此武断地认为中国政府已经失去了“就西藏与印度边境提出问题的一个机会”。印度官方间接承认，印度在中华人民共和国成立之初对华友好，在中国的联合国席位问题、朝鲜战争尤其停战谈判、万隆会议等重大国际事务中帮助、支持、同情中国，最主要的目的，就是想在边界问题上从中国方面得到报答或补偿。根据印度官方透露的意思（并未明确说明），1954年4月中印签订《中印关于中国西藏地方和印度之间的通商和交通协定》

① 《中国驻印大使谈印军越线：首次出现如此严重事态》，凤凰网，2017年7月5日，https://news.ifeng.com/c/7faeQdc080m，访问日期：2020年6月6日。

② “Policy towards Tibet, India, UK and American Views,” 1949, FO: 371/76317, The National Archives, London.

③ 〔印〕D. R. 曼克卡尔：《谁是六二年的罪人》，第12页。

时，印度“为了表示友善之意”才“承认西藏是中国的一个地区”。[①] 但是，无论从法律上还是从逻辑上来看，印度上述态度和立场显然是站不住脚的。中国政府未在当时向印度政府提出抗议或异议，主要是为了维护中印友好大局，绝非等同于默认印方对非法的“麦克马洪线”及其他争议边界段的主张。

第三，印度因对中国戒心很大，心态严重失衡，在很大程度上决定着它对中印边界问题的态度，而消除或减弱这些不正常心态带来的消极影响需要一个很长的过程。中印两国1962年边界战争的影响极其深远，西方称之为“几十年回音不绝的战争”。几十年来，中印就边界问题进行了旷日持久的谈判，在若干问题上达成了一些共识，取得了阶段性成果，对分歧进行了有效管控，增进了互信，但双方对于如何解决习惯线和实际控制线之间的分歧，立场差异还很大，至今未有实质性进展。虽然中印关系总体还算稳定，但印度在边界问题上一直对中国存敏感之心，高度戒备，时常有防范之举，小动作频频，甚至制造了2017年洞朗军事危机和2020年加勒万河谷流血冲突事件。印度的这种心理以及与其大国身份和地位极不相称的做法不仅来自边界问题本身，边界局势的发展动态还与印方对于中印关系的战术行为和战略考量有着双向影响，并相互作用。

由于上述多方面的原因，近年来，尽管中印边境地区局势已趋和缓，但印度仍有人担心实际控制线纠纷可能阻碍印中建立互信的举措，边界问题会对中印关系产生不利影响，也有人不时在边界问题上做文章，一是出于国内政治的考虑，二是企图增加印度与中国打交道时的筹码，在美国、日本等意在遏制中国的西方国家中博取好处。对于中国在边境地区正常的军事部署和经济活动，印方也往往指责为所谓的“中国威胁”。2015年8月，印度多家媒体报道说，中国将在中印边境地区的西藏岗巴拉山新建三个无人值守雷达，认为这是针对印度的战略部署。对于中国在自己境内的一些经济活动，印方神经也过于敏感。如2015年10月印度媒体对中国开始全面运行在雅鲁藏布江上的西藏最大的水电工程进行了报道，担心此举会影响印度的供水，甚至会使中国拥有在中印发生冲突时放水从而导致严重洪水威胁的能力。执政的印度人民党甚至花不少力气用“中国威胁”培训党员。印度还不时打“西藏牌”，增加自己与中国谈判的筹码，如在

---

① Dr. P. B. Sinha, A. A. Hthale, *History of the Conflict with China, 1992*, pp. 23-27.

2017年4月放行十四世达赖喇嘛窜访我藏南地区（印度自称“阿鲁纳恰尔邦”），还派政府高级官员陪同，意在给中国增添麻烦，施加压力。

为了“防范”中国，印军屡有针对性极强的动作。如，2015年9月，印度军队和“印藏警察”部队越界拆除了中方在天南河谷修建的一个哨所，与解放军在该地区发生“剑拔弩张”的对峙。同年12月，印度陆军方面声称，关于中印边界，最好的主权声索就是加强对边境地区的实际控制。2016年5月底，印度空军重新启用了我藏南地区处于印度控制下的梅楚卡前沿机场，意在加强其空军在东北部地区的后勤保障能力。2017年4月，印度因不满中国公布藏南地区六个增补地名，宣布在两国边境敏感地区增设两个前沿机场。还有印军方高级将领妄言中国处处“遏制印度”，如2015年11月，印度空军参谋长阿鲁普·拉哈（Arup Raha）称：“中国与印度所有的邻国都加强了经济和军事关系。”在一些印度人看来，中国快速推进西藏基础建设，建成世界海拔最高的民用机场和通往拉萨的铁路线，建设瓜达尔港和中巴经济走廊，修建西藏至中印边境的公路，以及中国加强与斯里兰卡、孟加拉国、尼泊尔、不丹和缅甸的军事关系等，“所有这些战略步骤都意在遏制印度”。[①] 2016年6月，有印媒炒作中国的歼轰–7战机在阿克赛钦“入侵”印度领空；因担心“太靠近”中印边界实际控制线，印度国防部反对与中国合作修建边境地区连接达旺和维查耶纳伽尔的高速公路。[②] 10月30日，莫迪在排灯节“到访”中印边境的偏远地区慰问印度士兵，意在宣示印度在边界问题上的立场。

应该看到，中印边界问题一直都高度敏感，涉及两国主权、历史认知和国民情感，特别是决策者、议会、军方、媒体、大众的心理等诸多问题。双方虽然建立了一些互信措施，但信任程度还远远不够，边境地区并不总是那么平和。2017年3月，联合国安理会支持经过巴控克什米尔地区的中国项目，首次把中国的“一带一路”倡议纳入联合国决议，印度深感担忧，认为此举会削弱印度方面的领土主张。

---

① 《印将领妄言中国与印邻国加强关系是在“遏制印度”》，参考消息网，2015年11月11日，https://world.cankaoxiaoxi.com/bd/20151111/993529.shtml，访问日期：2020年11月23日。

② 《印度军方反对与中国合修边境高速》，《环球时报》2016年6月24日。

二、中印关系事关中国与南亚国家关系的发展

前面提到，印度在对待周边国家的态度上，继承了英国殖民者的价值观，这在深度和广度上对印度统治阶层心理的影响绝对不可小觑。印度一向把南亚地区看作自己的势力范围，视印度洋为其后院，一直对中国在南亚影响力的不断扩大高度警惕。尽管中国一向本着平等互利、和平友好的方针发展与巴基斯坦、尼泊尔、不丹、孟加拉国、斯里兰卡、马尔代夫等南亚国家的关系，但印度却一直十分敏感，对中国与这些国家发展正常的经济、贸易、外交、军事关系高度关注，疑心重重。2015年7月，有印度学者称，莫迪总理南亚外交的目标，是让北京默认南亚是印度的“地盘”，游说印度小的邻国不要讨好中国。[①] 因此，中印关系的阴晴冷暖直接影响到印度对中国南亚政策的评估以及所采取的应对措施。

被印度视为宿敌的巴基斯坦，与中国的关系在互利共赢的原则下稳步发展。1959年9月，作为美国盟友的巴基斯坦不愿追随美国参与联合国在所谓“西藏问题”上含有谴责中国性质的行动。中印边界战争爆发后，巴基斯坦总统阿尤布·汗给尼赫鲁的复信以及巴外交部的声明都宣称，巴基斯坦非常关注南亚地区的和平与稳定，致力于世界和平并与所有邻国都保持友好关系，希望中印边界争端能够得到和平解决。与此同时，巴基斯坦方面强调了解决克什米尔问题的重要性。[②] 1962年10月，中印边界战争爆发不久，中巴开始边界谈判。战争结束后，为了减少边境地区的压力，印度试图缓和与巴基斯坦因克什米尔争端一直紧张的关系，于1963年1月邀请巴基斯坦总统阿尤布·汗访问印度。但阿尤布·汗及国内舆论仍然激烈批评西方国家对印度的武器援助。[③] 1963年3月，巴基斯坦与中国签署了边界协定。此后至今，中国虽与巴基斯坦经济、军事、外交关系密切，但在

---

① 《港媒：中国南亚双赢外交惹恼印度，无视印报复》，2015年7月7日，环球网转自亚洲时报在线，https://mil.huanqiu.com/article/9CaKrnJN42U，访问日期：2020年8月9日。

② “Internal Political Situation in Tibet,” 1959, FO:371/141601, The National Archives, London; “Chinese Political and Economic Consolidation of Tibet,” 1959, secret, DO: 35/8983, The National Archives, London; “Frontier Dispute with India,” 1962, FO:371/164921, The National Archives, London; “China/India Frontier Dispute,” 1962, PREM:11/3838, The National Archives, London.

③ “Military Quarantees to India and Pakistan,” 1962–1963, top secret, DO: 196/147, The National Archives, London.

处理印度最为敏感的克什米尔问题时一向持中立原则，谨言慎行，但印度仍有不少人对目前正在推进的中巴经济走廊建设心有不悦，在克什米尔问题上制造对中国不利的舆论。还有印媒对2015年6月中国潜艇首次停靠巴基斯坦卡拉奇港进行过度解读。当印巴关系出现紧张，特别是印度境内发生恐怖袭击事件和印巴发生冲突时，印度官方和部分媒体舆论常常“迁怒于”称巴基斯坦为“巴铁”的中国，并针对中国采取一些极不友好的举动，如2016年10月印巴发生流血冲突事件后，有些印度社交媒体便毫无道理地掀起了波及印度多个地方的“抵制中国货”浪潮。

对中国与尼泊尔关系的发展，印度一直极为敏感，将中尼关系的温度视为印度在尼传统影响力消长的重要参照。印度有人认为，尼泊尔作为地处中印两国夹缝间的内陆国家，对印度来说相当于防止中国在南亚扩大影响力的“缓冲地带”。对于中国对尼泊尔长期提供经济援助，发展双边关系，在尼向来居有主导地位的印度戒心很重，屡屡对尼“提醒”“警告”，多方施加影响。1953年12月14日的《印度时报》就夸张地渲染“在西藏的共产党”对尼泊尔的“红色威胁”。1956年，印度与尼泊尔签署防务协定，但真正关注的是尼泊尔与西藏之间的边界。1957年6月，印度就中国在尼泊尔的“渗透”向尼提出“警告”。1959年11月，中印发生边境武装冲突后，印度批评尼泊尔在中印边界争端上态度不鲜明，没有谴责中国。[①] 尼泊尔则努力在中印之间维持平衡、微妙的关系。如，1960年1月，面对美国等西方国家的压力，尼泊尔内政部长否认有中国军队进入尼境内。1962年1月时，就连英国驻尼泊尔官员也认为中国“没有颠覆尼泊尔的企图”。[②] 1964年1月初，美国防长麦克纳马拉（Robert Strange McNamara）称，中国向尼泊尔提供了经济及包括武器弹药在内的军事援助；但尼泊尔外长称，尼只从中国获得了经济援助而未得到任何军事援助。3月下旬，尼泊尔在尼印边界部署重兵，防止来自印度境内的袭击。[③] 然而印度未有过激反应，与尼泊尔的关系反而有所改善。1964年12月，中国援

---

① “India’s Relations with Tibet (1952–1954),” confidential, DO: 35/6709, The National Archives, London; “Sino-Indian Relations,” 1952–1959, top secret, DO: 35/8817, The National Archives, London; “Sino-Indian Relations,” 1959, top secret, DO: 35/8820, The National Archives, London.

② “Frontier Dispute with India,” 1960, FO: 371/150438, The National Archives, London; “Frontier Dispute with India,” 1962, FO: 371/164910, The National Archives, London.

③ “Relations with India and China, 1964–1966,” 1966, DO:196/260, The National Archives, London.

建的尼泊尔山间公路通车，对尼泊尔的经济发展发挥了重要作用。1962年边界战争后中印关系陷入低谷，尼泊尔是此时中印保持官方联系的主要管渠之一。如，1965年4月上旬，印度驻尼泊尔大使应邀出席了尼政府为来访的中国副总理兼外长陈毅举行的欢迎宴会。4月下旬，印度总理访问尼泊尔并发表了联合公报；12月，尼泊尔国王访问印度。1966年2月，尼泊尔国王和王后访问印度并发表联合公报；4月，尼泊尔和印度发表联合声明。在与印度关系改善的同时，尼泊尔也明显拉近了与中国的关系。1966年8月，尼泊尔王储比兰德拉（Bir Bickram Shah Dev Birendra）首次访华，拜会了毛泽东主席。此后，中尼关系虽有过小曲折，但总的趋势是不断改善和发展。随着自身经济的快速发展，中国加大了对尼泊尔援助和支持的力度。2015年10月，印度因对尼泊尔宪政改革不满封锁尼印边境，导致尼汽油严重短缺，中国应尼请求通过陆路提供石油以解其燃眉之急，在南亚地区和国际上产生了很大影响。有印度资深外交官称，印度与尼泊尔的关系已经受损，印度的封锁在尼泊尔民众心中造成的真空已经被中国填补。有美国媒体声称，中国向尼泊尔紧急提供汽油意味着“印度将尼泊尔推进中国怀抱”。[①] 外国媒体这些明显带有炒作和煽动甚至挑拨意味的论调，自然会对印度民众的心态产生影响。2016年12月初，中国打通广东—西藏—尼泊尔公路铁路联运通道，令印度感到不安。2017年3月，中国国防部长在时隔15年后再度访问尼泊尔，并宣布将举行首次联合军事演习，令尼泊尔的“老大哥”印度又感紧张。

对于中国与斯里兰卡、孟加拉国、不丹、马尔代夫等印度邻国关系的发展，印度也抱持同样的心态。印度历史上把斯里兰卡当作小弟弟，视其为“战略后院”，但斯里兰卡与中国发展建设性关系，与中印都保持友好的步伐从未停止。1959年3月西藏平叛后不久，4月4日的《锡兰时报》等多家媒体，随着印度的调门，称西藏平叛是“悲剧”，对中国政府进行批评甚至谴责。为了拉拢锡兰（今斯里兰卡），尼赫鲁罕见地主动要求与其讨论西藏局势。同月，朗久事件发生后，锡兰曾试图在中印之间进行调

---

① 《日媒：中印激战争夺尼泊尔，尼泊尔开始转向中国》，中华网，2016年4月26日，https://3g.china.com/act/military/568/20160426/22521852.html，访问日期：2020年10月15日；《美媒：是谁将尼泊尔推入中国的怀抱？》，环球网，2015年10月26日，https://oversea.huanqiu.com/article/9CaKrnJQTSt，访问日期：2020年10月22日。

解。[①] 中印边界战争爆发后，中国刚一宣布停火，锡兰总理班达拉奈克夫人（Sirimavo Bandaranaike）即于1962年11月22日致信给阿拉伯联合共和国（简称“阿联”，由埃及和叙利亚合并而成）、缅甸、柬埔寨、加纳、印尼等国首脑，建议六国召开会议，就中印边界争端进行调解，随后于12月主办了科伦坡会议，锡兰外长还请求英国为访问新德里和北京的科伦坡会议代表团途经香港提供方便。1964年5月，锡兰还就解决中印边界西段问题向中印双方提出建议；8月，锡兰再度试图调解中印争端。[②] 近年来，印度对斯里兰卡与中国关系的快速发展常感不快，如2015年7月，斯里兰卡政府批准与中国合作建设连接汉班托塔与马塔拉的高速路，令印度感到恼火。2016年11月初，印度担忧中国乘与斯里兰卡在汉班托塔港项目上的合作在该港口“永久存在”。自20世纪80年代以来，中国一直积极参与孟加拉国的基础设施建设，两国关系发展顺利，至2016年10月提升到战略层面，中国还承诺使孟加拉国全面融入“一带一路”倡议。2005年，中国超过印度成为孟加拉国最大贸易伙伴。印度对此多有不甘，极力拉拢孟加拉国，如2016年8月表示将向孟提供45亿美元的优惠贷款。2016年11月中旬，孟加拉国购买两艘中国潜艇，被印度视为“挑衅行为”，是旨在包围印度的战略的一部分。印度还不断加紧对不丹和锡金的控制。印度对不丹的干涉和控制企图更深。1958年12月，印度在表示不干涉不丹内政和外交的同时，又对不丹与西藏的边界问题做出“保证”。1959年8月，英国表示担心中国可能要“解放”不丹、锡金和拉达克地区，加重了印度的不安。尼赫鲁在议会称，印度政府“负责保护锡金和不丹的边境和领土完整，对不丹和锡金的侵略就是对印度的侵略”。12月初，尼赫鲁再次在议会发表同样的言论。[③] 与此同时，印度通过签署条约加强了对不丹和锡金的控制，此种控制在中印边界战争后进一步强化。1964年9月，印度指责中国

---

① “Chinese Political and Economic Consolidation of Tibet,” 1959, secret, DO: 35/8981, The National Archives, London; “Relations between India and China（Border Dispute between India and China）1959–1960,” 1960, top secret, DO: 133/148, The National Archives, London.

② “Frontier Dispute with India,” 1962, FO: 371/164923, The National Archives, London; “Frontier Dispute with India,” 1962, FO: 371/164926, The National Archives, London; “Sino-Indian Relations,” 1964, top secret, DO: 196/242, The National Archives, London.

③ “Sino-Indian Relations,” 1952–1959, top secret, DO: 35/8817, The National Archives, London; “Violation of Borders of India by China,” 1959, FO: 371/141271, The National Archives, London; “Relations between Nepal, Bhutan, Sikkim and India, in Event of Chinese Aggression,” 1959–1960, confidential, DO: 35/8977, The National Archives, London.

“侵扰”锡金，诬指中国占领不丹某些村庄。1965年1月，中国抗议印度在中锡边界修建据点和侵犯中国领土。[①] 9月，中国就印度侵犯中锡边界提出强烈抗议，要求印度拆除中锡边界军事设施。印度先硬后软，先是称“将为自由而战”，“蔑视中国的最后通牒”；12月，中印在锡金边界爆发冲突，造成士兵伤亡，印度最后拆除了相关设施。此后，中国和不丹的关系稳步改善，到2012年中不两国领导人会谈后首次显示出建立全面外交关系的迹象，引发印度“严阵以待”，并导致印度在当年不丹大选前夕取消了对它的石油补贴。2016年8月，中不举行第24轮边界会谈，就争议领土接近达成解决方案，引起印度密切关注。[②]

近年来，虽然印度在南亚邻国中仍具有重大影响，但影响力已有所减弱。有印媒称，“中国的邻国大都在经济上对其十分依赖，印度无法改变这一现实”；反观印度，由于干涉尼泊尔制宪政权、封锁尼印边界，插手斯里兰卡的政权更迭，干涉马尔代夫内政，对邻国持高人一等的姿态，不讲外交策略，派驻这些国家的外交官行为反而像当地总督，印度由此在邻国不那么受欢迎。[③] 但必须看到，由于历史、地理、民族、宗教等各方面的因素，印度依然是南亚地区“老大”，对任何域外国家与南亚国家之间关系的发展，都会高度关注并做出反应。只是印度政府、议会、军方、媒体和公众对中国与南亚其他国家发展关系有时不再像以前那样高度敏感了。如，2016年印度国防部报告就与以往不同，没有直接点名中国和巴基斯坦。对于中国与南亚其他国家的关系，印度以往以警惕、对抗为主调的心态似乎在逐渐被审视、竞争和干扰所替代。

三、域外因素对中印关系的影响不可轻视

20世纪50年代以来，英、美、苏联（俄罗斯）等国对中印关系的发展

---

① “Sino-Indian Relations,” 1964, top secret, DO: 196/242, The National Archives, London; “Sino-Indian Relations,” 1964–1965, secret, DO: 196/243, The National Archives, London.

② 《法媒：印度以大笔贷款拉拢孟加拉国，对抗中国影响力》，参考消息网，2017年4月10日，http://m.cankaoxiaoxi.com/wifi/world/20170410/1864995.shtml#，访问日期：2020年9月9日；《印度紧盯不丹走近中国》，环球时报网，2016年10月17日，http://m.haiwainet.cn/middle/345415/2016/1017/content_30412193_1.html，访问日期：2020年9月10日。

③ 《印媒：莫迪应向中国学习低调行事》，参考消息网，2015年5月26日，http://column.cankaoxiaoxi.com/bd/20150526/794868.shtml，访问日期：2020年10月23日。

产生过较大影响。随着中印关系正常化以及南亚地区关系和整个国际局势的变化，域外因素总体来说对中印关系的直接影响趋于减弱，但上述国家以及日本等国对中印关系的干扰较以前更为复杂。近年来，一直追求世界强国地位的印度在外交方面更加积极、主动、灵活，与其他大国及具有地区影响的国家的关系基本上是基于利益原则。它既想从对华交往中获得尽可能多的经济利益，又试图通过加强与美国、日本、俄罗斯、法国、澳大利亚、越南等国的军事关系谋取更大的战略利益，进而增加对华谈判的筹码，谋取更多实惠。有印度媒体对此直言不讳，称印度可从中日之间的经济角力中“渔翁得利”，虽“永远不愿公开与美国携手”，但为了平衡中国可以与美国及其盟友进行合作。①

值得注意的是，近年来，美、日等西方国家极力遏制中国的迅速发展，千方百计地为中国制造障碍，与中国有边界争端的印度自然成为它们拉拢、利用的对象。许多西方国家利用印度急于成为世界强国的“雄心”，不但在军事、经济、技术等方面援助印度，在国际舞台上为印度站台、造势，而且频频炒作中印之间的竞争、“相互制衡”以及“将在南亚争霸”，甚至追溯到1962年的中印边界战争。如2015年5月，日本媒体称莫迪频访不丹、尼泊尔、日本等国，目的就是为了遏制中国；7月，莫迪展开史无前例的中亚之行，英国媒体称其目的是为了与中国争夺在该地区的主导权，在中亚追赶中国的影响力；9月，日本和澳大利亚媒体称印度和澳大利亚举行首次联合海上军事演习是剑指中国潜艇；10月，美、日、印在印度南部举行“马拉巴尔”海上联合军演，一些外国媒体报道此事时不断强调此举是针对中国；12月，日本首相安倍晋三访问印度，日、印签署铁路和防务协议，有日本和美国媒体称，日印两国走近图谋制衡中国，意在应对“中国崛起”。②

印度有人认为中国是在“遏制印度”，有媒体则较为谨慎、理性，还有媒体提醒政府要对美国保持戒心。2016年4月，美国国防部长卡特

---

① 《美媒：印防长与美达成协议后将于微妙时刻访华》，参考消息网，2016年4月16日，http://mt.sohu.com/20160416/n444474529.shtml，访问日期：2020年9月19日。

② 《日媒：莫迪“近交远交”战略遏制中国》，参考消息网，2015年5月29日，http://column.cankaoxiaoxi.com/bd/20150529/799098.shtml，访问日期：2020年9月21日；《印澳首次海军演习剑指中国潜艇》，《环球时报》2015年9月2日；《日印增进关系图谋制衡中国》，《参考消息》2015年12月14日。

（Ashton Carter）在高调登上美军航母横穿南海后访问印度，大谈美印“注定要在本世纪成为战略伙伴”。有印度媒体直言卡特的印度之行有中国因素，印度应“睁大眼睛”，不要被他国利用。[①] 印度国防部长帕里卡尔（Manohar Parrikar）在卡特访印几天后便前往中国访问，主要目的是落实两国2013年达成的边界安全协议。此后不久，中俄印三国外长在莫斯科发表南海问题声明，支持了中国在南海问题上的立场。

印美关系与中印关系形影相随，美国在20世纪50年代中期中印关系明显恶化特别是西藏平叛后，不断加强对中国西藏和南亚地区的渗透，对印度提供经济、军事援助，在国际上替印度发声。1959年11月，美国国务卿赫脱（Christian Archibald Herter）谴责中国在中印边界争端中使用武力。[②] 中印边界战争爆发后，美国与印度的关系不断升温，双方签署了一系列经济、军事等方面的协议。但一向奉行独立自主外交的印度不大可能与美国正式结盟，它在加强与美国的军事、外交关系的同时，并没有令中印关系一直降温、滑坡，目的是要为自己获取最大的现实利益和战略利益。2005年，美印双方签署《美印防务关系新框架协议》（2015年更新后又续期10年），2012年又签署了《防务技术与贸易协议》。2015年9月，印度政府批准了向美国波音公司购买价值约25亿美元的军用直升机的交易。美国媒体认为，莫迪是“在建立与美国的桥梁的同时挑战中国”。2016年2月，美国批准印度陆军采购145门“理想山地作战武器”超轻型榴弹炮，这批武器将列装2021年前建成的专门针对中国的印度陆军的“山地打击军”。6月，莫迪自上台后第四次访美，第七次会见美国总统奥巴马（Barack Hussein Obama），印度外交部称此次访问是为加强印美关系进行的“巩固性访问”。美国媒体则声称，鉴于对中国成为亚洲战略环境规则制定者的可能性令印度深感不安，后者希望通过加强与美国的关系来制衡中国在巴基斯坦、斯里兰卡、吉布提等国家的一些举措。一些西方媒体评论别有用心地说，莫迪引领印度外交全面转向美国。[③] 8月底，有美媒将美印即将签署的《后勤交换协议备忘录》称为两国之间的“作战公约”，有英国媒体认为该协议“在美印防务关系史上堪称里程碑”，中国台湾媒体

① 《美防长访印大谈“世纪战略伙伴”》，《参考消息》2016年4月13日。

② “Violation of Borders of India by China,” 1959, FO: 371/141273, The National Archives, London.

③ 《莫迪引领印外交全面转向美国》，《参考消息》2016年6月10日。

称“这象征美印进一步迈向军事同盟”；法新社认为，美印加强安全和贸易领域的合作，在某种程度上是为了“应对中国影响力的增长”。[①] 2017年6月25日，莫迪再度访美，传言双方要加强军事合作，俄罗斯媒体称其矛头直指中国。但印度方面则对印美关系的热络反应谨慎。有印媒提醒说，印度政府要认清形势，与中国对着干会拖累印度正在快速增长的经济。[②]

印度力争在国际舞台上扩大自身的影响，但囿于综合实力有限，加强与美、日等域外国家的合作与联系，便成为其必选之路，这使得一些国家在某些方面乃至战略层面影响了印度的对外政策，从而间接地对中印关系产生了不同程度的干扰。最能说明印度与域外因素相互影响、互相利用的例子，是2016年11月中旬莫迪访问日本以及与安倍的会晤。访问期间，日本与未加入《不扩散核武器条约》的印度签署了《日印核能协定》，两国首脑还在发表的联合声明中提及南海，重申尊重航行和飞行自由的承诺，要求所有各方应该最大限度地尊重联合国海洋法公约，以及在此基础上建立起来的国际海洋秩序，称将在“印度洋—太平洋战略”和“东进政策”框架下展开合作。印度报业托拉斯的报道直言，此乃印度和日本“在南海问题上针刺中国”。[③] 然而，印度是否会真的加入日本正在不遗余力拼凑的反华联盟，答案多半是否定的。对于日本、美国等域外国家来说，如果中印关系能够持续健康发展，就能对印度与这些国家的关系的发展起到牵制甚至弱化的作用，从而降低这些域外国家对中国打“印度牌”的空间和余地。反过来看，如果中美关系能保持基本稳定，在亚洲多竞争，少对抗，印度可利用的国际空间也很有限。

四、中印之间分歧难掩共同利益

作为两个历史上长期友好，在民族独立和解放运动中相互支持、相互声援，人民之间感情笃深，世界上人口最多的发展中国家，中印之间虽

---

① 《美印签后勤协议密切防务合作》,《参考消息》2016年8月31日。

② 《莫迪访美矛头直指中国，莫迪希望能够加强美印伙伴关系》，鄂东网，2017年6月29日，http://m.xianzhaiwang.cn/show_17_551897.html，访问日期：2017年6月29日。

③ 贾文婷、苑基荣:《日印签核能协定，联合声明提南海被指“针刺中国”》，环球网，2016年11月12日，http://world.huanqiu.com/exclusive/2016-11/9668829.html，访问日期：2016年12月6日。

在边界、反恐、地区关系等问题上存在分歧，但从长远来看都不足以影响两国关系发展的大局。2014年7月习近平主席访印与莫迪首次会晤时表示，双方要以积极和向前看的态度管控和处理分歧，通过友好协商，尽早找到公平合理、双方都能接受的边界问题解决办法；印中都是世界重要一极，拥有许多战略契合点。中印用一个声音说话，全世界都会倾听；中印携手合作，全世界都会关注。莫迪表示，印方欢迎中国企业投资印度铁路等基础设施，在印度建立工业园区，印方愿以友好协商方式和平解决两国边界问题。印中两国要加强在国际和地区事务中的协调和配合，共同促进亚洲和世界的和平、发展、繁荣。习近平和莫迪的讲话侧重点虽略有不同，但都极为重视中印关系的发展前景及两个发展中大国在国际关系中的影响。2015年莫迪访华被一些印度媒体赋予与1954年尼赫鲁首次访华、拉吉夫・甘地1988年访华同等的重要性。

印度越来越多的有识之士认为，中印两个有世界影响的大国进行健康性竞争实属正常，但不能破坏对方和双方的发展大局，更不可再起战端。有印度专家、学者称，印度的实力对中国是个挑战，而中国的实力却可以对印度的生存构成“威胁”，印度应认清这一现实，尽量避免与中国发生冲突。莫迪上台后比较侧重邻国和大国外交，把经济外交置于重要地位，通过各种手段向世界展示印度要成为全球强国的“雄心壮志”，在对华关系上虽小动作不断，2017年后也采取过极端、冒进、引发武装冲突的行动，但经过周折后还是都得到了解决。如，印度在南海问题上就拿捏得较有分寸，态度从2014年时的高调介入转变为2016年下半年时的谨言慎行。面对印度国内2016年10月下旬开始的抵制中国货的浪潮，莫迪对中国未露只言片语，在国内也是默不作声。

有印度学者清醒地指出，莫迪政府应在加强与美国和其他亚太国家合作的同时，积极推动与中国的经济联系，“这种双线并进的做法最终将帮助印度缓和与中国有关一些双边、地区和全球性事务的分歧”；而印度如果表现得像美国的一个“排头兵”，则它同中国的关系必将受损。①

不可否认，由于历史、文化、民族心理、战略考量、国际媒体宣传等方面的原因，中印之间的相互了解和互信还远远不够。对印度来说，1962年战败对尼赫鲁和整个国家都是羞辱，心理上和战略层面的深刻影响持续

① 狄伯杰:《印度不会做美国制华的副手》,《环球时报》2016年4月21日。

至今。印度有人认为，“1962年的中印边界战争从根本上改变并歪曲了印度对中国的态度”，“也模糊了中国自1962年以来所发生的一切”，使“印度对中国的认识和分析少之又少”。[①] 中印关系恢复正常化后，中印之间官方多层次交往频繁，民间学术、文化交流日渐活跃，有力地促进了双方之间的沟通和了解，有助于最终消除分歧和误解，重拾历史上的友好关系。自20世纪七八十年代以来，中、印都开始集中精力搞经济建设。虽然边界问题仍未解决，某些战略方面存在竞争，但两国拥有诸多共同的经济利益和商业利益。两国在地区和国际上利益相同或接近的方面远大于分歧，其演进前景绝对应当是双赢，而非零和博弈。

对于中国的“一带一路”倡议，目前印度国内意见分歧很大，质疑、抵制的力量较强，迄今为止其官方反应一直比较冷淡，但主张积极对待、有选择参与、中印发展战略适时对接的声音在逐渐增强。印度因担忧克什米尔问题国际化和中国在印度洋不断增长的影响而反对中巴经济走廊建设，甚至为表达不满而在十四世达赖喇嘛、台湾、南海、反恐等一些中国关心的核心和重大利益问题上给中国制造麻烦。但有印度媒体指出，尽管印度“战略界”对中国的“一带一路”倡议充满了矛盾的看法和担忧，但在印度推动的“向东干政策”和中国推动的孟中印缅（孟加拉国—中国—印度—缅甸）经济走廊发展方面，中印两国有着许多合作机会，印度加入丝绸之路计划以及中国增加对印度基础设施的投资，将减少中印之间巨大的贸易逆差，印度应搭上中国海上丝绸之路的班车。[②] 该媒体还提到了中国的“一带一路”倡议给印度带来的机遇，指出中国“将西藏纳入中国通往欧洲的交通走廊”，“而印度和尼泊尔将成为把西藏与南亚相连的支线”。[③] 2016年1月，有印度媒体称，中国采取了一系列行动来主动营造周边环境，并利用其经济实力打造互联互通和各种机构，促进欧亚大陆一体化并将邻国与自身拴在一起，已是其所有邻国最大的贸易伙伴。因此，世界应当习惯崛起的中国。[④] 有印度分析家敦请政府对“新丝路”采取克制

---

① 《莫迪应学习中国人刻意回避自我推销》，《参考消息》2015年5月26日。

② 《与新丝绸之路建立联系》，《印度教徒报》2015年6月29日，载《参考消息》2015年6月30日。

③ 《将西藏融入世界》，《印度教徒报》2015年7月13日，载《参考消息》2015年7月14日。

④ 《中国已然崛起，我们应习以为常》，印度“连线”网，2016年1月1日，载《环球时报》2016年1月4日。

态度，并支持其中部分内容来为自己谋福利。6月，印度央行行长拉古拉姆·拉詹（Raghuram Rajan）表示，应把中国视为一种“鼓舞”而非“竞争”，希望印度能在10—15年里达到中国现在的水平。7月，印度前国家安全顾问纳拉亚南（M.K. Narayanan）认为，“一带一路”倡议给中国带来的经济优势会增强，印度的周边外交对此无力抗衡。一份由前国家安全顾问梅农主导、24名多国专家完成的有关中印关系的最新报告，对印度“刺耳的反华声音”提出警告，指出印度必须重新审视其在“一带一路”倡议上所持的立场，建议印度不要盲目地反对中国的“一带一路”倡议，而应积极参与其中，增加印度与亚太地区的连通性。[①] 8月，有印度媒体称，若印度选择游离于北京日益重视的“一带一路”之外，只会增加自己的孤立，加速终结其地区主导地位，甚至错过利用中国经济实力来促进印度自身发展的千载难逢的机遇。为避免出现此种局面，印度需要拥抱“一带一路”。11月，杭州20国集团峰会后，一些印度学者认为中印经济合作潜力巨大。12月，有印媒直呼印度要发展经济就该拥抱中国。2017年3月，印度一些媒体和前外交官认为，印度一味消极应对“一带一路”倡议没有好处，而是应该更重视、更加积极地评估“一带一路”倡议。[②] 2017年5月，莫迪和印度官员没有出席中国举办的第一届“一带一路”国际合作高峰论坛，招致印度国内不少批评。不少印度媒体和高官认为，中国是发展“最好的榜样”。“一带一路”倡议、亚投行、金砖国家开发银行、区域全面经济伙伴关系等，都是为了建立亚太新秩序。印度不必担忧中国的战略意图，心态应更加开放，搭上中国的“丝路班车”。当然，要使印度对“一带一路”的态度发生根本性变化，有赖于其内部心态、认知等各种因素的变化，同时也需要外部因素的促动，最终需要内部和外部因素的相互影响和综合作用。中国“一带一路”倡议的有效推进特别是与沿线国家的良性互动，必将对印度做出正确抉择起到十分积极的作用。

2016年4月，中印高层表示要妥善处理边界问题，深化经济、安全等各领域合作，推动两国关系取得更大发展，成为亚洲发展的“巨大引擎”。莫迪2016年6月访美期间，顾及到中国的利益和感受，刻意不提及南海争端问题。他一方面说美国是一个“不可或缺的伙伴”，另一方面又谨慎地

---

① 《印度报告敦促政府参与“一带一路”》,《环球时报》2016年7月9日。

② 逸书:《印度应更加积极地评估“一带一路”》,《环球时报》2017年4月13日。

表示美国温暖并不意味着中国冰冷。8月，中国外长王毅访问印度后，中国外交部门表示，中印之间的共同利益远大于分歧，不能让具体分歧影响两国友好大局。10月，第四次中印战略经济对话上，双方就能源、高铁建设和沿海制造业发展等方面的合作达成共识，签署了一系列协议。11月，印度陆军参谋长访华时重申，中印双方将维护边境和平，并保持两国高级别军事交流的良好态势。有印度学者认为，只要中印友好，亚洲就能和平；“莫迪政府清楚，印度既需要与美国进行安全合作，也需与中国开展经济合作”。[①] 随后几个月，印度对华关系方面出现了一些不友好、非建设性的迹象，但未能在国际上获得支持。如，印度外交部取消了对主张加强对中国的研究、奉行务实对华外交的中国研究所等印度著名智库的资助，被外界认为是短视之举。印度反对中巴经济走廊建设，没有一国支持其立场，反而引起南亚其他国家的不满。2017年印度在本无争议的中印边界锡金段越界阻挠中国施工，横生事端，完全置国际条约于不顾，举止无理、蛮横，而中国反应相当克制，印度将会更加孤立。相信一向十分看重实际利益的印度，在看到靠给中国制造麻烦但无利可图之后，会重归健康、互利的对华关系轨道上来。

虽然中印边界问题复杂性极为罕见，解决问题需要付出异常艰苦的努力和长期准备，中印关系也还有许多重要问题需要处理，今后的发展过程不可能一帆风顺，但我们应认识到，边界问题对中印关系产生消极影响的能量终会趋于减少，维护边境地区的安宁、寻求共同发展将继续成为中印两国的共识。近年来，中印在政治、经济、地区和国际事务及文化等领域的双边对话机制达30多种，2017年2月22日又进行了第一轮中印战略对话。只要双方都采取主动行动，进一步加强交往和互动，切实照顾彼此的利益关切，妥善管控分歧，就会实现共赢。因此，特别需要从历史、现状和未来对边界问题进行审视，跳出传统的地缘政治的窠臼，不使边界问题成为中印关系顺利发展的绊脚石和“定时炸弹”。

---

① 《印度称，美国温暖并不意味着中国冰冷》，印度快报网，2016年6月11日，载《参考消息》2016年6月13日；狄伯杰:《印度的打算没那么复杂》,《环球时报》2016年8月31日。

第三节　印度的心态与洞朗事件

自1913—1914年西姆拉会议一百多年来，中印边界问题一直未能解决，成为中印关系最大的影响因素。1962年中印边境自卫反击战后，印度又数十次在中印边境地区制造摩擦，甚至武装冲突。20世纪80年代末两国关系恢复正常化后的几十年里，中印边境地区局势一直较为稳定。但是近年来，印度不时在边界问题和西藏事务上给中国制造麻烦。究其原因，固然有历史遗留问题以及水资源等方面的因素，但最重要的是印度独立之前就已有的“大国架子”及后来滋长的“瑜亮情结”“怨妇心态”和“政治正确”等不正常心态。2017年6月18日，印度军队非法越境进入我国洞朗地区，挑起事端，究其动因，除了政治、经济、军事、外交等各种因素外，心理上则是上述四种心态叠加、交织的结果和反应。印度的心态和洞朗事件更彰显出中印边界争端罕见的复杂性以及解决问题的艰巨性。

对于中印边界问题的症结和影响，国内外的研究成果相当丰富，大都从政治、经济、军事、外交、历史、文化、宗教等方面进行阐释和分析，很少见从心理上进行深入研究和分析的著述。2017年6月，印军“无端”非法越界，挑起性质极为恶劣的洞朗事件，与我军对峙两个多月后于8月28日撤离。对于印度挑起洞朗事件的动因及其影响，各方人士众说纷纭，有的甚至简单地用“奇葩”来一言以蔽之。纵观历史，印度此次在洞朗制造事端，与它在边界问题上迄今为止坚持顽固立场、不时给中国制造麻烦的做法是一脉相承的，并非偶然所为，而是有着复杂的历史背景和动因，是其在多种心态作用和驱使下战略焦躁的反应。

一、印度经久未变的四种心态

仔细考察、分析印度的对外政策史，可以看出，已经浸润并黏附其身心的“大国架子”“瑜亮情结”“怨妇心态”和“政治正确”深深地支配了印度的地区政策及国际外交的走势，更是影响甚至决定其在中印边界问题上的态度和立场以及对华政策最重要的心理因素。这四种心态或叠加，或交织，相互影响，挥之不去，且在很大程度上构成了印度国策的基础，将决定着印度“大国梦”的成败。

（一）放不下的“大国架子”

放眼世界，印度的国运按说是相当不错的。13亿多人居住在地势平坦、土壤肥沃、气候利农、矿产等自然资源丰富的印度半岛，正面是开阔的印度洋，先天条件十分优越。南亚其他诸国，体量均相差甚远，除了巴基斯坦，没有哪一个敢对印度“造次”，印度俨然是南亚“天然霸主”。如果各级政府治理得当，尽管民族众多、文化多元、语言繁杂、习俗不一，印度从上至下，也应能大体心态平和，人民幸福，国家前途似锦。此外，印度人自我感觉甚好：自以为虽是棕色皮肤，但人种上算得上是白人；英国殖民时期对印度另眼看待，印度人参与英印政府机构及其内政外交活动，维多利亚女王做印度女皇，印度是大英帝国“皇冠上的明珠”。英国殖民时期尽可能扩大英属印度的“安全疆界”，给印度留下了广阔的土地。

“大国架子”是现代印度尚未独立建国就有的。其开国总理尼赫鲁1944年在狱中时就誓言，印度“不能在世界上扮演二等角色”，要“做一个有声有色的大国”。[①] 1947年印度独立后，尼赫鲁及其领导的印度政府崇尚大英帝国的“印度中心论”，全面继承了英印政府时期英国的政略和战略，认为只有印度才有资格填补英国撤离后在南亚留下的空缺，尽快“成为亚洲各部分的中心”，遂在独立当年的10月14日宣布“承继英印时代所缔结之各项外交关系及义务”。几年后，尼赫鲁又说，环顾世界，美、苏、中三个大国之外，“显然世界上第四个大国将是印度”。[②] 尼赫鲁的目标是：在印度洋地区，从东南亚一直到中亚细亚，印度将来要发展成为经济和政治活动中心。他在1949年10月2日给各邦首席部长的信中声称：“今天全世界都公认亚洲的未来将强烈地由印度的未来所决定。印度越来越成为亚洲的中心。”[③] 为了建成“大印度帝国”，尼赫鲁政府全然不顾国内面临的

---

① 〔印〕贾瓦哈拉尔·尼赫鲁：《印度的发现》，齐文译，世界知识出版社，1956，第40页。

② Jawaharlal Nehru, *Jawaharlal Nehru's Speeches*, Vol. 3 (Delhi: Publications, 1949), p.264.

③ 曹永胜等：《南亚大象——印度军事战略发展与现状》，解放军出版社，2002，第59页。

严峻经济、政治困局，比英印政府时期更加热衷于通过军事和外交手段扩大疆土和势力范围，意欲将国家的“安全边疆”拓展至“理想位置”，大搞地区扩张主义和霸权主义。而跻身世界“大国俱乐部”更成为自尼赫鲁始的印度历任政治家的“雄心”和“抱负”，至今未有丝毫褪色。这种似乎天生就有的“大国架子”决定了印度的如下行为特点。

一是作为从殖民地独立出来的国家，却在南亚赤裸裸地推行早已过时的殖民主义和霸权主义。印度在1949年6月趁锡金内乱，借口为“防止动乱和流血”派兵进驻锡金；1950年与锡金签订“和平条约”，正式把后者变为印度的“保护国”，控制其经济、政治、国防和外交；1965年第二次印巴战争爆发后进一步强化了对锡金的军事侵略，1973年4月悍然军事占领了锡金，1974年9月索性变锡金为印度的“联系邦”，1975年5月又正式宣布锡金成为印度的一个邦，索性灭了锡金。印度也对不丹加紧渗透和控制，1949年与不丹签订“永久和平与友好条约”，要不丹外交接受其“指导”；20世纪五六十年代以不丹的“保护国”自居，代替不丹处理对外事务，甚至把不丹作为其“北部防线”一部分列入印度版图；1962年中印边界战争后进一步加强了对不丹的渗透和控制，在不丹大肆培植亲印势力；不丹虽在1971年加入了联合国，但不能按自己的意愿与其他国家发展关系，仍得看印度的眼色行事（印度规定不丹不得与联合国安理会常任理事国建交，实际是针对中国）。印度在尼泊尔的社会经济生活中具有主导作用，对其外交政策具有重大影响，对于斯里兰卡、孟加拉国和马尔代夫，也一直以“老大”自居。

二是对中国西藏一直抱持殖民心态。中华人民共和国成立前，印度一直视西藏为缓冲地带、自己的“后院”。尼赫鲁把西藏看作是印度的世袭领地。印度政府虽然后来接受了“西藏是中国的一部分”的事实，但从未明确承认中国政府对西藏拥有完全主权，骨子里不愿放弃此前在西藏的“特权”。中印边界问题与印度对西藏的“念念不舍”是紧密相连的，犹如孪生兄弟。

三是即使在英国这个前宗主国及对印提供援助的大“金主”美国面前，印度也有时端着“大国架子”。如在1962年9月下旬中印关系已经极度紧张、印度急需军事援助时，英国仍不愿接受印度的出价，坚持要以国际市场价向印度出售武器，尼赫鲁心有不满但又无奈地嘲讽英国是印度曾经的

“老板”。[①] 印度战败后，即便已是惊慌失措，也不肯按照英、美的苛刻条件接收某些援助。

四是在对外事务中只考虑自己的一己私利，全然不为地区的发展着想，行事时常不顾国际关系准则，大有“爱谁谁”“没人敢管”的味道。

（二）难理喻的“瑜亮情结”

20世纪50年代后期之前，印度简直就是世界“宠儿”，尼赫鲁更是国际外交舞台上的耀眼“明星”，风光无限。美苏阵营里有不少国家都很“稀罕”印度，竞相提供援助。印度整个国家，从政要到民众，都觉得其日后的光景必是顺风顺水。但1962年边界战争惨败后，印度便觉得在国际上大丢脸面，风光不再，认为自己的发展不再尽如人意了。特别是50年代之前印度在很多方面领先于中国，但很快被中国赶上并超越，自中国改革开放40多年来更是被甩得越来越远。其根本问题在于，印度一直没有探索到并制定出适合自己国情的发展战略。相比之下，中国依靠共产党的领导，大胆改革，探索出了一条适合自己的现代化道路，并成为极具世界影响力的发展模式。而跟中国人口规模相近的印度，不仅缺乏中国那样的理论自信、道路自信和制度自信，而且至今仍看不出由哪位领袖以及如何来凝聚全民的力量办大事。而要想成为中国那样的世界经济发动机，印度现在看来至多也还是愿景，实际上还差得很远。其现代化何时实现、能否成功，尚有一大堆问号。相比眼下的中国，不论是经济体量、军事实力，还是国际影响力，印度均不在一个层级。特别是在聚焦世界关注的国际大舞台上，中国是众望所归的“领衔主演”，而印度则往往作为三流角色出场。在此情况下，焦虑之下的印度对中国滋长了难以启齿的“瑜亮情结”：在偌大亚洲，既已有我印度，为何还出来个中国！

（三）散不去的“怨妇心态”

印度除了经济、军事、国际影响力等方面不如中国之外，加深其对中国不满甚至敌意的，是它迄今一直片面、错误、不讲理地认为对中国有大恩而未获回报。印度自以为，它不顾美国等西方国家施加的种种压力，很早便承认中华人民共和国，作为第一个非社会主义国家与中国正式建交，

---

① “UK Aid to India,” 1962–1964, confidential, DO: 189/241, The National Archives, London.

在恢复中国的联合国席位问题、朝鲜战争、万隆会议等重大问题上帮了中国，其内心深处“殷切”期望从中国得到回报——主要是在边界问题上接受或默认其立场，但一直未能如愿。根据印度军史内部资料的说法，1954年4月中印签订《中印关于中国西藏地方和印度之间的通商和交通协定》时，印度“为了表示友善之意”才“承认西藏是中国的一个地区”。然而，“印度虽然通过一纸条约默认了中国人对西藏的占领，却没有在边境问题上得到任何补偿”。[①] 在1954年的日内瓦会议上，中国首次与美、苏、英、法等一起讨论朝鲜问题和印度支那问题，等于联合国安理会四大常任理事国承认了中国与其平起平坐的大国地位，周恩来总理兼外长及中国代表团在世界大舞台的“首演”极为出色，颇受世界瞩目。印度虽然在朝鲜战争停火，特别是战俘谈判问题上出了不少气力，但外长梅农只得以尼赫鲁私人代表身份列席了日内瓦会议的部分议程。对于世界豪强给中印两国差异明显的“待遇”，尼赫鲁心中自然有所不平。1954年6月24日，就在周恩来访印前一天，尼赫鲁在与访问喀布尔途经新德里的瑞典驻苏联大使索尔曼（Sohlman）共进午餐时长时间大谈日内瓦会议，拐弯抹角地表达了他的抱怨。他先是表扬了联合国秘书长和苏联外长莫洛托夫等人，又说美国国务卿不合作，中国人很固执，而他尼赫鲁则“代表了亚洲唯一可与共产主义作斗争的力量”，[②] 暗指他本人和印度不被大国重视。印度还以国际舞台上中国的“带头大哥”自居，认为是它“为中国提供帮助，把这个几乎与国际社会没有接触的国家带进了亚非各国的圈子”。[③] 特别要指出的是，万隆会议上周恩来总理力挽“危局”，短短几天内展现出来的超凡个人魅力和中华人民共和国大放异彩的务实、灵活外交，都大大出乎尼赫鲁的意料，后者的心态开始出现微妙变化。此后，尼赫鲁原引以为傲的中国走向国际舞台引路人的心态开始扭曲，中国作为对手的成分开始上升，而作为“兄弟”和伙伴的比重悄然下降。此后，不但外交上，而且在诸多方面（体育等算少数例外），印度的民族主义者都爱拿印度与中国对比，对中国在各个领域取得的超越印度的成就感到不可接受、难以容忍。中国按照国际规则和惯例与南亚其他国家开展正常的经济、军事合作，也被印度视为编

---

① Dr. P. B. Sinha, A. A. Hthale, *History of the Conflict with China, 1992*, pp. 23-27.

② “Geneva conference: UK Foreign Secretary’s Unwilling to Send Further Personal Message to Mr Nehru,” 1954, confidential, FO: 371/112075, The National Archives, London.

③ Dr. P. B. Sinha, A. A. Hthale, *History of the Conflict with China, 1992*, pp.412, 414.

织遏制、包围它的“珍珠链”。特别是在1962年战争中完败，对印度整个国民的精神和心理打击极大。最重要的是，此战惨败被许多印度人认为延缓，甚至阻碍了他们引以为豪的国家奔向大国的势头，且至今没能恢复元气。这些五味杂陈的情绪，总起来可称为“怨妇心态”。

（四）驱不走的“政治正确”

印度自近代以来最难解决的问题是国内团结。近百年来，中国几度成为“帮助”其解决这一难题的外部因素。20世纪三四十年代中国的革命和抗日战争，被印度各派政治力量领导人在国内广泛宣传，以图提升民族精神、促进其国内团结，收到了不错的效果。两国人民相互支持和鼓励，建立了密切的关系和深厚的感情。但印度和中国之间不可调和的对立的实质，乃是自认为且被西方奉为“世界最大民主国家”的印度，与社会主义的、被某些西方国家说成是“专制”的中国之间看不见的激烈的意识形态之争，边界争端是这种难以妥协的意识形态竞争的最大体现。其实，随着中国共产党领导的人民革命的胜利，中国在印度心目中威胁的成分就已开始上升，特别是20世纪50年代末中印关系迅速恶化后，印度政要便纷纷开始把中国视为其最主要的威胁，“边界争端在印度成为政治问题”[①]。如，1958年9月初，就连政治色彩最不浓厚的印度红十字会主席，在访问苏联回国后竟也称对印度的“长期威胁不是苏联而是中国”。[②]尼赫鲁的情况最为典型，只要其对华态度稍显温和，即招致议会和媒体的批评和攻击，转趋强硬后，便会在议会赢得欢呼和媒体的喝彩。如，1959年3月底，尼赫鲁谨慎地把解放军平叛后的西藏局势视为“中国的内部事务”。[③]但是到了4月初，随着印度国内反对和谴责中国在西藏的平叛行动的气氛趋于高涨，尼赫鲁便于3日宣布十四世达赖喇嘛及其80名追随者抵达印度，并在议会发表了对中国很不友好的关于西藏局势的声明。到了4月中旬，多数印度媒体同情“西藏分裂势力”、谴责中国。28日尼赫鲁在印度下院就“西藏问题”发表歪曲事实的声明后，在5月初受到《人民日报》的严厉批评。即便如此，印度议会仍在5月11日猛烈抨击了尼赫鲁对西藏的政策。在各

---

① 内维尔·马克斯韦尔：《印度对华战争》，第175页。

② “Sino-Indian Relations,” 1952–1959, top secret, DO: 35/8817, The National Archives, London.

③ “Chinese Political and Economic Consolidation of Tibet,” 1952–1959, secret, DO: 35/8980, The National Archives, London.

种压力之下，尼赫鲁9月14日在议会演讲中宣称“在任何方面都决不会向中国让步”[①]。10月24日，印度媒体大肆报道在中印军队拉达克冲突中有17名印度警察丧生后，尼赫鲁最初还想给国内的抗议情绪降降温，在27日曾呼吁民众保持冷静，但面对各方压力，其在11月2日口气就立马变得强硬起来，声称将“坚定回击中国的进攻”，在11月10日的大规模群众集会上更是罕见地就“中国入侵印度边界”事件发表了长达100分钟的讲话。当他21日给周恩来的复信受到印度媒体的批评后，尼赫鲁又于27日在议会声称“对不丹和尼泊尔的侵略就是对印度的侵略”。[②] 1960年4月周恩来访问新德里后，“指责中国侵略在印度已成为表示忠于祖国和义愤填膺的口头禅”。[③] 在边界争端上，尼赫鲁直到战争开始前的一两年里仍有过温和言辞。如，他在1960年4月21日说需要找到正确及和平的方式解决边界问题。[④] 1962年3月9日，中印边界局势极度紧张时，印度驻华代办班纳吉认为，尼赫鲁此时仍可能“愿意做出一定让步以使中印关系回到正轨”。中国开始边境自卫反击战前夕，英国驻新德里官员认为议会的压力使得尼赫鲁的对华态度趋于强硬。对于外界对尼赫鲁不断施压所产生的影响，印度军史内部资料不加修辞地指出：“无知而喧嚣的媒体和反对党，在迫使尼赫鲁并不情愿地走上军事对抗道路方面，扮演了极不负责任的角色。”[⑤]

“政治正确”的另一层含义，就是印度虽在边界战争中战败，但它认为也有重大收获。对于1962年战争的惨败，印度在感到莫大羞辱之余的一大“收获”，就是其领导人认为这场惨败“帮助”印度解决了靠自身努力多年未能解决的大难题——促进民众团结，提升“爱国主义”精神。1962年10月26日，面临不利战局、民众惊慌失措的局面，印度总统拉达克里希南宣布国家处于紧急状态。尼赫鲁呼吁全国团结，得到积极响应。次日，财

---

① “Chinese Political and Economic Consolidation of Tibet,” 1959, secret, DO: 35/8981, The National Archives, London; “Violation of Borders of India by China,” 1959, FO: 371/141271, The National Archives, London.

② “Sino-Indian Relations,” 1959, top secret, DO: 35/8819, The National Archives, London; “Sino-Indian Relations,” 1959, top secret, DO: 35/8820, The National Archives, London; “Violation of Borders of India by China,” 1959, FO: 371/141273, The National Archives, London.

③ 内维尔·马克斯韦尔：《印度对华战争》，第179页。

④ “Much Needs to Be Down, Says Nehru,” *Hindustan Times*, April 21, 1960.

⑤ “Frontier Dispute with India,” 1962, FO: 371/164910, The National Archives, London; “Frontier Dispute with India,” 1962, FO: 371/164914, The National Archives, London; Dr. P. B. Sinha, A. A. Hthale, *History of the Conflict with China, 1992*, p. 412.

政部长德赛（Morarji Desai）宣布建立国防基金。[①] 到了11月初，一些邦的反政府力量也转而站在政府一边，“谴责中国入侵”。11月初，英迪拉·甘地说：“我们一直非常辛苦、勤劳地对这个国家进行整合，现在中国人替我们做了这件事。”尼赫鲁则称，“中国入侵造成的可怕震动带来了印度精神的重生”，“这是印度历史的转折点”。他在12月7日视察阿萨姆邦后发表声明，称那里“军民士气高昂”，在记者招待会上说“要把中国侵略者赶出印度领土”。[②] 印度多次拒绝中国提出的和平谈判倡议，1963年5月25日的《大公报》社论称“印度决定不与中国谈判是想维持边界紧张局势”。[③] 印度军史内部资料认为，虽然中国宣布停火的“1962年11月21日的黎明，是印度独立以来军事史上最黑暗的一幕”，但“这也是印度最好的时刻”，因为“印度掀起了空前的爱国主义浪潮”；虽然这场战争“确实对印度的声望造成了沉重打击”，但“国家对1962年11—12月间这次失败的程度过度渲染却是一件幸事，因为这让印度对维吉提乌那句名言——想要和平就得准备战争——有了充分认识”。用一位英国作家的评论说，1962年边界战争中印度人表现出来的民族主义情绪，在日后国内再发生危机时“还会再次出现”，这成为一种“典型的印度式反应”。印度军史认为，这场战争已使印度“发生根本性巨变，一个植根于甘地和平主义土壤的国家决心要掌握足够的军事力量了”，而印度人这种态度上的根本转变很可能是1962年战争“影响最为长久的后果”。[④]

印度利用惨败在国内各阶层大搞“爱国主义”教育，自认为是1962年战争最显著的成果。如，1962年12月26日印度新闻情报局稿宣称，老师应教育学生“明白中印冲突的利害关系”；海外印度人以现金、黄金、礼

---

① “Frontier Dispute with India,” 1962, secret, FO: 371/164915, The National Archives, London; “Frontier Dispute with India,” 1962, FO: 371/164916, The National Archives, London.

② “Frontier Dispute with India,” 1962, FO: 371/164918, The National Archives, London; “Chinese-Indian Border Dispute, 1962,” 1962, secret, DO: 196/166, The National Archives, London; “Chinese-Indian Border Dispute, 1962,” 1962, secret, DO: 196/167, The National Archives, London; “Frontier Dispute with India,” 1962, FO: 371/164926, The National Archives, London; “Chinese-Indian Border Dispute,” 1962, FO: 371/164925, The National Archives, London.

③ “Border Dispute with India,” 1963, FO:371/170673, The National Archives, London.

④ Dr. P. B. Sinha, A. A. Hthale, *History of the Conflict with China, 1992*, pp. 370, 383, 386, 426, 404.

品、志愿者形式向国防基金捐赠；向国防基金捐款者戴花环。[①] 边界战争后，印度利用战败带来的“羞辱”，在国内制造悲情，培育复仇“决心”，纵容和支持民族主义情绪，众多政治领袖通过制造边界紧张来维持和提高国内的支持度，谋取自身和所在党派的私利。在边界问题上对华强硬成为印度国内的“政治正确”。

二、印度洞朗挑衅的动因分析

印度虽然有“立足南亚、控制印度洋、争当世界一流大国”的雄心，但显然缺乏实现这一战略目标的资源和手段。联合国入常、加入核国家集团、赶超中国等，印度可资利用的资源很难再挖潜，特别是其硬实力的增长并未相应带来软实力的提升。民族主义色彩浓重的莫迪携民众高支持率上台后志得意满，连续推出改革措施，外交上异常活跃，其“新政”虽取得一定成效，但经济上许多指标难以兑现竞选诺言，国家债台高筑。国内形势的不稳、动荡激化了内部矛盾。在此种情况下，印度选择在洞朗制造事端，既有国内转移矛盾焦点的考虑，也有国际谋“势”取“实”的意图。

（一）意在转移国内矛盾，提升国民精神，凝聚民众团结

民族主义情结很深的莫迪靠其地方治理的业绩和对选民的诸多承诺在大选中获胜，上台执政后急于迅速加强国力，连连推出废除500卢比和1000卢比面额纸币、进行税改等激进政策，损害了不少普通民众的利益，引起国内不满，多地爆发示威游行甚至发生动荡。此外，与中国接壤各邦，因经济发展缓慢，与印度南部地区差距拉大，离心倾向加重，再加上中国“一带一路”落地项目的“示范”效应，使得印国内分歧更难弥合。对付这种局面，莫迪政府用的还是尼赫鲁时期惯用的套路：制造边界事端，给民族主义情绪加温，企图转移民众视线，摆脱执政以来面临的最大困境。此乃印度政府派军队侵入洞朗的主要意图之一。[②]

---

① “India: Use of Anti-Communist Material in India, Madras and Calcutta Visit Reports, Implications of State of Emergency, Indian Counter-Propaganda Unit and Requests for Material on China,” 1962, FO: 1110/1572, The National Archives, London.

② 《用扩张主义三宝吓中国，莫迪当自己是尼赫鲁？》，新浪网，2017年8月22日，http://news.sina.com.cn/c/nd/2017-08-22/doc-ifykcirz3875379.shtml，访问日期：2020年8月22日。

印度靠对中国强硬转移国内矛盾焦点的做法，国际上早有评论。2011年4月时就有韩国媒体指出，号称世界人口最多的民主国家的印度，为了缓解异常尖锐的国内矛盾，既要动用政府力量，也需寻找一外部矛盾来吸引国内民众的注意力，“中国无疑是个合适的选择”。[①] 然而，印度政府此次旧戏重演，在洞朗制造事端意欲转移国内焦点，强化民众共识，提高士气，至事端结束70天里并没有给印度广大民众，特别是边境地区各邦带来多少实惠，更没能做到利国利民。许多政治人物在台上时对中国态度强硬，下台后则变得讲话灵活、趋于理性。可以说，印度政要、议会、军方和主流媒体夸大中国威胁的实效和时效都在减弱，国内对在边境挑事的支持度并未像开始时那样“居高不下”。不仅反对党对印军在洞朗的做法提出质疑，更有前高官和学者明确指出错在印度，撤军越早越体面。更重要的是，政府洞朗挑事未能缓解国内压力，民众的不满情绪促发各种危机丛生。如，2017年8月上旬，印度大约3800名公共汽车司机举行罢工；印度西部马哈拉施特拉邦因失业率高企和农村经济发展不景气，民众多次走上首府孟买街头抗议。9日，约200万民众再次在孟买举行示威游行，要求保障在政府机构就业以及大学就学的配额，导致孟买市内交通瘫痪。中旬，数十万农民在孟买举行规模空前的抗议示威；印度港口工人因“政府当局的歧视”“削弱了港口工人的基本权利”，举行了无限期罢工；印度铁路承包商举行罢工，抗议高额消费税。下旬，印度近百万银行职员举行全国性大罢工示威，抗议印度政府推行的银行改革政策，造成印度国有银行业务大面积停摆；印度西北部宗教组织“社会福利和精神组织”头目、“大师”古尔米特·拉希姆·辛格（Gurmeet Ram Rahim Singh）被判强奸罪引发的骚乱不断发酵，造成30多人死亡，300多人受伤，哈里亚纳邦、旁遮普邦和首都新德里等地局势紧张，多个地方进入紧急状态。

（二）企图加强或保持对南亚邻国的控制和影响

印度一向不尊重南亚众邻国，对其与中国关系的发展尤为敏感，采取各种措施严加防范。早在中国内战大局已定，特别是随着中国人民解放军向西藏进军和西藏的和平解放，印度政要们便认为中国对“印度构成安全

---

① 《韩媒：印度恐将自食与华对抗苦果》，人民网，2011年4月21日，https://news.ifeng.com/c/7fZbAbInIMK，访问日期：2017年8月22日。

威胁”了。为了加强对与中印相邻的南亚国家的控制，印度在中华人民共和国成立前后，先后与不丹（1949年8月8日）、尼泊尔（1950年7月31日）和锡金（1950年12月5日）签订了同盟性质的条约。中印关系极度恶化后，印度更以南亚“当仁不让的霸主”的架势出现。尼赫鲁未与有关国家商议，便于1959年11月27日在议会宣称“对不丹和尼泊尔的侵略就是对印度的侵略”，此后不久又在1960年初发表了同样的言论。尼赫鲁此举针对中国的意图十分明显，连英联邦事务部1960年2月27日的文件也称尼赫鲁是想“强化尼泊尔人对中国的抵制”。更凸显印度霸道作风的是，1962年3月24日，其外交部竟然抗议中国“侵犯”不丹领空。印度在中印边界战争中的大溃败引起国内惊慌后，让锡金国王秉其旨意，在1962年11月14日宣布国家处于紧急状态，“以应对中国对边界的威胁”。[①]

中印边界战争后，印度进一步强化了对南亚国家的控制，加紧了对中国的防范。即便中国与尼泊尔等国的经济合作，印度人也担心因产生示范效应而使其在尼影响力受损。如，有印媒在1965年2月22日称，印度因担心中国要修建的拉萨至尼泊尔首都加德满都的公路成为“样品展示”，而欲代替中国修建这条公路。[②]后因印度的阻挠，中国放弃了修路计划。在中印与锡金的边境地区以及两国与巴基斯坦的关系上，印度的扩张主义和霸道做法多次引发与中国的对峙，甚至武装冲突。如，1965年9月17日，对于印度在中锡边境非法修建军事设施拒不拆除、中印在边境发生严重对峙后，《人民日报》在头版发表了题目充满最后通牒味道的文章：“文到之日三天内拆除边界印军入侵工事，立即停止印军一切入侵活动并保证不再骚扰。”不仅如此，就连副标题也措辞强硬：“中国不介入印巴争端不等于不问是非，只要印度政府有一天还在压迫克什米尔人民，中国就一天不会停止支持克什米尔人民要求自决的斗争；只要印度政府有一天还在对巴基斯坦进行肆无忌惮的侵略，中国就一天不会停止支持巴基斯坦反侵略的正

---

① “Violation of Borders of India by China,” 1959, FO: 371/141273, The National Archives, London; “Relations between Nepal, Bhutan, Sikkim and India, in Event of Chinese Aggression,” 1959–1960, confidential, DO: 35/8977, The National Archives, London; “Chinese-Indian Border Dispute, 1962,” 1962, FO: 371/164911, The National Archives, London; “Frontier Dispute with India,” 1962, FO: 371/164916, The National Archives, London.

② “China’s Showpiece in Nepal, Achievements on the Road to Tibet,” *Statesman*, New Delhi, February 22, 1965.

义斗争。”[①] 中国发出严正警告后，印度最初并不示弱，总理夏斯特里（Lal Bahadur Shastri）称印度“将为自由而战”，“蔑视中国的最后通牒”，多数印媒不认为中国的“最后通牒意味着军事行动而是向印度施加政治压力”，有的还认为意在“羞辱印度人”。[②] 中国召见印度驻北京代办，限印度在22日午夜前拆除锡金边界的军事设施。最终，印度在最后时刻拆除了非法修建的军事设施，但此后仍不断滋事。如，印媒在1966年8月4日指责中国正在策划“颠覆不丹”的阴谋，16日又抗议中国“侵犯克什米尔边界”，9月20日指责中国在中锡边界进行广播。[③] 1967年9月，中印在乃堆拉山口发生激烈武装冲突，造成重大人员伤亡。此后，印度吞并锡金，紧盯不丹。但是，近年来，中国与南亚国家政治、经济等关系快速发展，印度与中国在南亚地区的影响此消彼长已是不争的事实。巴基斯坦媒体在2010年5月概述了南亚发生的显著变化，认为“中国成功约束了印度，已是南亚地区领袖”，南亚“现在可以被称为中国次大陆了”。中国已是所有南盟成员国（包括印度）的最大贸易伙伴。印度为孟加拉国和斯里兰卡“设立壁垒、阻止其出口，而不是增进地区经济融合”，而中国则“通过贸易、援助、贷款和投资，更为积极主动地进入次大陆市场，并且借双边条约和合作改善与所有南亚国家的关系”。“在曾被德里视为自家后院的次大陆，中国的地位已经很稳定。”此外，南亚地区大多数国家也对印度打中国牌，“以平衡印度的霸权”。[④]

不丹作为中印之间的“夹心小国”，其经济、军事、外交均受印度控制，是迄今为止南亚地区内唯一没有与中国建交的国家，但印度对不丹政府同中国的接触仍怀有高度戒心，近年来的反应尤为敏感。2012年，不丹首相吉格梅·廷莱（Jigmi Y. Thinley）在巴西参加联合国可持续发展大会时会见了中国领导人，“让印度非常不快”。2013年7月13日不丹举行议会选举之前，印度在6月底中止了对不丹的燃气补贴，导致该国燃料成本飙

① 《中国政府复照印度政府提出严正要求，文到之日三天内拆除中锡边界印军入侵工事，立即停止印军一切入侵活动并保证不再骚扰》，《人民日报》1965年9月17日。

② “Commitment and Comments on UK’s £125m Loan to India,” 1962, secret, DO: 189/244, The National Archives, London.

③ “Chinese Plot Against Bhutan,” *Patriot Delhi*, August 4, 1966; “Sino-Indian Relations,” 1966, confidential, DO: 196/246, The National Archives, London.

④ 《外媒：中国击败印度获南亚次大陆主导权》，网易新闻，2010年5月4日，https://www.163.com/news/article/65QVG49M000146BC.html，访问日期：2017年5月4日。

升，以此来“绑架不丹大选”，帮助亲印度的反对党人民民主党击败了执政的和平繁荣党，掐断了不丹政府“亲近中国”的苗头。[①]

面对南亚地区不可逆转的新变化，莫迪政府对近邻小国的做法同尼赫鲁时期并无二致。印度此次在洞朗制造事端，显然有通过对中国“秀肌肉”警告不丹和尼泊尔的意涵。[②] 但其做法在南亚适得其反。不丹媒体2017年6月28日称，印度制造事端的洞朗地区是中不边界争议区域，与印度无关，这就等于是打了印度的脸。该媒体还曾发表不丹国王法律顾问旺查·桑杰（Wancha Sanjay）的文章，指责印度一直以来用“铁腕政策”，通过对不丹经济等方面的控制，阻挠中不之间的边界谈判。“究其原因，是因为印度政府担心，中不签署边界协议后的下一步，将是两国关系正常化。”而如果与中国建立外交关系，“将永久地巩固不丹的主权地位，在国际政治的敏感问题中，不丹将不再轻易地成为印度的马前卒或代理人”。[③]

在洞朗危机持续发酵时，印度政府继续示强，向边界增兵，声称要在西部边境地区修建公路。印度政要拉高调门，要让世界重视印度的“实力”和“决心”。8月15日，印度第71个独立日，莫迪宣称“国家安全是首要任务”，要在2022年之前建成“新印度”，鼓励民众“要有改变国家的决心”，并称印军“不容外界小觑”，“无论在海上或陆上、网上或现实，印度都够强大，足以在任何层面对抗外敌”。18日，印度内政部长拉杰纳特·辛格（Rajnath Singh）称要在2022年前解决克什米尔争端等问题。[④] 这与其说是印度领导人的“豪情万丈”，不如说是对其民族主义驱使下日益加剧的焦躁心态的掩盖。然而，印度的所作所为都没能影响中国与南亚国家关系的健康发展。就在印度独立日的次日，16日，尼泊尔总统班达里（Bidhya Devi Bhandari）在加德满都会见到访的中国国务院副总理汪洋时说，尼方支持习近平主席提出的“一带一路”伟大倡议，将积极参与“一带一路”建设，推动尼中友好关系和互利合作不断向前发展。尼方坚定奉

---

① 《不丹“亲中”政党大败，美媒称印“绑架”不丹大选》,《环球时报》2013年7月15日。

② 《用扩张主义三宝吓中国，莫迪当自己是尼赫鲁?》，新浪网，2017年8月22日，http://news.sina.com.cn/c/nd/2017-08-22/doc-ifykcirz3875379.shtml，访问日期：2020年8月22日。

③ 《不丹媒体怒斥印军闯入中国:阻挠中不边界谈判》，中华网，2017年7月6日，https://news.china.com/international/1000/20170706/30921960_all.html，访问日期：2020年8月5日。

④ 《印度内政部长：2022年之前将解决克什米尔争端》，新浪网，2017年8月20日，http://mil.news.sina.com.cn/2017-08-20/doc-ifykcppx9651292.shtml，访问日期：2020年8月21日。

行一个中国政策，“绝不允许任何势力利用尼领土从事反华活动”。[①]

（三）试图博取国际上的支持和同情

印度一直利用边界争端在国际上抹黑、讽刺和挖苦中国，一向在边界问题上把自己打扮成“受害者”“弱者”，以图利用西方国家和媒体对它这个“亚洲最大的民主国家”的“厚爱”和偏爱，通过在边界争端及“西藏问题”上对中国强硬和制造麻烦，从国外获取尽可能多的经济、军事援助和政治、道义上的支持。印度虽借此曾获得过不少国家的支持，但自20世纪50年代末以来得到的国际支持和同情在明显减少。如，1962年11月9日，印度在边界战争中败局已定时，其外交部“满打满算”列出的“同情和支持”印度的国家有40个：阿根廷、澳大利亚、玻利维亚、加拿大、锡兰（今斯里兰卡）、智利、刚果、哥斯达黎加、塞浦路斯、多米尼加、厄瓜多尔、埃塞俄比亚、危地马拉、法国、联邦德国、希腊、海地、冰岛、伊朗、意大利、日本、约旦、利比亚、卢森堡、马来亚、墨西哥、荷兰、新西兰、尼加拉瓜、尼日利亚、挪威、巴拿马、菲律宾、瑞典、泰国、特立尼达和多巴哥、英国、乌干达、美国、委内瑞拉；“同情和关切”印度的国家有5个：梵蒂冈、以色列、东非、索马里、芬兰；“同情”印度的国家有11个：奥地利、巴西、丹麦、罗得西亚、爱尔兰、牙买加、老挝、黎巴嫩、韩国、突尼斯、土耳其。亦即站在印度一边的国家共有56个。[②] 印度战败后半年时间里，从英联邦国家、美国、苏联和部分东欧国家十几国分别获得了1000万英镑至15亿英镑不等的物资和贷款援助。[③] 相比之下，战争开始后没有一个国家公开宣布支持中国（只有阿尔巴尼亚不公开支持中国）。但是，在中国宣布主动停火、撤军后短短一周时间里，先后有亚非拉美37个国家的政府宣布支持中国的做法：共产党执政的越南、朝鲜、阿尔巴尼亚、蒙古国、罗马尼亚、捷克斯洛伐克、古巴。非共产党执政的国

---

① 《尼泊尔总统、总理会见汪洋》，新华社加德满都2017年8月16日电。

② “Chinese-Indian Border Dispute, 1962,” 1962, secret, DO: 196/166, The National Archives, London; “Chinese-Indian Border Dispute, 1962,” 1962, secret, DO: 196/167, The National Archives, London.

③ 根据1963年4月29日英国《伯明翰邮报》报道，向印度提供援助的国家和数额分别是：美国6.5亿英镑贷款、价值8.7亿英镑的小麦等剩余物资，苏联2.88亿英镑，联邦德国2.57亿英镑，英国1.86亿英镑，加拿大1.06亿英镑，日本7600万英镑，波兰2200万英镑，捷克1700万英镑，澳大利亚1000万英镑。

家，亚洲有印尼、柬埔寨、缅甸、巴基斯坦、伊拉克、锡兰（今斯里兰卡）、马来亚（今马来西亚）、日本、尼泊尔、阿富汗、叙利亚；非洲有几内亚、阿尔及利亚、加纳、阿拉伯联合共和国（由埃及和叙利亚组成）、索马里、肯尼亚、埃塞俄比亚、达荷美、桑给巴尔、尼日尔；拉美是乌拉圭；“西方国家”有英国、新西兰、法国、澳大利亚、加拿大、挪威、丹麦、意大利。上述国家中有14个是在战争开始后曾宣布支持、同情和关切印度的国家。到了1963年1月7日，不公开亲印度的只有突尼斯、象牙海岸（科特迪瓦）、摩洛哥、多哥、阿富汗、南斯拉夫、坦桑尼亚、叙利亚和尼泊尔9个国家，公开亲印的更少——只有埃塞俄比亚和刚果两个。[①] 20世纪60年代后期中印边境锡金段军事对峙时，上述曾站在印度一边的56国，绝大多数都没有再表示支持和同情印度，有的还劝说印度要正视中国的“最后通牒”，撤走在边境非法建立的军事设施（如马来亚）。多年来，这些国家早已与中国建交并发展起紧密的政治和经贸关系。在最近几年里，中印关系出现波动和紧张时，不光它们，就是国际上其他国家也很少发声。对于洞朗事件，国际上有许多声音，如老牌记者、资深中印边界问题专家马克斯韦尔（Neville Maxwell）等，都直言不讳地批评印度无理挑事。印度外长斯瓦拉吉（Sushma Swaraj）竟然不顾事实，说世界各国都支持印度，真是犹如吹哨夜行，自我壮胆，欺骗其国人。

（四）意欲给中国制造麻烦，增加谈判筹码

通过向中国抱怨，给中国制造麻烦来增加与中国谈判的筹码，从中国获取好处，获取更多的外部援助和支持，是印度在对华关系中多次使用的“战术”。为此，它经常不顾中国在国家核心利益方面的关切，与中国的分裂势力相互勾搭，并不断密切关系。如，1962年11月10日，尽管印度败局已定，“不怎么喜欢印度人的台湾国民党认为中国对印度的侵略应得到抵抗”。[②] 1965年10月，一个台湾蒋介石政权的代表团出席了在印度加尔各答举行的一次会议和在新德里举行的联合国亚洲及远东经济委员会会议，中国在1966年8月2日指责印度搞“两个中国”。[③] 近年来，印度与日本和中国台湾相互走近，在亚洲搞遏华“铁三角”。莫迪上台后，印度政府曾

---

① “Border Dispute with India,” 1963, FO: 371/170669, The National Archives, London.

② “Frontier Dispute with India,” 1962, FO: 371/164919, The National Archives, London.

③ “Sino-Indian Relations,” 1966, confidential, DO: 196/246, The National Archives, London.

于2015年邀请台湾“经济部”官员赴印参加经贸会议。

印美关系的发展针对中国的目的十分明显。1952年，印美关系开始发生重大变化，美国出于与苏联在南亚的竞争和世界范围内意识形态的斗争，一改对印度的冷淡，把印度视为亚洲与中国“共产主义”相抗衡的“民主”国家的样板，遂携手英国，加强了对印度的经济、军事等方面的援助。1959年，美国总统艾森豪威尔访问印度，新德里百万人夹道欢迎。1962年11月20日，尼赫鲁向肯尼迪总统发出求救信，肯尼迪决定向“惊慌失措”的尼赫鲁提供轰炸机等军事援助。[①] 12月的拿骚峰会上，西方国家确定对印度提供总值1.2亿美元的物资援助，美国答应承担的份额最多。印度军史内部资料说，1962年中印边界战争中，“美国及时做出的反应在印度人民的心中留下了深刻印象”，美国被认为是印度“真正的朋友”了。[②] 20世纪60年代初，随着中苏关系的恶化和破裂，苏联加大了对印度的军事和经济援助。如，它在1962年12月同意在印度建立工厂，生产米格–21超音速战斗机，1963年又承诺为印度建设波卡罗钢厂提供援助，安–12运输机和米–4直升机也提前交货。从此至苏联解体后相当长的时期内，苏联（俄罗斯）和美国成为印度最大的军事和经济援助来源。近年来，印度与美国及其在亚洲最大的盟国日本越走越近，三国在军事、经济和技术方面的联系日益密切。长期以来已经习惯外援的印度，要想跻身世界强国之列、实现其雄心勃勃的现代化目标，比以前任何时候都更加依赖外部的支持，特别是在其比以前更具“万国牌”色彩的军事装备采购中，美国及其盟国所占的比重已经超过俄罗斯。

鉴于中国综合实力的快速发展，以及中印军事、经济及国际影响力等方面的差距越拉越大，印度在边界争端和对华事务中可资利用的筹码越来越少。由于心态的驱使和外交策略的变化，印度与中国的摩擦、分歧、矛盾甚至对抗愈加频繁，程度也有所升级。近些年，印度利用西藏分裂势力、“台独”势力、南海问题等频频给中国制造麻烦，意欲增加在边界争端和其他涉华问题上的谈判筹码。但鉴于中国体量及影响力的快速发展，以及战略和心理上的超凡定力，印度的“小动作”收效甚微。为了对付中国，印度外交上日趋借重美国、日本等域外因素。但因各怀鬼胎，印、美、日

① “International Military Aid to India,” 1962, FO: 371/164880, The National Archives, London.

② Dr. P. B. Sinha, A. A. Hthale, *History of the Conflict with China, 1992*, p. 396.

虽加强了合作，实乃相互利用关系，谋“势”显然大于取“实”。美、日等国给予印度的经济、军事等支持，代价有多大、成本有多高，尚待时间和事实来评判，印度恐自知其冷暖。美、俄、日、法、以等国出售给印度的武器装备，价格要远远高于给其他国家或国际市场的价格，而且其商业目的和战略考量不一。特别是美、日对印度的援助，真心支持和“忽悠”的成分各有几何，外人和印度人恐怕各有判断。对喜欢被“忽悠”的印度来说，美国的许愿的确是打给它的强心剂，使其多了不少底气。如，早在2011年，美国国务卿希拉里（Hillary Diane Rodham Clinton）就鼓动印度“冲出南亚，领导亚洲”，着实让印媒躁动一气，也让印度人多了一份战略优越感。2014年，美国驻印度大使理查德·维尔玛（Richard Verma）对印度记者说：“我希望在不远的将来，印度洋—太平洋水域能够看到美印海军舰艇携手并进的场面。”美国为了借助印度的力量来牵制中国，对印度褒捧有加，故意迎合印度追逐大国梦的虚荣心，但它心里很清楚，如果中印之间爆发军事冲突，印度几无胜算。[①] 2017年8月22日，在中印洞朗对峙的当口，美国商人总统特朗普（Donald Trump）又给莫迪提供了一个发挥大国作用的“良机”。他称印度为“世界上最大的民主国家，是美国重要的安全和经济伙伴”，希望印度发挥更大作用，给阿富汗“带来和平与稳定”。特朗普的讲话在印媒得到热烈掌声，而美媒则笑看印度是否会跳入“战略伙伴”这个大坑。[②]

至于印度对中国打美、日牌意图增加筹码的后果和前景，外国媒体看得很清。如，2009年11月，墨西哥媒体批评英国等西方国家挑拨中印关系，指出中印两国应合作前行，冲突只会让英美得利。2011年4月，韩国媒体认为印度选在印度洋、东南亚和南中国海与中国展开广泛对抗是很不理智的行为。印度为缓解国内矛盾、谋求大国形象，选择与本应是伙伴的中国进行对抗，长此以往，恐将自食苦果。尽管印度使出浑身解数，与中国一争高下，但2017年8月时仍有美国媒体称，在欧洲和美国，“中国获得

---

① 《联参20|印度叫板中国“底气”：自我膨胀+美国鼓动》，凤凰网，2017年8月18日，http://news.ifeng.com/a/20170818/51676428_0.shtml，访问日期：2020年8月20日。

② 《印媒为特朗普热烈鼓掌时，美国人嘲笑他们的智商》，新浪网，2017年8月22日，http://news.sina.com.cn/o/2017-08-22/doc-ifykcqaw0816229.shtml，访问日期：2020年8月22日。

的关注多于印度”。[①] 大量事实说明，印度欲借助外部力量赶超中国的努力是徒劳的。

（五）军事冒险与战略“赌博”

印度借口中国在自己领土上修路对其安全构成威胁，悍然派军队侵入中国洞朗地区，赖了70多天才离开。这一无理事件的恶劣性质，在世界历史上绝无仅有。印度选择此时在洞朗制造事端，绝非一时兴起。不管是“阴谋”还是“阳谋”，印度制造此次边界事件应该是下了大“赌注”的。它之所以敢如此“鲁莽”行事，恐怕对中国和美日都有战略上进行“讹诈”的成分。对中国，印度要为1962年战争的军事惨败以及蒙受的“羞辱”寻机“复仇”的“决心”，再加上前述四种挥之不去的心态，使其面对国内外矛盾时往往难以寻到良策。如它真的认为其西里古里走廊的安全受到威胁，中国的“一带一路”倡议，特别是中巴经济走廊的实施将对其边界局势、发展战略和安全态势产生重大不利影响，通过军事手段寻找出路也可能成为其选项之一。再考虑到印度的政治领袖和政党利用和操控边界问题为其政治目的服务的惯常做法，在很大程度上靠民族主义、右翼势力（甚至具有法西斯主义性质的势力）支持上台执政的莫迪，认为印度已进入独立以来最强盛的时期，与中国对峙时是不会轻易“服软”的。对美日来说，为了达到遏华的共同目的，对印度的军事和外交支持到底能走多远，恐怕它们自己目前也尚无决策，印度大概也心中没底。而印度为了与中国“对赌”，自己筹码有限，就只得指望美日“出资”了。印度在洞朗出手，假借不丹名义，自以为钻了一个空子，是想借此突入我国领土，并准备在受到抵抗时大喊大叫，大造国际舆论，真若发生军事冲突，无论胜败，它都能在国内外“收获”不菲。因此，印度有可能认为它在洞朗呈现的“赌徒”决心越大，美日出的“赌资”就会越多。我们不能排除这种可能：印度在把洞朗挑事当作给美国的投名状。莫迪访美、洞朗挑事和特朗普点名让印

---

① 《墨媒：中印两国应合作前进，冲突会让英美得利》，凤凰网，2009年12月5日，https://news.ifeng.com/mil/4/200912/1205_342_1463181_1.shtml，访问日期：2020年12月5日；《韩国媒体称印度若长期与中国对抗将自食苦果》，新浪网，2011年4月19日，http://mil.news.sina.com.cn/2011-04-19/0926643247.html，访问日期：2020年12月19日；《美称印度在经济与地缘政治重要性方面都远不如中国》，新浪网，2017年8月21日，http://mil.news.sina.com.cn/china/2017-08-21/doc-ifykcppx9872444.shtml，访问日期：2020年12月7日。

度帮助解决阿富汗问题，这三者之间的联系，值得仔细玩味。洞朗事件结束后，印度继续借美日支持，冒险对中国进行军事挑衅。我们必须做好军事准备，不能心存幻想，掉以轻心。

三、印度的心态与中印边界问题的症结

无论是从中印边界争端的历史发展还是从洞朗事件来看，印度人的心态不但是中印边界问题至今未能解决的最大症结，而且成为决定其外交、军事、经济、教育、宣传等行为的重要因素。这主要体现在以下几个方面。

（一）在历史遗留问题上片面、固执的立场

对于英国殖民统治时期遗留下来的中印边界问题，印度宣布全部“继承”，而且还有所“突破”。对于连英国人都没有正式承认其法律效力的非法的“麦克马洪线”，印度人不但把它作为最重要的历史“依据”和法理“依据”，而且还在地理实控方面突破了1914年“西姆拉条约”附图中画的非法的“麦克马洪线”，不断蚕食，占领了达旺等原被画在非法的“麦克马洪线”以北的中国领土。对于连条地图上的线都没有的西部边界，印度更是提出无理要求和主张。面对中国通过平等、友好谈判，顺利解决与缅甸、巴基斯坦、尼泊尔等国划界的“示范”效用，印度不但视而不见，反而心胸狭隘地恶意曲解中国的善意和苦口婆心，一次又一次地错过了解决问题的机会。60多年来，印度在边界问题上的态度虽然从不容谈判变为同意谈判，但在如何划线问题上却没有丝毫松动，一直要求或希望中国接受其单方面立场。

（二）缺乏自我反省的精神

印度独立建国后，与大多数邻国都有边界争端，其中与巴基斯坦和中国多次发生战争或冲突。俗话说“远亲不如近邻”，但印度一向信奉“远交近攻”的对外政策，对邻国屡下狠手，殖民主义、霸权主义、扩张主义、“地区大哥”的心态和做派至今未改。它吞并锡金，把不丹变成保护国，却没有受到国际社会的谴责哪怕是批评；它多次发动对巴基斯坦的战争，通过军事干涉肢解巴基斯坦，虽然一度被巴基斯坦的盟国美国冷落、疏

远，但十几年后便又成为美国拉拢、忽悠、有条件支持的对象；对于历史上绝大部分时间里都友好相处、相互支持、同为被压迫殖民地半殖民地的最大邻国中国，印度很少平等相待，多以“大哥”自居，斤斤计较，欲索欲取。凡是边界纠纷，都是别人的错，应该让步的都是别人，印度绝对正确，要它“互谅互让”，想都别想。不光如此，印度还通过议会立法，使领土的变更难上加难，在法律程序上基本堵死了政府领导人通过谈判、相互妥协解决边界争端的大门。时至今日，由于中印边界问题以及与中印关系相关的印巴边界纷争依然看不到解决的前景，印度常年把多半军力部署在中印边境和中巴边境，给经济造成了沉重负担，已然成为其快速发展、走向强国之路的瓶颈。无论是印度政府、议会、军队、媒体，还是公众，边界上一有风吹草动，必是强硬之声盖过，甚至淹没理智之音，即使讲究客观、说理的学术圈，敢讲真话的也是极少数。

（三）被歪曲的历史主义教育和“爱国主义”对国民的影响

与上述有关，印度国民在边界问题上一直受到与事实严重不符，甚至背离的历史知识教育，以及将那场战争的受害者、殉难者描绘成英雄的宣传。关于中印边界争端的历史起源、影响边界问题的诸因素，印度政府从不给公众讲真相，而不负责任的媒体则成为公众获取“真相”的主要来源。对于媒体不符实际，甚至恶意歪曲的报道，政府从不予以纠正、澄清，而是为了自私的政治利益，听凭媒体为了新闻效应为所欲为。对于1962年的战败，印度政府为了煽动民族主义，竟然夸大惨败的程度，营造“悲壮”“英雄”气氛。在印度，就连街头孺子都不忘那场战争带来的耻辱，心怀“复仇”之心。与其他大国不同的是，印度政府在边界问题上往往受到政府、议会、军队的“绑架”，而鲜有主动性，即使决策者中有明白人，也不敢提出真实想法。

（四）对自己软、硬实力的“高看”

高傲、爱占上风的印度人一向无视自身的缺点和弱点，无限夸大自己的优点和成绩。1962年的战败和由此带来的“羞辱”本可避免，但正是由于印度过高估计了自己的军事、经济实力和民众的士气，过分乐观地看待面临的国际局势，严重低估了中国的军事实力，特别是军人的战斗士气和民众的精神，也不能正确理解中国政府一再释放的善意，更不可能预见毛泽东等中国领导人捍卫祖国领土的坚定决心和完胜后单方面宣布停火、撤军的战略远见，才遭受了独立以来最大的军事失败。然而，60多年过后，印度的这一思维并无改观。其领导人和媒体依然“报喜不报忧”，对“掺水”的经济统计数据津津乐道，对“万国牌”装备的军队的战力妄加吹捧。此次挑起洞朗事件后，面对中国的严正警告，其财长兼防长阿伦·贾伊特利（Arun Jaitley）竟然声称印度“已不是1962年的印度了”，军方还妄言准备打赢“2.5个战争”，除了几个印度人，世界上有谁会相信印度有此实力！

（五）把边界问题与“一带一路”倡议、入常、加入核集团等挂钩

历史上，世界各大洲都发生过边界争端，有的通过相关国家的和平谈判得到解决，有的通过第三方调解达成一致，也有的通过战争得以平息，其共同特点，都是没有让边界问题长期影响国家的长远发展和国家利益。印度则与众不同，对边界问题的“痴迷”到了无以复加的程度，甚至不顾国家的长远发展大计，似乎弄不清其国家利益究竟何在。按照常理，它既然认为拥有否决权的中国是其“升格”为联合国安理会常任理事国、加入核国家集团的最大障碍，既然把中国的“一带一路”视为其南亚霸主地位和地区大国地位的严重威胁，就应通过平等谈判和协商，与中国“讨价还价”，在互有妥协的基础上为自己获取最大利益。但是，受心态支配和对国内外因素严重不切实际的评判的影响，印度却把对中国的各种不满集中“发泄”到边界问题上，这既不理智，有失大国风度，也大大增加了推动边界争端解决的难度。

通过上述分析，我们应对中印边界争端的复杂性和解决问题的长期性有足够的心理准备，要认识到不断制造麻烦的“难缠”的印度将是决定中国和平发展的国际成本的重要影响因素之一（另一个是亚洲之外的美国）。就双方实力而言，如用军事手段解决，打败山中之贼（印度）是可以做到的，但打服（印度）心中之贼不易。与印度这个“牛皮糖”邻居相处，经过努力，“和”可以维持，“睦”则不易。印度选择在洞朗滋生事端的时机和手法，自有其特定的考量，但终于受挫，足见其国大难言眼宽，计诡未必高明。此种情绪，结合前述四种固有心态，有理由断定，印度以后在中印边界问题上再次制造洞朗之类的事端，绝非小概率事件。然而，凡事都

有两面。洞朗事端的和平解决，使国人和世人看到了我们国家的定力超凡、立场难撼、军事准备、外交努力、舆论宣传所展现的大国胸怀和超大格局，对这一事件的处理必将成为国际上的经典案例。它也启示我们，中印两个大国邻居终归还是要和平相处，中印关系还是要置于我国亲诚惠容的周边外交政策框架之内。

第三章　域外因素与大国反应

第一节　英国在中印边境冲突中的作用

从英帝国殖民扩张的历史和印度的历史来看，英国作为印度的前殖民国，对于中印边界问题负有不可推卸的责任。它通过一手策划、操办西姆拉会议，炮制非法的“麦克马洪线”，埋下了中印边界纷争的种子。冷战爆发后，面对世界格局和国际关系的新变化，特别是中华人民共和国国际地位和影响力的不断提高，国力大为衰弱的英国，为了最大限度地维护其在亚洲的利益及在国际关系中的影响力，在中印边境冲突的过程中虽然对印度提供了相当程度的支持，但多有保留，同时极力避免刺激中国，设法与中国维持较为稳定、平和的关系，试图在中印之间保持“平衡”，把握、拿捏得很有分寸，充分显示了其老牌帝国处理复杂、敏感外交和国际问题的圆滑和老道。

中印边界问题、特别是1962年的边界战争，是中印双边关系、地区关系乃至国际关系史中具有重要影响的事件，长期以来为国内外所关注。迄今为止，学术界的研究主要集中于对中印东段、中段和西段边界具体问题的阐释和分析，对外国特别是大国所起的作用，主要集中于美国和苏联方面，而且多置于冷战的大背景中。而对于中印边界问题的始作俑者英国在中印边界争端、特别是1962年战争中的态度、政策以及所起的作用，国内外学术界尚未见具体、深入、系统的研究成果发表。这里主要依据英国档案文献，以及中国、印度等国的一些文献资料，从细节入手，对这些档案文献资料进行详细解读，对英国在1962年中印边界战争前后的态度及所扮演的角色进行剖析。

一、中印边境冲突的根源

中印边界争端不是一般的邻国之间的历史纠纷，而是典型的殖民主义的产物，[①] 是英帝国主义者于20世纪初期通过精细谋划，狡猾地埋在中印两国之间的一颗随时爆炸的炸弹。中印边界争端长期得不到解决，除了上述原因外，主要是由于中国和印度双方对这一历史遗留问题截然不同的解读。而边界争端引发20世纪五六十年代两国关系的不断恶化、乃至发展为冲突甚至战争，则主要源于印度政府对中国政府立场和态度的误读以及它所采取的不切实际的对策和行动。

（一）"西姆拉条约"及非法的"麦克马洪线"

历史上中印两国对于传统习惯线所代表的边界大体上都持尊重的态度，从未发生过边界争端。英国在统治印度后期播下了中印边界争端的种子。中印边界争端源于所谓的"西藏问题"。英国曾一度动过吞并中国西藏的念头，后改为企图削弱中国中央政府与西藏地方的关系、实际控制西藏的策略，而通过签订条约制造历史"依据"和法理"依据"则成为它实现这一图谋的主要手段。早在1904年9月，侵略西藏的英军代表荣赫鹏与西藏地方代表签订了"拉萨条约"（即"英藏条约"），条约中隐蔽起来的要害之处，是企图排斥中国对西藏的主权，建立英国对西藏的保护关系。因此，该条约只字不提中国对西藏的主权，相反，第九款竟把中国暗列为"外国"。[②] "拉萨条约"未得到清政府的批准。

此后，英国政府并不甘心，进一步实施控制中国西藏的图谋，并直接酿制了中印边界问题的产生，其直接根源便是1913—1914年召开的西姆拉会议。为了巩固其与俄国等列强争夺西藏的优势地位，英国在清朝末期和辛亥革命初期，通过其驻中国的外交使节，督促清政府和民国初期的北洋军阀政府同意召开一次会议，以明确英国和中国中央政府与西藏地方政府的关系。英国极力坚持西藏决不能被当作一个行省来对待，必须拥有"自治权"，在此问题上拒绝让步，甚至在外交等方面对中国中央政府进行威胁。在英国的软硬兼施下，中国北洋军阀政府勉强同意参加这样的会议。西姆拉会议便是在英国倡议和一手操办下，于印度西姆拉举行的中国中央政府、英国和中国西藏地方政府三方代表参加的会议。

1913年10月6日，三方会议开始在西姆拉举行，在西姆拉举行了五次

---

① 美国前国务卿亨利·基辛格也认为"中印边界问题从根本上说源于对这段殖民历史的不同解释"。Henry Kissingr, *Henry Kissingr ON CHINA* (Penguin Books, 2012), p.185.

② 吕昭义：《英属印度与中国西南边疆：1774—1947》，第217页。

会议、在德里举行了三次会议。1914年，英国为扩张其殖民地领土，以不正当的手段与当时的西藏当局秘密换文，炮制了大致以喜马拉雅山主脉分水岭为走向的边界线。是年2月，参加会议的中国西藏地方政府的代表，在标有后来被称为非法的“麦克马洪线”的《印度东北边境，参谋长会议，第1页和第2页，临时发行，1914年2月，比例尺1英寸：8英里》地图草图上签了自己的名字。[①] 同年3月，因为中国中央政府代表陈贻范[②] 虽然处于弱势地位，但仍尽其所能维护中国对西藏的主权。英国深恐其图谋落空，便施展开了早就谋划好的另一手。其全权代表、英印政府外交部长亨利·麦克马洪（当时译为马麦含）拿起一支红铅笔，在一张1：5万的地图上画了一条西起不丹东北角东至中缅印三国交界处的中印边界线，把边界从传统习惯线往北推了一百公里，以喜马拉雅山脊分水岭的连接线作为界线，从而把从喜马拉雅山南麓直至山脊的九万多平方公里中国领土，画入了英属印度版图。

因此，非法的“麦克马洪线”产生于西姆拉会议期间，但并非会议的直接产物，对此，英国外交部1963年1月28日的一份文件也承认非法的“麦克马洪线”不是西姆拉会议确定的，而是英藏双方在1914年3月背着中国中央政府的代表，私下里通过换文确定的。[③] 在西姆拉会议的整个谈判过程中，英方代表和西藏地方某些代表相互勾结（西藏地方政府代表的汉语翻译同时也是英国代表团的汉语翻译，权力很大，有时甚至代替西藏代表出席会议），对议案密谋策划，并给陈贻范施加压力。1914年4月27日，英国政府特命全权代表麦克马洪、中国政府代表陈贻范及中国西藏地方政府代表边觉多吉草签了“西姆拉协定”[④] 草稿。草签草约时，麦克马

① “The North-East Frontier of India, General Staff, Sheet Ⅰ and II, Provisional Issue, February 1914, Scale 1 inch=8 miles,” in“Draft Convention, United Kingdom, China and Tibet,” 1914, FO: 93/105/5, The National Archives, London.

② 在英国人的坚持下，袁世凯的北京政府任命深得英国人喜欢的陈贻范为“西藏议约全权专员”——而非“西藏宣抚使”，作为中国中央政府的谈判代表出席会议。中华民国史事纪要编辑委员会、中华民国史料研究中心编《中华民国史事纪要（初稿）中华民国二年一九一三年七月至十二月》，正中书局，1981，第197页。

③ “Legality of Mcmahon Line（Boundary between Tibet and British India Agreed in 1914）,” 1962, FO: 371/164932, The National Archives, London.

④ “西姆拉协定”包括一份条约和一张地图。条约名称的顺序有别，中文是“中英藏条约”，英文为“英中藏条约”（Convention between the United Kingdom, China and Tibet）；地图是根据条约第九款附加的包含非法的“麦克马洪线”的划分为“内藏”和“外藏”的内容。

洪签的是英文，中国西藏地方政府代表签的是藏文，而陈贻范签的并非汉文，而是英文，且陈自己的签名与条约正文的拼写不一样（条约正文中是Ivan Chen，而陈贻范草签的是Ivan Chin），可见“草签”之程度。如此，英国便正式炮制出了不丹以东西藏和印度之间的非法的边界线——“麦克马洪线”。[①] 1914年7月3日，英国政府的代表和中国西藏地方政府的代表最后在“中英藏条约”最终文本上签了字、盖了章，但中国中央政府代表陈贻范在最终协定文本上既没签字，也没盖章。

需要强调指出的是，麦克马洪利诱西藏噶厦的代表，在1914年3月背着中国政府代表搞了这份划界换文。当时，对西藏拥有主权的中国政府对此并不知情，十三世达赖喇嘛和噶厦也未给其参加西姆拉会议的代表有划界的授权，后来了解了情况的噶厦对非法的“麦克马洪线”不予承认。无论是“西姆拉协定”还是其附图，均未得到当时派出陈贻范的中国北洋政府的批准，此后的历届中国政府均明确表示不承认非法的“麦克马洪线”。

但是，自西姆拉会议之后的百余年来，英国政府、英印政府及独立后的印度政府只是笼统地说中国中央政府的代表在条约上签了字，强调陈贻范“特命全权代表”的身份及其签字的“法律效力”，并一直将其作为西藏“独立”和中国西藏与印度之间边界的“历史依据”和“法理依据”，却只字不提陈贻范只是草签了草约而未在正式条约上签字的确凿事实。如此，不管有意还是无意，英国政府代表麦克马洪（马麦含）和中国西藏地方政府代表边觉多吉两方签字的“中英藏条约”及其附图，便为日后的中印东段边界埋下了纷争的祸根。

英国对此事也深知理亏。因此，对于“西姆拉条约”和非法的“麦克马洪线”，英国官方的态度有一个明显变化。英国起初并未明确承认非法的“麦克马洪线”的存在。1929年出版的《艾奇逊条约集》肯定中国中央政府的代表没有在条约上正式签字。此后20年中，英国《泰晤士报》出版的地图集也没有标出非法的“麦克马洪线”，中印边界的走向仍然沿着喜马拉雅山南麓，这同中国的主张完全一致。只是到了1935年，英印政府才提出要在《艾奇逊条约集》里收入“西姆拉条约”，在《泰晤士世界地图集》里画出非法的“麦克马洪线”的位置。为了掩人耳目，英国政府不惜

---

① “Chinese Political and Economic Consolidation of Tibet,” 1959, secret, DO: 35/8981, The National Archives, London.

弄虚作假，新版《艾奇逊条约集》第14卷实际上出版于1937年，却冒充是1929年的版本，而将初版全部收回销毁，英国政府以为这样就可以理直气壮地宣称“西姆拉条约”自它产生之日起就是有效的。但历史真相是篡改不掉的，最初版本的《艾奇逊条约集》还有两套被保留下来，分别藏于美国哈佛大学图书馆和印度加尔各答图书馆。英国政府作伪证的罪行昭然于天下。

关于中印东段边界，印度的态度也有一个变化，足以表明它内心的虚弱。1937年，印度测量局开始在地图上标出非法的“麦克马洪线”，但它并未将该线作为正式边界，而是注上“未经标界”。但1938年印度测量局发行的一张西藏地图，仍然标明位于非法的“麦克马洪线”以南的达旺属于西藏，1946年出版的尼赫鲁的《印度的发现》仍然标明印度的边界是沿着喜马拉雅山南麓走的。即使到了1950年，印度官方发表的第一幅地图《印度测量图》上，对中印边界的西段和中段仍注明“边界未经订定”，对东段边界虽标出了非法的“麦克马洪线”，但仍注明是“未标定界”。但到了1954年7月，印度测量局出版的新地图发生了变化。根据印度政府的指示，新地图把未定的西、中、东段边界一律改标为已定边界，非法的“麦克马洪线”变成了东段的固定边界。[①]

事实上，在1947年印度独立前，非法的“麦克马洪线”与传统习惯线之间原属西藏的土地，主要受英国人的控制和影响，且大部分被英印军队占领。1947年8月独立后，印度自称继承了英国殖民主义的遗产，很快宣布接管英国有关西藏的所有条约权利和义务，英国驻拉萨使团直接变成印度使团，驻拉萨的英国专员黎吉生（Hugh E. Richardson）摇身一变成了印度在西藏的代表，唯一显著的变化就是换了一面国旗；[②] 1948年印度政府向中华民国政府宣布，英国和西藏签订的条约中规定的权利和义务都移交给了独立的印度政府。其实，1908年的《英中西藏贸易条例》（*Anglo-Chinese Trade Regulations of Tibet*）第六条早已规定：如果英国放弃在中国的治外法权，它也同时放弃在西藏的治外法权，印度政府可以此为依据，

---

① Manoranjan Mohanty and Mira Sinha Bhattacharjea ed., *Security and Science in China and India: Selected Essays of Giri Deshingkar* (New Delhi: Samskriti, 2005), p.6; Mira Sinha Bhttacharjea, *China, the World and India* (New Delhi: Samskriti, 2001), pp.269-270.

② “Chinese Political and Economic Consolidation of Tibet,” 1959, secret, DO: 35/8981, The National Archives, London; H. E. Richardson, *Tibet and Its History* (Oxford University Press, 1962), p.173.

自动放弃在西藏的特权。印度独立后还向中国提出了大片领土要求，特别是在1951—1953年趁朝鲜战争之机，在中印边境东段地区侵入并控制了非法的“麦克马洪线”以南、传统习惯线以北约九万平方公里的中国领土。

（二）中印两国对非法的“麦克马洪线”及边界问题的不同态度

中华人民共和国成立后的几年里，印度基本上执行了对华友好政策。印度于1949年12月30日宣布承认中华人民共和国，中国也奉行了加强中印友好的方针。1950年4月1日，两国正式建立大使级外交关系。1953年，印度总理兼外长贾瓦哈拉尔·尼赫鲁主动提出商谈印中关系问题。经过友好谈判，中印在1954年4月签署了《中华人民共和国和印度共和国关于中国西藏地方和印度之间的通商和交通协定》，解决了两国之间的通商和交通问题，以及由于帝国主义侵略在中国西藏造成的有损中国主权的问题。但影响两国关系的主要障碍，即中国西藏与印度之间的边界问题均未触及。中国一直否认“西姆拉条约”及非法的“麦克马洪线”的合法性，认为中印边界从未划定，中印双方存在争端，但主张只有根据历史的实际情况，通过共同协商和联合勘察，进行友好谈判，才能解决争端。

印度则一直希望和要求中国接受西姆拉会议的结果，承认非法的“麦克马洪线”的合法性。印度在中国人民解放军进驻西藏前夕，于1950年将实际控制线向北超越传统习惯线，推进到非法的“麦克马洪线”。对于中国按传统习惯线绘制出版的地图，印度也多次提出交涉。1959年西藏发生叛乱后不久，尼赫鲁于3月22日致信中国总理兼外长周恩来，公然违背历史事实，说中印边界早已确定，坚持非法的“麦克马洪线”就是中印边界东段的国界线的立场，并认为“这条线是在1913年至1914年中国政府、西藏和印度的全权代表在西姆拉举行的三边会议上画出的”。[①] 尼赫鲁不仅要求中国政府承认印度已经对中印边界东段和中段中国领土的占领是合法的，而且要求中国政府承认从来就在中国管辖之下的西段的阿克赛钦地区也属于印度。其后，他又给中国总理写信并给中国政府发了照会，坚持其边界问题上的领土要求。从1959年8月到9月4日，在不到1个月的时间里，尼赫鲁先后10次发表有关中印两国关系的谈话，着重谈到了中印边界

---

① 《中华人民共和国对外关系文件集》（第六集），世界知识出版社，1961，第149—150页。

问题，在讲话中一再强调，关于中印东段边界，“我们坚持麦克马洪线”。

周恩来在给尼赫鲁的回信中明确指出：非法的“麦克马洪线”从未在西姆拉会议上加以讨论，而是英国和西藏地方当局的代表，背着中国中央政府的代表，于1914年4月24日，也即是在“西姆拉条约”签订以前，在德里用秘密换文的方式决定的。这条界线，后来是作为西藏同中国其他部分之间的界线的一部分，标在“西姆拉条约”的附图之上的。非法的“麦克马洪线”是英国对中国西藏地方执行侵略政策的产物，从未被中国的任何一个中央政府所承认，因此肯定是不合法的。至于“西姆拉条约”，当时的中国中央政府代表就没有正式签字，这是在条约上清楚地注明了的。“这条非法的界线曾经引起中国人民的极大愤慨。就是西藏地方当局，后来也对这条线不满，并且在1947年印度独立后致电阁下，要求印度归还这条非法界线以南的中国西藏地方的全部领土。”[①] 关于中印西段边界，印度政府在1959年建议：在中印边界西段，印度政府将其人员撤到中国地图所标的边界线以西，中国政府将其人员撤退到印度官方地图所标印方主张的边界线以东。对此，周恩来总理在同年12月17日给尼赫鲁的信中就已指出，印度的建议是不公平的，表面上似乎“平等”，实际上是要中国单方面撤退。印方所自诩的这一“非常公平”的建议，实质上是印方要以从几个历来属于中国而最近一个时期才为印方所侵占的地点的撤退，来换取中国方面从3.3 万多平方公里的历来属于中国的大片中国领土上的撤退，而印方还原封不动地继续占领中印边界东段和中段的中国领土。这当然是中国政府所不能接受的。如果印度政府真的指望中国政府认真考虑印度政府的建议，就应该准备把上述建议所包含的原则同等地适用于东段边界。但是从尼赫鲁1959年6月14日在印度议会中的讲话看来，印度政府是以不这样做作为重提这个建议的前提的。[②]

印度方面，尼赫鲁在强迫中国接受非法的“麦克马洪线”，并以此作为解决中印边界问题根据的同时，在国内默认并制造非法的“麦克马洪线”就是中印东段边界线的舆论。1953—1954年中印就印度与西藏的商务关系及其他双边关系进行商谈时，周恩来和外交部副部长章汉夫即提出，这次

---

① 同上书，第104—105页。

② 《我国外交部照会印度驻华大使馆，抗议印度政府没收我大使馆新闻公报》，《人民日报》1962年6月2日第1版；《中华人民共和国对外关系文件集 》（第九集），世界知识出版社，1964，第58—60页。

谈判是解决中印之间业已成熟、悬而未决的问题，不成熟的如边界问题，包括非法的“麦克马洪线”问题，此次作为悬案，待将来择机解决。[①] 印度驻华大使赖嘉文（N.Raghavan）当时也表示同意。中印两国签署了关于中国西藏地方和印度之间的通商和交通协定，但未谈及边界问题。对此，中国认为解决中印边界问题的时机尚不成熟，但印度政府认为，双方未谈及边界问题，即表明中国没有异议，特别是1954年尼赫鲁访华回国后，印度主要媒体纷纷发表文章，宣称中国同意或默认了印度政府对边界东段所持的立场，对此，尼赫鲁及印度政府并未表明官方态度，也没有对真实情况予以澄清和说明，致使印度民众相信了媒体的观点。

在历史上，中印边境全线虽然从未正式划定过，但除了对非法的“麦克马洪线”存有争议之外，两国都承认有传统习惯线，即依据双方历来管辖范围所形成的界线。然而，印度在它自己的地图上所画的边界，大大超出了原来实际管辖的范围，导致形成了东、中、西三段边界皆存有争议地区的局面。

两国对于边界问题的分歧本应通过谈判协商来解决，但印度予以拒绝。在很长一段时间里，每当中国提出边界问题时，印度总是坚持两国之间业已存在一条既定边界的立场。印度的谈判策略是先要中国同意这条边界，然后印度方面准备就东段、中段和西段的每一部分进行讨论，做出微调。[②] 自20世纪50年代中期至60年代初，印度政府一再明确拒绝中国方面提出的以尊重边界现状为基础，在东西两段边界上以互谅互让的方式解决边界问题的一揽子解决方案。印度的上述立场导致中印之间的重大分歧难以弥合，50年代中期之后关系不断恶化，50年代末期之后边境冲突事件不断发生，进而发展到1962年的边界战争。印度前外交官、新德里中国问题研究所名誉研究员基尚·拉纳（Kishan Rana）说过：“印度和中国的战争是由于一系列复杂的行动和误解而发生的。”[③]

---

① 《周恩来与外国首脑及政要会谈录》，台海出版社，2012，第52页。

② Mira Sinha Bhttacharjea, *China, the World and India* (New Delhi: Samskriti, 2001), p.299.

③ 伊沙安·塔鲁尔:《中印战争：50年后，印度和中国会再次冲突吗?》，美国《时代》周刊网站，2012年10月21日，http://www.yinduabc.com/blog/4035.htm，访问日期：2014年6月8日。

二、1962年边界战争前英国对中印的政策

自20世纪50年代中期中印关系开始恶化至1962年中印边界战争爆发，正值冷战中屡次发生东西方阵营严重对峙的时期。英国作为印度的前殖民国，也是为了偕同美国与苏联争夺在印度等未纳入雅尔塔体系利益范围的地区的影响，对印度提供了多方面援助，但援助的数量和质量均有相当保留。与此同时，为了维护其全球利益，英国对中国采取了比较友好、平和的政策，于1950年1月在西方国家中率先承认中华人民共和国，后又在1954年6月与中国建立代办级外交关系，双边关系稳定发展，在中印两国因边界纠纷关系恶化后，试图在双方之间维持平衡。

（一）对印度的支持有限

在十分敏感的西藏法律地位及印度与西藏的关系问题上，英国没有明确、公开地完全站在印度一边。

关于西藏的地位问题，印度虽然与中国在1954年签署了《中印关于中国西藏地方和印度之间的通商和交通协定》，但20世纪五六十年代，印度政府在致中国政府的外交照会中，一直使用“宗主权”来描述中国中央政府与西藏地方的关系，拒绝承认中国对西藏的主权，从而埋下了中印纷争的种子。

对于印度政府在“西藏问题”以及印度与中国西藏地方之间边界问题上的立场，英国政府在一开始并未给予完全支持。1948年7月初，印度称英国出版的关于西藏的地图有误，说该地图把西藏标为中国的一个省，要求英国政府让英国出版商修改“英国出版的地图上关于印度和西藏边界的标记”。英国政府对此没有给予明确答复，只是建议印度方面直接与英国的出版商洽谈解决。①

对于西藏的法律地位，中华人民共和国成立后的几年里，英国官方的态度大体上是有意模糊。1952年10月7日，英联邦事务部官员在一份有关印度在西藏的代表的信件中表示，“印度使团在拉萨的地位的变化，就意味着印度政府现在已经承认了中国对西藏的完全主权，标志着印度与西藏政

---

① “India/Tibet Frontier,” 1948, DO: 142/468, The National Archives, London.

府直接关系的终结"。[①] 1956年1月，英国官员D.C. 西蒙（D.C. Symon）称"英国对西藏的法律地位的立场是模糊的"。同年10月3日，英国外交部驻北京的官员发自北京的一份函件称，尚未发现能准确表明英国关于中国对西藏主权态度的声明。1957年1月，英国官员主张，英国"对西藏的法律地位不要急于表态，等需要做出此种决定时再表态"。[②] 在中印关系急剧恶化的时期，1959年9月14日，尼赫鲁对中印关系现状甚为沮丧，而英国官员在同年10月15日的判断是中国不会"入侵"印度。[③] 此前，1959年9月11日，英国驻台北官员发回国内的文件称，在中印边界争端问题上，印度将是输家。就是在中印边境爆发大规模冲突后的1962年11月，英国官员还认为非法的"麦克马洪线"只是在地图上标出，并未在地面上划定，因而缺乏准确性。[④]

鉴于与印度的传统关系，又考虑到美国及苏联东欧国家率先考虑并着手向印度提供经济援助，英国为了尽可能保持自己在印度及南亚地区的主导性影响，同时也为了应对美国在印度影响的不断扩大，以及苏联东欧国家与印度关系的迅速发展，英国向印度提供了经济、军事等方面的帮助，但明显有所保留。

美国与印度的关系在第二次世界大战期间较为热络。但后来主要由于不满印度对中华人民共和国的政策，美印关系一度十分冷淡。但随着朝鲜战争的爆发，中国影响的日益扩大，美国出于对苏冷战及遏制共产主义的全球战略的考虑，自1952年初开始重视印度。1952年2月15日，美国国务院公布了一篇关于看好印度未来的新闻稿。1952—1954年，印美两国签署了一系列政府间技术合作协议。例如，1952年2月中旬，美印签署了关于美国向印度提供钢铁援助行动协议，向印度提供了一系列经济技术和军事援助；同年3月8日的《纽约时报杂志》刊登了一篇题为《亚洲通过印

---

① "Indian-Tibetan Relations: Indian Representation in Tibet," 1952, FO: 371/99664, The National Archives, London.

② "Sovereignty or Suzerainty over Tibet by China," 1956, FO: 371/121149, The National Archives, London.

③ "Sino-Indian Relations," 1959, top secret, DO: 35/8819, The National Archives, London; "Relations between India and China (Border Dispute between India and China) 1959–1960," 1960, top secret, DO: 133/148, The National Archives, London.

④ "Chinese Political and Economic Consolidation of Tibet," 1959, secret, DO: 35/8983, The National Archives, London; "Legality of Mcmahon Line (Boundary between Tibet and British India Agreed in 1914)," 1962, FO: 371/164932, The National Archives, London.

度挑战美国》的文章，提出美国对印度的援助，要起到“帮助印度维持其作为反对共产主义的民主堡垒”的作用。[①] 美国的报纸呼吁美国赶快帮助印度。1952年5月中旬，哥伦比亚广播公司的一篇署名文章称，亚洲的未来是印度；7月，美国国务院一篇题为《背景》的文章称印度是亚洲的一种民主模式；7—9月，印美签署技术合作文件；11月，美印签署第四点计划文件。1953年3月下旬，印度要求美国提供更多援助；同年10月中旬，美国官员称美国对印度的态度是当今世界最重要的关注点之一；[②] 11月初，美印又就两国政府间技术合作项目及额度达成协议；12月下旬，美印签署美国向印度处理农业剩余物资的文件。1954年2月初，美印签署美国向印度提供化肥协议。1958年4月中旬，美印签署美国向印提供军事装备等的协议。1960年3月初，美国表示准备帮助印度建造第一座核电站。1953年之后，美印之间的外交往来明显加强。1953年5月，美国国务卿杜勒斯访问印度；10月，美国副总统尼克松（Richard Milhous Nixon）和参议员威廉姆·诺兰（William Nolan）分别访问了印度。1959年5月下旬，美国总统艾森豪威尔（Dwight David Eisenhower）以特殊版本的信件祝贺尼赫鲁70岁生日；同年9月，印度驻美大使在美国众议院发表了题为《印度与共产主义》的讲话，声称印度不怕与中国开战；[③] 1959年12月，艾森豪威尔访问印度，受到百万人夹道热烈欢迎。面对美印关系的迅速升温，英国自然不愿眼看着自己在印度的主导性影响被美国超越。

这一时期，社会主义国家与印度的关系也发展很快，引起了英国的警觉。苏联和东欧国家对印度的经济援助一开始力度就很大。1953年6月19日的《东方经济学家》文章称，印苏贸易是“跨越铁幕的贸易”。[④] 同年10月上旬，印度和苏联签署了黄油换小麦协议；同年12月初，印苏达成关于苏联对印度的援助及印苏技术合作协议。20世纪50年代中期，苏联、捷克斯洛伐克、民主德国、南斯拉夫及中国等社会主义国家，向印度提供了钢铁、化肥、煤炭、石油等方面的援助。1957年5月中旬，印度打算更多

① “Asia Challenges US through India,” *The New York Times Magazine*, March 8, 1952.

② “Political Relations between USA and India and Pakistan: Visit of Vice President Nixon to India,” 1953, FO: 371/106857, The National Archives, London.

③ “Violation of Borders of India by China,” 1959, FO: 371/141271, The National Archives, London.

④ “Trade Relations between India and Russia, China and the Satellite Countries,” 1952, secret, DO: 35/5661, The National Archives, London.

利用苏联贷款。[1] 1960年5月初，苏联表示同意帮助印度探找铀矿；同年6月下旬，苏联又表示准备向印度提供核能和石油援助，准备援建印度核电站和石油设施。东欧国家也向印度提供了援助，如1955年10月波兰对印度的铁路援助，1956年11—12月南斯拉夫向印度提供的14,000吨钢铁援助。[2]

鉴于美国及苏联等国向印度提供帮助的势头，英国自然不甘落后，以免其在印度的影响力被过分削弱。因此，英国对印度的经济援助虽然时间上比美国、苏联东欧国家稍晚些，但它对印度的援助范围比这些国家更广泛。除了美国、苏联等国提供的贸易、技术、铁路、钢铁、石油、粮食、核能等方面的援助外，英国还向印度提供了海运、广播车辆等援助。此外，1959年5月，英国宣布将帮助印度兴建核反应堆；它还帮助说服澳大利亚矿商力拓公司为印度发展核能提供帮助，同意向印度出售铀矿。[3] 1959年中印关系恶化后，英国还给印度提供财政援助，如1962年5月同意给印度提供3000万英镑贷款的援助项目。[4] 在军事援助方面，英国是印度最主要的来源，它向印度提供的援助包括作战飞机、直升机、二手坦克、武器、弹药、雷达、军用车辆、海军装备等军事装备，此外还给印度许可证，制造英国技术的军事装备。

但鉴于自身实力有限及外交方面的考虑，英国对于向印度提供支持是有高度保留的，最明显之处是态度不那么主动积极，也不大热情。1959年11月底12月初，尼赫鲁致信英国首相哈罗德·麦克米伦，就中印争端等寻求英国的帮助，[5] 但英国政府不大热情。印度嫌英国提供的资本援助数量少而感到失望。英国政府的态度更是与印度的期望值相差甚远。1961年4月25日的英国《每日电讯报》讥讽印度要求国际财团向它提供25亿英

---

① "Russian Credit for India," 1957–1960, confidential, DO: 35/8643, The National Archives, London.

② "Trade Relations between India and Russia, China and the Satellite Countries," 1952, secret, DO: 35/5661, The National Archives, London; "Soviet Economic Offensive: Reports from India," 1956–1958, top secret, DO: 35/8644, The National Archives, London.

③ "Atomic Energy: India (1955–1959)," secret, DO: 35/8321; DO: 35/8322, The National Archives, London.

④ "Disbursements of UK £30m Loan to India," 1961–1963, confidential, DO: 189/243, The National Archives, London.

⑤ "Sino-Indian Relations," 1959, top secret, DO: 35/8820, The National Archives, London.

镑简直就是在“乞求”。[①] 英国对待印度不光实际援助不十分积极，就连礼节性的活动也热度不高。1959年11月，印度高调隆重庆祝尼赫鲁70寿辰，此时正值中印边界局势极度恶化之际，印度急需大国、特别是英国的支持，然而，英国首相麦克米伦起初连发一份贺信都不太情愿，后在下属的劝说下，勉强给尼赫鲁发了一封生日贺信，但很短，只有寥寥几百字，且吝啬美言，对尼赫鲁只是表示了“良好祝愿”。[②]

在对印度的实际援助方面，英国的力度也很有限。1960年4月20日，英国告诉美国，它不愿按尼赫鲁提出的数额援助印度，且在一些援助的使用上有严格的条款和规定。[③] 对于印度的不满情绪，英国官员在1960年11月底称，对印度对英国援助的失望情绪不必感到太悲观。1961年6月4日的英国《观察家报》称，英国援助印度的严格计划会使英国议会感到高兴。[④] 后来英国尽管根据印度的一再要求在1961年6月初提高了援助额度，但援助的数额仍有所保留，没有完全满足印度的要求。如英国就是不同意向印度提供后者迫切要求的“谢尔曼”主战坦克。对于英国表现出的“吝啬”，印度深感无奈，但又很希望英国增加援助。尼赫鲁在1962年9月26日讥讽英国是印度以前的“老板”[⑤]。

英国等国向印度提供的各种援助，虽然在一定程度上增强了印度的实力，但同时也使印度过高地估计了得到国际援助的力度，是导致它做出中国不敢与其就边界问题发生冲突的严重误判的主要“根据”之一。

（二）避免刺激中国

这一时期，尽管中印关系持续恶化，但英国与中国的关系大体上维持

---

① “Form of UK Aid to India,” 1960–1961, confidential, DO: 189/235, The National Archives, London; “UK Aid to India,” 1962–1964, confidential, DO: 189/241, The National Archives, London; “Consortium Meeting 1961: Discussion on Aid to India,” 1960–1961, secret, DO: 189/207, The National Archives, London.

② “Seventyth Birthday of Mr Jawaharal Nehru, Prime Minister of India,” 1959, confidential, DO: 35/9660, The National Archives, London.

③ “Consortium Meeting for Further Aid for India,” 1960, secret, DO: 35/8553, The National Archives, London.

④ “Form of UK Aid to India,” 1960–1961, confidential, DO: 189/235, The National Archives, London; “Consortium Meeting 1961: Discussion on Aid to India,” 1961, confidential, DO: 189/208, The National Archives, London.

⑤ “UK Aid to India,” 1962–1964, confidential, DO: 189/241, The National Archives, London.

稳定。为了避免引起中国的不满，英国官方在“西藏问题”和中印关系问题上言行谨慎。

首先，英国在十四世达赖喇嘛地位问题上态度慎重。1959年9月，正值中印关系恶化时，十四世达赖喇嘛方面一直要求与英国政府建立联系。出于多种原因，英国政府内部几经讨论、协商，占多数的意见是同意与十四世达赖喇嘛及其哥哥建立某种联系，[①]但要刻意保持一定距离，以避免给世人造成建立官方联系的印象。9月14日，十四世达赖喇嘛的哥哥嘉乐顿珠希望拜见英国驻印度高级专员，后者经过仔细考虑、反复权衡后，同意安排在其私人寓所会见他，“以清楚显示这是一次私人的、非官方的会见”；为了进一步“突出此次会见的非正式性”，英国驻印度高级专员还刻意把会见地点选在了其私人寓所的花园，并且要求嘉乐顿珠“保证不对外公开此次会见”。同月下旬，达赖的哥哥请求拜访英国外交部官员，英国决定同意接待十四世达赖喇嘛哥哥访英，但明确声称“决定接待十四世达赖喇嘛哥哥访英并不意味着承认十四世达赖喇嘛作为政府领导人的地位”。英国驻印度高级专员称，鉴于印度政府所表现出的不太有利于十四世达赖喇嘛哥哥的态度，建议英国“联邦事务大臣不应以正式的官方身份接见他”。[②]英国政府接受了此建议，极力避免以官方身份接见十四世达赖喇嘛的哥哥。英国外交和联邦事务部大臣应要求接见了十四世达赖喇嘛的哥哥，但前提是后者只能以“十四世达赖喇嘛哥哥”的身份，而不能以“十四世达赖喇嘛流亡政府”的代表或十四世达赖喇嘛个人代表的身份见面。1960年9月27日，十四世达赖喇嘛的哥哥想让英国政府提供护照，以便其作为十四世达赖喇嘛的官方代表赴联合国参加“西藏问题”讨论，英国政府没有答应。[③]

其次，英国对联合国讨论所谓的“西藏问题”不太积极。1959年9月中旬，逃亡印度的十四世达赖喇嘛致信联合国秘书长哈马舍尔德（Dag Hammarskjöld），要求联合国在“西藏问题”上采取行动。英国官员认为

---

① “Chinese Political and Economic Consolidation of Tibet,” 1959, secret, DO: 35/8983, The National Archives, London.

② “Internal Political Situation in Tibet,” 1959, FO:371/141601, The National Archives, London; “Chinese Political and Economic Consolidation of Tibet,” 1959, secret, DO: 35/8983, The National Archives, London.

③ “UN Discussion on Tibet, 1960–1961,” 1961, confidential, DO: 196/192, The National Archives, London.

美国对十四世达赖喇嘛出席联大“西藏问题”会议态度较为积极，故想让美国冲在英国的前面。但美国出于多重考虑，最后决定在十四世达赖喇嘛呼吁联合国干预“西藏问题”上在幕后发挥作用。即使如此，英国在把“西藏问题”提交联合国讨论问题上也比美国更为谨慎。英国外交部对于在联合国正式提出“西藏问题”是否明智表示怀疑，指示英国驻联合国代表：如“西藏问题”被列入联大议程，要尽量推迟辩论。[①] 但为了避免引起印度不悦，英国外交部在1959年10月中旬指示其官员，要他们不要告诉印度英国准备放弃把“西藏问题”提交联合国的立场。[②] 对于英国表现出的不积极态度，连“西藏问题”联合提案国之一的马来亚都有点失望。在联合国就“西藏问题”进行投票时，主要是受英国的影响，印度和英国都投了弃权票。美国对英国在联大就“西藏问题”投弃权票甚为不满。[③]

第三，谈及中印争端很谨慎。例如，1959年10月26日，正值中印关系极度恶化时，英国首相麦克米伦因过于谨慎，竟询问属下他在议会发表讲话时是否应谈及中印争端问题。[④] 及至1962年10月1日中印边境冲突事件频发时，英国驻北京使馆代办摩根（H. T. Morgan）不管有意还是无意，仍在给外交部的报告中称中国在中印边界争端上虽措辞激烈，但尚未显出战争姿态。[⑤]

第四，继续保持与中国的交往。在中印关系急剧恶化时，英国仍继续保持与中国的高层交往。1961年5—6月，英国元帅蒙哥马利（Bernard Law Montgomery）应邀访问中国（起初包括西藏地区）。英国官员虽然认为蒙哥马利访问西藏对印度来说有点敏感，但对蒙哥马利的日程安排并不作干预。1962年7月中旬，在中印关系十分紧张时，英国代表团团长、高级外交官员马尔科姆·麦克唐纳（Malcolm MacDonald）在日内瓦与中国副总理兼外长陈毅进行了近一个小时的会谈，他在1962年秋访华时受到了

---

① “Message to the P.H. from the Dalai Lama and Gift of a Scarf,” 1959, confidential, PREM:11/2822, The National Archives, London; “Internal Political Situation in Tibet,” 1959, FO:371/141601, The National Archives, London.

② “Chinese Political and Economic Consolidation of Tibet,” 1959, secret, DO: 35/8983, The National Archives, London.

③ “UN Discussion on Tibet, 1960–1961,” 1961, confidential, DO: 196/192, The National Archives, London.

④ “Sino-Indian Relations,” 1959, top secret, DO: 35/8820, The National Archives, London.

⑤ “Frontier Dispute with India,” 1962, FO: 371/164910, The National Archives, London.

周恩来总理的热情接见。

三、1962年边界战争期间英国对中印的态度

1959年8月25日，印度用武力打破边界现状，在中印边境东段侵入非法的“麦克马洪线”以北中国西藏马及墩南端的朗久村，发生了中华人民共和国成立后中印边境的第一次武装冲突（朗久事件）。此后，印度政府对华态度日趋强硬，且不断采取军事行动。1962年5月5日的《印度时报》说，“在最近的18个月里，印度军队（在中印边境）建立了好几十个新的哨所，修建了几百英里的山路，并且发展了一个巨大的后勤组织”；该报5月18日的报道还说，在过去两年，印度“在对边境领土进行实际控制方面，获得了很大的进展”。[①] 1962年5月14日，尼赫鲁在人民院谈到中印边界问题时说，印度要“收复”和“解放”所谓“被中国侵占的领土”，谈判也只能在印度的“基础”上进行。[②] 鉴于印度方面的顽固立场，中国也作了相应准备。同月22日，周恩来对解放军总参谋部关于加强中印边境斗争方案的批示指出：对中印边境可能的武装挑衅，要做充分准备，并且要在6月底前准备好。[③] 印度在中印边境制造了一系列流血事件后，《人民日报》在1962年9月22日发表了题为《是可忍，孰不可忍！》的社论，警告印度政府不要把中国的克制和容忍态度当作软弱可欺，不要越来越猖狂。[④]

为避免边境局势进一步恶化，中国从1962年8月至10月曾多次建议中印双方在官员报告的基础上讨论中印边界问题，但印度却坚持要中国从西段自己的大片领土撤出。10月12日，尼赫鲁下令把中国军队从他所谓的“入侵地区”“清除掉”；17日，印军在边境东西两段开始猛烈炮击；18日，印度国防部官员宣布已经把中国人“赶回两英里”。在中国政府关于通过谈判和平解决中印边界问题的建议屡遭印度拒绝，中国边防部队又受到印军不断挑衅和经过长期准备之后发动的全面进攻，在警告无效、忍无可忍的情况下，被迫还击，于10月20日开始进行自卫反击作战。

---

① *Times of India*, May 5th, 18th, 1962.

② 《尼赫鲁谈中印边界问题，扬言印度要为战争作准备，说谈判也只能在印度的“基础”上进行》,《人民日报》1962年5月17日。

③ 《周恩来军事活动纪事（1918—1975）· 下卷》，中央文献出版社，2000。

④ 《是可忍，孰不可忍！（社论）》,《人民日报》1962年9月22日。

在历时一个月的战事期间，英国继续向印度提供一定数量的援助，对中国方面发动反击的目的，宣布停火、撤军的动机做出种种猜测和评估，但均非添油加火，而是较为理性，并保持与中国高层的联系，不使双方矛盾激化。

战争爆发初期英国对印度的态度不热情。1959年8月朗久事件发生后不久，印度指称中国军队越过了1960年印度官方确定的实控线。英国不认同印度方面的说法，其外交部官员在1962年10月上旬时认为，中国军队越过1960年中印官方线并不意味着“就是越过了麦克马洪线”。1962年10月20日，中国方面开始进行自卫反击，在多处同时发起猛攻，印度在军事上很快处于不利局面，此时英国官方仍很淡然，印度驻英国记者揶揄英国对印度面临的局势缺乏兴趣和同情心。同月21日，英国驻印度高级专员觉得实在看不下去了，认为英国政府无论如何，也该对战局不利的印度表个态，最起码应给后者以道义上的支持；次日，英国驻印度高级专员称中国在战局上具有优势，此时，英国首相询问外交大臣英国是否该表个态，随后英国官员才表示，英国“对印度受到攻击深表悲痛，对印度政府和人民表示最大同情，英国政府一直承认、并将继续承认麦克马洪线作为印度的边界”。[①]

在对印度表示同情的同时，英国开始应印度要求向它提供一定的援助。1962年10月21日，边界战争刚开始不久，印度即要求英国紧急提供枪支弹药；同日，英国驻印度官员与印军将领晤谈后称，印度需要紧急提供2000支枪和300万发子弹；同月24日，尼赫鲁致电英国首相，要求提供援助。[②] 10月21日—11月20日战争进行期间，英国表示将尽最大努力满足印度关于提供武器的请求。10月26日，当印度国防部长表示已无可用的飞机来运送英国提供给印度的枪支时，英联邦事务部旋即同意用英国飞机向印度运送枪支。11月20日，英国表示可于次日派出十架飞机向印度运送武器。[③] 除了提供物资和财政、宣传帮助，英国还准备向印度派遣政治军事使团。但是英国给印度的援助数量有限。如，1962年11月，英联邦事务部

① “China/India Frontier Dispute,” 1962, PREM:11/3838, The National Archives, London.

② “Sino-Indian Hostilities, Supply of Arms,” 1962, top secret, CAB: 21/5687, The National Archives, London.

③ “China-India Frontier Dispute: Part 2,” 1962, PREM:11/3839, The National Archives, London; “China/India Frontier Dispute,” 1962, PREM:11/3838, The National Archives, London.

称只给印度提供了价值15万英镑的枪支弹药，且在价格上没有丝毫优惠，坚持按商业条件让印度购买，印度对此多有抱怨。此外，英国外交部还建议以“租借”的形式向印度提供援助。①

对于中印边界战争，美国、联邦德国等西方国家的政府并没有呼吁在边境上停火。苏联《真理报》1962年11月5日就中印边界战争发表题为《谈判是解决冲突的途径》的社论，主张：在目前形势下，主要的是停火，并且就和平解决冲突问题开始谈判。而英国对这场战争的官方反应，可谓“不温不火”。

中印边界战争发生后，印度很快便在军事上处于不利态势，中国政府虽战事有利，但仍释放出明确的和平信息。几内亚、坦噶尼喀、阿联等一些亚非国家领导人对中印战端表示关切，就通过谈判解决中印边境冲突问题提出了建议。从1962年10月28日至11月下旬，周恩来总理分别致函几内亚、古巴等数十个亚非国家领导人，对他们理解和支持中方和平解决中印边界问题的立场表示感谢，并向其通报了中印边境情况，客观介绍了中印边界问题的背景和发展。周恩来在信中指出，中印之间没有根本的利害矛盾，两国绝对没有理由因为边界问题而打仗。中国一贯致力于和平解决边界问题，中国政府并不灰心，愿意向前看。不管眼前的情况怎样复杂，中国政府谋求和平解决中印边界问题的决心是坚定不移的，只要还有一线希望，就将继续寻求和平解决的途径，主动创造有利于停止边境冲突的条件。他同时呼吁亚非国家主持公道，推动中印直接谈判。② 英国著名和平主义者、哲学家罗素（Bertrand Arthur William Russell）于11月16日和19日两次写信给周恩来，希望中印双方能够尽快停火撤退，通过磋商解决争端。对于罗素的来信，周恩来和外交部给予高度关注，周恩来于11月24日亲自给罗素回了一封长信，详细介绍了中印边界的历史形成问题，希望罗素继续运用其卓越影响，来推动印度政府对于中国政府的声明作出积极响应，采取相应措施。

但对于中国反击作战的意图和目的，世界上多数国家感到难以判断，

---

① “China/India Frontier Dispute,” 1962, PREM:11/3838, The National Archives, London; “Military Aid to India following India/China Border Dispute,” 1962, secret, DO: 189/245, The National Archives, London.

② 《中华人民共和国对外关系文件集》(第九集)，世界知识出版社，1964，第131—134页；中共中央文献研究室编《周恩来年谱1949—1976》，中，第511页。

英国对中国发动反击作战的目标也是莫衷一是，各部门给出了多种猜测。1962年11月2日，英国外交部远东司司长佩克（E.H.Peck）在一份题为《对中印冲突当前局势的评价及未来政策的评估》的秘密文件中提出，中国的想法有可能是，"在冬季来临之前，尽速尽可能地多占地盘，特别是在东部地区"，以"迫使印度按照中国的条件进行谈判；中国在领土方面的目的则是在拉达克地区做出小小的让步，来换取确认中国对麦克马洪线以南地区的占领（略做调整）"；中国的长期目标有可能是，"在亚洲黄种人眼里羞辱印度，迫使印度把发展经济方面所做的努力转移到军事方面"。① 同月8日，英国三军参谋长会议发给英国驻德里官员的一份绝密文件，在对中印边界西段、中段和东段的军事形势作了一番分析后认为，中国军事行动的目的主要是"出于西藏内部安全的考虑，并确保在军事上发出声音，使西藏与印度之间的边界得到国际上的认可，眼下的主要目的可能是迫使印度就整个边界通过谈判达成协议"，故"从短期来看，中国军队有可能在从拉达克到印度东北部边界的全线继续推进，占领不丹和锡金的大部分地区"，但不大可能攻至平原地区，因为那样印度就可使用空军作战，这会对中国不利，因而中国不大可能扩大战火，而是巩固在西线和东线"占领"的地区。② 同月9日，英国驻北京使馆官员给英国外交部的一份文件认为，中国在边界问题上的长期目标是"重建在其'传统边界'内的统治"，而"并无征服邻国的野心"；中国"没有任何明显在东段扩张领土之意"，而是似乎更想使南亚和东亚国家在意识形态上与北京而不是与莫斯科接近。③ 同月10日，英国三军参谋长会议的一份绝密文件认为，中国在政治上的长期目标是"防止印度的发展威胁中国在亚洲占主导的影响力，更近期的目的是保护其在拉达克地区的从阿克赛钦到西藏的通道"。即使到了1962年11月20日中国快要宣布停火时，英国政府仍称无法确定中国在边界战争中的目标。④

中国政府一直没有放弃和平解决冲突的努力。在战事接近尾声时，

---

① "UK/US Talks Concerning Borders Dispute with India," 1962, FO: 371/164929, The National Archives, London.

② "Chinese Military Intensions Against India," 1963, top secret, DO: 196/174, The National Archives, London.

③ "UK/US Talks Concerning Borders Dispute with India," 1962, FO: 371/164929, The National Archives, London.

④ "China-India Frontier Dispute: Part 2," 1962, PREM:11/3839, The National Archives, London.

1962年11月19日，周恩来与陈毅在接见印度驻华使馆临时代办班纳吉、谈到中印边境冲突问题时强调：尽管形势看来很紧张，双方应从更远更深来看，中印两国关系应该友好下去。中国方面是有信心的，将不丧失一线希望。周恩来表示为此准备第五次去德里。[①] 为了再次用实际行动表明中国主张通过和平谈判而不是通过武力来解决中印边界问题的诚意，并出于尽可能保持中印友好关系的愿望，中国政府在解放军取得重大胜利的时候，于1962年11月21日突然发表关于中国边防部队在中印边境全线主动停火后撤的声明，宣布：（1）从1962年11月22日零时起，中国边防部队在中印边境全线停火；（2）从1962年12月1日起，中国边防部队将从1959年11月7日存在于中印双方之间的实际控制线后撤20公里；在东段，中国边防部队虽然是在传统习惯线以北的中国领土上进行自卫反击，但仍准备从目前的驻地撤回到实际控制线——非法的“麦克马洪线”以北，并且从这条线再后撤20公里；（3）为了保证中印边境地区人民的正常往来，防止破坏分子的活动和维持边境的秩序，中国将在实际控制线中国一侧的若干地点设立检查站，在每一个检查站配备一定数量的民警，并且将经过外交途径把上述检查站的位置通知印度政府。声明还指出：中国军队后撤以后的位置将会远离其在1962年9月8日以前的位置，因而要求印度军队不要越过实际控制线，恢复其1962年9月8日以前进占的位置。[②] 世界战争史上还从没有过这样的事情：完胜的一方在失败者还没有任何承诺的情况下，就不提任何要求，单方面无条件撤军，这让全世界大为惊讶，就连外交上一向老道的英国人也摸不着头脑。

不久之后，中国国防部又分别于1962年11月30日、12月21日和30日发表声明，多次宣布中国边防部队将继续从中印边境东西两段主动后撤。[③] 1963年2月28日，中国边防部队完成了全线主动后撤的计划。这样，

---

① 中共中央文献研究室编《周恩来年谱1949—1976》，中，第513—514页；黎家松主编《中华人民共和国外交大事记》，第2卷，世界知识出版社，2001，第255页。

② 《为扭转中印边境冲突严重局势，促进三项建议实现，维护中印人民根本利益，我国政府决定边防部队全线主动停火主动后撤》，《人民日报》1962年11月21日；中共中央文献研究室编《周恩来年谱1949—1976》，中，第514页；刘树发主编《陈毅年谱》（下卷），人民出版社，1995，第942页。

③ 《根据我国政府声明所宣布的决定，我边防部队今起全线主动后撤》，《人民日报》1962年12月1日；《我军再次从中印边界主动后撤》，《人民日报》1962年12月22日；《我边防部队忠实执行我国政府停火后撤的决定》，《人民日报》1962年12月31日。

中印边境事实上不但实现了停火，而且实现了双方武装部队的脱离接触。1963年3月1日，中国国防部宣布，解放军已于2月28日全部完成后撤计划。4月，中国方面又宣布释放和遣返包括数名将军在内的全部3213名印俘，并把所缴获的全部轻重武器、弹药及其他军用物资，列出详细清单，交还印方。

中国方面发表的一系列声明和采取的行动，引发了世人的种种猜测。其实，关于中国军队撤退的动机，周恩来在1962年12月1日接见印度尼西亚驻华大使苏卡尼（Sukarni）谈到中印边界时说得很清楚：一是中国要主动避免冲突扩大；二是中国不主张用武力解决边界问题；三是不把印度推到西方去。① 但许多国家还是对此将信将疑。

中国宣布停火前后，英国政府内部在中国战争目标问题上意见不一，但大体上接近中国的立场。1962年11月20日，英国官方的一份秘密文件显示，英国首相及一些官员猜测“不排除中国发动全面入侵的可能性”；而英国外交部则认为中国的目标仅限于对其南部边界的主张。② 鉴于中国和印度关于边界线的主张（各自对“习惯线”和“实际控制线”均有不同主张）十分复杂，此时英国外交部称它自己搞不清楚中印主张的不同边界线究竟有何不同。有英国官员称有证据表明中国准备承认非法的“麦克马洪线”。11月21日，英联邦事务部的文件认为，很难评估中印边界问题将来会如何解决。③ 同月22日，《人民日报》称中国的反击目的是为和平谈判创造条件。英国政府部分官员在一定程度上同意中国的说法。

对于中国宣布停火的意图，1962年11月下旬，英国驻北京使馆官员发回国内的一份文件认为，中国政府提出停火建议的目的是为了谈判，是为了迫使印度接受中国此前提出的条件。11月22日举行的英国三军参谋长会议认为：中国宣布停火、撤军，是因为他们认为已足以表明了对印度的军事优势，而且有能力占领中国声称属于他们的印度境内的地区，已经羞辱了尼赫鲁。④ 此时，印度外长认为，中国政府提出的停火和撤军建议具有

---

① 中共中央文献研究室编《周恩来年谱1949—1976》，中，第517页。

② “UK/US Talks Concerning Borders Dispute with India,” 1962, secret, FO:371/164930, The National Archives, London.

③ “Frontier Dispute with India,” 1962, secret, FO:371/164922, The National Archives, London; “China-India Frontier Dispute: Part 2,” 1962, PREM:11/3839, The National Archives, London.

④ “Frontier Dispute with India,” 1962, FO: 371/164920, The National Archives, London; “Chinese Military Intensions Against India,” 1963, top secret, DO: 196/174, The National Archives, London.

很大宣传意义，尼赫鲁感到中国的撤军建议很复杂，不好应对。[①] 有的英国官员认为中国宣布停火、撤军受到了国际因素的影响。1963年1月17日，英国驻新德里高级专员的一份文件认为，应该在中国停火的原因中考虑苏联压力、亚非国家等外部因素。鉴于上述原因，直到1963年3月上旬时，英国官员对于如何提及中印边界争端仍十分谨慎。[②]

此间，英国不顾在战场上遭遇失败的印度的感受，继续保持与中国高层的联系。1962年10月底和11月初，在战事进行的过程中，中国总理周恩来和外长陈毅与访华的马尔科姆·麦克唐纳就中印边界问题进行了几次谈话。据麦克唐纳称，周恩来批评了英国对中印边界问题的政策，但又对英国向英联邦成员国印度提供援助表示理解。周恩来说，英国人比其他西方国家更有经验，更务实，非常清楚20世纪世界正在发生的变化，以许多方式推行了明智的政策。在麦克唐纳看来，关于中印边界问题的解决办法，周恩来的意思是，中国愿意据此与印度达成一项协议：中国在东部边界同意就非法的“麦克马洪线”再加上某些让步，以换取印度在西部边界地区做出让步来满足中国的要求。英国官员对麦克唐纳访华与中国领导人谈中印争端很感兴趣。[③] 中国发动全面反击作战后，英联邦事务部因顾虑到按原计划邀请中国外贸部副部长访英可能使印度感到不悦，故暂时推迟了此次访问，但英国仍然考虑如约向中国提供贸易贷款。

英国对中印争端大体上持不挑事、不使矛盾激化的态度。在中印边界战争期间，英国同情、支持印度，但同时又努力不使中印矛盾进一步激化。1962年11月19日，英国外交大臣会见中国驻英临时代办熊向晖时称，中国“明确无误地侵略”了印度，希望中印双方通过谈判解决问题，“但在印度遭到攻击的情况下很难举行谈判”。[④] 蒙哥马利元帅认为，鉴于中国坚持只能通过中印间直接谈判解决问题，英国对中印冲突如何解决是“无能

---

① “Frontier Dispute with India,” 1962, FO: 371/164920, The National Archives, London; “Frontier Dispute with India,” 1962, FO: 371/164922, The National Archives, London.

② “Frontier Dispute with India,” 1962, confidential, FO: 371/164926, The National Archives, London; “Chinese-India Dispute: Pro-Indian Propaganda,” 1962–1963, secret, DO: 191/99, The National Archives, London.

③ “Reactions from India on UK/Chinese Relations,” 1961–1963, secret, DO: 169/4, The National Archives, London; “China/India Frontier Dispute,” 1962, PREM:11/3838, The National Archives, London; “Visit to India by Maledem Macdonald following Visit to China,” 1962, secret, DO: 196/104, The National Archives, London.

④ “Frontier Dispute with India,” 1962, FO: 371/164920, The National Archives, London.

为力”的。次日，英国表示不赞同由北约向印度提供武器援助；英国联合国协会一分支机构要求英国首相索性把中印冲突提交联合国。英国一些公众也发出和平呼吁。1962年11月22日，英国布利斯托和平理事会敦促印度接受中国的建议；25日，英国一民众致信首相，敦请英国政府积极支持中国的停火倡议。

四、1962年战争后英国对中印的态度

英国政府认为中国单方面宣布停火、撤军，对印度产生了诸多不利影响，对印度的表现不甚满意，故在继续向印度提供援助的同时，仍然与中国保持高层联系，并对有关国家进行的调停活动提供适当帮助。

英国认为中国的停火、撤军建议对印度不利。1962年11月23日，中国宣布停火后不久，英国驻北京使馆官员认为印度反应太慢，还未来得及做出反应全世界就都知道中国提出了停火建议，这使印度显得很被动。同月29日，英国外交部发往驻几国代表的文件认为，中国的停火建议，“事实上将在东部恢复麦克马洪线作为中印边界，在西部则将使中国控制拉达克包括阿克赛钦高原和新疆到西藏的战略公路的大片地区”。[①]

英国对印度的表现略有微词。1962年11月28日《纽约时报》刊登的一封读者来信否定了非法的“麦克马洪线”的合法性，印度官员甚为不满，要求英国出面帮助予以反驳，英国方面未予反应。12月初，英国驻北京使馆官员认为，印度人在中印边界争端中的表现对己不利。有英国官员提出，在1935年、甚至20世纪40年代之前，无论是印度与西藏边界的协议，还是对非法的“麦克马洪线”以南、特别是达旺以南的有效控制上，证据都对中国有利，而印度在中印边界争端上自我辩护往往不够给力；印度对战争爆发前中国的行动和动机认识不清，准备不足，在处理中印边界争端上犯了错误。英国外交部认为，无论是从握有的权利还是所犯错误看，中国方面的态势都要比印度方面好得多，因此在非法的“麦克马洪线”问题上，印度的主张（包括提出的证据）对印度很不利。1963年1月11日，英

---

① “Frontier Dispute with India,” 1962, FO: 371/164920, The National Archives, London; “Frontier Dispute with India,” 1962, FO: 371/164924, The National Archives, London.

国官员的一份文件称印度是“伟大的半醒”。[①] 同年5月初，曾任英国驻老挝大使的历史学家艾迪斯（J.M. Addis），在其受英国外交部之邀提供的一份关于中印边界问题的报告中指出，从历史上看，印度关于中印边境的论辩没有多少影响力。[②] 同年7月18日，英国外交部官员的一份文件认为，印度在处理中印边境冲突上徒劳无功。[③]

英国虽然对印度的表现有所不满，但还是应印度的迫切要求向其提供了援助，不过并不十分积极。中国宣布停火几天后，1962年11月26日，英国即派联邦事务大臣率一个由军事和文职专家组成的专家团赶赴印度，以确定英国在援助印度方面应卷入到何种程度及提出何种建议。同年12月初，英国外交部虽答应给印度提供军事和经济援助，但在提供武器问题上不愿向印度做出明确承诺。[④] 截至1962年12月，英国还是印度最大的援助国，但数月之后，英国在印度的援助国排名上便落在了后面。1963年4月至8月，英国向印度提供了3000万英镑的贷款，同时还动员加拿大等英联邦国家向印度提供援助。从中印边界战争结束到1963年4月底，在向印度提供援助的国家中，英国位列美国、苏联、联邦德国之后，居第四位。在印度的一再请求下，英国在1964年1月答应为重新装备六个印度山地师承担一定的义务（提供1900万英镑）。

与苏联相比，英国在向印度提供援助上则显然“留了一手”。从中印关系开始急剧恶化到边界战争爆发后，苏联一直向印度提供相当多的援助。从1955年2月至1961年2月的6年间，苏联向印度提供的工业、制药、石油、贷款等项目，总计2.8亿多英镑。1961年至1964年，苏联每个年度从印度的进口都在1.2亿英镑以上。[⑤] 1963年1月24日，印度的主流报纸

---

① “Frontier Dispute with India,” 1962, FO:371/164921, The National Archives, London; “Frontier Dispute with India,” 1962, FO: 371/164920, The National Archives, London; “Chinese Military Intensions Against India,” 1963, top secret, DO: 196/174, The National Archives, London; “Legality of Mcmahon Line (Boundary between Tibet and British India Agreed in 1914),” 1962, FO: 371/164932, The National Archives, London; “Border Dispute with India,” 1963, FO: 371/170669, The National Archives, London.

② “Border Dispute with India,” 1963, confidential, FO: 371/170671, The National Archives, London.

③ “Border Dispute with India,” 1963, confidential, FO: 371/170670, The National Archives, London.

④ “UK/US Talks Concerning Borders Dispute with India,” 1962, secret, FO:371/164930, The National Archives, London.

⑤ “Possible Motives for Soviet Aid to India,” 1964–1966, secret, DO: 189/548, The National Archives, London.

《印度时报》《政治家报》等称，一旦中国再次“入侵”印度，美国、英国、加拿大、澳大利亚等西方国家将承担保护印度城市之责。[①] 英国政府则不愿给印度明确的承诺。1963年1月28日，英国首相指示赴印度的英美空军联合使团的英方负责人，不要向印度做出提供援助的承诺。[②] 同年7月24日，印度外长德赛提醒英美两国，希望它们知道中国有可能对印度发起另一次进攻。同月31日，英国外交部认为印度害怕中国发动一次新的进攻；8月1日英国外交部关于中印边境局势的一份评估报告认为，中国肯定有再发动一次1962年那样规模的进攻的能力，但受中苏公开分裂、西方国家有可能干预等国际因素的影响，中国不大可能发动进攻。[③]

英国继续向印度提供经济和军事援助，但态度谨慎。1962年12月，英国表示不愿独自作印度的庇护者，否则就有可能处于很难后退和抽身的窘境。英国还担心印度付不起钱。1963年5月27日，英国官员称，印度由于外汇短缺，购买武器将花光其外汇。[④] 1964年1月，英国准备帮助印度重新装备六个山地师。鉴于印度与苏联走得较近，甚至有意购买苏联的潜水艇，英国的大臣们在1965年8月5日表示不愿低价向印度出售潜水艇。

对于英国的援助，印度高官颇有微词。1962年11月25日，印度总统拉达克里希南向英国外交部官员抱怨，印度在外交和防务方面强烈感觉被忽视了，他呼吁西方国家关注印度40万人的军队。1963年8月，为了与中国打宣传战，尼赫鲁很不情愿地准备接受英美提供中继器的附加条件。[⑤]

根据对形势的评估，英国为缓和中印紧张局势做了一定的努力。一是继续保持与中国的联系。中国宣布停火几天后，英国驻华官员在1962年11月25日称，中国副外长章汉夫希望英国敦促印度对中国的和平谈判建议做

---

① “Joint UK/US Air Defence Mission to India,” 1962–1963, secret, DO: 164/35, The National Archives, London.

② “Sino-Indian Hostilities, Supply of Arms,” 1962, top secret, CAB: 21/5687, The National Archives, London.

③ “Border Dispute with India,” 1963, FO:371/170673, The National Archives, London; “Border Dispute with India,” 1963, FO:371/170674, The National Archives, London.

④ “Military Aid to India,” 1965, secret, DO: 196/471, The National Archives, London; “Chinese Military Intensions Against India,” 1963, top secret, DO: 196/174, The National Archives, London; “Military Aid to India following India/China Border Dispute,” 1962–1963, secret, DO: 189/246, The National Archives, London.

⑤ “UK/US Talks Concerning Borders Dispute with India,” 1962, secret, FO:371/164930, The National Archives, London; “Broadcasting in India: Possibility of an Agreement with BBC to Counter Subversive Chinese Broadcasts,” 1961–1963, confidential, DO: 191/138, The National Archives, London.

出积极反应并予以接受，并迅速向国内作了汇报。① 中英贸易关系开始回暖。英国贸易委员会主席于1962年11月23日会见中国代办，要求鉴于舆论压力而推迟拟定的中国贸易部副部长访英；25日，中国副外长对中印边境事端使中国贸易代表团访英不能成行表示遗憾；到了1963年1月22日，英国外交部建议英国贸易委员会主席再次邀请被推迟的中国贸易部副部长访问英国。②

二是为科伦坡会议代表团调停中印冲突提供方便。1962年11月21日，中国刚宣布停火，锡兰（今斯里兰卡）总理班达拉奈克夫人即致电周恩来，倡议举行对中印两国都保持友好的六个亚非不结盟国家领导人的会议，就促进中印和解进行磋商，周恩来于23日复电支持锡兰总理关于举行亚非国家领导人会议促进中印和解的建设性倡议。③ 同年12月10—20日，锡兰、缅甸、印度尼西亚、柬埔寨、阿联（当时由埃及和叙利亚联合组成）和加纳六个亚非国家在锡兰首都科伦坡举行会议，决定由锡兰总理班达拉奈克夫人率团访问北京和新德里，以图调解中印冲突。17日，锡兰外长请求英国为访问北京的科伦坡会议代表团途经香港提供方便；次日，英国驻港官员即称已为班达拉奈克夫人一行途经香港做好了准备，这说明英国方面早已为此事先做好了安排。④

三是对印度方面的一些想法做了降温处理。1962年边界战争后，英国不希望中印之间的争端进一步扩大。1962年12月6日，英国首相在下院发表演讲时说，要由印度人自己决定中国的建议是否构成解决争端的基础；同月20日，英国外交部官员认为在中印边界争端上替印度辩护不太明智，不愿独自作印度的庇护者，认为中国在中印边界争端问题上态度很灵活，印度在处理中印边境冲突上徒劳无功。甚至有英国官员认为印度应该让出

---

① "Frontier Dispute with India," 1962, confidential, FO:371/164921, The National Archives, London.

② "Reactions from India on UK/Chinese Relations," 1961–1963, secret, DO: 169/4, The National Archives, London.

③ 国务院办公厅大事记编写组：《中华人民共和国中央人民政府大事记》（送审稿），第8卷，第168页。

④ "Frontier Dispute with India," 1962, FO: 371/164926, The National Archives, London.

阿克赛钦七处据点以解决中印边境争端。[①] 1962年12月12日，尼赫鲁曾提议把中印边界争端提交国际法院解决。英国不支持尼赫鲁的这一想法。英国外交部在12月28日指示英国驻联合国代表，不要在把中印冲突提交联合国问题上采取主动行动。[②]

自1962年中印边界战争到现在已有60年的时间了。前事不忘，后事之师。正确总结这场战争在国际关系中的经验教训，有助于锻造符合时代要求和两国人民根本利益的新的睦邻关系。英国在中印边界问题的产生和发展上有着其特殊的地位。对于中印冲突的历史根源，英国难辞其咎，负有直接责任。然而在中印关系恶化以至发生边境冲突的过程中，英国并没有像美国那样赤裸裸地干涉中印争端并在亚洲国家间进行挑唆。英国虽然对印度提供了相当数量的援助，但并未完全、明确地支持印度的立场和主张，同时保持了与中国的关系，为自己在外交、政治等方面留下了很大的活动空间。英国对中印双方所持的态度和采取的行动，完全不能反映关系的亲疏，也不是出于对自己过去行为的反省，其目的在于最大限度地维护其在亚洲乃至全世界的利益，充分显示了其作为老牌帝国处理复杂、敏感问题的老道和圆滑。如此考量，足证实际利益在国家间关系中的重要性。英国历届政府在这个问题上前后拿捏把握的分寸，也提供了我们深刻认识英国外交的一个绝好窗口。

① "Frontier Dispute with India," 1962, FO: 371/164924, The National Archives, London; "Frontier Dispute with India," 1962, FO: 371/164920, The National Archives, London; "Chinese Military Intensions Against India," 1963, top secret, DO: 196/174, The National Archives, London; "Sino-Indian Relations," 1964, top secret, DO: 196/242, The National Archives, London.

② "Frontier Dispute with India," 1962, FO: 371/164926, The National Archives, London.

第二节　中印边界战争前后美国对印度的态度

在1962年中印边界战争前后十几年里，美国出于意识形态差异、与苏联等社会主义国家争夺国际影响力、向南亚渗透和扩大自身利益又不至过多损伤美英关系等多方面的考虑，对印度的态度经历了从不甚关注到重视程度不断提高、从主要提供经济技术援助提升至提供军事援助的过程，说明美国的外交政策随着地区形势和国际关系以及对自身利益考量的变化而变化。在这一过程中，美国从来没有平等地对待过印度，对印度的援助请求也很少满足过，军事援助往往有附加条件，在援印问题上更不愿出头，千方百计希望英国承担主要责任。印度在接受美援的同时极力保持尊严。这一时期的美国对印政策和美印互动奠定了日后美印关系的基础，也在很大程度上决定了美印关系的走势。

从第二次世界大战期间到20世纪50年代后期中印关系开始恶化，再到1962年的边界战争，美国对印度的态度经历了从开始官方接触、平淡到重视程度不断提高并提供经济援助、进而提供军事援助的过程。对于这一时期的美印关系，国内外研究成果已很丰硕，但大多是从冷战的大背景下，或从美苏关系、美巴关系、美印巴关系、美中关系等因素和角度进行考察、梳理和研究，而且使用的多为苏联和美国及印度方面的档案文献资料和媒体文章，而这些资料无论是从视角、细节描写还是全面性、系统性和客观程度，都有明显的局限。本节在参考和吸收学术界既有研究成果的基础上，[①] 更多利用存放于英国的档案文献资料，[②] 通过对意识形态、美英关系、美苏关系、中美关系、美巴关系等综合因素的分析，阐释了美国对印态度和政策的演变与中印关系特别是中印边界争端和边界战争的关系，进而揭示了美国对印度政策的实质。

一、美国对印度事务及中印边界问题的早期介入

美国官方开始正式插手印度事务和涉足中国西藏地区是在第二次世界大战期间，且与英国干系重大。为了开发印度的工业资源以作为盟国在远东和近东的军事基地，同时也是为了说服印度支持英国参加第二次世界大战，帮助解决英印关系危机，美国总统罗斯福（Franklin Delano Roosevelt）于1942年4月3日向印度派出由其私人代表、前助理陆军部长路易斯·约翰逊（Louis Johnson）率领的技术援助使团（即“约翰逊使团”）赶赴印度，这成为美国对印外交史上首个正式官方使团。同年春天，美国战略情报局（中央情报局的前身）派遣情报官员伊利亚·托尔斯泰（Ilia Tolstoy）中校和布鲁克·多兰（Brooke Dolan）上尉启程赴印，并经此于9月进入西藏，[③] 此乃美国官方首次正式涉足西藏。1944年，驻延安美军观察组为搜集气象数据资料又派人进入西藏地区。第二次世界大战期间，有数千美军驻扎印度，使美国人得以深入了解和认知印度人及其生活方式。战时和战后印度争取独立的斗争引起了美国国内越来越多的同情和关注。[④] 英国导致印巴

---

① 参见王宏纬：《1962年边界战争及其对中印关系的影响》，《南亚研究》2002年第2期；蔡佳禾：《肯尼迪政府与1962年的中印边境冲突》，《中国社会科学》2001年第6期；康遍霞：《1962年的中印战争与美国对印度的关系》，《中山大学研究生学刊》（社科版）2010年第1期；戴超武：《中印边境冲突与苏联的反应和政策》，《历史研究》2003年第3期；戴超武：《关于1962年中印边境冲突和中苏分裂研究的若干问题》，《当代世界与社会主义》2010年第4期，等等。

② 有关中印边界战争前后的美印关系和英美印关系，美国和苏联的档案资料多为粗线条、细节描述较少，对于决策过程的记录不够系统、全面，信息量不大，价值有限。相比之下，英国政府、议会等十几个机构的档案及存放于英国但属性为美国和英联邦国家的档案，则较为全面、系统地记载了有关政策酝酿、讨论、出台的过程，其中对主要人物的心理活动、客观因素的影响、各行为体之间的互动等，均有极为细致、全面的记载、描述和分析。就本题目而言，存放于英国的档案远比美国国务院、总统、内阁及情报部门的档案有价值，故使用较多。

③ “Count Ilia Tolstoy, Across Tibet from India to China,” accessed April 6, 2018, http://www.thelongridersguild.com/stories/stories1.htm.

④ “Political Relations between USA and India and Pakistan: Visit of Vice President Nixon to India,” 1953, FO: 371/106857, The National Archives, London.

分治的《蒙巴顿方案》出台后，美国政府开始更多地关注南亚地区的局势。

促使美国加快介入印度事务的另一个重要因素是所谓的“西藏问题”。美国很早就想介入西藏事务，但受美英关系的“牵制”和对自身利益的考虑，行动上略显“节制”。中华人民共和国成立后，中国西藏地方政府外事局于1949年11月4日致信英国外交大臣贝文（Ernest Bevin），请求英国对西藏地方政府提供“广泛”援助，以“对付”即将入藏的中国人民解放军。[①] 出于维护自身在该地区利益及维持与中国的关系等考虑，英国官方不愿过多公开支持西藏地方政府，而是希望美国对西藏地方政府多提供帮助，分担英国的“责任”。但美国政府此时对公开涉藏还较为谨慎，美国国务院一位助理国务卿在12月1日对英国人说：美国认真考虑西藏当局请求帮助的可能性“很小”，援助之事应更多地由印度和英国来处理。2日，印度政府认为西藏当局给毛泽东写信“很傻”。美方随后在7日称收到了西藏外事局请求援助的信函，但未作出进一步反应。

美国政府虽嘴上说不积极，但行动上不久便开始积极干涉中国西藏事务了。1950年，美国与印度配合，反对解放军入藏。1950年5月12日，苏联广播称：“美国已派代表到达加尔各答监督美国军援物资运入西藏……在美国的援助与指导下，西藏宗教当局将对西藏的‘人民民主运动’发动攻击。”[②] 20日，新华社发文谴责美国侵略西藏。1951年5月23日《中央人民政府和西藏地方政府关于和平解放西藏办法的协议》（通称《十七条协议》）签订后，美国曾设法拉一些国家对中国施压。6月2日，国务卿艾奇逊（Dean Acheson）指示美国驻印度大使韩德逊（Loy Wesley Henderson）：“美国认为西藏会在联合国提出申诉，并试图让英国、印度、巴基斯坦、法国、苏联等国给予支持。”[③] 23日，苏联代表马立克（Yakov Malik）发表讲话，反对在联合国引入“西藏问题”。英国也表示反对美国的提议，“希

---

① “Policy towards Tibet, India, UK and American Views,” 1949, FO: 371/76317, The National Archives, London.

② 《莫斯科宣传美军援西藏》,《中央日报》1950年5月13日；张皓:《1949—1952年苏联对中国西藏和平解放的态度》,《当代中国史研究》2016年第2期。

③ “The Secretary of State to the Embassy in India,” Washington, June 2, 1951-8p.m. in *Foreign Relations of the United States*, 1951, Korea and China (in two parts), Volume VII, Part 2 (1951) (United States Government Printing Office, Washington: 1978), p.1694.

望避免在联合国引入西藏问题”。[①] 11月，印度总理尼赫鲁对苏联驻印大使表示，“中国的反印宣传令人遗憾”，印度“非常有必要反击”。但此时的印度在“西藏问题”上主要还是看旧主英国的脸色，不愿单独行事。苏联大使则称中国的宣传有充分证据。[②] 由于缺乏外部支持，美国挑唆西藏地方政府在联合国滋事的图谋没有得逞，但与印度在“西藏问题”上关系更加接近。

20世纪40年代末50年代初，美国虽然干涉西藏事务很是积极，但对印度经温政冷。印度独立后，尼赫鲁曾对印美关系寄予厚望，派其胞妹潘迪特夫人出任驻美大使，他本人于1949年10月11日至11月17日作为总理首访美国，罕见地长达40天，但因双方在多个问题上立场差异加大，会谈并不愉快。尼赫鲁在美国受到冷遇，访问并不成功。但一年后，美国出于对苏联冷战的需要和自身利益的考虑，加上英国人不断“做工作”，开始向印度提供技术和经济援助。1950年12月28日、1952年1月5日和11月3日，美印根据“第四点计划”分别签署了《美印技术援助协定》《美印技术合作协定》和《美印技术合作补充协定》，印度据此得到美国120万美元的赠款和技术专家的援助；1950年底印度发生饥荒时，美国提供了70多万吨的紧急粮食援助；1952年初，美国与印度签署《共同安全保障协定》，向其提供5000万美元。[③]

美国虽然向印度提供了一些经济技术援助，但对其态度相当冷淡，甚至起初还觉得印度在价值观和政治制度上对美国小有威胁。1952年3月23日的《纽约时报》称，美国即使向印度提供经济援助，也解决不了它的贫穷等社会问题，在印度是买不来美国那套民主等政治制度的，印度应寻找适合自己国情的发展道路，在此意义上，“亚洲正在通过印度挑战美国”。[④] 此后几个月里，随着苏联在印度的影响不断扩大，再加上英国的说服、引导和鼓动，美国对印度逐渐热络起来。1952年5月12日，英国内阁有人称，

---

① “The Ambassador in the United Kingdom (Gifford) to the Secretary of State,” London, June 29, 1951-1p.m. *Foreign Relations of the United States*, 1951, Korea and China (in two parts), Volume VII, Part 2 (1951), p.1722.

② “ Motivation and Direction of Chinese Communists Paper on Deviations from the Party Line in the Chinese Communist Party; Communist Proposal for an All-China People’s Congress in 1953,” FO:371/99250, The National Archives, London.

③ 张忠祥:《尼赫鲁外交研究》，中国社会科学出版社，2002，第191页。

④ *The New York Times Magazine*, March 23, 1952.

“亚洲未来的关键是印度”，因此要坚决“维护印度的民主”，防止印度国内共产党势力的发展，外部“要防止通过苏联援助而来的共产党影响的扩大”。为了抵消或冲淡苏联等社会主义国家与印度发展经济关系带来的影响，美国自1952年开始扩大向印度提供经济和技术援助的规模。作为1952年1月美印签署的技术合作项目协议的首笔支付，美国于当年11月3日在与印度签署的经济援助协议中，规定它1953年6月30日之前向印度提供3835万美元经济发展援助。1952年12月3日，美国国务院宣布向印度提供“第四点计划”的520万美元基金，用于其疟疾控制计划。①

美国这一时期虽然开始加大对印度的经济技术援助，但对它仍然缺乏信任，尤对其反共不力不满，故援助力度不大。1953年3月22日，曾任美驻印大使的鲍尔斯（Chester Bowles）称，如要填补印度“五年计划”的财政缺口，美国需要向其提供6～7亿美元财政援助，但实际支付的财政援助只有9500万美元另加1.9亿美元的粮食贷款。而让美国人感到“为难和困扰”的是，一些印度人出于其个人的民主理念，把当时世界上的冲突描述成“两个旨在主宰世界的大国之间的争斗”，并没有站在美国为首的西方国家一边。美国“很赞赏印度人为自由而战的精神，但后者未能认识到苏联对印度意味着怎样的危险”，对印度人“盲目地赞扬”中国取得的成就感到不悦。② 在意识形态问题上，美国与印度并不完全一致。双方都反对共产主义意识形态，但印度不反对、甚至欢迎社会主义国家的援助，而美国则希望印度不要因接受援助而与这些社会主义国家走得太近、太快。

美国官方首次同印度谈及中印边界问题是在1953年5月20—22日国务卿杜勒斯访印期间，但对此问题的处理很“淡化”。此为美国国务卿首次访印。杜勒斯是在其中东和南亚之行中安排的此次访问，可见其对印度之行重视程度并不高。美国在援助印度问题上分寸拿捏得很紧，会晤气氛并不太融洽。印度民众对杜勒斯来访的主要反应是“好奇”，印度多个媒体最初对杜勒斯来访持怀疑态度且对他不怎么友好。双方官样文章做得都不错：杜勒斯与印度总理、财长、计划委员会官员等一众高官举行了会谈，印度官方则给予他友好接待。尼赫鲁等印度领导人与杜勒斯讨论的话题很多，包括朝鲜战争停火及美国向印度提供技术援助等，但对外公布的结果

---

① “India: Economic and Technical Aid from USA,” 1954, confidential, DO: 35/5563, The National Archives, London.

② “ India’s Need for More U.S. Aid,” *Times*, March 23, 1953.

甚少，看得出印方不是很满意，因为根据印度人的性格，觉得对自己有利的必大加渲染、甚至夸大其词。杜勒斯在印度多次发表演讲，举行记者招待会，试图给印度人留个好印象，此外还试图在意识形态和价值观上拉近印度与美国的距离。他自称："不认为印度在民主与极权的问题上会持中立立场，完全相信印度正在根据自己的最佳判断，来推动世界上民主的发展，防止极权主义的蔓延。对于如何实现此种目标、印度政府采取何种政策，人们可以有不同观点，但丝毫不怀疑印度政府和广大人民坚决反对极权主义及其传播的决心。"杜勒斯回国后给国务院的报告中说，印度是世界上最大的"自我治理"（self-governing）的国家，尼赫鲁是"当今时代的伟人之一"，他与尼赫鲁在一些问题上有分歧，但澄清了一些误解。关于中印关系，杜勒斯认为两国有漫长的边界（间接地提到了中印边界问题），在发展道路上有竞争，此种竞争"直接影响着两国的8亿人，从长远来看，竞争的结果还将影响包括美国在内的整个人类"。因此，美国从自身利益出发，应继续"以适度规模"向印度提供"五点计划"下的技术援助和资源。[①] 到了1953年下半年，美国官方开始提"美国在印度的利益"并对此更加关注，对印态度明显积极起来。7月，美驻印大使艾伦（George V. Allen）说，美印已建立起广泛的关系，包括"在国际事务方面更富有成果的合作"，美国对印度的理解和同情"与日俱增"，比以前"更有决心消除对印度的误解"，坚定地与印度发展"友好关系"。[②]

从具体行动来看，为了抵消或冲淡苏联和中国等社会主义国家与印度发展经济关系所带来的日趋扩大的影响，美国自1952年开始逐渐增加对印度的经济和技术援助。20世纪50年代上半期，美国援助印度的数额虽小有波动，但总的来说呈增长趋势。它在1952年、1953年和1954年对印技术援助的总预算分别为52,759,888美元、44,383,000美元和89,100,000美元，包括筑路设施、钢材、修建水坝、建造发电厂等，1952—1953年向印度实际提供的技术援助总计98,159,888美元。[③]

① "Political Relations between USA and India and Pakistan: Visit of Vice President Nixon to India," 1953, FO: 371/106857, The National Archives, London.

② "INDIA: A Pattern for Democracy in Asia," *Background*, Department of State, "Political Relations between USA and India and Pakistan: Visit of Vice President Nixon to India," 1953, FO: 371/106857, The National Archives, London.

③ "India: Economic and Technical Aid from USA," 1954, confidential, DO: 35/5563, The National Archives, London.

然而，虽然援助额度呈上升趋势，但到1953年10月时，美国援印力度依然不大，这与它担心印度政局不稳，对尼赫鲁和国大党缺乏信任不无关系。国务院一份题为《当前美国与印度的关系》的文件认为，鉴于近期尼赫鲁等印度官员发表的一系列声明，美国有必要对它与尼赫鲁和印度政府的关系进行定位。这些声明指责美国干预克什米尔问题，抱怨和批评西方国家"不重视亚洲国家在事关亚洲问题上的观点，以及是否让印度参与有关朝鲜问题的政治会议"，等等，这让美国感到"印度作为也好，不作为也罢，均源于尼赫鲁本人对共产主义的同情"。至于对尼赫鲁和印度政府应持何种公开态度，美国的一个基本考量是，尼赫鲁领导的国大党究竟"是否有能力作为有效领导这个国家的唯一的政治力量"。假如国大党"突然失去对国家的有效领导，印度是否出现诸多独立的国家，而那时共产党人是否要控制中央政府或可能出现的独立国家的政府，最起码会出现一段动荡期，那样就会加重印度业已存在的内部纷争，给印度各支共产党势力增强其地位的良机，削弱印度在南亚的政治和社会影响力"。此外，尼赫鲁正面临着严峻的国内形势：接下来1956—1957年的大选，他要努力确保国大党获胜。美国认为，在同尼赫鲁打交道时面对的是非常复杂的一个人，他认定其使命是印度在亚洲的角色，对美国心存疑虑，并不欣赏，内心深处关注的是印度人对殖民主义和国家主权的严肃态度。[①]

20世纪50年代上半期，美国政府虽然总的来看对印度的重视程度在提高，但内部高低不一。1953年10月中旬，对副总统尼克松等美国要人颇有影响的政治人物保罗·霍夫曼（Paul Hoffman）认为，"美国对印度的态度是当今国际局势中最重要的点之一"。国务院多数要员已经认识到使印度站在西方一边的重要性，但并非美国所有的政治人物都这么认为，尼克松即其中之一，他甚至被英国人作为需要重点做工作的对象。[②] 1953年尼克松访问印度期间在印议会发表演讲时对印苏贸易协定进行了抨击，称许多美国人"警觉地"关注着印苏此类协定的签署，将其视为印度"倾向于极权主义的一个标志"。其言论遭到印度人的批评，在议会演讲时听众很少，许多议会党团甚至无一人出席，不少印媒甚至指责他干涉印度内部

① "Political Relations between USA and India and Pakistan: Visit of Vice President Nixon to India," 1953, FO: 371/106857, The National Archives, London.

② Ibid.

事务。[1]

与美印关系形成鲜明对比的是，印度与社会主义国家的经济关系更为密切。1953年11月17日，印度与捷克斯洛伐克签署贸易协议；12月2日，印苏签署贸易协议，规定两国贸易可用卢比支付；1954年7月14日，在英国表示不愿满足印度提出的向它派出技术专家的请求后，苏联在9月派出两名专家赴印度；1956年6—7月和9月，印度还派出使团考察苏联的铁路系统和工业情况；[2] 1955年11月，苏联等社会主义国家纷纷向印度提供经济援助，中国当时尽管国内钢铁短缺，仍决定援助印度6万吨钢材。[3] 1956年3月，苏联加大了对印度的援助，部长会议副主席米高扬（Anastas Ivanovich Mikoyan）访问新德里和加尔各答，与尼赫鲁及多位印度部长举行了会谈，宣布苏联除践诺援助外，还将购买印度的原料和产品，并帮助它创建石油工业。此访后不久，印苏签署了两项重要协议：一是苏联为印度一座新建钢厂提供价值4100万英镑的设备；二是一项海运协议，规定印苏本着互惠原则，在印度的港口和黑海之间各自运送约8000吨货物。此外，印度在3月和4月还分别与波兰和南斯拉夫签署了贸易协议。从1955年到1956年，印度与社会主义国家的贸易迅猛发展，它从苏联、波兰、民主德国、匈牙利、捷克斯洛伐克、保加利亚、罗马尼亚和中国的进口之和，从占其年度进口总额的1.2%猛增至4.2%，增幅约200%；出口从1.7%激增至5%，增幅超过100%。1958年2月初，在印度的苏联专家约有200名。3月，苏联以远高于世界市场的价格购买印度的茶和胡椒粉。[4] 7月15日，苏联决定再向印度购买65,000双女鞋。1959年，印度对苏贸易从逆差变为顺差：从1958年2月的103.5万英镑逆差变为1959年2月的 41.25万英镑顺差。[5]

尽管印度从苏联等社会主义国家得到的援助越来越多，但20世纪50

---

① “India’s Pact, Nixon Pokes His Nose in,” *Daily Workers*, December 4, 1953.

② “Soviet Economic Offensive: Reports from India,” 1956–1958, top secret, DO: 35/8644, The National Archives, London.

③ “Trade Relations between India and Russia, China and the Satellite Countries,” 1952. secret, DO: 35/5661, The National Archives, London.

④ “Soviet Economic Offensive: Reports from India,” 1956–1958, top secret, DO: 35/8644, The National Archives, London.

⑤ “Trade Relations between India and Russia, China and the Satellite Countries,” 1952. secret, DO: 35/5661, The National Archives, London.

年代后半期尼赫鲁一度对苏联和中国感到有些失望，主要是对苏联在匈牙利事件中的做法感到不满，对中国的不满则主要与中国批评尼赫鲁的挚友、南斯拉夫总统铁托（Josip Broz Tito）有关，也与对中国出版的地图就中印边界东段的画法以及中国在中印东部边境地区的一些活动感到不爽有关。1958年8月15日，尼赫鲁在一篇文章中抱怨苏中对印度这个"世界上最有影响的中立国（不结盟国家）不够尊重"。[①] 此外，印度政府决策圈子里也有人对苏联的援助保有戒心，如尼赫鲁的心腹穆立克（B. N. Mullik）在1959年7月初曾说，苏联对印度的经济援助暗含着"经济渗透和共产主义在印度境内的传播"。[②]

尼赫鲁意识形态上的反共以及对苏、中一时的不满情绪为美国拉近与印度的关系提供了可乘之机，而英国又助推美国加大了介入印度事务的力度。英国对苏联势力和影响在印度的迅速扩大感到担忧。1957年10月16—29日有些英国媒体称，英国担心有朝一日时机成熟时，苏联或中国会帮助印共在印度闹革命。11月16日的《经济学人》称，苏联"用低成本的手段影响着印度民众"。1958年7月12日，英国驻印度贸易专员说，苏联正在印度加紧渗透。[③] 主要出于与苏联竞争的考虑，美国一步步加强了与印度的关系。

二、西藏平叛后美国对印度及中印边界问题的反应

1959年3月西藏平叛后，中印关系急剧恶化，美国"有节制"地升温与印度的关系，更深入地涉足中印边界问题。9月1日，印度驻美大使查格拉在华盛顿美国国家新闻俱乐部发表了题为《印度与共产主义》的演讲，称中国在西藏的平叛行动是"悲剧"，印度"将利用其所有的力量和

---

① "India and China: A Comparison of Economic Progress," 1958–1960, secret, DO: 35/8649, The National Archives, London.

② "Study of Future Policy in India," 1960–1970, top secret, DO: 35/8600, The National Archives, London.

③ "Soviet Economic Offensive: Reports from India," 1956–1958, top secret, DO: 35/8644, The National Archives, London; "Russia and India, How to Influence People-Cheaply," *Economist*, November 16, 1957; "India and China: A Comparison of Economic Progress," 1958–1960, secret, DO: 35/8649, The National Archives, London; "Soviet Economic Offensive: Reports from India," 1956–1958, top secret, DO: 35/8644, The National Archives, London.

资源”来保卫其“神圣不可侵犯的边界”，“不怕与中国开战”。美国媒体对查格拉的演讲推波助澜。美国记者罗伯茨次日就把查格拉演讲的主要内容在《纽约时报》上作了整版长篇报道，突出报道这位大使所称的印度“全国将为保卫边界而战、反对中国”。[①] 11月10日，印度驻联合国代表克里希纳·梅农拜会了美国国务卿赫脱，讨论了中印边界等问题。为了使美国重视并支持印度在边界问题上的立场，梅农着力渲染印度国内反对中印友好的气氛，说“印度媒体和政治人物认为尼赫鲁对中国太过软弱，不应再支持北京在联合国的席位问题”。赫脱此时对中印边界问题表态还较谨慎，在12日对记者的讲话中没有明确“谴责中国在中印边界争端中使用武力”。[②] 他的这一表态立即招致印度媒体的激烈批评，不得不赶紧“找补”，在次日即召见印度驻美代办查特吉（D. N. Chatterjee），“澄清并表明”其对中印边境局势的立场，改口说“中国共产党在边境地区的行动是其过去十年来无视正常的国际秩序的反映”，意在“加强中国在中印关系中的地位”，美国政府“认为其行为十足可恶”，“对印度试图通过和平手段解决与中国之间的问题的努力甚为同情”。[③] 14日，美国总统艾森豪威尔向尼赫鲁发去经过修改的贺信，借祝贺其70岁生日（在英国人建议下写的贺信）之机，向尼赫鲁和印度释放善意。贺信措辞颇有意味：为了满足印度（通过英国传递的）希望美国总统贺信更加热情（以满足尼赫鲁和印度政府的“面子”）的意愿，艾森豪威尔把第一封信中对尼赫鲁的“良好祝愿”（warm wish）修改为“最衷心地祝愿”（best wish）他健康长寿。[④] 美国媒体提高了对中印边境局势的关注度，17日有许多评论对尼赫鲁的困境表示同情，也有不少文章认为其不结盟立场“很不明智”。[⑤]

---

① “Voice for a Free India,” *The New York Times*, September 2, 1959; “Violation of Borders of India by China,” 1959, FO: 371/141271, The National Archives, London.

② “Violation of Borders of India by China,” 1959, FO: 371/141273, The National Archives, London.

③ “Relations between India and China (Border Dispute between India and China) 1959–1960,” 1960, top secret, DO: 133/148, The National Archives, London.

④ “Seventieth Birthday of Mr Jawaharal Nehru, Prime Minister of India,” 1959, confidential, DO: 35/9660, The National Archives, London.

⑤ “Sino-Indian Relations,” 1959, top secret, DO: 35/8819, The National Archives, London; “Violation of Borders of India by China,” 1959, FO: 371/141271, The National Archives, London; “Voice for a Free India,” *The New York Times*, September 2, 1959; “Relations between India and China (Border Dispute between India and China) 1959–1960,” 1960, top secret, DO: 133/148, The National Archives, London.

但印度媒体对赫脱却不依不饶，对他作为西方大国领导人，没有坚定、明确地在边界问题上站在印度一边大为不满，连篇累牍地批评他有关中印边界争端的言论。1959年11月15日，《印度斯坦标准报》称赫脱发表了“很不幸的言论”，使印度人民感到“不平”和“委屈”；《甘露市场报》以看似替他开脱的口吻略带讥讽地说他“要么是过于谨慎，要么就是太忙，对事件的原委并不清楚”。16日，《自由新闻报》批评赫脱在中印边界争端中“奇怪和令人惊讶”的立场，说他虽然“谴责了中国的侵略，但没有表现出更赞赏印度的观点”，实为一种“中立”调门；《领导者》强调，赫脱的声明“无视中国拒绝从印度领土上撤军并威胁要进一步侵略印度”的事实，对中国的批评太过温和；《印度时报》称赫脱在中印边界争端上发表的“轻率”言论“令人吃惊”。18日，《政治家报》说赫脱的声明“令人惊讶，竟与印度共产党全国理事会最近通过的决议基本一致”，两者“没有根本性区别”；《印度快报》强烈批评赫脱的声明，称其随后的解释性言论是“空洞无物的老生常谈”，还说印度对他不满的原因主要有二：其一，他在边界争端中“把中印等同了起来，而全世界似乎都同情印度的立场”；其二，这是“美国第一次在共产党中国卷入的事件中持中立立场”。[①]

印度政府对赫脱则还算留面子，没有对其言行做出官方评论（无论是在新德里还是华盛顿），但尼赫鲁以间接方式对赫脱表示了似乎“无所谓”的态度。他11月20日在新闻俱乐部的一次午餐会上即兴发言时非正式评论说：“看到他的第一次声明时，非常坦率地说，我并无多少担忧。我想那些聪明的报人只是顺便说说他们想说的问题，而不会去纠缠他。这没多大意义。”尼赫鲁压根儿就不提“赫脱”二字，而是一概用“他”相指，巧妙地“不经意地”贬低了赫脱及其言论。英国驻印高级专员署认为，尽管印度人对赫脱关于中印边界问题的言论感到“很不幸”，“但希望这些会很快被忘记”，他们可能更想“从总统艾森豪威尔那里得到一些关于边界问题法律上的实实在在的个人保证”。美驻印大使此前曾向尼赫鲁保证：在中印边界争端问题上，印度可以指望美国给予道义上的全力支持，如有需要，还会有物质上的支持。但尼赫鲁对此未加评论，显然对美国的姿态感到不太满意。[②] 印度当时虽然对未得到西方国家支持心有不悦，但仍想把

---

① “Sino-Indian Relations,” 1959, DO: 35/8820, The National Archives, London.

② “Sino-Indian Relations,” 1959, confidential, DO: 35/8820, The National Archives, London.

边界问题控制在印中两国范围内，不想让域外因素过多介入。

这一时期中苏关系开始恶化，美国认为有了可乘之机。1959年10月10日时，苏联、罗马尼亚和捷克斯洛伐克等社会主义国家强烈反对爱尔兰和马来亚在联大提出所谓“西藏问题”。但到了12月初，美国中央情报局从莫斯科获取的一份时间标明为12月2日的报告称，赫鲁晓夫10月访问中国时“被冷落，对其接待多有失礼”。8日，英驻美使馆官员巴克（W. Barker）与美国中情局副局长艾默里（Robert Amory）共进午餐时，同意英美可“公开并夸大中苏之间的不和”，而艾默里本人对近期中苏关系恶化“有点兴高采烈”。[①] 美国政府对印度虽然态度上升温了，但具体行动表明其对印政策仍然谨慎。艾森豪威尔在高度敏感的中印边界问题上表态很是圆滑，既对印度表达了有限的关注，又避免使自己公开选边站，这在他首次访问印度的“礼节性”安排中体现得淋漓尽致。1959年冬，艾森豪威尔先后出访意大利、土耳其、巴基斯坦、阿富汗、印度、伊朗、希腊、突尼斯、法国、西班牙和摩洛哥11国，印度在其出访次序上居中略靠前（第5站），但停留时间最长（5天），主要是为了满足印度人的虚荣心。12月初，艾森豪威尔作为第一个访问印度的美国总统，抵达新德里后受到了对他来说“前所未见”的大规模欢迎，以至于车队行驶时速只有5英里。艾森豪威尔的访印安排和印度对他的热烈欢迎，很大程度上与中印关系严重恶化有关。访问期间，尼赫鲁向艾森豪威尔“说明了当时中国入侵印度的性质和发展可能”，但“未能给这种行动找到合乎逻辑的理由”。艾森豪威尔在回忆录中说他对此“没有发表什么评论，只是说共产党不需要为他们制造麻烦找合乎逻辑的理由”。[②] 但根据英国解密档案，艾森豪威尔说他“很愿意”与尼赫鲁讨论诸如中印边界之类的问题，特别是他本人并不认为中印边界问题“就只是麦克马洪线上的那些点，不认为有谁曾经对这条线知道得清清楚楚，能说得准确无误”，重要的是，“国家间是通过真诚的会谈、相互间真诚的谈判来解决分歧，还是靠武力来解决其争端?”在此问题上，他当然“要站到人民一边，即站到说‘必须通过谈判解决问题’的人民一

① “Relations between India and China (Border Dispute between India and China) 1959–1960,” 1960, top secret, DO: 133/148, The National Archives, London.

② 〔美〕德怀特·D.艾森豪威尔：《艾森豪威尔回忆录——白宫岁月（下）》，静海译，生活·读书·新知三联书店，1977，第563页。

边”。[①] 会谈后美印发表的联合公报“遣词优雅、意思朦胧，就像一支印度舞蹈”。艾森豪威尔还对尼赫鲁“表达了一点热切希望，即双方充分讨论的中印冲突，可以通过谈判来解决”，但他并未承诺一旦中国“企图大规模入侵印度”，美国将对印度提供何种帮助。公报及美印双方发言人也未谈及两国领导人是否讨论了通过苏联影响中国，使后者减缓在中印边界的压力的问题。[②] 上述英国档案中记录的内容，艾森豪威尔回忆录中只字未提。艾森豪威尔自己的说法与英国的档案的明显差异，对于说明艾森豪威尔当时不愿卷入中印边界争端也是一个旁证。对于印度甚为关心的十四世达赖喇嘛和所谓的“西藏问题”，美国政府虽然已给予大力支持和深度介入，但表面上仍刻意保持距离，避免被抓“把柄”。1960年1月5日，十四世达赖喇嘛致信赫脱，对他和美国政府“在联大讨论西藏问题时给予的积极支持深表感谢”。赫脱迟至2月20日才给十四世达赖喇嘛回信，说“美国一直认为西藏是一个中国拥有宗主权的自治国家，美国人民传统上也是支持自决的，美国政府认为该原则亦应适用于西藏人民，他们应当自己决定其政治命运”。十四世达赖喇嘛和赫脱的信由国务院在2月28日予以公开，这样做是想表明赫脱与十四世达赖喇嘛的通信与1959年12月艾森豪威尔访印“没有任何关系”，无论是艾森豪威尔本人还是其共和党成员，都没有与十四世达赖喇嘛建立“任何联系”，也“同样与中印边界争端没有任何联系”。至于为何不早点公布赫脱给十四世达赖喇嘛的复函，国务院给出的“理由”是为了能“让达赖有时间收到赫脱的回信”。[③]

鉴于苏联对印度的外交支持和经济援助持续升温，在印度的攻势咄咄逼人，出于与苏联争锋的考虑，美国不甘袖手旁观，准备加大对印度的援助，但言行依然谨慎。1960年2月11—16日，赫鲁晓夫访问印度，在议会演讲中称“冷战阴云正在逐渐散去”，“高度赞赏印度共和国为争取和平及在和平共处事业中作出的重大贡献”。[④]《印度快报》《印度斯坦标准报》《政治家报》等对赫鲁晓夫此访连篇报道，兴高采烈地称苏联“要

① “Political Relations between China and India,” 1959, FO: 371/141264, The National Archives, London.

② “Mr. Eisenhower’s Talk on China,” *Daily Telegraph*, December 14, 1959.

③ “Chinese Political and Economic Consolidation of Tibet,” 1959–1960, secret, DO: 35/8984, The National Archives, London.

④ “Khruschev Finds Cold War Clouds Dispersing,” *Hindustan Times*, February 13, 1960.

帮助印度建设工业”，“希望印度稳定和强大”。双方发表的联合公报大谈苏印合作，没有提及中国。3月初，苏联原子能委员会主席叶梅利亚诺夫（Yemelyanov）访印时称，苏联准备帮助印度兴建首座核电站——印度第三个五年计划（1961—1966年）的规划项目。3月9日，尼赫鲁在人民院说，印度尚未收到苏联或美国帮助印度建设核电站的建议，但同它们都交换过意见。而此时，美国原子能委员会的克拉策尔（M.B. Kratzer）率领的一个代表团正在印度访问。[①] 这表明美国不愿看到印度与苏联在核能方面进行合作。

对于印度与苏联加强军事合作的传闻，美国也感到极为不安。1962年5月，谣传印度将向苏联购买米格战斗机，但尼赫鲁为了推动英美增加援助，对英国首相麦克米伦称计划购买飞机的来源还未最后决定。“美国人大为惊恐”，肯尼迪亲自出马，提出要尽力帮助英国来满足印度的需求。8月17日，印苏公布关于苏联向印度免费提供12架米格飞机并帮助印度制造喷气机引擎的协议后，英美公众舆论“都由于印度政府明显地投入苏联阵营而惊惶”，美国人更因“受不住而感到痛苦甚至恼怒了”。[②]

美国准备在多大力度上援助印度，与英国的态度有很大关系。1960年4月20日，英国对美国说不愿按尼赫鲁提出的数额援助印度，骨子里是希望“如法炮制”在希腊和土耳其的做法，由美国代替英国，更多地承担援助印度的责任和义务，只不过理由不再单单是反对共产主义罢了。但美国这次没有痛痛快快地“接盘”，它在5月初不愿答应尼赫鲁要其增加对印援助的要求，认为印度的情况并没有尼赫鲁说的那么严重，更不愿单独增加对印援助，而是愿通过国际财团众筹的办法援助印度。英国认为“美国的反应令人失望”，准备继续向美国施压，使其考虑加大对印度的援助力度。[③]

考虑到英国在南亚的传统影响以及印度宿敌巴基斯坦可能的反应等因素，美国坚持让英国在援印问题上“出头”。1960年5月21日，美国驻印

---

① “Atomic Power Station in India under Third Five-Year Plan,” 1960, secret, DO: 35/8555, The National Archives, London.

② 〔英〕哈罗德·麦克米伦:《麦克米伦回忆录（六）——“从政末期”》，陈体芳译，商务印书馆，1980，第218—219页。

③ “Consortium Meeting for Further Aid for India,” 1960, secret, DO: 35/8553, The National Archives, London.

大使私下里对英联邦事务部驻新德里官员说，克里希纳·梅农最近曾询问他，美国可否向印度出售“飞行车厢”C-119运输机，以便用于中印边境地区。美国准备以很低的价格卖给印度30架此型号飞机，并将此事通报了巴基斯坦。① 在干涉“西藏问题”上，美国自己此时不愿冲上前台，也希望英国出头。9月20日联大讨论所谓的“西藏问题”时，美国没有采取主动行动，而是策动马来亚和泰国冲在前面，在联大提出所谓的“西藏问题”，② 对后来1961年1月5日英国在联大就“西藏问题”投弃权票颇为不满。③

此时，美国开始显示出加强与印度进行军事合作的姿态，但在经济援助印度上试图让更多的国家承担责任。1961年3月，美印签署《相互防御援助》协定。4月27日，在华盛顿举行的由世界银行主持的援助印度国际财团会议上，美国建议即将召开的西方国家援助印度会议应集中讨论如何帮助印度实现收支平衡，敦促联邦德国等国为印度第三个五年计划提供更多资金。④

在敦促其他西方国家“解囊”援印的同时，美国明显地向印度示好。1961年5月，它有条件地答应向印度提供大规模援助，同意在印度第三个五年计划的头两年里向其提供3.57亿英镑的贷款——到此时为止对一国提供的最大单笔援助，⑤ 但前提是，向印度提供贷款的其他西方国家得匹配差不多相同规模的贷款，即它们相加共提供11亿美元（约3.93亿英镑）的贷款。美国准备单方面增加贷款数额，令参加会议的英国等国代表感到吃惊，因为他们得向本国政府汇报，此前它们准备承诺的向印度提供的贷款只有2.32亿英镑，美国要求它们给印度的援助比其预期增加了很多。⑥ 英国对此感到不爽，认为“过多”援助印度是一种冒险，有英媒嘲讽说“整

---

① “Supply of Aircrafts to India,” 1960, secret, DO: 35/8273, The National Archives, London.

② “UN Discussion on Tibet, 1960–1961,” 1961, confidential, DO: 196/192, The National Archives, London.

③ Ibid.

④ *Observer*, April 30, 1961.

⑤ “Conditional U.S. Aid Offer to India,” *Daily Telegraph*, May 4, 1961; “U.S. Asks West to Double Aid for India,” *Times*, May 6, 1961.

⑥ “Conditional U.S. Aid Offer to India,” *Daily Telegraph*, May 4, 1961; “U.S. Asks West to Double Aid for India,” *Times*, May 6, 1961.

个世界在援助印度”。[①]

三、中印边界战争期间美国对印度的政策

1962年10月中印边界战争爆发后，美国出于乘机拉拢印度等多重考虑，决定增加对印度的军事援助，但又以对印度国内情况、特别是真实需求不明为由，步伐“拖拉”，程序烦琐，在援助印度问题上自己不出头，希望让英国挑头，实则不愿使自己冒卷入这场同中国的战争的风险，故对请求援助的印度屡有不敬。而印度在求人之际则极力保持“自尊”。总之，这一时期的美印关系更能显示两国之间的“患难真情”。

1962年10月底，印度在边界战争中全线溃退，美国准备对它提出的武器援助请求做出反应。11月14日，印度败局已定，国内陷入恐慌，美国助理国务卿塔尔博特（Phillips Talbot）与印度驻美大使K.尼赫鲁就美国向印度提供援助的条件交换了备忘录。美方备忘录称，美印两国政府曾于1951年3月7日和16日在华盛顿通过互换备忘录的形式签署协议，1958年4月16日和12月17日在新德里又通过互换备忘录的形式对协议进行了修改。基于印度政府提出的援助请求，美国政府“准备向印度政府提供帮助，以应对中国的公然侵略”。为了使美国履行1951年协议中的防务条款，印度政府得“为美国驻印度使馆提供必要的设施，以便美国观察和评估该条款的使用并提供必要的情报”。印方的备忘录则再次确认了美方备忘录所提到的双方之间的谅解和协议。[②]

1962年11月21日中国宣布主动停火、撤军后，美国对援助印度更加积极。英国认为这表明美国开始认为中印边界战争的局势与其国家利益攸关了。12月11日，英国外交部说，“美国政府首先关注的是，印度军事上的失败会提高中共的威望。在印度危急时刻拒绝向其提供援助，将会使人对肯尼迪政府对共产主义侵略的基本立场产生怀疑。因此，中国的侵略就类似于共产党在希腊、朝鲜和越南的攻势”。此时在白宫已近达成共识的观点是，印度尽管奉行不结盟政策，但“仍然是自由世界的堡垒”，而“这

---

① “Consortium Meeting 1961: Discussion on Aid to India,” 1961, confidential, DO: 189/208, The National Archives, London.

② “Military Aid to India following India/China Border Dispute,” 1962, secret, DO: 189/245, The National Archives, London.

个自由世界最大的民主国家的削弱或崩溃将减少世界的信心”。国防部长克里希纳·梅农被解职、民众被动员起来反对共产主义等印度国内局势出现的新变化，均被美国政府视为进一步扩大在印度的影响“独一无二的机会”。[①]

英美决定增加对印援助的另一个主要目的，是想趁印度“落难”之际对其拉拢，使它进一步向西方国家靠拢，远离苏联和中国。1962年11月15日，英美确定了共同目标：“帮助印度应对中国的侵略”，“鼓励印度发展成为一个拥有健全经济和有效防御的强大的民主国家”，加深奉行不结盟政策的印度“与西方之间的理解”，帮助印度认清楚“世界共产主义的威胁以及苏联和中国政策的动机”。为此，美国不希望英国在中印边界战争后继续履约，向中国提供特别贸易贷款。[②]

在向印度提供军事援助上，美国虽然态度积极了不少，但步伐迈得并不快，主要原因是它不愿出头，而是希望由英国来牵头。美英各自煞费心机，没少斗心眼。1962年11月17日，印度向美驻印大使加尔布雷思（John Kenneth Galbraith）提出了一个旨在为使其空中力量取得对中国优势的购买清单，包括飞机、信号设备、雷达等，价值总计10亿美元。加尔布雷思明确表示，此等重要的政治和财政问题需向华盛顿汇报。[③] 为了获取更多援助，尼赫鲁于19日第二次致信肯尼迪（John Fitzgerald Kennedy），力陈、甚至不惜夸大印度和南亚地区面临的危险，大表“决心”，既略显“奉承”之意，又不失“体面”和“自尊”。主要内容有：（1）印度东部边境局势“进一步恶化”，“阿萨姆邦的迪格博伊油田面临严重威胁，随着中国军队的大规模强力推进，整个雅鲁藏布江山谷面临严重威胁，除非立即采取行动阻止阿萨姆的态势继续恶化，否则特里普拉邦、曼尼普尔邦和那加兰邦亦将落入中国之手”。（2）中部和西部边境也遭到中国“入侵”，压力很大。（3）“迄今为止印度提出的援助要求很有节制”，主要是装备，并未要求全面援助，尤其是空军支援，主要是考虑到此类援助“在全球范围内会产生更广泛影响”，印度“并不想使我们的朋友感到为难”。（4）“然而局势的

---

① “Chinese-Indian Border Dispute,” 1962, FO: 371/164925, The National Archives, London.

② “UK/US Talks Concerning Borders Dispute with India,” 1962, FO: 371/164929, The National Archives, London; “Reactions from India on UK/Chinese Relations,” 1961–1963, secret, DO: 169/4, The National Archives, London.

③ “International Military Aid to India,” 1962, FO: 371/164880, The National Archives, London.

发展的确很危急，如要防止中国占领整个印度东部地区，就需要更多的全面援助”，“援助的任何延缓无疑都会给我们国家造成一场灾难”。(5) 印度曾多次考虑使用空军支援地面部队，但却没有这么做，因为其现有的飞机和雷达设备“无法抵御中国的报复行动”。(6) 请求立即给印度提供支持，以充分加强空中力量，“阻止中国军队的进攻势头”。(7)“要提供足够的空中防御力量，至少需要12个中队的超音速全天候战斗机”。鉴于印度没有现代化雷达覆盖全国，故请求最快提供援助。在培训印度人员的同时，美军人员可来印度操控这些战斗机和雷达设施，由其操控的战斗机和运输机“可以保护印度的城市和设施免遭中国的空中打击，维持印度的交通运输畅通”，如果可能的话，“也乐意让美国人驾驶美国飞机，在印度地区与中国军队的空战中，帮助印度空军对中国军队的交通运输线和集结地实施攻击，因为印度空军的上述作战行动有可能招致中国的空中反击”。然而，(8) 在印度之外，如西藏，“任何针对中国的空中行动，将由印度人操控印度飞机来实施”。(9) 印度“决心解放可能落入中国侵略者之手的所有领土，显然也迟早会通过空中打击来废掉他们的基地和机场”，故请求肯尼迪考虑向印度提供两个中队的B-47轰炸机。为操控这些武器装备，印度“愿意立即派飞行员和技术人员到美国接受训练”。(10)“中国不断加重的威胁不仅事关印度的生存，而且关系到整个南亚次大陆和亚洲地区的自由和独立政府的生存”。尼赫鲁特别强调，美国向其提供的所有帮助和装备，“将全部用于抵抗中国人”。(11) 印度相信，“您伟大的国家将会在我们面临考验的时刻，对我们为了自己的生存以及南亚次大陆和亚洲其他地区的自由和独立而进行的战争提供帮助”。印度“决心不遗余力地战斗下去，直至中国的扩张和军事侵略对自由和独立形成的威胁被彻底消除”。①

就在尼赫鲁第二次向肯迪尼求援的当天（19日），美国搞了一本有关“强调中共好战”的意识形态言论的书，以加强其增加对印援助的说服力。但奸猾的英国人没有跟风，未对美国的上述立场进行正面回应，而是说印度向美英提出的要求“非常不切实际”，所列购置清单太长。② 美国则继续强调英国要在援助印度上发挥至关重要的作用。当日傍晚，英国驻美大使

---

① “China-India Frontier Dispute: Part 2,” 1962, PREM:11/3839, The National Archives, London.

② “UK/US Talks Concerning Borders Dispute with India,” 1962, FO: 371/164929, The National Archives, London; “China-India Frontier Dispute: Part 2,” 1962, PREM:11/3839, The National Archives, London.

戈尔（D. Ormsby Gore）被肯尼迪和国务卿腊斯克（Dean Rusk）召至白宫，商议援助印度问题。其背景是，加尔布雷思从新德里发回的电报称，印度政府担心其两个师被歼，唯一有效的办法是出动空中力量打击中国军队的后勤补给线，但如此又可能使印度的大城市遭到中国的轰炸。故印度想知道，假如发生此种情况，美国能否帮助印度加强防空。加尔布雷思敦请美国政府要对此高度关注，说印度对战局进展越来越失望。腊斯克对戈尔说，印度很显然是要求迅速增加援助的规模和力度，“英国应动员英联邦成员国、特别是那些老的成员国，在此时发挥重要作用”，而美国政府“很难向国人解释为何要向印度提供大量武器和金钱以抵抗中国的入侵，而与此同时，英联邦成员加拿大和澳大利亚却正向中共提供数以百万吨计的小麦”。戈尔则有意淡化印度面临的局势，没有直接回应美国，而是说尼赫鲁给人这样一种印象：“这是一场边界争端，而非全面战争”，故新德里不会与北京断交。在此种情况下，“不可避免的是，一些国家仍照常与中国做生意，有的还是与印度友好的国家”。如果印度的态度发生改变，“很可能有许多国家会更加关切印度面临的局势，觉得更有必要采取行动援助它”。肯尼迪对戈尔说，“美国可以尽其所能援助印度，但作用不宜太过突出”，最好是作为众多援助者中的一员，而如果“以印度诸多朋友中最好战的一员的面目出现，就只会增加使苏联在幕后全力支持共产党中国的机会”。[①]此时中苏关系已经破裂，这明显是美国人找借口不愿在援助印度上出头。肯尼迪冠冕堂皇的理由是，他的上述说法“并不意味着美国意欲减小援助印度的规模，而是强烈地感到，英国凭其对印度无人能及的了解，以及作为英联邦的核心和领袖，在帮助印度方面理应发挥无可替代的作用”。腊斯克说，“印度人对按目前的规模接受援助都还准备不足，故谁也不能有效地计划或决定采取何种正确战略”。他建议动员一些熟悉印度情况的英国退役军官赴印度，美国可向新德里派遣一个高级使团摸摸情况，亦可提提建议。肯尼迪最后私下里对戈尔说：美英两国是否可循上述他和腊斯克提出的思路做些事情，印度局势中“令人烦扰的是，尼赫鲁似乎已精疲力竭”。他还向英国大使出示了一张不久前加尔布雷思与尼赫鲁会晤时拍摄的俩人的照片，从中可以看出，尼赫鲁似乎疲态尽显，沮丧之极，据此可

---

① “UK/US Talks Concerning Borders Dispute with India,” 1962, FO: 371/164929, The National Archives, London.

“怀疑尼赫鲁是否还能这么挺下去”。他和腊斯克并无任何具体建议，但是鉴于近几日印度局势不断恶化，二人认为“英美两国应就如何援助印度尽快做出一些重要决定”。在此种情况下，他们急于表达的意思是，英国应是协调并在世界范围内动员援助印度的不二选择，故非常希望英国能接受其建议，在援助印度上发挥至关重要的作用。[①]

20日，肯尼迪又给戈尔打电话，说尼赫鲁“显然处于惊慌失措状态”，向美国提出的一系列援助要求极其广泛，他不好确定尼赫鲁是如何评估当前局势的，故要在次日派一队人马赴印度评估局势，希望英国也立即派遣规模和级别相当的人马赴印。肯尼迪再次强调，作为英联邦领袖，英国要发挥至关重要的作用。他建议英国首相考虑给赫鲁晓夫发一封信，“提请他关注目前中国攻势的危险性”，还特意强调，“至关重要的是”，美英对尼赫鲁求救信的看法“不要让印度人知道”。[②] 这显然是肯尼迪不想伤害好面子的印度人的虚荣心和自尊。

肯尼迪讲了一堆听起来很是“好心”的理由，但内心里认为尼赫鲁“是要使美国紧紧卷入一场同中国的战争”，故提出了援助条件，以使自己避免卷入太深、太快。11月20日，戈尔刚与肯尼迪谈过话，腊斯克就急忙把他请到国务院，给他看了尼赫鲁最近给肯尼迪的来信的副本，指出印度目前的请求是要美国卷入战争，如果此时美国援助印度，后者“须满足某种最低限度的条件，使其能够全力做好自己的防御”：（1）须与巴基斯坦就克什米尔问题达成协议；（2）须得到英联邦国家的积极支持；（3）须向美国报告局势进展，并请求联合国支持谴责对印度的“侵略”；（4）须努力获得本地区其他国家（如泰国、缅甸和马来亚）的支持。腊斯克一再强调说，他认为英联邦国家的态度至关重要，建议尼赫鲁召集一次英联邦国家会议，来讨论其他英联邦国家帮助印度的立场和方式，英国首相则在伦敦召集一次类似的紧急会议，尼赫鲁可邀请巴基斯坦总统阿尤布·汗来新德里，以便就克什米尔问题达成一项解决办法，并在建立联合防御方面进行合作。（5）驻扎在马来亚的英联邦旅应立即驰援印度。对于中国主动停火、

---

① “UK/US Talks Concerning Borders Dispute with India,” 1962, FO: 371/164929, The National Archives, London.

② “Sino-Indian Hostilities, Supply of Arms,” 1962, top secret, CAB: 21/5687, The National Archives, London; “China-India Frontier Dispute: Part 2,” 1962, PREM:11/3839, The National Archives, London; “International Military Aid to India,” 1962, FO: 371/164880, The National Archives, London.

撤军的动机，英美看法存在分歧。戈尔认为，中国军队由于后勤不便，尚无任何迹象表明他们“会真的像尼赫鲁说的那样尽可能深入地往印度渗透”。腊斯克则说，“中国军队有可能占领一些机场，那样就会缓解后勤问题”。戈尔又说他个人“觉得尼赫鲁对局势的评估不太可信”。腊斯克说，在中印边境交战地区，空中运输对局势至关重要，印度此时拥有的约40架C-119运输机只有一半能用，故美国次日要起飞几架C-130运输机把C-119运输机的零配件运往印度，以使其此前不能运行的运输机尽快投入使用，运送配件的C-130运输机将留在印度予以帮助。腊斯克再次希望英国在援助印度上发挥领头作用，说他和肯尼迪都认为，英国“作为英联邦的领袖和最为老道的成员，应在此次危机中发挥至关重要的作用”，“尽管印度干了一些蠢事”，但“当一个成员国遇到麻烦时，英联邦如能展现出提供相互防御的姿态，是会具有深远意义的，那样的话，美国全力援助印度就会容易多了”。[①]

对于中印边界争端，美国并没有明确地支持印度的立场，美国对中印边界东段和西段持不同态度，认为印度可在西段的拉达克做出妥协。为了部分满足印度的需要，美国在空中运输方面向其提供了重要援助。根据英国驻美使馆给其外交部的第2908号电报，腊斯克在1962年11月20日建议肯尼迪批准19日已经同意的为英美伦敦会谈准备的三个文件，对其中的几条予以保留:（1）关于国务院给英联邦事务部的第2522号电报，其中的“首要目的如此表述会更好：帮助印度应对中共的侵略，防止中共以武力强加给印度一个单方面的解决方案，那样将会使邻国更加惧怕中共”。（2）美国在措辞上的改动并不是说要在帮助印度的防御事项上有任何推诿之意，而是指印度可在拉达克有所妥协。（3）国务院给英联邦事务部并转新德里的第2523号电报中提到的行动方针，“不应被理解为：所有有关西方国家须在每一个阶段都进行全面、正式的协调，因为那将无谓地妨碍采取紧急行动”。肯尼迪原则上批准了上述建议，但提出美英即将进行的伦敦会晤可就援助印度的规模和必要性视周末中印边境冲突的程度来讨论。他建议为应对当下局势可先做三件事:（1）派遣代理副国务卿约翰逊（Alexis Johnson）率高级使团赴新德里，对局势进行评估，弄清楚印度都有何种计划、自有能力如何，然后提出建议。（2）为了提高印度在其境内运送人员

---

① “International Military Aid to India,” 1962, FO: 371/164880, The National Archives, London.

和物资的能力，多架C-130运输机已临时派往印度，由于印度空军尚不能自主操控此机型，故将由美方人员驾驶和维护保养（要认识到此点具有的完全的政治意义）。（3）用飞机为已在印度投入使用的C-119运输机运送零配件。[①]

美国政府此时加大对印度的军事援助，除了肯尼迪、腊斯克等决策者态度的变化外，与国内媒体的反应也不无关系。这些反应包括印度对共产主义的认识、“把西方与共产主义等同的教训”、将导致中苏关系破裂，等等。1962年11月20日，美国主要报刊和广播的反应主要归纳为以下几类：（1）对中印边界大规模冲突，先是有点“幸灾乐祸”，认为中国对印度“赤裸裸的侵略总算让印度政府认清了共产主义的本质”。印度民众对中国“侵略”的反应在美国即刻得到了同情，且先于印度政府得到同情。然而，美国媒体幸灾乐祸的心态没有持续多久，很快就聚焦战局的进展了。媒体报道意指中国的军事目的是夺取阿萨姆邦富饶的矿产和粮食，但又说中国的目的也许更为有限，“并不想谋求在印度和缅甸的主导地位”。美国人一直认为，令尼赫鲁备感纠结的是，“既想打一仗又要保持其不结盟立场，既准备接受西方的帮助又不切断来自苏联的援助”，想两边通吃，但很难如愿。还有人强烈批评尼赫鲁，说此时该是解决克什米尔问题、携手巴基斯坦“对付共同敌人”的时候了。（2）这场冲突不仅对印度，而且对把共产主义与西方帝国主义等同视之的其他不结盟国家，影响已经凸显，甚至更明显地体现在对中苏关系的影响上。赫鲁晓夫“在背叛与印度的友谊还是不支持盟友中国之间面临两难选择”，美国媒体对此颇有些“幸灾乐祸”，《纽约时报》认为这一窘境“将导致莫斯科和北京之间的最终决裂”。（3）印度驻美大使已经发起一场宣传战，表明印度政府的政策明显有利于西方国家，他的态度对美国媒体产生了相当大的影响。[②]

与美国媒体相比，肯尼迪对印度的态度要“淡定”得多。他在11月20日的记者招待会上主要谈了古巴导弹危机，中印边界冲突则简单触及，同时不忘记盟友巴基斯坦。他说：“在过去的一周里，中国人在印度东北部取得重大进展，现在他们提出了停火建议，我们与印度人进行了接触，看其

---

① “UK/US Talks Concerning Borders Dispute with India,” 1962, FO: 371/164929, The National Archives, London; “China-India Frontier Dispute: Part 2,” 1962, PREM:11/3839, The National Archives, London.

② “Frontier Dispute with India,” 1962, FO:371/164921, The National Archives, London.

如何评估中国的建议。”为了更好地评估印度的需求，美国将派出使团赴新德里。在向印度提供军事援助的同时，美国也很注意与巴基斯坦的盟友关系，“向印度提供的所有援助目的都是为了击败中共的颠覆。中国人对南亚次大陆的侵略既是对巴基斯坦的威胁，也是对印度的威胁，故两国都应反对之”。美国向巴印两国政府都强调了一点：美国给印度的援助“绝不会减少或改变对巴基斯坦承担的义务”。[①] 为了全面、真实地了解印度的局势，美国把将率高级使团赴新德里的负责人先是由军方换成了国务院的人，后又从代理副国务卿约翰逊换成了更富有经验的主管远东事务的助理国务卿哈里曼（Averell Harriman）。

如果说尼赫鲁1962年11月19日给肯尼迪总统的求援信略显“恐慌”的话，他在次日向英国首相麦克米伦请求援助时就“很要面子”了。20日，尼赫鲁致电麦克米伦，首先力陈边界形势的恶化，接着向英国提出了援助更多军事装备的请求。电文说，他10月24日给首相写第一封信一个来月后，局势又有进一步发展，“中国打着和平的旗号发动了一场严厉的宣传攻势”，以图迫使印度接受其三点建议。东部边境地区，印军形势不妙，有两个师被包围，中国军队占据了大部地区，“就要蹂躏拉达克地区的楚舒勒了，而楚舒勒一旦失陷，就没有任何东西能阻止其抵达克什米尔地区拉达克省府列城了”；战事变化极快，印度“为生存而进行的战争正面临严峻形势”；“印度及其朋友必须做出比以前多得多的努力，才能制止中国的侵略”；印度的确是有一个自行制造L/70高射炮的计划，然而由于军事形势严重恶化，印度的需求一下子“变得最为迫切了，且又增加了许多，故请求提供足够装备三个团的L/70高射炮以及配套的雷达和弹药”。印度已训练一些人员，一俟装备抵达印度，他们即可上手操作。[②]

但在增加对印军事援助问题上，英国人虚的比实的多。中印边界战争爆发后，应印度请求，英国陆续提供了一定数量的小型武器、自动步枪和弹药等军事援助。麦克米伦在接到尼赫鲁的第二封“乞援”电报后，于1962年11月20日致电肯尼迪，称英国正在考虑印度的局势和尼赫鲁的求援电报，对于尼赫鲁在第二封电报中提出的援助更多军事装备的请求，特

---

① “China-India Frontier Dispute: Part 2,” 1962, confidential, PREM:11/3839, The National Archives, London.

② “China-India Frontier Dispute: Part 2,” 1962, top secret, PREM:11/3839, The National Archives, London.

别是L/70高射炮，英国准备尽量满足。英国将向印度派出一个高级军事使团和一个外交使团，看看需要对其提供何种支持，然后再提出报告，探探尼赫鲁是否准备在联合国状告中国，以及他是否欢迎英联邦国家向印度派遣军事使团和军队，还要弄清楚尼赫鲁都有哪些想法，如能阻止中国军队推进，他是“想谈判还是先要把中国军队赶出去”。如果尼赫鲁同意谈判，他准备在同中国讨论时提出何种有用的建议，对于中国提出各自从1959年实控线后撤20公里的解决办法持何态度。帝国参谋部要搞清楚此时印军的士气和作战能力，与尼赫鲁讨论其军事方面的要求，看看印度是否需要英国现役军官或退役军官帮助训练新入伍的士兵。此外，还要向老的英联邦国家和马来亚通报情况，征询他们的意见，以便在与印度人会谈后讨论英联邦国家是否采取较为敏感的行动。① 其实，麦克米伦没有明说但内心已定的意思是：在向印度增加军事援助之前，还有好多事情要做。麦克米伦与澳大利亚、新西兰等主要英联邦国家领导人很快达成谅解：除非能设法使印巴就克什米尔问题达成妥协，否则美英两国向印度“增加供应的武器和军需都只能适可而止”。②

四、1962年中印边界战争后美国对印度的政策

印度在1962年中印边界战争中完败后请求西方大规模增加援助，但依然“硬挺身板”，极力保持其独立性，维护其尊严，对于外国人员入境援助颇有戒心。对于大规模军事援助印度，美国一方面与英国保持密切联系，同时又设置诸多条件，仍希望由英国挑头，同时又尽显美方的“主见”和能力，真实目的是借援助印度扩大在南亚地区的影响，维护美国的利益。

1962年11月20日，英美同意了印度提出的购买大批飞机及帮助培训人员的请求。21日，印度国防生产部长蒂·塔·克里希纳（T. T. Krishnamachari）与英国空军参谋长会谈时说，印方希望得到美国大规模紧急援助，以建立其现代空军。英印双方对于是否把将要提供给印度的空中支援有限适用于战争行动“进行了激烈辩论”。印度对中国军队的攻势

---

① “China-India Frontier Dispute: Part 2,” 1962, top secret, PREM:11/3839, The National Archives, London.

② 〔英〕哈罗德·麦克米伦:《麦克米伦回忆录（六）——“从政末期”》，第222页。

感到沮丧，克里希纳认为中国的实力完全压倒印度，因此，“能否阻止中国军队的进攻并将其赶回去有赖于一支大规模现代空中力量”。印度极力避免让外国人员到印度境内协助其防卫，担心那样会把印度“变成另一个韩国”，此时只是想请美国和他国人员来印度，主要是为了培训本国人员学习操作飞机等，但这些外国人“一定不能卷入战斗行动”。克里希纳补充说，印度政府和空军方面愿优先购买“幻影”战斗机，但不敢奢望得到更为先进的美国的F-104飞机。他重申，英国的“雷电”飞机“绝对满足不了印空军的要求”，印度政府之所以急于向英国人通报详情，是想让后者“了解印方最近一次请求援助的真实想法”，使首相的顾问们对事件有一个整体了解，“以便对印度和美国总统发挥最大的作用”。[①] 同日，英国首相指示即将访印的帝国总参谋长要弄清楚以下问题：印军的部署、士气和作战能力；英国还能在武器弹药方面提供什么帮助；告知印方英国目前可提供L/70高射炮、弹药和雷达；看看印度是否接受诸如英国派出志愿人员（现役军官或有经验的退役军官）之类的帮助，如果接受，是否只让他们负责训练新组建的部队。[②] 由此可见，英国政府此时想向印度提供的帮助是多么有限！

但美国想把事情搞大，以图为自己卷入中印争端谋取更多的“合法性”和国际舆论支持。肯尼迪与英国交换意见后，11月22日准备向尼赫鲁提出增加援助的交换条件：印度应做出切实努力来解决与巴基斯坦的克什米尔问题，以使它能够把对付巴基斯坦的军队转向对付中国；印度把与中国的边界争端提交联合国，以使后者通过一项谴责中国的决议。英国人认为此点“对美国来说显然十分必要，因为如果要根据尼赫鲁的要求在某种程度上卷入中印战端，它最需要的就是联合国的授权（就像1950年在朝鲜问题上一样）”。但英国人既不知道尼赫鲁会对中国的建议做何反应，也无法判断肯尼迪会对尼赫鲁可能的反应持何态度。英国人没有把握的是，假如印度向联合国提出谴责中国的议案，是否会得到通过所需的三分之二票数。此外，尼赫鲁健康状况很是堪忧，只是外界并不知晓。[③] 由于英国“不配合”，肯尼迪的上述想法也只能是一厢情愿了。

---

① “Frontier Dispute with India,” 1962, FO: 371/164922, The National Archives, London.

② “Sino-Indian Hostilities, Supply of Arms,” 1962, top secret, CAB: 21/5687, The National Archives, London.

③ “Frontier Dispute with India,” 1962, FO: 371/164923, The National Archives, London.

不过，英美之间的合作还是有所进展，主要着眼点是中苏在南亚的影响、印巴争端、印度与西方的关系等，并非单纯地增加对印度的援助。经过多次会谈，英美就援助印度的目的达成了一些共识。1962年11月26日，一份题为《英美的目标》的文件称：（1）帮助印度"应对中国的侵略，并防止中国通过武力把一个单方面协定强加给印度，从而增加中国邻国的担忧"。为此，一要"防止中国在印度、尼泊尔、锡金和不丹扩大影响"，二要"为了达成一项考虑到印度的利益和安全需求的边界协议，不能使印度在与中国的这场战争中过分消耗，不能动用部署在印巴边界的军队"。（2）"鼓励印度发展为一个拥有强大经济基础和有效防御能力的强大的民主国家"。（3）"努力使奉行不结盟政策的印度与西方国家加强相互理解"，帮助印度人"更清楚地认识到世界共产主义的威胁以及苏联和中国政策的动机"。（4）使巴基斯坦认识到"中国对整个南亚次大陆的危险"，以及"对付中国威胁及潜在的苏联威胁的重要性"，其国家利益有赖于继续与西方保持密切关系。（5）设法让印巴就克什米尔等争端朝着达成协议的方向努力。（6）特别是通过在亚非国家中"宣扬中国进攻印度以及共产主义威胁的重要影响，来促进自由世界的利益"。[①] 英国希望美国人在与印度人会谈时更好地合作。

此时中国和苏联对中印局势做出的反应对美印关系也产生了影响。1962年11月27日，中国外交部长陈毅谴责美国干涉中印争端，在亚洲国家间进行挑唆。30日，苏联《真理报》发表题为《世界舆论谴责镇压印度共产党》的文章，谴责印度政府逮捕印共成员，但苏联官方私下里表示特别同情印度，强调其立场的微妙。中国的谴责和苏联尚不明朗的官方态度，对美国大规模军事援助印度起到了一定的牵制作用。

印度人在溃败之际不忘保持尊严，提出大规模援助请求的同时对美国抱持戒心。1962年12月3日，美国国务院主管远东事务的助理国务卿哈里曼率国务院和国防部联合代表团访问印度回国后提交的报告，认为印度人很好地利用了中国的停火建议，他们的确需要尼赫鲁在11月19日向英美提出的"大规模"援助，但"此时不想在面临崩溃之际得到韩国那样或南

① "Military Aid to India following India/China Border Dispute," 1962, secret, DO: 189/245, The National Archives, London.

越式的让西方国家的军队进入本国或接受西方领导的紧急救济”。[①]

此时，由于对印度国内情况还不摸底，再加上对中国宣布停火、撤军的动机没有共识，美国政府内部对英美联合援助印度的具体措施尚有反对意见，同时也在观察、等待英国人的态度。1962年12月4日，哈里曼访印报告落笔后正由相关部门审阅（有拖延时间之嫌），同时也想看看英联邦事务部的有关报告；国务院负责近东和东南亚事务的副助理国务卿格兰特（James Grant）就曾对英国同行坦承，美国政府内部对英美联合援助印度尚有不同意见。国务院就中国主动宣布停火的动机“没有达成任何定论”，也许是“担心自由世界介入，也许是迫于苏联的压力，或者两者兼而有之”。而英国人更为冷静，有外交官认为，除了上述两方面的原因外，也许中国人“从来就没有想过要越过国民党政府曾经宣称的领土边界”。[②]故哈里曼印度之行后美国并没有立即做出决定和出台具体措施，只是决定同意继续提供印度需要的紧急援助，并为今后的援助计划摸清情况。印度方面则“不卑不亢”地说将提出具体援助要求供美国政府审查。

美国希望分阶段、适量援助印度。1962年12月6日，肯尼迪致信麦克米伦说：应当继续按照11月14日英美最早达成的协议，“于两三个月内建设好印度军队，此后将进入一个更为长期的援助阶段”；在实施援助计划之前，美英必须弄清楚满足印度的要求可能对印巴克什米尔问题产生的影响；作为援助印度的第一步计划，美国可提供多达6000万英镑的援助，包括已经运至印度的物资，希望英国及英联邦国家也提供类似规模的援助；英美“必须给予印度防空力量最密切的关注，很显然印度极其担心中国会对其城市发动空中打击”。考虑到帮助印度建设空军花费巨大且需时较长，以及巴基斯坦可能的不满，肯尼迪认为，如果印度需要，美英可提供由本国空军人员操作的防空力量，可先着手提供雷达和必要的地面设备，“如果印度提出，英国和其他英联邦国家负责提供适当数量的战斗机中队。此事显然需费思量，希望我们会晤时再讨论”。[③]很显然，按照肯尼迪的建议和

---

① “UK/US Talks Concerning Borders Dispute with India,” 1962, FO:371/164930, The National Archives, London.

② “UK/US Talks Concerning Borders Dispute with India,” 1962, FO:371/164930, The National Archives, London.

③ “China-India Frontier Dispute: Part 2,” 1962, top secret, PREM:11/3839, The National Archives, London.

要求，美国援助印度的步伐是不可能快起来的。

1962年12月中旬时，美国政府内部对印度请求援助的态度主要受反共意识形态和美巴关系的影响，以及出于让英国人挑头的考虑。大致有以下几点:（1）援助印度攸关美国家利益，“当然要反对共产主义在印度和其他地方的侵略”;（2）巴基斯坦的抵触情绪以及印度有可能夸大美国对援印武器的条件限制;（3）印度承认中国是其主要敌人，但“对共产主义的长期威胁并无此认知”，此点对美国来说“有利有弊”;（4）巴基斯坦仍认为印度是主要敌人，优先关注与印度在克什米尔问题上的和解;（5）要与英国签订援助协议，让其切实发挥领导作用。最为重要的一点是，援助印度的倡议应由美英联合提出。[①] 12月11日，腊斯克与英国外交大臣霍恩（Right Hon）在巴黎谈到援助印度时再次阐明了立场：美国当然愿意发挥大的作用，但英联邦、特别是老的英联邦国家应该出力；美国国内有不同意见：如果美国向印度大规模提供援助，而澳大利亚和加拿大运送粮食给中国，这算怎么回事！此外，澳大利亚没有在防务上尽职尽责，其国防开支仅占其国民生产总值的3%。在谈到部署美国飞机来防卫印度城镇的可能性时，腊斯克说，假如美国人向中国人开火，也不会选择在印度城镇周围空域，“最好直接告诉中国人，如果他们攻击印度的城镇，美国人就攻击他们的城镇”。事实上，美国人真的很不情愿为印度的国防提供人力，尽管会帮助提供培训和武器。在谈到英美政府在对抗中国应发挥的作用时，腊斯克重申，如果中国真的对南亚地区构成威胁，南亚地区其他国家就不能继续与中国“照常”做生意，就应指望美国来“打理一切”。[②] 腊斯克此番谈话道破了美国企图借扩大对印度的援助进一步在南亚渗透、扩大美国影响、围堵中国的真实目的。

对于印度有点“额外”的援助要求，英美态度比较一致，即都不积极。1962年12月11日，除了要求英美直接增加军事援助外，印度还提出两国同意它们提供的财政援助部分用于军事目的，包括购买石油、棉花及弹药工厂的设备等，这远远超过了英美所考虑的范围。英国把印度的要求

---

① “China-India Frontier Dispute: Part 2,” 1962, top secret, PREM:11/3839, The National Archives, London; “Chinese-Indian Border Dispute,” 1962, FO: 371/164925, The National Archives, London.

② “Record of a Conversation between the Foreign Secretary and Mr. Dean Rusk at the American Embassy in Paris on December 11, 1962,” secret, “Chinese-Indian Border Dispute,” 1962, FO: 371/164925, The National Archives, London.

通告了美国人，但一直未与后者进行沟通。[①] 可见美国方面没有很快做出反应，英国也没有催促，两家都不上心，只是心照不宣而已。13日，英首相致函美总统，说印度需要装备五六个山地师以对付中国军队，并提出了1.2亿英镑的援助请求，但他本人怀疑印度是否确需这么多钱，认为真正有效的是制订一个印巴联合防御计划，至于印度需要一支什么样的军队来对付中国军队并非最重要。“如果能使印巴联手防御次大陆，中国人就会像苏联人那样，在发动大规模进攻前好好思量思量”。故此时尤为重要的是设法促使阿尤布·汗和尼赫鲁就克什米尔问题达成协议。[②] 16日，英国首相在朗布伊埃堡就中印争端答法国总统戴高乐（Charles André Joseph Marie de Gaulle）之询时说，协防印度并不太难，问题是“英美如何答复印度提出的军事援助请求。在印度依然奉行中立政策时是否可以给其提供援助”。英美试图就向印度提供援助提出某种条件，但又不能因此“把印度推向俄国人的怀抱”。中国军队“进攻了印度易受攻击的地区，因为阿萨姆茶园创造了印度差不多三分之二的外汇”。[③] 可见，英国在援助印度的力度上多方算计，“绞尽脑汁”，既要帮助印度，又要以最低成本、最大限度地维护自身的利益。

如此，英美援助计划与印度的期望之间差距明显就不足为奇了。1962年12月18日，英美联合工作组发表声明，同意向印度提供军事援助，在3–5个月内提供可满足5个师的装备及情报支持。美国政府还考虑制订在“紧急”情况下，于1963年春之前再装备两个印度师并满足不低于五个师的山地作战装备的计划。美英认为，在1963年春之前，它们可以满足印度的许多需求，也有许多不能直接满足，但可提供财政帮助和制订计划（尽管有可能在1963年底或在1964年才能交货）。印度由于不知道英美计划的“底牌”，故其陆军仍决定继续执行“乔杜里计划”，即在1963年底之前重新装备3个师，组建3个新的师，共组建6个山地师。其空军没有现实

---

① “Military Aid to India following India/China Border Dispute,” 1962, secret, DO: 189/245, The National Archives, London.

② “UK/US Talks Concerning Borders Dispute with India,” 1962, secret, FO:371/164930, The National Archives, London.

③ “Military Aid to India following India/China Border Dispute,” 1962, secret, DO: 189/245, The National Archives, London; “Extract from Record of a Meeting at the Chateau de Rambouillet at 10 a.m. on Sunday, December 16, 1962,” top secret, “China-India Frontier Dispute: Part 2,” 1962, PREM:11/3839, The National Archives, London.

的具体计划，但似乎认为美国人不仅会帮助运送印度军队，还会提供其他帮助，包括提供战斗机和教练机。但英美如帮助印度执行并完成“乔杜里计划”，就会在印巴之间制造政治难题。[①] 1962年12月23日，麦克米伦致函尼赫鲁，建议向印度派出美英联合小组，以对印度防空问题进行全面研究。鉴于上述种种原因，美英对印度的援助计划显然很难满足后者的心理期待。

但美国不想做“恶人”，不愿满足印度的要求，又不想惹它不悦，于是便拿中国说事。1962年12月24日，美国驻印度大使加尔布雷思拜会尼赫鲁，并递交了肯尼迪的信。他强调，眼下的援助主要有关山地师，因为“第一要务是准备反击中国的下一次进攻”。尼赫鲁表示满意，并说印度政府一直担忧“中国有可能在1963年春再度发起进攻”。加尔布雷思说，美国政府关于长期军援印度的计划尚未制订妥当，“这不仅因为需要进行仔细的财政准备，也需对中国的意图及次大陆防务的总体发展进行最终的评估并做出决定”。[②] 尼赫鲁对此未做任何反应，显然心有不悦。关于帮助印度建立大规模防空体系问题，加尔布雷思说此事影响深远，涉及巨额花费以及与巴基斯坦的关系。尼赫鲁此前提出的帮助在印度部署雷达及驻扎西方国家战斗机中队的建议，虽然华盛顿最初态度较为积极，但美英政府都认为需要由相关专家在技术层面再做进一步研究，为此将向印派遣英美联合军事使团，尼赫鲁对此建议表示欢迎。加尔布雷思还提及为印度提供防务援助在财政方面的困难，说美国和英联邦国家可以马上提供约1.1亿～1.2亿美元的援助，同时还不忘拿中国说事：“中国无疑怀有巨大野心，如果在印度受阻不能发动进一步攻势，就可能在东南亚及其他地方滋事。果真如此的话，印度对采取遏制中国的措施持同情态度就甚为重要了。”加尔布雷思渲染中国“威胁”、把印度配合反华作为援助条件的暗含之意一目了然。尼赫鲁对加尔布雷思的这一番陈词表示同意。同日，鉴于印巴克什米尔问题谈判进展不畅，美国国会批准的对印援助有所减少。[③]

在中印边界战争期间及中国主动停火后，美国极力渲染已跌至低谷的

① “UK and US Aid to India,” 1962–1963, top secret, DO: 164/71, The National Archives, London.

② “China-India Frontier Dispute: Part 3,” 1962–1963, PREM:11/4306, The National Archives, London.

③ “Military Aid to India following India/China Border Dispute,” 1962, secret, DO: 189/245, The National Archives, London.

中印关系，企图通过增加对印度的援助加深其反华情绪，以有利于它自己在南亚地区的进一步渗透。战争尚未结束，美国就向印度提供了6000万美元的紧急军事援助。1963年1月15日，哈里曼危言耸听地说："中国真正感兴趣的是控制东南亚的粮仓。"[①] 印媒也拿美英等国"壮胆"。25日的《印度时报》和《政治家报》宣称，"一旦中国再次入侵，美国、英国、加拿大、澳大利亚等国将承担防卫印度城市和工业中心的责任"。[②] 2月初，苏联表示可向印度提供米格飞机和地对空导弹。9月，美国政府宣布向印度提供5100万美元的贷款。[③] 中印边界战争结束后至1965年9月第二次印巴战争爆发，美国平均每年向印度提供约1亿美元的武器装备等军事援助。

1962年中印边界战争后，美印关系虽然经历过波折，但总的趋势是在发展，特别是政治和军事关系更加密切。进入21世纪20年代以来，美印关系、中印关系以及中美印关系进入了一个新的时代，不确定因素的数量和影响力度远超以前。如果只看一两个月，甚至半年的局势发展，很难对美印关系的过去、现在和将来，特别是这三个阶段的相互关系，做出符合逻辑的分析和判断，甚至有时还会有雾里看花、自我纠正、反复无常的感觉。因此，要看清当下美印关系的实质以及对未来的发展趋势进行展望，就很有必要"鉴往知来、洞悉规律"。[④] 通过详细、深入阐释美印关系中最重要的这段历史并进行剖析，应有助于人们在纷繁复杂、变幻莫测的国际万花筒中，对美印关系以及中美印关系有一个理性认识。中印边境冲突期间美国对印度的态度和政策，在很大程度上奠定了美印关系发展的基础。中印边界战争后，受美苏关系、印苏关系、美印关系、美巴关系、中巴关系、中美关系等各种因素的影响，特别是随着冷战的结束，美印关系不断密切，外交上互访频繁，还签署了多项经济技术和军事协定。十几年前提出的"印太战略"（The Indo-Pacific Strategy）近年来频频被美、日、印、澳提起，美国更是积极推动，自然是想拉拢印度，助力它实现对付中国等外交目标。莫迪上台后，美印互动频繁，似乎越抱越紧了。然而，纵观中

① "UK and US Policy towards China," secret, FO:371/170680, The National Archives, London.

② "Joint UK/US Air Defence Mission to India," 1962–1963, secret, DO: 164/35, The National Archives, London.

③ "UK Aid to India," 1962–1964, confidential, DO: 189/241, The National Archives, London.

④《新华社评论员：谱写中国特色大国外交新篇章——学习贯彻习近平总书记在中央外事工作会议重要讲话》，2018年6月23日，http://www.xinhuanet.com/politics/2018-06/24/c_1123026160.htm，访问日期：2020年6月24日。

印关系从友好、冲突到战争各个阶段美国对印度的态度和政策，可以断定它们不会走得过近，更不可能结盟，双方可以合作多多，但铁心合流的概率不大，因为决定美印关系的除了各自的国家利益，彼此之间的态度尤其重要。美国总统特朗普在2017年洞朗事件中拉拢印度、挑拨中印关系未能得逞，继2018年对中国进行经济贸易制裁后，又把拳头挥向印度。2019年3月4日，特朗普通知国会打算终止印度的贸易最惠国待遇，此举伤害了印度人的自尊。有印度商界人士指出，虽然“印太战略”框架下美日印澳四方进行的安全对话加强了它们之间的政治关系，但美国如对印度发动贸易战，将使美印经济关系及双方如何通过谈判解决贸易争端成为焦点，“印度需要的是美国的尊重，以及对印度政治经济抱负的理解”。[①] 这也代表了多数印度人对美印关系的看法。可以断言，如果美国政府对印度在贸易上进行打压，定会对美印关系的发展产生负面影响。此外，美国和印度在亚太地区、特别是对华关系上实际利益多有不同，各自又十分看重实际利益，因此，尽管美印在外交上都设法取“势”，但其具体的对外政策归根结底要服务于“实”，美印关系的发展在很大程度上就是双方博“势”取“实”的“平衡术”。

---

① 阿都尔:《对美贸易战让印度很纠结》,《环球时报》2019年3月13日。

第三节　1962年中印边界战争前后美国对中印形势的情报评估

1962年中印边界战争对美国对中印的态度与政策均产生了深远的影响，其中情报方面尤甚。

情报分析是美国外交决策的重要依据和信息来源。美国的情报搜集和分析能力举世公认。1962年中印边界战争前后，美国通过情报对中国和印度面临的国内外情势进行的评估，对其相关外交政策的制定起了十分重要的作用。近年来，随着美国外交档案的逐步解密，有关美国对中印边境冲突的态度和对策的一手文献越来越丰富。中印边境冲突发生前后，美国中央情报局（CIA）、国家安全局（NSA）、国防情报局（DIA）、国务院情报与研究局（INR）、国防部委托机构兰德公司（RAND）等，纷纷搜集相关情报并做了大量评估和预测工作，内容涉及中印经济和军事实力的消长、中印关系的发展和变化、边界问题的背景和由来、中印再度爆发战争的可能性以及中印的核力量发展等诸多重要问题，这些报告在某种程度上为美国针对中印边界问题和中印关系制定的政策和战略提供了决策基础和参考依据。美国情报反映了其冷战思维，带有强烈的反共意识形态色彩，体现了美国为了自身利益在亚洲进行的政策周旋以及美国南亚政策的利益考量。美国希望“援印抗中”与维护美国与巴基斯坦的同盟关系两者兼得，但因其不可调和的矛盾而未能如愿。

美国自第二次世界大战期间介入南亚事务、正式干涉中国“西藏问题”以来，与中国和印度的关系经历了一个变化的过程。美印之间大体上呈不断走近、但间杂曲折之势。美国政府情报部门的分析、研判，对于美国政府相关部门的态度及采取的对策起了十分重要的作用，中印关系的恶化和边境冲突的发生，对美国的态度和政策影响尤大。1962年中印边界战争为美印两国进一步加强政治和军事合作提供了契机。美国在战争爆发前就企图将印度塑造成“自由世界”在南亚的堡垒和“民主”国家的“样板”“楷模”，战争爆发后除了对印度进行军事、经济援助和政治、外交声援外，还对中印再度爆发战争的可能性进行了深入分析和预判。中国1964年10月16日首次核试验成功后国际地位进一步提高，印度更担心其亚洲“老大”地位不保，急于进一步加强军事建设，对核问题的关注度急剧上升。美国对中印两国的核计划进行了情报搜集和分析，事实上承认了中国的核大国地位，对印度研发核武器的可能性进行了分析，并得出印度短时间内会坚持和平利用核能的结论。

1962年中印边界战争的结果，特别是中国获胜后主动停火、撤军的处理方式，大大提高了中国的国际地位，1964年首次核试验的成功再次证明了中华民族的强盛和伟大，这些都成为当时国际社会关注的焦点。1962年的中印边界战争对亚洲的格局以及中国、印度、美国、苏联、巴基斯坦五国之间的关系产生了重要影响。国内有关中印边界战争的研究成果较为丰富，涵盖了战争起因和结果、历史发展进程及其意义等重要方面。此外，美国对中印边界战争的反应和对策也是学者较为关注的一个问题，已有相关成果重在分析美国的战略目标、实施计划及其在中印关系演变中所起的作用。在诸多议题中，美国对中印核问题的关注度极高，这在其档案中有明显体现，国内已有研究成果对此有所关注。在这些研究成果的基础之上，本节立足美国情报档案，对有关问题做了进一步的解读和探讨。中印边界战争和中国首次核试验成功在国际社会产生了重大影响，特别是使战败不久的印度产生了极大的危机感，也影响着冷战背景下的大国关系。美国对这些大事件如何看待、有何对策，可以从档案中寻求答案。

一、1962年中印边界战争前美国的情报分析

中华人民共和国的成立壮大了世界社会主义国家阵营。特别是在经历朝鲜战争后，面对西方资本主义国家的外交孤立、军事威胁和经济封锁，中国毅然决然地大力发展工业，经济和军事实力日渐增强，国际影响力也随之提升。20世纪50年代初，美国情报部门对中国和东南亚、南亚地区形势的基本判断是，中国在东亚和东南亚地区的影响将长期存在，而且，作为社会主义国家的成功范例，中国的革命经验和经济发展模式会对亚洲国家产生进一步的影响；印度和巴基斯坦作为独立不久的新兴民主国家，在

南亚发挥着重要影响。在冷战的大背景和美苏竞争的总态势下，美国自然迫切希望在亚洲培植新盟友，以助力它在亚洲的利益维护。如果美国能与印度和巴基斯坦这两个南亚大国结成同盟，则势必会更好地协助美国实现在亚洲地区对中国势力制衡的企图。正是基于这样的政策考虑，20世纪50年代起，美国情报部门对亚洲的关注度较先前有增无减，特别是加大了针对亚洲社会主义国家的发展动向的情报分析和评估，包括对中印两国实力的分析和对中印边界争端的基本认识、评判或预测，并成为白宫方面有关外交决策的重要参考。

美国情报部门持续关注中国经济和军事实力的增长，以及对亚洲各国的政治、经济和心理等影响力走势问题，并力图理清中国将对周边国家和地区采取怎样的策略，以及其中的军事性因素和非军事性因素的权重。

1954年11月23日的美国国家情报评估报告《1957年亚洲的共产主义行动方针》分析了当时亚洲共产主义发展的形势，唯恐中华人民共和国在国际上的大国地位继续加强，敌视中国提出的“和平共处”倡议。报告认为苏联和中国在亚洲的长期目标是:“增强共产党的军事和经济实力，消除美国的影响力，扩大共产主义政治影响的领域，加强对中立的非共产主义国家的控制。”① 关于中苏关系，报告认为，中国共产党在中苏同盟中的影响自1949年以来一直在增长。中苏在某些问题上可能存在摩擦，但这些摩擦不会在几年内削弱中苏联盟的效力。

关于中国的经济发展，报告认为，随着时间的推移和工业基地的陆续发展，中国通过经济手段进行政治战的能力将得到加强。报告强调，中国寻求的目标是:“实现其经济的快速工业化和军队建设的现代化，为此目的要获得更多的苏联援助；增加中国共产党对亚洲共产主义运动的影响；获得作为世界大国和亚洲领袖的公认地位；控制台湾，以及消灭国民党政府。中国共产党认为台湾是中国的一部分，并把占领台湾看成是内战未竟之事。”② 除此之外，报告认为中国共产党不会立即强制性扩大中国的现有边界，而是继续保持一定的边界划界争端。

报告对于中国军队的装备和战斗力也做了分析，认为:“中国共产党的军队有能力超越泰国、缅甸和印度支那自由邦，对付目前在这些地区的

① “Communist Courses of Action in Asia Through 1957,” secret, November 23, 1954, *National Intelligence Estimate*, NIE 10-7-54, p. 4, The National Security Archive, Washington.

② Ibid.

非共产主义武装部队，或在这一评估期间可能在该地区发展的任何土著武装。中国共产党有能力在此期间夺取台湾、澎湖列岛和近海岛屿——如果只是仅仅对付中国国民党军队的话。中国尽管有后勤保障问题和易受攻击的脆弱性，但仍能成功地防御任何非共产主义亚洲国家的入侵行动。”[①]

1956年1月，中情局预估了1960年中国共产党的能力和可能采取的行动，对中国的政治局势、经济发展、海陆空军事能力、中苏关系以及中国在亚洲的可能性行动等做了全面评估。[②] 该情报认为，中国能够维持政权的稳定性，并将在重工业等经济方面取得进步；在苏联的大力援助下，中国会在1960年前加强军队建设并实现军队现代化。

印度方面，1954年美国与巴基斯坦结成军事同盟后直到1962年中印边界战争爆发前，美印关系经历了一个从低谷到高潮的阶段。实际上，美国一直很重视印度，但碍于美巴军事同盟的存在以及印度不结盟政策的实施，把印度纳入防务共同体的设想难以如愿。美国在其20世纪50年代的南亚政策中，一直强调印度是在亚洲对抗共产主义的重要堡垒。1951年的一份报告认为："印度被共产主义势力打败就意味着实际上将失去整个亚洲，这将对美国的安全利益构成严重威胁。"[③] 1954年的一份报告认为，印度“是南亚国家中对自由世界作出长期建设性贡献最具潜力的国家”。[④] 1957年的一份报告强调，印度的经济发展将会影响国际政治，而中印竞争的结果“将在整个亚洲和非洲产生深远影响”[⑤]。1959年7月22日发布的长达57页的《美国对南亚的政策》提及印度132次之多，强调一个强大的印度将成为在亚洲背景下共产主义替代方案的成功例子；反之，一个羸弱的印度不可能发挥有效力量来对抗中国在南亚和东南亚的影响力。[⑥]

---

① "Communist Courses of Action in Asia Through 1957," p. 6.

② "Chinese Communist Capabilities and Probable Courses of Action through 1960 [Includes Maps]" secret, January 5, 1956, *National Intelligence Estimate*, NIE 13-56, pp. 1-3, The National Security Archive, Washington.

③ "The Position of the United States with Respect to South Asia," top secret, January 22, 1951, *National Security Council Report*, NSC 98/1, p. 1, The National Security Archive, Washington.

④ "United States Policy toward South Asia," secret, February 19, 1954, *National Security Council Report*, NSC 5409, p. 4, The National Security Archive, Washington.

⑤ "U.S. Policy toward South Asia," secret, January 10, 1957, *National Security Council Report*, NSC 5701, p. 3, The National Security Archive, Washington.

⑥ "U.S. Policy toward South Asia," secret, July 22, 1959, *National Security Council Report*, NSC 5909, p. 6, The National Security Archive, Washington.

上述情报都表明，20世纪50年代美国南亚政策的重点之一，是与印度建立友好关系，力促其加入西方国家阵营，并将其树立为美国在亚洲对抗共产主义的样板和重要堡垒。美国对印度的战略定位，是使它成为抗衡中国的利器。在美国看来，印度在亚洲有着举足轻重的战略地位，尤其是在与中国的竞赛中，印度的成败将直接关系到“自由民主世界”的威望以及美国的安全利益。到20世纪50年代末，美国已成为印度的主要贸易伙伴和投资来源国之一，还向印度提供经济援助和粮食援助，两国之间还扩大了教育与文化交流。

1959年3月西藏平叛后中印关系迅速恶化，这给美印关系的快速升温提供了契机。印度对于美国的重要性不断加强，在美国对外政策中的地位明显上升。1960年当选的美国总统肯尼迪一直对印度及中印关系给予高度关注，并对印度的政治和经济发展表现出极大兴趣。肯尼迪认为中印经济竞争中中国已显出强劲态势，他迫切盼望印度在经济和政治实力上与中国抗衡，这一认知为他上台后推行加紧援助印度的政策奠定了基础。美国与印度发展友好关系，目的是使印度发挥工业和军事潜力以对付中国。肯尼迪在其就任总统前的多次演讲中强调了印度对美国的重要性。他认为印度在中印竞争中的成败关系到印度自由民主社会的优越性以及整个自由世界的命运，世界上再也没有比中印之争更值得美国当届政府和下届政府重视的问题了。肯尼迪在1959年11月1日的演说中说：“除非印度能同中国势均力敌；除非它能显示其方式同独裁制度一样有效，甚至更要好些；除非它能从经济停滞转变为经济繁荣，从而解决人口激增带来的问题；否则，整个自由世界就会遭受严重失败。印度本身也会遭遇到挫折和政治的不稳定，它在亚洲与赤色中国相抗衡的作用就会消失，而共产主义就会赢得最伟大的不流血的胜利。”① 1960年6月14日在参议院发表的演讲中，肯尼迪强调：“最重要的是，我们要援助印度，使其新的五年计划获得成功，能够为取得全亚洲的经济领导权，同赤色中国展开竞争。”② 显然，肯尼迪希望印度能够在中印竞争中获胜，成为亚洲的领袖和“自由世界”在亚洲成功的典范。

关于中印边界问题，20世纪50年代，美国情报界对于中印边境情势

① 〔美〕阿兰·内文斯编《和平战略——肯尼迪言论集》，北京编译社译，世界知识出版社，1961，第223页。

② 同上书，第360页。

予以了持续关注。《1957年亚洲的共产主义行动方针》预测，“即使要付出与印度产生摩擦的代价，中国也将会寻求增强其在西藏边境地区的影响力”。[①] 具体指的是，中国可能会寻求与印度缔结正式的互不侵犯条约，甚至可能同意非正式地划定中印在东南亚的势力范围；中国也许还会与尼泊尔建立外交关系，并试图增加其在尼泊尔及不丹、锡金和其他地区的有限影响，甚至不惜为此与印度产生摩擦。该报告同时又认为，中国共产党人没有立即强行扩大中国的现有边界，而是将继续维持某些边境划界争端。[②] 在对中印边界问题的走势进行情报分析的同时，美国情报机构还对直接影响中印边界争端的西藏分裂问题予以了特别关注，并且直接插手干涉我国西藏内政，支持西藏分裂势力和分裂活动。中情局在支持和援助西藏分裂势力的活动中扮演了重要角色，并在西藏从事了一系列准军事行动。[③]

对于中印边境时况，1962年3月的一份美国国务院备忘录指出，中国共产党军队仍然在中印边境镇守，并保有在短时间内对印度发动新的攻击的能力。备忘录认为，1963年春季中共蓄意对印度发动“无端攻击”的可能性很低，但并不能完全排除在中印边境重新展开军事活动的可能。[④] 1962年10月15日，中情局在呈给总统的情报备忘录中，就中印边界问题提出三点分析：第一，边境上暂时似无任何战斗，但随着双方稳步加强在该地区的兵力，频繁发生小规模冲突似乎不可避免；第二，到此时为止，印度人似乎状态不错，然而下一轮可能会是另一番景象；第三，中国已经秘密修建了一条通往作战区域六英里以内的公路，其军队的补给和增援将大为改善，而印度人在连续补给行动方面存在困难。[⑤] 由此可见，美国对中印边境冲突有一定的了解和基本认识，但并不充分，对大规模战争的爆发没有做出肯定性的预判。

---

① “Communist Courses of Action in Asia through 1957,” p. 3.

② Ibid., p. 4.

③ 郭永虎、李晔：《美国中央情报局在中国西藏的准军事行动新探（1949—1969）》，《当代中国史研究》2006年第5期，第86页。

④ “Estimate of Renewed Sino-Indian Border Conflict in 1962,” secret, March 1962, *Memorandum*, pp. 1-3, The National Security Archive, Washington.

⑤ “Intelligence Summary, The President’s Intelligence Checklist,” top secret, October 15, 1962, *Organization and Operations, 1945–2009*, HN01190, pp. 5-6, The National Security Archive, Washington.

二、中印边界战争期间美国的情报认知

中印边界战争开始于1962年10月20日，正值古巴导弹危机爆发后的第六天，美苏双方激烈对峙，几乎将冷战转为热战，世界处于核战争爆发的边缘。正处于冷战激烈对抗旋涡中的美国集中精力应对家门口的危机，很难对远隔重洋的中印边界战争倾注更多的注意力。古巴导弹危机持续了13天，10月28日结束，但美苏对抗危机却并未消除。

中印边界战争爆发初期，美国情报机构并没有将重点转向这场战争本身，而是更多地关注了印度和中国对于古巴导弹危机的反应。10月21日美国国务卿腊斯克发给美国驻新德里大使馆的电报分析了在中印冲突之下印度政府对古巴导弹危机的可能性反应。[①] 他认为，如果此时向印度人解释古巴局势，会带来一些问题，无论苏联方面怎么应对，印度对古巴危机的态度都会对世界舆论产生一定影响。美国也认识到印度正专注于中印边境冲突，对古巴问题不甚关注。美国政府认为印度会向苏联求援，并购买军事装备以对抗中国，所以不愿意在古巴问题上采取激怒苏联人的立场。电报还提到印度可能并未意识到中苏关系的裂缝有多大，并认为中苏双方在印度问题上也存在尖锐的分歧。腊斯克发送这封电报的目的是让美国驻印大使向印度“兜售”美国在古巴危机中的立场，并争取印度对美国的支持。可见对当时的美国来说，古巴危机和美苏关系才是他们考虑的重点。10月22日，肯尼迪总统致函印度总理尼赫鲁，告知美国在古巴发现苏联部署的进攻性武器，希望尼赫鲁能与美国积极合作。[②] 而对于中印边界战争，信中只一句话寥寥提及，那就是两个事件在时间上的重合性。可见在中印边界战争已经打响的时刻，美国最关心的仍然是印度对古巴危机的看法和立场。

战争爆发当天，美国驻印大使加尔布雷思中止了对英国访问一周的计

---

① “Analysis of Likely Indian Government Reaction to the Crisis in Light of Chinese-Indian Fighting,” top secret, October 21, 1962, *Cuban Missile Crisis*, CC00747, p. 1, The National Security Archive, Washington.

② “Letter from President Kennedy to Jawaharal Nehru Announcing the Discovery of Offensive Weapons in Cuba,” top secret, October 22, 1962, *Cuban Missile Crisis*, CC00782, p. 2, The National Security Archive, Washington.

划，匆匆飞返新德里。美国国务院催促加尔布雷思尽快确认印度在古巴问题上的立场。10月23日，加尔布雷思向美国国务卿上报了印度总理关于古巴危机的看法，并提到说，尼赫鲁在看完古巴危机的文件后转而谈到了中印边界问题，加尔布雷思向他表达了美国对印度的同情和支持立场。①种种迹象表明，古巴导弹危机期间，美国将更多的情报资源运用在了家门口，对于同时发生的中印冲突则无暇多顾，美国当年是从自身所面对的危机来考虑南亚政策和中印冲突的。这种基本思路无疑体现了其根深蒂固的冷战思维，以及美国自身利益至上的本质。

随着古巴导弹危机的结束，美国情报机构才调整情报方向，开始对中印边界战争进行更多和更深入的研究分析。11月2日的《国家安全委员会执行委员会第17号会议记录》在总结古巴导弹危机的经验教训后，提到总统要求提供一份有关中印边界战争的报告，并要求对其将会如何发展进行评估。② 对于战争的起因，这一阶段的美国情报一边倒地支持印度和指责中国，同时十分关注亚洲和世界如何看待冲突所产生的影响。1962年11月2日的一份关于古巴局势的内部文件提到，战争已经产生了一定影响，而且势必将对亚洲和世界对待中国以及共产主义的态度产生深远影响。美国预测，在南亚，特别是在次大陆，也有可能出现一种新的、面向西方的防御联盟。③ 11月9日的一份国家情报特别评估报告认为，随着中国最近“对印度北部边境的袭击”，中印争端已升级为一场严重的军事斗争，这场斗争可能会继续，但至少在不久的将来，冲突仍将基本上局限于有争议的边境地区。报告认定，10月20日中国对印度“东北边境特区（NEFA）”（我国藏南地区——作者）阵地发起大规模袭击，并占领大量领土。④ 这些情报混淆是非，将中国的自卫反击行动污蔑为“入侵”，完全站在了印度一方。

美国情报更为关注的是战争对印度经济的影响。战争还在进行当中，

① “Briefing of Indian Prime Minister on Cuban Crisis,” secret, October 23, 1962, *Cuban Missile Crisis Revisited*, CU00630, p. 3, The National Security Archive, Washington.

② “Summary Record of NSC Executive Committee Meeting No.17,” top secret, November 2, 1962, *Cuban Missile Crisis Revisited*, CU01006, p. 5, The National Security Archive, Washington.

③ “Soviet Actions Stemming from the Present Cuban Situation,” top secret, November 2, 1962, *Cuban Missile Crisis*, CC01866, p. 4, The National Security Archive, Washington.

④ “Short-term Outlook and Implications for the Sino-Indian Conflict [Includes Map],” secret, November 9, 1962, *Special National Intelligence Estimate*, SNIE 13/31-62, p. 2, The National Security Archive, Washington.

情报部门就已经提交了相关报告。1962年11月17日的中情局报告《中印边界战争对印度经济的影响》集中阐述了两个方面的重要影响。第一，中印边界战争对印度经济的主要影响，将反映在其经济计划的修订以及为适应新形势而进行的资源配置调整上。报告提道："直到最近，印度仍在乐观预估，其能够在边境冲突不会对其造成重大威胁的气氛中制定经济计划；印度正在寻求军事援助以继续与中国对抗，并开启其国防工业现代化。"① 报告判断，中印边界战争无疑会对印度经济计划产生直接影响，但印度当时正在执行的第三个五年计划（1961年4月—1966年3月）可以对其经济和国防需要作出贡献。报告还重点分析了第三个五年计划中印度的经济发展情况，认为与中国的战争激发了自印度独立以来少见的民族团结和目标感，而这种新的热情使就业率和生产率略有提高，可能对印度的经济增长率产生重大影响。第二，印度迫切需要外国援助，以便迅速推动其军事生产。报告认为，印度经济确实存在问题，即使没与中国发生冲突，印度也将无法按期顺利实现其计划目标。报告还提及，美国先前延长的经济援助仍将以发展印度经济为目的；军事援助方面则提及，英国一直是印度战地装备的主要供应方，印度正从英国、法国、美国和苏联购买飞机，而且印度政府仍然坚信苏联先前提出的出售米格–21并协助在印度建立米格飞机制造厂的提议具有可靠性。② 该报告聚焦战争对印度经济发展的分析，认为中印边界战争对印度1962年的工业生产大致没有实质性影响，同时对战时印度的后勤补给也持乐观态度，认为印度的后勤问题虽然会在军事上对印方造成一定的困难，但不会对其经济造成很大影响。这一情报体现出美国基于自身利益，更多地期待印度通过发展其经济实力来抗衡中国，对当时形势估计存在一定的偏颇。

美国情报机构还试图对中国的军事实力和战争持续的可能性进行评估和分析。国家安全局1962年11月18日提交的一份名为《中国共产党对印度进行军事打击的后勤要求和能力》的报告，初步估算了当时中印边境中国军队的供给需求，考察了冲突地区正在使用的公路运输线的输送能力，道路通行力及其所能支持的部队规模，以及部署更多部队打击印度的速度

① "Impact of the Sino-Indian Border War on the Indian Economy," secret, November 17, 1962, *General CIA Records*, p.1, accessed April 20, 2020, https://www.cia.gov/library/readingroom/document/cia-rdp79t01003a001400080001-7.

② "Impact of the Sino-Indian Border War on the Indian Economy," pp. 1-11.

等。此外，还对中国通过空运向西藏投送兵员物资的能力进行了初步评估。情报分析工作的参与方有陆军情报局、国防情报局以及与国防部签订合同的兰德公司。该报告得出的基本结论是：中印边境地区中国方面当时的道路运载力可以满足的日常补给需求是现有前线作战部队人数的七倍，而可带来的补给量则是现有整个西藏地区部队的五倍；中国可以为西藏军区30万军人提供足够的补给；中国目前只向西藏空运了少量军用物资，等等。① 就在美国紧张评估中国军队战斗力和战争走向时，中国政府于11月21日发表声明，宣布在中印边境全线停火，主动后撤。这是美国情报机构始料不及的。

战争过程中，美国除了关注中印冲突双方外，还对其他相关国家，特别是苏联和巴基斯坦的态度和立场给予了高度关注。美方的情报显示，1962年11月6日的《阿列克谢·柯西金外交政策言论摘要》中，苏联部长会议第一副主席柯西金（Kosygin, Aleksey Nikolayevich）就中印边境冲突发出停火呼吁，建议在谈判基础上解决冲突。② 11月9日的国家情报特别评估进一步分析了这一事件对国际关系和局势的影响，认为该冲突已经导致印度对西方表现出更为亲近的态度，而苏联在印度的声望渐弱，但印度尚不太可能放弃不结盟立场，将会继续寻求东西方力量为其庞大的经济发展计划提供援助。情报还体现出美国对巴基斯坦方面态度的关注，并且已经意识到，巴基斯坦认为对印度的任何军事援助都会对其安全构成威胁，将强烈反对西方对印度军事设施进行现代化升级和重新装备。③

美国在南亚地区的利益和外交关系错综复杂，在援助印度的同时，美国也不可能忽略其盟国巴基斯坦的感受。但美国仍然幻想着其向印度供应武器的行动不会影响到印巴之间的均势。战争期间，美国极力向巴基斯坦解释它在中印边境冲突中帮助印度的立场，并企图和英国一起说服巴基斯坦参加关于克什米尔的“君子协定”，这样部署在克什米尔和印巴边境的印军就可撤出，投入与中国的作战行动。当然，美国在克什米尔和印巴关

---

① “Logistic Requirements and Capabilities of Communist China to Conduct Military Campaigns against India,” top secret, November 18, 1962, *Organization and Operations, 1945–2009*, HN01220, pp. 1-12, The National Security Archive, Washington.（该文件提到的地图未在附件中显示）

② “Summary of Foreign Policy Aspects of Speech by Aleksei Kosygin,” Limited Official Use, November 6, 1962, *Cuban Missile Crisis*, CC02041, p. 2, The National Security Archive, Washington.

③ “Short-term Outlook and Implications for the Sino-Indian Conflict [Includes Map],” p. 1.

系上的态度和立场从来都是基于更大的地区战略考虑的，解决中印边境冲突显然不是核心重点，从解决该冲突入手，实现更大的战略利益才是美国政府的真正目标。而克什米尔问题正是它所认为的当下的一个好抓手，美国方面认为，克什米尔问题的解决将有助于在次大陆形成坚固阵线，以抵御所谓的“中苏威胁”。因此，美国政府希望抓住当下中印冲突的机遇，从巴基斯坦入手来解决该问题。当然事实的发展并不符合美国政府的设计路线。11月10日，美国驻巴基斯坦大使麦康瑙希（Walter P. McConaughy）分析称，中印冲突的事态发展最近几天远远盖过了古巴的事态发展，虽然古巴危机中美国的行动增强了自身地位，但在巴基斯坦人看来，由于美国在解决克什米尔问题上不愿向印度施压，并向印度提供武器援助，所以产生了抵消作用。[①] 这些情报明显体现了美国在亚洲外交战略的基本立场，就是希望印巴和解以共御中苏，而美国则可以隔岸观火从中渔利。

三、美国对中印再次爆发战争可能性的分析和推测

1962年11月21日，中方主动宣布停火、撤军，结束中印边境自卫反击作战。中国政府的这一决策是美国政府及情报部门始料未及的，美国情报部门并没有对此做出过任何预判。在对战争爆发和结束的具体分析和预判上，情报部门反应滞后，且缺乏准确判断。在中印边界战争结束后，美国情报部门针对中印边境冲突的由来、中印关系变化以及中印再次爆发战争的可能性等方面，进行了较多的总结、研究和分析。

1962年中印边界战争爆发后，美国认为这是把印度纳入其防务体系的大好时机。在中国的自卫反击作战取得节节胜利时，尼赫鲁一改以往的政策，正式向美国、英国和其他西方国家请求军事援助。美国积极关注事态的发展并对印度实施援助，介入中印边境冲突。美国的情报档案多次将中印边境自卫反击战污称为中国对印度的“攻击”。战争以中国单方面宣布停火、后撤而结束，美国政府对局势的变化有些措手不及，要求有关部门对未来再次发生冲突的可能性做出战略性分析。

1962年12月18日，中情局在其情报备忘录中，对中印冲突的历史进

---

① “Communist Gambits in Karachi on the Missile Crisis,” confidential, November 10, 1962, *Cuban Missile Crisis*, CC02232, p. 1, The National Security Archive, Washington.

行了概述式的回顾，歪曲事实地认为历史上西藏就是中印的对抗地区，而新独立的印度在中华人民共和国成立时对中国共产党的友好感情，在20世纪50年代末中国人民解放军“入侵”西藏时受到了强烈的冲击；1959—1962年，中国又逐渐扩大了在拉达克控制的领土范围，加大了对印度战略地位的威胁。该备忘录预测，无论是否恢复大规模军事行动，中印之间的高度紧张局势将持续一段时间，而且边界争端还会在未来持续相当长的时间。①

美国中情局以及隶属国务院、国防部、陆军、海军、空军和国家安全局的情报机构，联合参与到对中印会否再战和中国军事力量的发展等情报的搜集和分析中。1963年1月24日的一份有关中印边境地区和中国西藏军区各种情况的摘要报告表明，美国对中印边境冲突地区的军事情报搜集工作一直在持续。②2月26日的美国国家安全局备忘录提到，总统希望得到关于中国当年春天有无可能随时对印度再次发动攻击的详细分析，建议国务院协调各部门，尽快提交一份非正式报告，重点探讨面对中国可能的再度进攻，美国是否已为帮助印度做好了充分而快速的准备。③

1963年2月，国防情报局和中情局的报告《附件A：中印战争再起的政治前景》对未来6个月中印双方是否会重新开战进行了前景预测。④报告分析了中印双方战与不战的可能性及其政治后果。美方认为，中国军队仍然在中印边境一带进行准备，并保有在很短时间内对印度发动新的攻击的能力；中国已仔细评估了再次采取军事行动的利弊得失，近期不会发动军事进攻；中国在1963年夏、秋对印度发起攻击的可能性虽有所增加，但除非遇到挑衅，否则发生的概率不大，因为中国担心，其对印度的再次攻击将可能引起英美军事力量的介入。从印度方面来看，美国方面认为印度目前的主要任务是提高武装部队的作战能力，在印度军队实力仍然很弱的

---

① “Historical Sketch of the Sino-Indian Dispute,” secret, December 18, 1962, *China and U.S. Intelligence, 1945–2010*, pp. 1-6, The National Security Archive, Washington.

② “Resume of Intelligence Reported in the Various Situation Summaries Concerning the Sino/Indian Border Areas and the Tibet Military Region [Includes Routing Sheet],” secret, January 24, 1963, *China and U.S. Intelligence, 1945–2010*, pp. 1-2, The National Security Archive, Washington.

③ “Appraisal of Sino-Indian Situation,” secret, February 26, 1963, *National Security Action Memorandum*, NO. 233, p. 1, The National Security Archive, Washington.

④ “Annex A: Political Prospects for Renewed Sino-Indian Fighting,” secret, February 1963, *China and the U.S.*, CH00011, pp. 1-15, The National Security Archive, Washington.（文件题为《附件A：中印战争再起的政治前景》，实际还包括了《附件B：军事因素和美英援助》）

情况下，不太可能采取任何军事行动，否则将会面临又一场严重的军事失败；印度也可能发动“挑衅性”行动，不经意间引发中国的有力反击。经过评估，美国调低了1963年春天中国对印度发动“蓄意和无端的攻击”的可能性的预估，但不完全排除双方在沿中印边境地区再次展开军事活动的前景。

对于印度的考虑，美国认为鉴于1962年秋天的失败，印度会更加谨慎，将尽力避免可能引起中国反击的行动，在其军事力量仍然较弱时不会采取任何可能引起中国攻击的军事行动，从而招致另一次严重的军事失败。美国认为，如果面对新的攻击，“更强大的执行力将部分取决于我们和英联邦国家给予印度的援助，部分是由于它自己组织和领导能力的改善……无论如何，我们认为应继续采取行动以加强印度的力量来对付再度攻击的意外情况”。[①] 美国认为应该采取的关键行动有六点：美英必须持续对印度和巴基斯坦在克什米尔归属问题上施压；尽早对最近与印度会谈后达成的有关美英援助印度防空的建议做出决定；考虑到向印度提供军事援助的最新估计表明，美英正接近援助印度一揽子方案的6000万美元上限，美英政府要立刻讨论是否需要提供额外援助；应迅速考虑帮助印度发展其国防生产设施，特别是提供制造弹药和其他物资的设备，印度可以通过自行生产，以更低的成本满足其需求；应确保英国采取适当行动，恢复印度空军的战斗力；印度对中国空军力量的估计似乎是基于部分错误的情报，应尽早与印度交流关于中国地面部队的部署和能力的信息。[②]

1963年3月—1964年5月，美国中情局先后形成三个分别为54页、92页和91页的系列报告，对1950—1959年、1959—1961年、1961—1962年中印边界争端和冲突进行复盘。三个报告尽管申明不对中印双方各自诉求的合法性加以判定，但其意识形态先行的特征十分明显。第一个报告认为，1950年末至1959年末，中国凭借其军事优势，加上“狡猾的外交欺骗”，致使印度从对华友好转变成对华公开敌视。1959年秋天，中国领导

① “Memorandum,” secret, 1963, *Presidential Directives*, PD00971, p. 3, The National Security Archive, Washington.

② Ibid., p. 4.

人的边界政策从维持现状转向初步谈判，以期最终实现全面解决。[①] 第二个报告论述了周恩来与尼赫鲁的谈判过程，指出在会谈后，中国领导人显然采取了“双重政策”——停止在边境沿线的定期巡逻，同时偶尔在其边境哨所附近派遣侦察队。[②] 第三个报告指出中印边界争端愈演愈烈，即使没有古巴导弹危机和中苏争端，中国也几乎肯定会发动攻击。报告认为，在印度人恢复精气神后，边境上持续的僵局可能终将导致新一轮冲突。即使双方的关系在某种程度上保持过得去的状态，也很难通过谈判达成政治解决方案；如果是在完全敌对关系的情况下，解决的可能性就会更小。[③] 中情局在中印冲突的发展走势、特别是战争的起源问题上颠倒黑白，不遗余力地抹黑中国，完全倒向对印度的单方面支持；在预测未来是否还会发生冲突时，一方面看到了中印关系恶化的现实情况，另一方面则对边界问题的妥善解决和两国关系的良性发展并不看好。

1963年7月31日的一份美国国家情报特别评估报告就中国加强军事的可能性进行了分析。该文件的出台，是基于中苏争端加剧和苏联正与西方展开谈判的情势，对中国在不久的将来采取更加坚定的行动的可能性进行了分析。评估报告认为：“中国将设法干扰未来苏联与西方的谈判，并表明其提倡的方案更有可能为共产主义事业带来好处。中国最有可能主动采取的行动，是对印度边境和老挝施加新的压力甚或入侵行动。”[④] 评估报告分析了当时中印边境的中国军力，认为中国能够在几乎不发出任何警告的情况下，在边境的任一地方进行相当规模的部署，阻止印度部队进入争议地区或在那里采取空中行动，并且有能力重新占领中空地带。评估报告还认为，中国肯定将会通过寻求与巴基斯坦建立更为密切的外交、经济甚至军事关系，并利用巴基斯坦对西方向印度提供军事援助的严重关切，鼓励巴

① “The Sino-Indian Border Dispute [Reference Title: POLO XVI; Section I: 1950-59],” top secret, March 2, 1963, *China and U.S. Intelligence, 1945–2010*, pp. i, iv, The National Security Archive, Washington.

② “The Sino-Indian Border Dispute [Reference Title: POLO XVI; Section Two: 1959-61; Includes Maps],” top secret, August 19, 1963, *China and U.S. Intelligence, 1945–2010*, p. vi, The National Security Archive, Washington.

③ “The Sino-Indian Border Dispute [Reference Title: POLO XVI; Section Three: 1961–62; Includes Maps],” top secret, May 5, 1964, *China and U.S. Intelligence, 1945–2010*, pp. v-vi, The National Security Archive, Washington.（该报告的附件还讨论了1960—1963年中巴边界谈判）

④ “Possibilities of Greater Militancy by the Chinese Communists,” secret, July 31, 1963, *Special National Intelligence Estimate*, SNIE 13-4-63, p. 2, The National Security Archive, Washington.

基斯坦在克什米尔地区采取更为积极的争斗姿态。通过这些行动，中国希望进一步恶化美巴关系和印巴关系。关于其他可能性，评估报告认为，如果中苏爆发边境冲突，就会发生不同性质的危机，如果冲突变得严重起来，就会降低中国在其他边境地区采取行动的可能性。[①]

在中印边界战争爆发一周年即将临近之时，加上有利于在边境东部地区采取进攻行动的天气季节和气候条件的再次具备，印度方面更加担心中印边境战火重燃，美国情报部门因此也立即进行了新一轮的情报评估。中情局1963年9月24日关于中印边境的备忘录认为，尽管中国对印度的空中和地面作战能力有限，但印度现有的防御能力仍无法阻止中国在边境地区的军事推进。印度领导人背负沉重的压力，被迫采取强有力的对策，并将紧急寻求西方和苏联的支持。[②] 同时，面对既有的事实，中情局也不得不在该备忘录中承认，此前中印边界战争中所谓的中方"袭击"，在很大程度上是对印度在1962年夏季将其部队推进到有争议领土的反应。备忘录认为，战后中国军队在中印边境地区的力量部署没有改变，但道路交通的改善和物资储备的大量增加，可能提高了其战斗部队的进攻能力，中国能够在少量或根本不予示警的情况下对边境各地区发动猛烈攻击；但同时又预判说，中国不太可能对印度采取重大军事行动。美国方面不得不承认，中国依凭其惊人的胜利和单方面撤军行动展现出的"将武力与宽宏相结合的能力"，以很小的代价，在亚洲提高了自身的声望。[③] 美国已经意识到，中国对中印边界战争的处理在国际政治领域产生了很好的影响，并惊叹于中国对大国外交的把控能力。

针对中印之间再次爆发冲突的担忧，美国情报工作加强了对印度军事援助的关注。1964年1月21日的一份备忘录——《关于军事援助印度和巴基斯坦的提案》称，即使面对尼赫鲁患病期间印度国内局势的混乱，美国仍要选择支持印度反对中国，后尼赫鲁时期的领导人可能比尼赫鲁更加亲美，这是美国的重大利益所在；如果美国继续与印度为伍，就需要同时保

---

① "Possibilities of Greater Militancy by the Chinese Communists," pp. 4, 8.

② "Attached Memorandum on Sino-Indian Border," secret, September 24, 1963, *General CIA Records*, pp. 1-3, accessed April 25, 2020, https://www.cia.gov/library/readingroom/document/cia-rdp79r00904a001000020028-1.

③ "Memorandum," Annex A, p. 2.

护巴基斯坦。[①] 2月8日的一份关于“对印度和巴基斯坦的军事援助”的机密备忘录提到，美国“应向两国明确表明，我们期望它们对未来的长期军事援助做出回报。至于印度，特别希望它把原计划用于经济发展，后来却用于国防的外汇调整到一个合理的水平，以免我们最终间接提供的援助超过其实际国防需求，我们提供援助的目的是与此全然不同的”。[②] 2月21日的《对印度和巴基斯坦的军事援助：泰勒将军的报告》进而明确提出，美国需要研究印度的五年防务计划，限制其军力发展目标，遏制它从苏联采购军事装备。这个防务计划可能会包括来自西方国家的有限数量的高性能飞机。[③] 同日的国家安全局第279号备忘录则提到，美国政府应向印巴政府明确表示，美国期望它们对未来的长期军事援助做出回报，而且美国不可能信守不可撤销的五年军事援印计划的承诺，因为每年的援助额取决于国会，还因为美国每年的实际援助额取决于巴基斯坦和印度的后续表现。[④]

1964年11月，国防情报局对中印、中尼边境的中国军力和后勤保障能力进行了评估，认为中国陆军和空军在该地区的后勤支持没有太多困难。[⑤] 该报告是为了确定，一旦中方对印度进行持续攻击，其在后勤上能够提供的最大补给情况，以及进行此类攻击的最有利的地点和时机。

中印边界战争对亚洲许多国家的外交政策影响重大，其中美国的盟国巴基斯坦尤甚。印巴围绕克什米尔问题的冲突使美国的立场面临一定困境。美国不愿在克什米尔问题上对印度施加适当的压力，还向印度提供武器援助，引起巴基斯坦的极度不满。此时的美国在印巴之间左右为难，虽然美国知道不可能解决印巴之间所有的纠纷，但还是企图联合这些国家一起“抗中反共”。这种出于一己之利考虑的举动当然不可能被巴基斯坦方

---

① “Proposal on Military Assistance for India and Pakistan,” secret, January 21, 1964, *Presidential Directives*, Part II, PR00048, p. 2, The National Security Archive, Washington.

② “Military Assistance to India and Pakistan,” secret, February 8, 1964, *Presidential Directives*, Part II, PR00045, p. 2, The National Security Archive, Washington.

③ “Military Assistance to India and Pakistan: General Taylor’s Report,” secret, February 21, 1964, *Presidential Directives*, Part II, PR00050, p. 1, The National Security Archive, Washington.

④ “Text of NSAM 279, Military Assistance to India and Pakistan,” secret, February 21, 1964, *Presidential Directives*, Part II, PR00052, p. 2, The National Security Archive, Washington.

⑤ “Chinese Communist Military Logistics and Capabilities: Tab A-Capabilities on the Sino-Indian/Nepalese Frontier [Includes Appendices and Annexes],” top secret, November 4, 1964, *National Security Agency: Organization and Operations, 1945–2009*, pp. A-1-A-4, The National Security Archive, Washington.

面认可和接受，由克什米尔问题引发的美巴关系裂痕越来越明显，形势的发展最终打碎了美国的如意算盘。1963年3月，中国与巴基斯坦在北京签署《关于中国新疆和由巴基斯坦实际控制其防务的各个地区相接壤的边界的协定》；1965年3月，两国正式在《中巴边界议定书》上签字，顺利完成了中巴边界的划定工作。1965年7月21日，美国中情局局长雷伯恩（W. F. Raborn）与国务院情报与研究局主任休斯（Thomas L. Hughes）的通信指出，巴基斯坦的行为损害了美国的利益。他还对中印边界战争后巴基斯坦与中国的交往进行罗列，指责巴基斯坦的行动与美国的利益相冲突，认为巴基斯坦方面破坏了美巴联盟，没有履行盟国义务；巴基斯坦支持中国在边境冲突中的立场，更是美国所不能接受的。① 从中印边界战争开始，中巴关系日益密切，而美巴关系则出现猜忌、冷淡和疏远。

美国认为，克什米尔问题的有效解决可能会降低中国对南亚采取军事行动的可能性。其出发点是，在中印战争后对印巴克什米尔问题施压可以促使印巴军队脱离接触，从而明显提高印度抵御来自北部攻击的能力，也将大大改善美国国会对印度心存不满的氛围，并减缓美国继续向次大陆提供实质性援助的进程。这是一个理想化的目标，但在实际过程中却不是那么回事。

关于苏联在中印边界战争上的立场，有学者认为，按照肯尼迪的猜测，中印冲突会使苏联陷入左右为难的尴尬境地。20世纪50年代末中苏关系已经出现严重紧张，莫斯科有理由担心北京用好斗的方式处理中印边境冲突而加重这种紧张，所以苏联领导层不愿通过公开谴责中国政府来与同为共产党执政的中国撕破脸皮。印度作为不结盟运动的主要成员，曾利用其地位鼓励苏联在印进行大量的经济和政治投资。②

总的来看，在中印边界战争结束后，美国为弄清中印关系的进一步发展，服务美国在亚洲地区的战略布局，进行了积极的情报搜集，对中印再次爆发战争的可能性和美国应做的准备作了评估和预测。美国一方面不得不无奈地承认，中国单方面停火、撤军之举大大提高了其国际声望；另一方面，在中印边界战争后，美国继续推动和执行拉拢和援助印度的政策，

---

① “Pakistani Actions Counter to U.S. Interests; Attached to Cover Memorandum,” secret, July 21, 1965, *Weapons of Mass Destruction*, WM00102, , pp. 1-7, The National Security Archive, Washington.

② Paul M. McGarr, *The Cold War in South Asia: Britain, the United States and the Indian Subcontinent 1945–1965* (New York: Cambridge University Press, 2013), p. 155.

还借中印边境冲突力促印巴和谈，但无论是有关印度防务还是克什米尔问题的谈判，最后都无果而终。随着中印边界战争的结束，美国大大改善了与印度的关系，但试图保持由它主导下的印巴平衡及进行和解的努力最终以失败告终，与其盟友巴基斯坦也渐行渐远。

四、中印边界战争前后美国对中印发展核能力的分析

20世纪50年代的美国情报显示，美国除了在贸易、商业方面与印度有较多联系和交往并推行科伦坡计划[①]外，还积极鼓励印度审查美国对原子反应堆领域双边援助的提议，鼓励印度密切关注国际原子能机构（IAEA）章程有关材料检验的规定和美国对核反应堆（power reactor）的大量信息解密的决定，并开展长期的原子能专家培训方案。[②]

美国领导人很清楚民用核研究可以促进一个国家向核武器能力的发展，因此较早地关注了印度核能源的运用。1958年美国中央情报局的评估报告显示，美国开始关注印度选择发展核武器的可能性。报告详细评估了印度核能计划的人员、设施、资源、成就和计划。设施包括特隆贝（Trombay）的原子能企业和塔塔基础研究院（Tata Institute of Fundamental Research）等，其中资源指的是铀、钍和重水等。它还考察了印度与外国原子能计划的关系，并评估了印度将核能用于军事的可能性，得出的结论是：在其力所能及的范围内，印度处于核能领域的开端阶段，目标是根据需要培训科技人才，国内生产用于医药、农业和工业的放射性同位素以及核电的长期发展。印度不具备在核能领域5—10年内自行研究开发的能力，将有赖于其他英联邦国家的技术和财政援助。据估计，印度将不会致力于核能的军事应用。情报还认为印度在亚洲核能领域的地位此时只受到日本

---

① 科伦坡计划是1950年由英国倡导的通过以资金和技术援助、教育及培训计划等形式的国际合作来加强南亚和东南亚地区的社会经济发展的援助计划。它既是英国维护其在亚洲传统影响的结果，又是英国在南亚、东南亚推行冷战政策的产物。20世纪50年代中期美国已经成为科伦坡计划的最大资助国，1958年美国取代英国成为该计划的控制国。科伦坡计划成为美国援助亚洲国家的另一个重要工具，同样旨在发挥遏制共产主义的作用。

② "Outline Plan of Operations with Respect to India and Nepal," secret, February 27, 1957, *Nuclear Non-Proliferation*, NP00290, pp. 15-16, The National Security Archive, Washington.

的挑战。①

印度发展原子能起步较早，1948年成立了原子能委员会以开发和控制原子能的应用和研究，这在亚洲处于领先地位。印度政府承诺将致力于核能的和平利用。为了支持其核能计划，印度鼓励科学教育，建立一个核能培训和研究中心，并为研究生和科学家提供有吸引力的薪酬。1956年印度代号为“Apsara”的池式反应堆投入使用。② 美国的报告提到，没有关于这个3.9亿人口的国家从事核能项目人员的确切数字，但估计不足1000人。③ 当时印度的核能研究和培训在设施和人员上由于经济发展水平而受到限制，因此印度继续在国内能力缺乏的领域寻求外国财政和技术援助，与英国、法国、加拿大、美国都有不同程度的合作。印度拒绝接受美国提供的一项双边研究协议（为购买研究反应堆提供35万美元的财政援助），但印度学生接受了到美国进行核培训的赞助。1960年1月21日，尼赫鲁总理在给艾森豪威尔总统关于核合作的书面答复中，感谢后者对印美发展原子能合作所采取的行动，并欢迎美国向印度派遣技术小组。④

1961年6月美国国务院的文件要求向其情报委员会报告有关印度生产核武器能力及其可能性的信息，分发对象涵盖了南亚和欧洲。⑤ 这一报告表明，美国已开始全面关注印度的核能力及其与他国的核合作。1964年美国情报关注到印度核问题有了新发展。4月的电报报告了印度原子能部在特隆贝建造钚提取工厂的相关情况。电报认为该工厂的建成使印度在利用原子能方面跻身世界较为领先的地位。⑥ 紧接着，5月的报告《瑞典对印度核能项目的援助》的可见部分回顾了1961年9月瑞典与印度在发展和平利用核能方面进行合作的协定，认为印度不太可能在没有外国帮助的情况下

① “Indian Nuclear Energy Program,” confidential, March 26, 1958, *Weapons of Mass Destruction*, WM00026, p. 1, The National Security Archive, Washington.

② Apsara是一种池式反应堆，使用高浓度铀作为燃料，轻水作为冷却剂和调节剂。

③ “Indian Nuclear Energy Program,” p. 3.

④ “Prime Minister Nehru’s Response to President Eisenhower’s Letters in Regard to Nuclear Cooperation,” secret, January 21, 1960, *Nuclear Non-Proliferation*, NP00617, p. 1, The National Security Archive, Washington.

⑤ “Indian Capability and Likelihood to Produce Atomic Energy,” secret, June 29, 1961, *Department of State*, CA-11378, p. 1, accessed December 1, 2019, https://nsarchive2.gwu.edu/NSAEBB/NSAEBB187/IN02.pdf.

⑥ “Inauguration of Indian Plutonium Separation Plant,” unclassified, April 29, 1964, *American Consul, Bombay*, A-253, p. 3, accessed December, 2019, https://nsarchive2.gwu.edu/NSAEBB/NSAEBB187/IN03.pdf.

建造核电站。[1]

20世纪50年代末之前美国坚持认为，除日本之外，没有哪个亚洲国家可匹敌印度在核能领域的地位。1959年艾森豪威尔政府提出中国“核威胁”论，为随后的肯尼迪政府处理中国核武器计划问题定下了基调，[2] 使美国对中国实力上升的戒心不断增加。肯尼迪在1960年6月14日的演讲中对未来形势如此估计：“在这个世界里，赤色中国已经显得愈来愈重要，愈来愈危险，而我们也愈来愈不可能把他们排斥在类似武器控制这种有效的国际协议问题之外。”[3] 他认为，中国如果掌握了原子武器，就会大大改变力量均势。从这时起，美国对中国的核发展更为关注，情报部门做了大量评估工作，相关解密情报文件已经可以公开查阅。[4]

1960年12月，由多部门联合提交的国家情报评估《中共原子能计划》意在确定中国原子能计划的现状和未来五年的发展方向，但此时对情况的把握并不清晰。[5] 1961年美国对中国核实力的评估认为，中国可能会在1963年的某个时候首先引爆核装置，最早可能在1962年。情报还将应对中国“威胁”所需的国家战略以及空军战略分为三个阶段。[6] 情报的落脚点是美国如何为应对中国的“核威胁”做准备。情报提到美国应该说服某些亚洲国家配备防御性核武器，尤其是日本和印度。在其他考察中国核问

---

① “Swedish Assistance to the Indian Nuclear Power Program,” secret, May 1964, *Central Intelligence Agency*, MORI DocID 1107181, p. 36, accessed December 1, 2019, https://nsarchive2.gwu.edu/NSAEBB/NSAEBB187/IN04.pdf.

② 詹欣、石丽娜：《试析艾森豪威尔政府对中国核武器计划的评估与预测》，《东北师大学报（哲学社会科学版）》2015年第2期，第81页。

③ 〔美〕阿兰·内文斯编《和平战略——肯尼迪言论集》，第365页。

④ William Burr, Jeffrey T. Richelson eds., “The United States and the Chinese Nuclear Program, 1960–1964,” accessed December 1, 2019, https://nsarchive2.gwu.edu/NSAEBB/NSAEBB38/; William Burr ed., “The Chinese Nuclear Weapons Program: Problems of Intelligence Collection and Analysis, 1964–1972,” accessed December 1, 2019, https://nsarchive2.gwu.edu/NSAEBB/NSAEBB26/index.html. 这些是1960—1972年美国情报部门有关中国核问题发展的部分原始档案资料，有相当重要的价值。

⑤ U.S. Department of State, *Foreign Relations of the United States, 1958–1960*, Volume XIX, China, Washington, D.C.: U.S. Government Printing Office, 1996, pp. 744-747, accessed December 3, 2019, http://digital.library.wisc.edu/1711.dl/FRUS.FRUS195860v19.

⑥ “Long-Range Threat of Communist China,” secret, February 8, 1961, *China and the U.S.*, CH00003, pp. 4-5, The National Security Archive, Washington. 情报认为：第一阶段，中国将爆炸核装置，但几乎没有核武器和运载系统；第二阶段，中国将拥有大量核武器和用于亚洲使用的运载能力，但不会对美国构成直接威胁；第三阶段，中国将有能力直接攻击美国。根据目前的情报，如果靠自身力量中国在1970年后才能进入第三阶段。

题的情报中也多次提及印度。1961年9月13日的一份呈交给国务卿的备忘录《中国展示核能力前的预期行动》认为，印度是成为与美国友好的亚洲国家并对抗中国核发展的最佳候选。情报提到，虽然美国想限制核大国的数量，但在不具备这样的能力的情况下，希望在亚洲出现的第一个核大国最好是印度而非中国。[①] 鉴于当时尼赫鲁反对苏联恢复核武器试验的态度，美国也深知很难让尼赫鲁在不久的将来同意任何关于印度核试验的建议，但还是寄希望于在所谓中国使用“核讹诈”的情况下印度同意进行核计划。总的看来，这一情报对中国的首次核试验预期有一定误判，对印度的核实力也抱有过高的期望，体现了扶持印度来打压中国核发展的期望。

1964年4月17日给总统的备忘录，体现出美国对于中国先进武器计划的信息搜集工作有所改善，但偏差和不确定性仍然很大。美国仍然认为，在亚洲两个潜在的非共产主义核大国印度和日本中，印度更有可能在可预见的将来寻求发展核能力。[②] 这一情报的预判是，中国核能力的政治影响将比其直接的军事影响更重要。

1962年中印边界战争后，印度在政治和军事上遭受沉重打击，越来越希望自行生产军事装备来满足国防需求，开始了武器装备的储备，并采取了强烈反对中国的政策。然而仅仅两年后，1964年10月16日，中国首次核试验成功，震惊了世界。鉴于此种形势，印度的神经更加敏感，在军事上进一步提高了要求，试图发展核武器以保持其在南亚的威慑力。在核技术的发展上，印度希望紧跟中国的步伐，不致被中国抛得太远。印度的核政策不单单对南亚局势，甚至对主要大国间的博弈都产生了影响。美国理解印度的这种心理，对中印的核发展进行了多次评估和分析。

美国一直关注印度核项目的发展，但并未给予过多重视。1964年中国核试验成功后，美国的关注度迅速攀升，立即对中印核问题进行了一系列情报搜集和分析，包括印度等国对中国首次核试验成功的反应、有可能掌握核武器技术的国家、美印核合作、中国核试验对印度的影响、印度的核武器问题等。美国认为，当时中印之间竞争的重要表现之一就是核领域的

---

① “Anticipatory Action Pending Chinese Communist Demonstration of a Nuclear Capability,” top secret, September 13, 1961, *China and the U.S.*, CH00006, p. 2, The National Security Archive, Washington.

② “The Implications of a Chinese Communist Nuclear Capability,” secret, April 17, 1964, *China and the U.S.*, CH00017, p. 9, The National Security Archive, Washington.

竞争，加之美国认为印度是对抗中国的堡垒，故对印度的核发展给予了高度重视。

1964年末核武器计划的压力在印度生根。在种种国际事件的复杂交织中，印度国内对发展核武器的呼声越来越高。1964年中国核试验成功后，美国立即对印度关于此事的反应进行了一系列情报搜集和分析。美国的多个情报搜集和分析显示，1964年10月22日和23日的印度媒体认为，中国将在国际事务中占有重要发言权；现在不得不将北京与莫斯科放在同等地位考量；中国地理“扩张”的欲望正在增强，因为核武器上的巨额开支将导致经济困难，而且此时中国转向“地理扩张”目的是为了“提升经济”；中国的原子弹必将再次引发问题，那就是无论是对莫斯科还是华盛顿来说，印度是否能够代表抵御中国的最后防线。[①] 10月24日的情报显示，印度大部分人认为中国的核技术比以前料想的要先进得多；核爆炸使用了“与其说相似，不如说是比广岛核弹要先进得多的启动装置”；专家们现在认为，中国的核能力“比以前认为的要更先进，不管是在爆炸性核材料的提取还是炸弹设计方面”；中国将比预期更快地成为一个更大的核大国。《印度斯坦时报》和《印度快讯》的文章认为，美国原子能委员会已确认中国首次核试验使用了比预期更为复杂的方法。[②] 中国首次核试验成功在德里的英文报纸中受到了相当大的关注，是10月17日大多数报纸的头条新闻，并在第二天的大部分报纸中再次占据头条。10月30日的美国情报分析总结了当时印度各媒体关于中国首次核试验成功的报道后，强调了以下几点：印度绝大部分政府领导人和政界人士对中国核试验予以强烈谴责；美国政府努力缓解印度和亚洲对中国共产党人的恐惧；许多国家表现出对中国首次核试验成功的消极反应；印度国内外大多数专家的共识是，中国在核武器发展方面比以往任何时候都更加深入；印度领导人重申了继续只为和平目的发展核能的决心；政治家和新闻界对印度关于不生产核武器的

---

① “Editorial Comments in the Indian Press concerning the Chinese Nuclear Detonation,” unclassified, October 23, 1964, *Nuclear Non-Proliferation*, NP01019, p. 1, The National Security Archive, Washington.

② “Views of Overseas Indian Correspondents on the Chinese Nuclear Detonation,” Limited Official Use, October 24, 1964, *Nuclear Non-Proliferation*, NP01022, p. 2, The National Security Archive, Washington.

政策表达了各种观点。[①] 美国从印度对中国首次核试验成功的反应中进一步考察印度对发展核武器的态度变化，试图利用印度对中国的敌视来进一步拉印抗中。

1964年10月21日，美国国家情报评估《下一个十年核武器扩散的展望》认为，印度是否启动核武器计划将取决于其对中国核计划的规模和步伐、中苏关系的变化以及外部保证等一系列国内外因素的评估，而这些因素发生变化的概率甚至比印度决定在未来几年内发展核武器更大；中国最近的核试验成功将在整个亚洲产生重大影响，特别是对印度和日本；法国和中国的核计划在某种意义上是蔑视美苏的行为；中国即使只获得原始的核能力，也会加强其宣称的大国地位，还会加强北京在与莫斯科竞争世界共产主义领导地位方面的作用；从军事上来说，未来十年发生或可能发生的核扩散几乎肯定不会扰乱美苏之间的整体权力关系。[②] 10月24日《印度政府关于发展核武器的政策》认为，印度政府拥有生产核武器所需的所有要素，并且具有快速装配炸弹的能力。印度不打算启动此工作，因为政府确信，中国至少在5年内不会拥有进攻性的核能力。与此同时，如果情况发生变化，印度依靠的是美国约翰逊（Lyndon Baines Johnson）总统做出的将援助任何受到中国“威胁”的国家的保证。[③] 11月6日美中情局《印度的核能计划》对印度的反应堆、铀储备、核电站和生产钚的能力做了评估。报告指出，印度1954年开启的核能计划目前为止都是用于和平目的，印度目前有三个研究反应堆在运行，其中一个可以生产适用于武器的钚；制造武器所必需的钚金属的生产工厂建设此时正在进行中，并计划于1966年投入运营；如果印度人这样决定，它可能会在1965年秋季投入使用。[④] 11月23日，美国原子能委员会专员向国务院发送了美国与印度在和平利用核能方面进行合作的建议，认为增强印度的科学威望可能会阻止印度开发自

---

① “Delhi Press Coverage of Chinese Nuclear Explosion,” unclassified, October 30, 1964, *Nuclear Non-Proliferation*, NP01032, p. 1, The National Security Archive, Washington.

② “Prospects for a Proliferation of Nuclear Weapons over the Next Decade,” secret, October 21, 1964, *Weapons of Mass Destruction*, WM00087, pp. 1-2, 16, The National Security Archive, Washington.

③ “Indian Government Policy on Development of Nuclear Weapon,” classification Excised, October 24, 1964, *Weapons of Mass Destruction*, WM00088, p. 2, The National Security Archive, Washington.

④ “Indian Nuclear Energy Program,” secret, November 6, 1964, *Central Intelligence Agency*, p. 1, accessed December 1, 2020, https://nsarchive2.gwu.edu/NSAEBB/NSAEBB187/IN06.pdf.

己的核武器来应对中国的首次核试验。[①] 11月25日的电报显示，美印已就交流中国的核情报达成共识。美国原子能委员会主席格伦·西堡（Glenn Seaborg）建议由美驻印使馆协调美印之间有关中国核试验的信息交流，印度原子能委员会主席霍米·巴巴（Homi Bhabha）建议共享信息。[②] 在另一情报中，美国还对印度国会关于印度是否应该建造核弹的不同观点进行了归纳。11月27日的美国国务院的机密文件提出，当时印度国会分为三派：一派赞成立即制造原子弹；另一派希望对此问题不断进行重新审视；包括总理在内的第三派反对制造原子弹。[③]

1964年12月3日美国题为《世界各地的核武器计划》的情报文件，对中国的核武器计划、运载系统、对扩散的态度以及印度的核潜能作了分析，认为从1955年左右到1960年中期，中国的核武器计划在技术人才、技术和设备上获得了苏联相当大的援助。1960年苏联撤销援助无疑使中国的武器计划被迫放缓。报告认为，中国有丰富的铀矿床，可以从中获得钚反应堆和同位素分离装置的原料。中国也有三个小型研究或训练型反应堆，都不具备大量生产钚的能力。报告还分析了包头的钚生产反应堆的生产能力，玉门附近可能存在的反应堆，预计1967年中期开始在玉门兴建的一座更大的反应堆，以及兰州附近的气体扩散工厂情况。美国承认，中国首次核试验成功无疑在世界各地提高了声望，而且该装置意想不到的复杂性使美国对中国科技能力的评估有所提升，中国对苏联的立场得到强化，在共产主义运动中的话语权得到了更大尊重。在亚洲大国地位方面，“日本作为亚洲科技领袖的地位受到挑战，印度作为不结盟国家政治领袖的角色已经受到破坏”。[④] 美国对中国的武器运载能力的评价是“微不足道”，认为苏联不太可能给中国先进的运载系统。美国对中国各式轰炸机的数量和承载情况有一定掌握，并且指出有近照表明，中国已经在大连建造了一艘

---

① “Letter from Atomic Energy Commission to Ambassador, with Attached Report ‘Discussion Paper on Prospects for Intensifying Peaceful Atomic Cooperation with India’,” confidential, November 23, 1964, p. 1, accessed December 1, 2019, https://nsarchive2.gwu.edu/NSAEBB/NSAEBB6/docs/doc03.pdf.

② “State Department Telegram,” secret, November 25, 1964, p. 1, accessed December 3, 2019, https://nsarchive2.gwu.edu/NSAEBB/NSAEBB6/docs/doc04.pdf.

③ “[Excised] Views on India and the Bomb,” confidential, November 27, 1964, *Nuclear Non-Proliferation*, NP01050, p. 2, The National Security Archive, Washington.

④ “Nuclear Weapons Programs around the World,” top secret, December 3, 1964, *Weapons of Mass Destruction*, WM00093, p. 6, The National Security Archive, Washington.

类似于苏联潜艇的可发射导弹的潜艇。美国认为中国比起美国、英国和苏联，对核扩散不那么关心，一个像中国这样的落后和贫穷的国家可以发展核装置的事实也会引发他国效仿。报告在推测未来十年可能发展核武器的潜在国家中提到了印度、以色列和瑞典。美国认为，鉴于中国的核优势，尽管在中国核试验后不久，印度政府重申没有开发核武器的意图，但印度很有可能在未来几年内实施其核计划，其政治和军事领导人的压力最终可能会扭转不发展核武器的决定。报告认为，印度一定会担心拥有核武器将给中国带来压倒性的军事优势。承认中国成为在裁军谈判桌上有席位的核大国，对印度的政治声望将是无可挽回的打击。印度害怕不发达国家会把它不发展核武器归因于科学和经济的落后，而不是道义上的决定。[①] 印度当时有足够的铀储备、铀金属厂、燃料棒制造设施和化学分离厂，而且拥有美国和加拿大为其两座电力反应堆提供的技术和设备。报告提到，到那时为止，印度已经花了大约2.2亿美元用于其核计划，该计划一直致力于研究和开发电力，开发、建造和测试初始核装置将额外需要3000万—4000万美元。[②]

1964年12月12日的《对一国决策开发核武器影响因素的分析背景材料》审查了八个重点国家推进或禁止核武器开发的决策行为，其中对印度的核能力、核政策、核决策影响因素（含政治、经济、军事），以及核决策方法和决策机制建设等进行了分析。该分析情报估计，印度有能力在做出决策后的一至三年内生产和测试出核装置。技术上的证据表明，印度此时能够以最低成本在最短时间内进行核武器的研究和开发工作。[③]

美国情报机构在分析印度核计划的同时，也在考虑自身对印度的态度和立场。1964年12月末，约翰逊政府核不扩散政策制定的主要参与者莱韦林·汤普森（Llewellyn E. Thompson）表示，美国将为不结盟国家提供具

---

① "Nuclear Weapons Programs around the World," pp. 6-7, 9.

② Ibid., p.10.

③ "Background Paper on Factors Which Could Influence National Decisions Concerning Acquisition of Nuclear Weapons," secret, December 12, 1964, *Nuclear Non-Proliferation*, NP01079, p. 2, The National Security Archive, Washington.（报告的研究对象国是印度、以色列、日本、瑞典、德意志联邦共和国、印度尼西亚、阿拉伯联合共和国和南非共和国）

体的核安全保障这一政策尚未建立。[①] 虽然印度迫切希望得到大国的保护承诺，但美国对此持慎重态度。在进一步研究印度对中国首次核试验成功的态度和掌握印度核能力的发展状况之前，美国不打算做出明确表态。

1965年1月，曾担任肯尼迪总统科学咨询委员会主席的杰罗姆·威斯纳（Jerome Wiesner）博士访印，与印度官员讨论美印核合作事宜。1月12日的机密电报提到，威斯纳的使命应该首先是帮助印度证明其科技能力至少相当于中国的水平，第二个目标应是使印度领导人参与关于核扩散危险和影响的严肃谈判，增强印度坚持当前核政策的决心。其中还提到，"安全保障是另一个微妙的主题。如果由印度提出，则不应超越总统10月16日的声明和10月18日演讲中的承诺，应避免与印度讨论美苏平行保障的可能性"。[②] 几天后，1月21日《杰罗姆·威斯纳关于访印及讨论印度核能力和意图的报告》提出，在印度制造核武器方面，"到目前为止主要的动机是政治性的，但也希望能对中国起到一定的威慑作用……也可能对中印边界问题产生影响"。[③] 1月30日的备忘录提到，来自美国和苏联的安全保障可能是印度决定是否发展核武器的主要因素。[④] 2月10日的《中国核试验对印度加快核计划愿望的影响》分析说，美国相信印度总理夏斯特里、内阁以及很可能大部分政府高层领导仍然反对在印度推进核武器计划。但主战派的数量在印度政府和政党中相当多。中国的第二次核试验可能刺激印度内部出现强烈的立即开发核武器能力的呼声。[⑤] 得知中国即将进行第二次核

---

① "New Delhi's 1862 of December 31, 1964," secret, December 31, 1964, *Memorandum from the State Department*, p. 1, accessed December 3, 2019, https://nsarchive2.gwu.edu/NSAEBB/NSAEBB6/docs/doc05.pdf.

② "Background Information of Jerome Wiesner's Visit to India and Discussion with Indian Officials about U.S.-India Nuclear Cooperation," secret, January 12, 1965, *Nuclear Non-Proliferation*, NP01095, p. 3, The National Security Archive, Washington.（该电报中威斯纳的人名拼法有误，原文为Weisner，应为Wiesner）

③ "Jerome Wiesner's Report on Visit to India and Discussion of Indian Nuclear Capabilities and Intentions," secret, January 21, 1965, *Nuclear Non-Proliferation*, NP01101, p. 1, The National Security Archive, Washington.

④ "Indian Nuclear Weapons Capability," secret, January 30, 1965, *Memorandum from the State Department*, p.1, accessed December 3, 2019, https://nsarchive2.gwu.edu/NSAEBB/NSAEBB6/docs/doc06.pdf.

⑤ "Effect of Chinese Nuclear Tests on India's Desires to Speed up its Nuclear Program," confidential, February 10, 1965, *Nuclear Non-Proliferation*, NP01106, pp. 1-2, The National Security Archive, Washington.

武器试验后，2月27日，美国国务卿腊斯克要求特使哈里曼赴亚洲进行正式访问，就核问题向印度官员鼓吹，美国有能力以多种方式应对中共对自由亚洲的“核袭击”。[①]

1965年5月14日，中国第一颗由轰炸机投放的原子弹爆炸成功，这无疑对印度又造成新的重大打击。同年，印度和巴基斯坦之间因克什米尔问题引发了大规模战争，史称第二次印巴战争。在此情势下，美国情报机构对印度的核政策进行了更加频繁的评估。10月18日，应约翰逊关于调查印度核计划现状的要求，中情局科学情报办公室提交了报告《印度的核武器能力》。报告认为印度可能已经掌握了足够多的钚用于核装置，但在1970年之前，印度无法生产出核武器计划所需要的钚。[②] 中情局没有确凿的迹象表明印度政府已决定发展核武器，但估计印度在做出这一决定大约一年后就可以测试其第一个核装置。情报认为印度签署了1963年的《部分禁止核试验条约》，但在某些地区可以进行地下测试。10月21日特别国家情报评估《印度的核武器政策》考察了未来几年印度的核武器政策，包括印度的技术能力、赞成和反对发展核武器计划的情况以及经济因素等。评估认为，印度有能力发展核武器，印巴战争使得核武器方案的支持者更多，虽然夏斯特里此时并不想启动核计划，但印度不会无限期地坚持不发展核武器的政策。[③] 情报再次强调，对印度的主要影响因素将是中国核计划的步伐和规模。随着中国核试验的进行，预计印度的核武器计划将会面临越来越大的压力，印巴冲突时中国支持巴基斯坦使印度发展核武器的压力进一步增大。考虑到所有以上情况，该报告认为，在未来几年内，印度可能会进行核试验，并开始发展核武器。报告提道：“赞成核武器的人认为，印度除非有核弹，其声望才不会受到影响，如果没有核武器，印度就不会被视为大国……没有核武器的印度将无法对抗一个核武装的中国，特别是十年左右里，北京可能会有相当大的核武器库……印度的军事思想长期以来一直由军方主导，主要集中在保卫国家的边境而不是战略能力上。其军事领

---

① “State Department Telegram for Governor Harriman from the Secretary,” secret, February 27, 1965, p. 5, accessed December 3, 2019, https://nsarchive2.gwu.edu/NSAEBB/NSAEBB6/docs/doc07.pdf.

② “The Indian Nuclear Weapons Capability,” secret, October 18, 1965, *Central Intelligence Agency to National Security Council*, pp. 1, 5, accessed December 13, 2019, https://nsarchive2.gwu.edu/NSAEBB/NSAEBB187/IN08.pdf.

③ “India's Nuclear Weapons Policy,” secret, October 21, 1965, *Weapons of Mass Destruction*, WM00107, p. 1, The National Security Archive, Washington.

导人似乎还没有迫切认识到需要核武器进行边防。随着中国核武器的发展和运载能力的提高，印度军方领导人的态度似乎有所改变。”[①] 12月《印度核武器计划和运载能力》提到，11月16日夏斯特里在上议院表示，虽然印度主张不扩散核武器，但如果中国发展其核能并完善其运载系统，那么印度肯定必须考虑要怎么做。12月3日，夏斯特里表示印度放弃制造原子弹，因为难以负担。虽然如此，该情报认为印度政府没有放弃发展核武器，其核能设施将使印度能够随时进入核武器开发计划。[②]

美国持续关注印度核计划发展情况，1966年3月，美国国务院给驻印使馆的电报指出，虽然没有任何证据表明印度已决定制造核武器，但要求大使馆提供关于印度核能力各个方面的信息，包括可能预示着建造核试验场的偏远地区的活动迹象。[③] 4月，美国中情局《印度核计划》指出，尽管印度宣称的政策是不启动核武器计划，但据新闻报道，印度正在进行有限的研究，以减少一旦做出决定就开发核武器所需的时间。报告提到特隆贝的加拿大—印度反应堆（Canada–India Reactor）、拉贾斯坦邦原子能计划以及特隆贝可生产用于核武器的钚的数量。[④] 5月，美国国务院向美驻印度使馆提供了成本估算，认为测试第一台装置“完全在印度的财政能力范围之内”。[⑤] 6月7日，美国国家安全委员会指出，印度几乎肯定会发展核武器，并认为影响印度决定的努力，包括军备控制提案和强调核武器计划成本高昂，不可能在短期内取得延迟结果的成效。该文件提出了利用其他办法来阻止印度，如利用美国的经济杠杆作用或寻找其他方式来解决印度的

① “India's Nuclear Weapons Policy,” secret, October 21, 1965, *Weapons of Mass Destruction*, WM00107, pp. 3-4, The National Security Archive, Washington.

② “The Indian Nuclear Weapons Program and Delivery Capabilities,” secret, Scientific Intelligence Digest, December 1965, *Central Intelligence Agency*, p. 11, accessed December 23, 2019, https://nsarchive2.gwu.edu/NSAEBB/NSAEBB187/IN10.pdf.

③ “Possible Indian Nuclear Weapons Development,” secret, March 29, 1966, *Department of State*, A-256, pp. 1-2, accessed December 23, 2019, https://nsarchive2.gwu.edu/NSAEBB/NSAEBB187/IN11.pdf.

④ “Indian Nuclear Plans,” secret, Scientific Intelligence Digest, April 1966, *Central Intelligence Agency*, p. 14, accessed December 23, 2019, https://nsarchive2.gwu.edu/NSAEBB/NSAEBB187/IN12.pdf.

⑤ “State Department Telegram Regarding Estimated Cost of Indian Nuclear Weapon Program,” secret, May 24, 1966, p. 5, accessed December 23, 2019, https://nsarchive2.gwu.edu/NSAEBB/NSAEBB6/docs/doc09.pdf.

安全问题。[①] 6月20日，美国中情局对印度新任命的印度原子能部秘书兼原子能委员会主席萨拉巴伊（Vikram A. Sarabhai）进行了情报搜集，考察了他对印度可能开发核武器的看法，并对其专业和个人背景作了评论。萨拉巴伊认为，印度如果不发展其工业和经济潜力，就无法成为有效的核大国，仅拥有核弹而没有投送系统和强大的工业基础是虚张声势。他呼吁权衡国防开支和社会福利。情报认为，萨拉巴伊是印度核能计划有实力的领导人，鉴于其背景，他会仔细权衡核武器计划的成本并不奇怪。[②] 美国希望说服印度继续保持其反对发展核武器的政策，但不想通过施加压力而引起反弹。因此，国务院要求驻印大使馆谨慎传播有关参考数据，以加强印度内部对印度政府反核政策的支持。[③]

1966年8月的国家安全行动备忘录355号文件分析了印度核武器问题的背景、基本考虑和行动方案，提出了各种可能的建议。从中可以看出，印度核武器问题的出发点部分源于可能与核能力有关的政治和声望问题，部分原因在于安全问题——需要阻止或反击未来中国的“核讹诈”或“攻击”。美国希望将印度的注意力集中在改善经济方面，对其国防开支有所节制。报告提道：“在过去中印冲突的背景下，考虑到所有国防努力中的投产准备时间问题，印度面临的潜在的中国核威胁的压力将会增大，而这些压力会增加印度对中国的核发展逐步形成夸张的印象的程度。”[④] 报告认为，中国对印度的政治和军事威胁是真实存在的，中国能够真正实现和部署可能有效针对印度的打击之前仍存在有待克服的障碍。美国将私下向印度提供关于中国核武器计划仍然面临的困难和局限的情报和分析，并从战略角度为印度提供帮助，以阻止中国的“核威胁”。同时，美国没有间断对中国军事发展的监视和情报侦察，如1966年7月14日的中情局报告《中

---

① “NSC Meeting, June 9, 1966,” secret, June 7, 1966, *State Department Memorandum for the President*, pp. 1-3, accessed December 23, 2019, https://nsarchive2.gwu.edu/NSAEBB/NSAEBB6/docs/doc10.pdf.

② “Views of the New Head of the Indian Nuclear Program on Atomic Weapons,” secret, Weekly Surveyor, June 20, 1966, *Central Intelligence Agency*, p.1, accessed December 23, 2019, https://nsarchive2.gwu.edu/NSAEBB/NSAEBB187/IN13.pdf.

③ “State Department Cable Regarding Efforts to Influence Indian Nuclear Decision Making,” secret, July 28, 1966, p.1, accessed December 23, 2019, https://nsarchive2.gwu.edu/NSAEBB/NSAEBB6/docs/doc11.pdf.

④ “The Indian Nuclear Weapons Problem, Further to NSAM 351,” secret, August 1, 1966, *Presidential Directives*, PD01151, p. 12, The National Security Archive, Washington.

国防空系统的改进》，认为中国正努力改善其防空系统，特别是加强对其南疆和西部先进武器设施的保护。[①]

从以上多个情报报告可以看出，美国认为，中国核项目的速度和规模以及中国核政策的本质与印度未来的核发展有很大关系。在1964年中国第一次核试验之后，实施核武器计划的压力开始在印度生发。中国引爆核武器之前，印度政府的政策是仅将核能用于和平目的，之后，总理夏斯特里也在很多场合重申了这一政策，但迫于形势，这项政策可能在未来几个月内不断被重新审视。印度的考虑在于，中国对它构成了直接的军事威胁，中国获得核武器将增加这种威胁。印度政府不能再次面对因防御力量不足而受困的政治后果，就像1962年中印边界战争时一样。另外，印度也担心中国的核能力会提升其大国地位，在国际上发挥越来越重要的影响力，这对它来说无疑是重大威胁。最后，印度认为自己不能依赖外部的大国保护，因为它会受到各种意外事件的影响。

为了达到不刺激无核武器国家的效果，美国将印度和所有其他没有核武器的国家归类为“民用核大国”，将当时拥有核武器的五个国家称为“军事核大国”，但这种称谓上的转变也改变不了印度在中国成为核大国后面临的巨大军事压力。美国也预计，在短期内太大的直接且尖锐的压力可能会导致印度在长时间内“单干”的想法不断增长。当时很多美媒都认为印度会改变其“不结盟政策”，积极向西方靠拢，但结果却并非如此，美印关系的改善被证明是短暂而表象的。

综上，中国和印度是美国亚洲战略的重点对象国，所以，对中印情势的情报分析成为美国亚洲政策的重要依据和政策来源。20世纪60年代就有学者认为，当时还不能全面评估中印边界战争的影响，认为它不仅仅是边界争端，而且对印度也远非只是挑战，它已经对亚洲的军事平衡产生了巨大影响，并且很可能对印度的影响要远超对中国的影响。[②] 面对半个多世纪以来发生的新情况，此预言可以说是已成为现实。美国情报部门对中印边境冲突前后的中印边境形势及中印关系和地区局势所做出的评估，从一

① “Improvements in Communist China’s Air Defense System,” top secret, July 14, 1966, *National Security Agency: Organization and Operations, 1945–2009*, HN01471, p. 2, The National Security Archive, Washington.

② Norman D. Palmer, *South Asia and United States Policy* (Boston: Houghton Mifflin Company, 1966), p. 266.

个侧面反映了美国政府在中印边境冲突紧急阶段的心理预期和应对之策。美国针对中印边境冲突以及中印关系等的情报评估和预测，体现出鲜明的意识形态先行的特征，奠定了美国20世纪60年代处理与中、印的关系和制定亚洲战略的主基调。

中印边界战争前美国就有意识地强调了印度的重要性，在多个方面展开了对后者的援助，美国希望印度成为遏制中国的战略伙伴。1962年中印边界战争的发生，又为美国加强印美关系和对抗中国的冷战战略提供了契机。美国认为这次战争可以推动美印继续走近，希望这场冲突能够改变印度的“不结盟”立场。印度却打着自己的算盘，即在坚守“不结盟”政策的前提下获得美国等国的帮助，试图加强自己的军事和政治地位。美国在中印边界战争中积极支持印度的同时，肯尼迪政府还不得不面对如何在南亚框架内处理与印度、巴基斯坦分别联合的问题。美国援印之时正值古巴导弹危机正酣之际，美国面对的国际形势错综复杂。战争发生后，美国在未同盟友巴基斯坦磋商的情况下向印度提供了大规模军事援助，使美巴关系疑窦丛生。20世纪60年代一系列大事件使国际形势产生诸多变数，也蕴藏着诸多冲突和矛盾。美国意图援印抗中与维护美巴同盟两者兼得，但这其中必然存在着不可调和的矛盾。美国试图拉拢印巴两国来巩固其在亚洲的利益并对抗中国，但它低估了印巴之间矛盾的不可调和及其严峻性，用中印冲突来转移印巴克什米尔争端的影响，美国既无足够的筹码，也缺乏英国那样老道的外交“技巧”，故其不切实际的幻想肯定会破灭。随着中印边境冲突很快平息，美国对此事件的反应也趋于冷静和谨慎，对印度的援助问题也由于各种因素的制约而举步维艰。印度不仅没有放弃固守的中立主义外交政策而与美国建立长期的安全关系，反而进一步向苏联靠拢，美国的盟国巴基斯坦则迅速向中国靠拢，标志着美国南亚安全政策的彻底失败。中印两国的对外政策和中印关系有其自身的发展逻辑，当时美国对于这两国事务的影响力仍然受制于诸多因素，从侧面反映出美国情报的局限性。

战争发生后，中国军队很快取得了胜利并迅速撤军，有理、有力、有节地结束了冲突，在国际上树立了胜利一方主动停火后撤的范例，表明了中方以和平谈判解决边界问题和反对以武力改变边界现状的一贯立场。1963年巴基斯坦同中国签署边界协议，以和平方式解决了边界问题。中国的这些反应和处理方式是美国始料不及和难以应对的，大大挤压了美国的决策韧力，使美国挥舞外交政策杠杆的空间变得很有限。中国领导人对国际形势的精准把握和对所面临形势的准确判断，无疑是防止美印关系进一步快速密切的重要因素之一。美国为弄清中印关系的进一步发展进行了大量、积极的情报搜集，对中印再次爆发战争的可能性和美国应做的准备作了预测。它在情报中承认，中国胜利后单方面撤军之举为其国际声望带来了极佳效果，两年后中国首次核试验成功更让全世界刮目相看，中国从此昂首挺胸迈入世界核大国行列。

第四节　1962年中印边界战争前后苏联对印度的援助

因边界争端以及印度对十四世达赖喇嘛等“西藏分裂势力”的支持等，中印关系在20世纪50年代后期之后开始恶化，进而发展到1962年的边界战争。这场战争不仅极大地改变了中印关系的走向，而且也不同程度地与中苏关系、印苏关系产生了相互影响。苏联作为当时的超级大国以及印度的主要援助国之一，在这场战争前后对中印双方都施加了重要影响。本节主要通过对中、英、印、俄等国档案资料的解读，从苏联对印度经济援助的角度出发，对这一时期苏联对印度的经济、工业、军事的帮助，乃至在中印边界战争前后所起的作用进行梳理和分析。

苏联对印度的援助始于20世纪50年代初期，特别是赫鲁晓夫1955年当政之后，苏联外交政策开始发生显著变化。此前，苏联与持有相同意识形态和社会制度的中国共同利益和共识较多，与印度的关系虽在发展，但没有那么紧密。赫鲁晓夫开始与西方缓和，尤其期望与美国拉近，进而平起平坐，故在意识形态上有选择地“模糊”，与印度加速靠近。苏印关系在1959年中苏关系破裂后发展得十分迅速。

一、中印边界战争前后苏联对印度的援助

1953—1959年，苏联对印度的政策经历了从开始转变到走向热络的过程。1953年斯大林逝世后，苏联新的领导人认为原有的外交模式已不适应新的国际形势，必须加强同非社会主义国家的联系。印度作为第二次世界大战中未被大国划分势力范围的“中间地带”，成为苏联渗透和扩大影响的重点地区。苏联和印度逐渐靠近，在一系列问题上互相扶持，苏联在贸易往来、工业支持、军事援助等方面明显加大了与印度的联系。

起初，苏联对印度的援助力度不亚于印度的前殖民国英国和西方国家

的老大美国。20世纪50年代初期，以苏联为首的社会主义国家与印度的关系发展很快，以至于引起了英国的警觉。苏联和东欧国家对印度的经济援助最初力度比英美要大。1953年6月19日的《东方经济学家》文章称，印苏贸易是“跨越铁幕的贸易”。[①] 同年10月上旬，印度和苏联签署了黄油换小麦协议；同年12月初，苏联和印度签订了第一个《苏印贸易协定》，两国之间的贸易额随之持续上升。20世纪50年代中期，苏联、捷克斯洛伐克、民主德国、南斯拉夫及中国等社会主义国家，向印度提供了钢铁、化肥、煤炭、石油等方面的援助。1956年，苏联和印度之间的贸易增加了三倍，前10个月的交易总额达19,080万卢比，相比之下，双方1955年的交易总额为5052万卢比。1957年5月中旬，印度打算更多地利用苏联贷款。[②] 1958年11月，双方又签订了第二个苏印贸易协定，两国贸易范围更为广泛，从各种类型的工业设备到原材料、电力及勘探设备等，而且所有货物均用卢比结算。1958年，印度从苏联的进口额是4560万美元，占其进口总额的1.8%；同年印度向苏联的出口额为4900万美元，占其出口总额的4.2%。东欧国家也向印度提供了援助，如1955年10月波兰对印度的铁路建设援助，1956年11—12月南斯拉夫向印度提供的14,000吨钢铁援助。[③]

1959—1962年，苏联与印度的关系呈全面发展之势，经济技术援助的规模和水平都达到了新的高度。

经济援助是当时美苏争夺中间地带的主要手段之一。随着中印之间的分歧日益明显，关系逐渐恶化，苏联、美国等域外国家更感到有了可乘之机。经过1958年资本主义经济危机的冲击，争夺商品市场和投资市场的斗争更加尖锐。苏联在20世纪50年代初期之后就把印度作为其援外的重点之一，为了防止印度放弃不结盟政策，倒向美英一边，苏联逐步增加了对印度的援助，与美国在南亚地区展开争夺。

1960年1月，苏联最高苏维埃主席团主席、元帅克利缅特·叶夫列莫维奇·伏罗希洛夫（Kliment Voroshilov），苏联部长会议第一副主席弗罗

---

① “Trade Relations between India and Russia, China and the Satellite Countries, 1952,” secret, DO: 35/5661, The National Archives, London.

② “Russian Credit for India, 1957–1960,” 1960, confidential, DO:35/8643, The National Archives, London.

③ “Trade Relations between India and Russia, China and the Satellite Countries,” 1952, secret, DO: 35/5661, The National Archives, London; “Soviet Economic Affensive: Reports from India, 1956–1958,” 1958, top secret, DO:35/8644, The National Archives, London.

尔·罗曼诺维奇·科兹洛夫（Фрол Романович Козлов），文化部长叶卡捷琳娜·阿列克谢耶夫娜·福尔采娃（Екатерина Алексеевна Фурцева）等组成的代表团访问印度。在出访之前，外交部为其准备的同印度国务活动家和社会活动家的会谈提要中，提出了代表团在举行会晤、会谈和公开演讲的场合需要遵循的要点，其中关于印苏关系提到，要“着重指出，苏联政府认为，加强苏印友谊有重大意义”，“近年来，印苏关系的顺利发展经受住了一系列考验并证明了其牢固性，它对改善整个国际局势产生了有利影响，并在一定程度上促使西方国家采取新的态度来对待不同社会经济制度国家的共处问题和相互关系问题。苏联和印度过去和现在在一系列国际问题上互相支持，使得这些问题得以顺利解决，促进了和平和安全。扩大我们在政治、经济、文化及其他领域的合作。合作是互利的，既符合印度的利益，也符合苏联的利益。加强印苏合作是进一步缓和紧张局势的重要因素之一，并将促进一些迫切的国际问题的解决”。[①] 这个要遵循的要点很好地诠释了苏联当时对印度政策的宗旨。

苏联随后对印度的经济援助也的确体现出了这一外交指导思想。1959年8月25日，中印边境东段发生第一次武装冲突——朗久事件后，苏联塔斯社发表声明，对中印边境冲突表示遗憾，不分青红皂白，实际上是袒护印度。在塔斯社发表声明后的第四天，苏印签署了关于苏联向印度第三个五年计划提供援助的协定。苏联是第一个答应给予印度第三个五年计划贷款的国家，它在印度第三个五年计划期间提供的贷款共计28.125亿卢比（3.375亿卢布），是第二个五年计划中苏联所提供贷款的四倍。仅当时计划帮助扩大比莱（Бхилай / Bhilai）钢厂的设计能力就占印度第三个五年计划预计钢铁增产的37%。截至1959年11月底，苏联对印度的经济援助达到32.38亿卢比，占印度所获外援总额的17.7%，仅次于美国。[②] 这些投资对印度提高国民经济、增强国家实力起到了相当大的作用。1960年5月初，苏联还表示同意帮助印度勘探铀矿，发展核能力；同年6月下旬，苏联又表示准备向印度提供核能和石油援助，准备援建印度核电站和石油设施。

1962年古巴导弹危机期间，苏联对中国和印度的态度呈现出尴尬、“摇摆”的窘态，但最终没有站在同为社会主义国家的中国一边，而是站在了

① 沈志华:《冷战的再转型》，九州出版社，2012，第382页。

② 《对于美援和苏援在印度的作法、影响和作用的看法》，中国外交部档案馆，档案号：W600226_105-01001-04。

自称在亚洲反共最坚决的印度一边。古巴导弹危机时期，苏联为了度过危机，需要在面对美国时显示社会主义阵营的团结和强大，因此，中国的支持尤为重要。鉴于在这段特殊时期的政策需要，苏联作出了相应的支持中国的举动。在1962年10月14日举行的苏共中央主席团会议上，赫鲁晓夫明确表示要暂停向印度交付米格–21飞机，认为中华人民共和国关于把军队撤离到实控线20公里以外的建议是理智的，而印度方面有关把军队再撤出20公里的要求，对于中国来说是有损尊严的。①

对于印度关于增加援助的需求，苏联采取了闪躲的态度。1962年11月23日，苏联外交部副部长马立克对印度驻苏大使考尔（T.N.Kaul）重申，有关印度提出的苏联马上提供米格–21喷气式飞机现货的问题，苏联当时尚不具备这样的实际生产能力，因为苏联国内对此类飞机的需求也在增加，此外整个国际形势相当复杂，对此已不必再作专门解释。而对于印方提出的向苏联派遣82名直升机和运输机驾驶员接受培训的可能性，马立克借口不熟悉这方面的情况，对此问题避而不答。②

尽管如此，印度同苏联的贸易在1962年还是创下了当时的新高，印度对苏出口达35,500万卢比。相比之下，此前则少得多，1961年为31,000万卢比，1960年则为29,900万卢比；从苏联的进口从13,800万卢比增至58,300万卢比。在印度的出口贸易中，苏联所占比重从1960年的3.3%升至1962年的5.4%。印度出口的主要产品有茶叶、麻袋、皮革、生羊毛、烟草、蓖麻油、咖啡和胡椒，从苏联的进口主要包括机器、工业原料和有色金属。1962年从苏联进口的机器的价值为31,100万卢比，占从苏联进口总值的大约53%。

1963—1964年，苏联对印度的政策趋于稳定发展。古巴导弹危机解除之后，苏联不再那么需要社会主义阵营国家的支持了，对待中印边界争端的态度发生了重大变化，尤其在1963年以后完全转向印度，更加积极地援印反华。1963年9月19日，苏联《真理报》发表题为《亚洲紧张局势的严重策源地》的文章，批评中国企图通过战争手段，而没有通过和平方式解决中印边界问题，指责中国没有像印度那样“积极响应科伦坡建议，完全地、毫无保留地接受这些建议”。这篇文章彻底暴露了苏联领导人联印反

① 沈志华:《冷战的再转型》，第400页。

② 同上书，第427页。

华的真实面目。在这样的外交氛围下，苏联和印度之间外交活动频繁，经济、商务、文化和科学方面也有了更多的合作。在签署援助印度第三个五年计划的协定时，苏联就开始关注印度的第四个五年计划，有望对印度第四个五年计划的公共工程部分提供“比以往更多的援助”。在第四个五年计划援助协议签订之前，印度和苏联就已经决定：其双边贸易将从1962年的六亿卢比增加到1963年的十亿卢比，而1953年印苏贸易总额仅仅为950万卢比左右，1961年达5.6亿卢比。苏联在1965年1月1日开始实行的对亚非拉发展中国家进口货物免收关税的规定，也十分有利于印度。

1963年6月，印度国际贸易部长沙阿（Manubhai Shah）同苏联签订了1964—1968年的第四个五年贸易协定。新贸易协定在某种程度上是在更广泛的基础上拟订的，以期两国此后能够扩大经济合作。该协定被印方视为印苏友好关系的最好例证、诠释了两国关系发展的所有内涵。

1965年初，印度政府就已经正式把第四个五年计划所需要的外汇数额告知了苏联政府，希望苏联提供第四个五年计划所需外汇的22%，总数为15亿卢比。在第三个五年计划中，苏联曾给予印度7.5亿卢比的贷款，苏联给印度第四个五年计划的贷款额增加了一倍，因为四五计划比三五计划扩大了一倍。苏联为印度四五计划提供的贷款，主要用于钢铁、重型机械制造、石油、煤炭和电力等主要的基础工业方面。

二、苏联对印援助的特点及其作用

首先，苏联援助印度的项目绝大部分为重工骨干企业，这对印度工业的发展起了很大的促进和推动作用。

苏联决定要全力帮助印度成为亚洲最强有力的工业国之一，故援助印度的领域包括许多空白或薄弱部门，如重型机械、精密仪表、采矿机械等；也有独立前就被帝国主义垄断的部门，如炼油业等。苏联对印度的帮助采取援助与贸易协定相结合的方式，向印输出最新的成套设备。主要有以下几个方面。

一是采矿冶金。比莱冶金厂是苏联对印度在工业领域最具代表性的援建项目。关于比莱冶金厂的贷款协议是苏联与印度在1955年2月签订的。除了提供资金之外，苏联在比莱冶金厂的建设上还提供了技术和人员，以及设备等各方面的持续支援，如1961年初就向比莱冶金厂派驻了50名苏联专家和翻译。[①]

1962年2月，为了把比莱冶金厂的产钢能力从每年100万吨扩大到250万吨，苏印签订了贷款额度为5.42亿卢比的补充合同，合同注明要扩建三个炼焦炉，两个大功率轧制炉，四个大型平炉，一个自动化线材轧机，以及扩大工厂的车间，目标是要把这个印度钢铁巨头企业打造成亚洲最大的钢铁企业。扩建比莱冶金厂提升了苏印关系，是“苏印牢固友谊的象征，是两个国家颇具成效的合作中的最鲜明的实例”。[②]

1962年3月7日，比莱冶金厂的初轧机生产力创下新高。这一天，轧制出536个钢锭，共计重4018吨。在小型轧机轧制上也创下了纪录，在两个轧机上产出1153吨钢材。[③] 4月18日又创下4086吨的新高。[④] 截至1962年3月底，冶金厂取得的成果有：达到年产100万吨的设计能力；制氧装置每小时产出104,000立方米氧气，选矿厂年产100万吨铁矿石。一年时间里，比莱冶金厂给印度提供了374,000吨生铁、191,000吨坯料、160,000吨铁轨、70,000吨钢材和134,000吨小型钢材，有75,000吨生铁出口巴基斯坦、日本和南斯拉夫，出口产品总值37,950万卢比，其中包括价值1560万卢比的外汇。比莱冶金厂同在鲁吉拉（Rourkela）、杜尔加布尔（Durgapur）两地由联邦德国和英国援助建立的工厂产量相同。而且，这三个工厂只有比莱冶金厂给印度带来了收益。

1962年7月15日，在比莱冶金厂的金融日，印度钢铁与重工业部长苏布拉曼尼亚姆（Subramaniam）说：“难以评价苏联对印度援助的作用和意义。你们今天在这儿所做的一切，与我们分享的生产秘诀证明了两国之间的友谊。……你们给我们展示了我们在经济建设上应该走的道路，我们已经建立了经济方面的冶金基础，我相信我们走的路是正确的。”[⑤] 比莱冶金厂的成就见证了苏印之间的友谊。

二是电站。苏联对印度的援助还有水电站和热电站。在楠格尔（Nangal）大坝上的水电站，建设四个功率均为12千瓦的水电机组。1962

① Делапостоянного хранения за 1954–1968 гг., 1961.03.03, Российский государственный архив экономики, ф.365, оп.2, д.881.

② СССР-Индия, Покистан Т. 1, 01.01.1962-23. 06.1962, Государственный архив Российской Федерации, ф.4459, оп.43, д.1510.

③ Там же.

④ Там же.

⑤ Там же.

年8月10日，印度中央邦电力局长斯里纳特·梅达（Srinath Meda）和苏联驻印度商务代表华西列夫斯基（Vasilevsky）签订了有关建立科尔巴热电站的六项合同，总价值在11,270万卢比以上。1963年11月1日，苏联莫斯科机械出口公司和印度北方邦电力局，在关于为哈杜加尼火力发电站第三阶段工程建设的设计和供应装备合同上签了字。

三是重型机械。除了在兰契建造重型机械制造厂之外，苏联还在杜尔加柏援助印度兴建一座采煤机器工厂、采矿设备工厂，这些重型设备工厂很大程度上与中印边界战争给印度造成的紧张局势有关，在当时是加速工程进度、加班加点生产。

四是石油。苏联帮助印度建立起石油工业，包括援助设备，派驻专家，勘探矿产，以及提供贷款和低价石油产品等诸多方面。1961年3月13日，装载9600吨高质量煤油和数千吨柴油的苏联油轮在孟买港靠岸，这是印度国家石油公司从苏联采购的。根据苏印签署的合同，到那时为止，印度已采购运达11,390吨柴油和10,780吨煤油。苏联的石油产品在相当大程度上满足了印度的需求。除了质量高，苏联石油产品的价格也比西方国家的产品要低很多。

1961年2月8日，苏联专家利用自己的仪器勘测到西方国家没能勘探出的阿萨姆邦的石油储备，仅杜尔加布尔就有5000万吨石油，计划1962年之前要在杜尔加布尔打五口钻井，在阿萨姆邦其他地方打四口钻井，使阿萨姆邦成为印度重要的石油产地。①

1962年11月14日，苏联驻印度大使馆一等秘书别索洛夫（Bezsolov）同印度石油和天然气委员会的代表达雅尔（Dayal）签订了一项向印度运交苏联制造的勘探和研究煤气和石油的设备的合同。1963年4月22日，按照苏印两国政府在1960年6月29日签署的第264号合同的规定，苏联已提供所有援建印度开采石油和天然气的计划设备。② 印度在1964年从苏联进口的石油产品增加了一倍，获得了100万吨汽油。

五是其他领域。苏联还在医疗、农牧业、通信等领域给予了印度大力

---

① СССР-Индия, Т. 1, 12.01.1961-23.09.1961, Государственный архив Российской Федерации, ф.4459, оп.43, д.454.

② Контракты №.264 на поставку оборудования для проведения буровых работ на нефть и газ, активая заметка о выполнении поставок и расчетов с гензаказчиком, Индия. Июнь 1960 – декабрь 1962, Российский государственный архив экономики, ф.365, оп.6, д.223.

支持。1961年，苏联在印度援建医用设备工厂，无偿为印度提供天花疫苗；[①] 在印度援建第二大机械化农业牧场。在苏联的帮助下，1961年在印度的阿瓦迪（Avadi）开始建设手术器械和医药设备工厂及两个电子液压设备厂，这都是印度工业发展的重要部分。时任印度工业部长马努拜·沙阿说，苏联满足了1961年前后三四年里印度的重要工业项目建设的大部分需求。[②] 苏联提供机器设备的机械化农场在农产品生产上拿出了优异的成绩。印度媒体也多次说，该农场已成为印度的模范农业企业，这对在印度全国范围内建设类似的农场来说是一个良好开端。[③]

1965年10月，印度和苏联在新德里签订了一项关于苏联向印度提供一台苏制1000千瓦无线电发射机的协定，这台发射机将安装在西孟加拉地区。获此设备是为了加强对外广播，以便宣传印度的立场和观点。苏联大使馆副参赞博斯洛夫（Boshirov）同苏联进出口公司的代表纳里什金（Naryshkin）一起签署了这项协定。“这项协定是朝着两国加强合作的方向迈出的一步，”他说，“很高兴得悉这将使印度人民的和平呼声更响亮地在全世界传播。”

其次，苏联对印度的军事援助为后者的国防工业奠定了基础。

苏联援助印度国防的态度很明确，即可以“不加什么限制”地使用苏联军事装备。苏联政府称愿意为印度提供一切援助来加强其军事工业。印度在1962年前后多次与苏联签订购买包括战斗机、重型运输机、直升机等各式飞机的合同，因为这些飞机比西方飞机便宜、构造简单，而且苏联同意用卢比偿付。1961年3月2日，根据1960年11月与苏联签订的合同购买的第一批AH–12飞机抵达印度，这些飞机可以运输水和物资，也可用于喜马拉雅地区的道路建设，当然也是为了加强北部与中国的边境地区的防御。[④] 此前，印度还从苏联购入伊柳辛–14型运输机和米–4型直升机。1962年，苏联又提供了16 架这种类型的直升机和另外八架AN–12重型运输机。同年8月，印苏两国又签订了一项在印度国内成批生产苏联先进的米格–21

① Делапостоянного хранения за 1954–1968 гг., Российский государственный архив экономики, ф.365, оп.2, д.947.

② СССР-Индия, Т. 1, 12.01.1961-23.09.1961, Государственный архив Российской Федерации, ф.4459, оп.43, д.454.

③ Там же.

④ Там же.

超音速战斗机的协定。截至1962年底，印度共从苏联订购了两个中队（共24架）的新式米格飞机。到1963年，苏联共向印度提供了三个中队的米格–21飞机40架，第一批飞机交由获得特别许可制造米格–21的印度工厂组装生产。这些工厂是在苏联技术人员的帮助下建造的，后续还能生产更新式的米格–23。

由于印度空军对米格式飞机的需求很大，除了从苏联购买外，主要由印度生产这种飞机来满足需要。苏联政府则对在印度生产制造米格飞机提供了大量援助，在工厂选址、培训制造飞机的专家、制定生产计划、培训飞行员等方面都给予了大力支持。

在新德里的苏联专家一直在为米格飞机制造工厂选址。1962年11月21日，印度政府在议会宣布，印方已决定在印度东部奥里萨建设一个制造苏联设计的米格飞机工厂。工厂包括两部分，已经选定在马哈拉施特拉邦的纳西克建立机身工厂，在奥里萨邦的科拉普特建立制造米格飞机发动机厂。计划在18个月到两年时间内生产出米格飞机。

1963年1月12日，四架米格–21涡轮喷气战斗机抵达印度。这些飞机是在把机翼拆卸后用苏联船只运来的，主要是用来给不久之后要建造的一个印度米格机厂作样机而不是参加实战。印度将在此后两三年中生产它所需要的任何型号的飞机，印度1963年开始制订分阶段生产米格式飞机的计划。印度政府同苏联政府缔结了一项协定，规定先供应新式发动机，然后在印度仿制HF-24型和MK-11型飞机使用的发动机。同时，苏联也为印度培训驾驶员。印度空军军官在苏联完成了使用和维修米格–21飞机的学习，另一批人则在苏联研究有关生产米格飞机的问题。

苏联除了向印度提供高性能飞机外，还提供各种类型的导弹和协助印度生产导弹，以此来装备印军。苏联要使印度在武器和弹药的生产和供应方面能做到自给自足，这对印度军事力量的加强起到了很大的推动作用。

1963年2月，苏联在总理尼赫鲁的侄子拉·库·尼赫鲁访问莫斯科期间已同意向印度供应地对空导弹和空对空导弹。4月17日，印度国防部长耶·巴·拉古拉迈雅（K.Raguramaiah）透露，印度将与苏联合作生产导弹。他表示，同苏联就制造米格飞机达成的协议“涉及整个飞机的制造，其中包括武器系统”。7月30日，苏联同意用卢比支付供应印度的一些定向导弹、雷达装备和运输飞机。布塔林加姆使团在莫斯科进行了关于购买装备的谈判，讨论供应印度希望从苏联获得的其他一些军事装备项目，最后确定苏联向印度提供国防援助的细节。这种交易的重要意义在于，这些导弹苏联从来没有给予共产党执政的国家以外的任何国家——古巴除外，苏联也没有为使用这种装备给印度附加任何政治限制。印度可以出于防务需要在边界的任何地方使用。布塔林加姆使团访问了基辅、列宁格勒，并参观了一些苏联最新雷达设施和定向导弹场，然后在莫斯科进行了谈判。苏联还同意向印度提供适合在平原和山区作战的重炮。苏联供应的武器将包括远程和中程大炮以及轻型坦克和重型坦克。此外，鉴于印巴边界和印中边界地区局势日益紧张，苏联同意尽快开始运送这些武器。

由于苏联对中印边界争端的态度发生了转化，印度从苏联获得的援助大大增加，苏联提供的导弹成为日益扩大的中苏争执中最清楚的证明，而印度在这一争执中占据重要地位，是明显的受益者。

第三，苏联对印度的援助条件十分优厚，让印度在外援上有了新的选择，这就打破了资本主义国家对印援助的垄断，增强了印度向西方讨价还价的能力。主要表现在以下两个方面：

1. 苏联对印度提供的贷款利率比西方要低（约2.5%），贷款时间长，而且接受卢比偿还。苏联在波卡罗钢厂（Бокхаро）援助印度建设的冶金工厂是印度的第四个冶金厂。印度本希望能得到美国援助，但是西方国家和国际银行对此反应冷淡，究其原因，它们认为一是印度不需要这么多的钢铁，二是印度也没有足够的冶金储备。除非印度给予西方一定数量的股份，西方才同意援助。印度没有显出任何迎合它们、做出妥协让步的迹象。苏联决定承担建厂的一部分开支和技术支持，并同意延期用卢比支付贷款。

1961年2月21日，苏联部长会议对外经济联络部主席谢安·斯卡奇科夫（Siemion Skaczkow）为首的代表团和印度签署了援助印度工业建设11,250万卢布（相当于6亿卢比）的长期贷款合同。贷款用于工业企业建设：一年可加工200万吨石油的石油加工厂；在卡特哈拉（Kathhara）建设每年可洗煤300万吨的洗煤加工厂；耐火材料工厂，每年可生产12万吨镁砖和粘土产品；采矿、石油与天然气开采；建设压缩机泵厂。[①]

文中所提到的苏联为印度援建的那台苏制1000千瓦发射机的价值为

---

① СССР-Индия, Т. 1, 12.01.1961-23.09.1961, Государственный архив Российской Федерации, ф.4459, оп.43, д.454.

8,434,400卢比。这笔货款将根据五年贸易信贷协定以卢比偿还，年息为2.5%。印度从苏联购买的战斗机和导弹等军事设备也是用卢比支付。

2. 苏联只负责援建工厂，并不参与援助厂矿的管理，但同意把技术传授给印度人。苏联除了为印度建厂提供低息贷款外，还为建厂提供原材料、设备、机器，以及设计方案、工厂图纸等技术支持。1962年初，比莱冶金厂平炉炼钢车间达到年产100万吨钢材的设计能力。① 1962年1月平炉炼钢车间开始出钢，产量为85,300吨，比当初设计的能力还要多2000吨。焦化车间1月份产出97,524吨焦炭。高炉车间产出92,029吨铁，轧制车间产出75,000多吨钢材。比莱冶金厂是第一个钢生产能力达到设计水平的冶金厂。② 印度方面认为，这要感谢苏联专家把自己的技术、经验、知识毫无保留地传授给印方。

表3-1 1963年11月4日，苏联即将派驻印度石油和天然气技术保障部的专家明细表

	职位	职位数量	工作地点
1	总工程师	2	艾哈迈达巴德（Ahmedabad）、锡布萨格尔（Sibsagar）各一个
2	钻井总工程师	1	瓦多达拉（Vadodara）
3	钻井老工程师	3	艾哈迈达巴德、安格莱什沃尔（Ankleshwar）、锡布萨格尔各一个
4	石油开采老工程师	3	艾哈迈达巴德、安格莱什沃尔、锡布萨格尔各一个
5	天然气开采老工程师	1	肯帕德（Cambay）
6	钻井总工程师顾问	1	德拉敦（Dehradun）
7	机械总工程师	1	德拉敦

资料来源：Делапостоянного хранения за 1954–1968 гг., Российский государственный архив экономики, ф.365, оп.2, д.947.

第四，通过援助显示了苏联工业和科技等方面的优越性，促进了苏印两国之间政治、经济和文化的往来，从而扩大了苏联在印度的影响。

印度与苏联政府都渴望进一步增强交流和联系。苏联同意印度于1962

① СССР-Индия, Покистан Т. 1, 01.01.1962-23. 06.1962, Государственный архив Российской Федерации, ф.4459, оп.43, д.1510.

② Там же.

年11月在莫斯科举办现代艺术展览会。苏联和印度记者、文化艺术团体、教授和学生的互访显著增加。苏联驻印大使别涅吉克托夫称，政治家、作家、新闻工作者、学者和文化艺术工作者的个人交往，艺术团体的演出，旅行者的访问等民间交流，非常有助于两国人民增加彼此的了解。尼赫鲁说:“这种合作的重要性，很难用数字来表达。但可以肯定的是，我们同苏联的友谊和合作使我们得到了巨大的援助。”

苏联对印度提供的诸多援助绝不是无偿的，而是互利的。首先，苏联在与美国的冷战中需要更多的盟友或朋友，印度就是其一。苏联对印度重工业的大力援助，对印度工业体系的形成和发展发挥了很大作用，这是印度开始在国际舞台倒向苏联的重要原因之一。其二，苏联援助印度，也有利用印度牵制自己邻国的考虑。苏联通过对印度的多方面援助的确收获不少，尤其是政治方面，对于地区关系和国际关系，特别是对中苏关系、中印关系的发展产生了多方面的影响。

第四章　外交政策与国际关系

第一节 尼赫鲁的亚洲主义思想与中印关系

尼赫鲁作为一个历史人物，对于中印关系的发展起了十分重要的作用，其中，他的亚洲主义思想的影响尤为值得研究。

尼赫鲁的亚洲主义思想发端于1927年的布鲁塞尔被压迫民族大会，经过1947年亚洲国际关系会议的酝酿，在1955年万隆亚非会议上正式付诸实施，1962年中印边界战争则标志着尼赫鲁亚洲主义思想政策体系的瓦解。尼赫鲁的亚洲主义思想具有延伸性、混杂性和世界性的特点。尼赫鲁外交政策中的单边主义和霸权主义决定了其亚洲主义政策的失败。

尼赫鲁执政时期既是中印关系最好的时代，也是中印关系最差的时期。对于尼赫鲁在中印关系发展中作用的评价，印度和中国学者之间存在着较大差异。印度历史学家的观点颇为一致，视尼赫鲁为品德高尚、心怀理想的政治人物，因为天真与轻信，受到“狡猾而恶毒”的中国人的欺骗，在中印边界问题上做出错误的判断，导致错误的决策。[①] 与印度学者片面化的观点不同，中国学界的观点更为多样，对尼赫鲁外交思想的分析也更为全面，既肯定尼赫鲁外交思想中反殖民主义、反帝国主义的进步因素，也批评其外交思想中的单边主义和霸权主义的危害。[②] 在研究领域，中国学者对尼赫鲁的不结盟政策、社会主义、现实主义和民族主义思想论述较多，而对其外交思想中的亚洲主义则很少涉及。本节主要以《尼赫鲁文集》

---

① Giri Deshingkar, “India-China Relations: The Nehru Years,” *China Report*, Issue 2, 1991, pp.85-100.

② 林承节:《印度史》，人民出版社，2004；王宏纬:《当代中印关系述评》，中国藏学出版社，2009；张忠祥:《尼赫鲁外交研究》，中国社会科学出版社，2002；尚劝余:《尼赫鲁外交思想略论》，《宝鸡文理学院（哲学社会科学版）》1995年第3期，第24—30页；王士录:《尼赫鲁外交政策中的霸权主义因素》,《南亚研究季刊》1987年第2期，第67—73页。

和相关档案材料为基础，通过重点考察1959年前中印关系发展过程，对尼赫鲁的亚洲主义思想及其在中印关系发展中的作用进行探讨和分析。

一、尼赫鲁的亚洲主义思想

尼赫鲁外交思想体系以民族主义为中心，以不结盟运动和“潘查希拉”作为基本手段，体现了理论和实践的统一。民族主义是尼赫鲁内外政策的中心。在他看来，无论社会主义还是资本主义国家，作为世界霸主，都会以牺牲民族主义和民族国家主权作为代价。因此，他主张以民族国家为基本单元建构国际关系体系，以有效避免两大阵营对独立主权国家的控制。尼赫鲁的外交政策以民族主义为中心，主要强调三个要素：其一，拒绝两大敌对阵营对国际关系体系的控制。其二，以和平共处五项原则为基础，强调国际体系各构成单元的平等地位，反对霸权。其三，以不结盟运动的形式联合前殖民地国家，形成第三股势力。这三个要素结合起来，就是强调民族国家的主体地位，共同反对全球性霸权。

尼赫鲁认为，在当时的国际形势下，美苏之外的任何国家都无法独立面对两强对峙的局面，因此，他非常强调区域合作在民族国家防御体系中的重要性。在撰写《印度的发现》一书时，尼赫鲁就已意识到未来世界合作的必要性：“当我们谈到印度独立的时候，并不是指的独立。我们也许比很多其他的国家更认识得到这种老式的安全民族独立已经注定死亡了，而在那里一定会出现一个世界合作的新纪元。”[①] 国际合作具体到亚洲就是独立后印度外交政策中的亚洲主义。

鉴于日本曾企图利用大亚洲主义概念建立亚洲霸权，所以尼赫鲁在使用亚洲主义概念时非常谨慎。他说：

> “亚洲主义”（Asianism）并不是一个好词，我不清楚在谈论“亚洲主义”时，他们头脑中到底在想什么，我根本不清楚这一词汇的具体含义。世界上有一个较大的洲——亚洲，亚洲被分成许多大大小小的国家。我们将这些国家装在一个篮子里，称其为“亚洲主义”，对我来说没有任何意义，但是如果按照不同的思路

---

① 〔印〕贾瓦哈拉尔·尼赫鲁：《印度的发现》，齐文译，世界知识出版社，1956，第557页。

思考，确实有一些意义。

他还说：

因为地理上的接近，文化上和其他方面持续两三千年或者更长时间的联系而建立起来的接触，自然会带来国家之间的亲近和彼此了解。对亚洲国家来说，长时期内确实存在一些共同经验的事实——共同的经历，共同的痛苦，长期被殖民。过去两百年里的共同经历自然会带来我们所熟知的一些共同的反应。因为几千年来历史上的长期交往，因为共同的经历，尤其是过去几百年里，或者说殖民统治亚洲时期的共同经历，我们在精神上，也可以说在心理上和道德上，更为接近。①

尼赫鲁在这里的亚洲主义思想是指以亚洲国家共同的历史经验、共同反殖民主义斗争以及地理和文化上的相近与接触而形成的一种平等的区域合作主义，以此将其所提倡的亚洲主义思想与日本霸权主义的大亚洲主义加以区分。

二、尼赫鲁亚洲主义思想的历史发展

尼赫鲁亚洲主义思想的发展过程可以分为起源、酝酿、落实与瓦解三个阶段。第一阶段是亚洲主义思想的萌芽，这一阶段发生在印度独立前的英国殖民统治时期。尼赫鲁亚洲主义思想最早源于1927年的布鲁塞尔被压迫民族大会。在该次会议的讲话中，尼赫鲁强调了被压迫民族联合起来反对帝国主义和殖民主义的重要性："帝国主义利用印度反对中国的图谋，使附属国民族主义力量联合起来变得更为必要。我确信此次大会将会促进附属国之间的合作，使被压迫民族早日获得自由。"② 在写给国大党全国工作委员会的报告中，尼赫鲁谈到布鲁塞尔被压迫民族大会一个非常有趣的方

① S. Gopal, *Selected Works of Jawaharlal Nehru, Second Series,* Volume 24, New Delhi: Jawahalal Nehru Memorial Fund Teen Murti House, 1999, p.559.

② S. Gopal, *Selected Works of Jawaharlal Nehru*, Second Series, Volume 2, New Delhi: Jawahalal Nehru Memorial Fund Teen Murti House, 1984, p.272.

面，即来自亚洲的代表强烈希望建立亚洲联合会（Asiatic Federation）。他认为，亚洲代表提出的联合的主张，并不是因为反对欧洲或美洲，而是因为认识到亚洲需要联合起来的共同的纽带——亚洲因素。这种要求在中小国家，尤其是在印度尼西亚、韩国、波斯、叙利亚和埃及等国家表现得尤为突出。当然，会议的组织者并不鼓励泛亚精神，认为这样的举动会导致组织分裂。即便如此，与会亚洲代表还是进行了一次会面。大家一致认为，当时谈论任何形式的亚洲组织为时尚早，应该集中精力增强反对帝国主义的反帝大同盟的力量，这也会促进亚洲解放的目标的实现。同时，不同的亚洲国家和民族主义组织可以建立联系，保持接触。尼赫鲁也认为在此阶段谈论亚洲合作条件尚不够成熟，感到建立有效的亚洲组织不大可能，“因为亚洲各部分之间的联系还不如它们各自与欧洲国家的联系多，此刻欧洲是实现亚洲民族主义者聚会的最佳地点。”① 尼赫鲁虽然希望亚洲国家联合起来反抗殖民主义统治，但也看到亚洲国家无论在实力上，还是在组织上都无法形成有效的国际力量。此次大会之后，亚洲各国民族主义组织进行过一些接触，但并没有大的联合行动。

尼赫鲁在报告中专门谈到中国革命的重要性：“印度支持中国不仅因为印度同情中国革命，而且印度认为中国革命斗争的胜利是未来帝国主义崩溃的最有力的征兆。帝国主义试图利用某个附属国镇压其他附属国的伎俩现在已经变得不那么有用了，尽管印度现在依旧偏弱，但是她不允许自己成为帝国主义博弈中的爪牙。”② 尼赫鲁对中国在亚洲民族解放运动和建立亚洲组织上重要性的认知一直影响着他的外交政策思想体系的建构。

第二阶段，1947年印度独立至1954年，即亚洲主义思想的酝酿阶段。随着第二次世界大战的结束，英国撤出印度次大陆，第三世界国家纷纷宣布独立，国际形势发生巨大变化。尼赫鲁的亚洲主义思想在这一阶段有了新的内涵：亚洲时代已经来临，亚洲事务不再单是亚洲的事务，而是世界的事务，要让世界感受到亚洲的力量。

在尼赫鲁看来，欧洲国家已经处于没落阶段：

> 多数的欧洲国家都充满着它们相互间的仇恨、过去的冲突和

---

① S. Gopal eds. *Selected Works of Jawaharlal Nehru*, Volume 2, p.290.

② Ibid., p.271.

> 不公平。帝国主义国家中更不可避免地加上了那种被统治者对它们的深切憎恶。英国由于它那长期帝国主义统治的历史，它的包袱是最重的。[①]

西方民族国家背负的传统的包袱和冲突太多，已经到了无法挽救的地步，而新的亚洲国家由于没有受到欧洲经验和民族国家对立传统的污染，没有受到仇恨和战争的困扰，而且有自己悠久的传统和文明的积淀，因此，只有新独立的亚洲国家才能向旧世界展示合作及和平共处的榜样。

这一阶段标志性的事件是1947年在印度召开的亚洲国际关系会议。在此次会议上，尼赫鲁充分表达了对亚洲承担新任务和新角色的信心和希望：

> 我们现在处于旧时代结束，新时代来临的时刻。在这个新旧分裂的时刻，我们回溯久远的过去，展望未来。亚洲在经受长期的压迫之后，突然在世界事务中又变得很重要了。我们看看几千年的历史，亚洲大陆在人类演化过程中扮演了重要的角色。这里是人类文明起源的地方，在这里，人类开始了最初对生命无尽的探索。[②]

他在亚洲关系会议开幕式演讲中说："我们亚洲国家曾经向西方宫廷和议会乞求帮助，但这已经成为历史。亚洲国家要独立自主，与那些愿意与我们合作的国家进行合作。我们不希望成为其他国家的玩物。"[③]

尼赫鲁认为一个新的时代——亚洲的时代已经到来。亚洲受欧洲剥削限制的时代已经结束，新的亚洲将会以合作的姿态迎接未来。

> 我们在这里相聚，这一刻，过去两个世纪已经从我们的脑海中消失，我们又像过去那样以自由主权国家的身份进行思考了。然而，我们并不只是思考过去，而是要规划未来，在造就未来的过程中，我们是其中的一分子。我希望，未来会比过去更加辉煌。

---

① 〔印〕贾瓦哈拉尔·尼赫鲁：《印度的发现》，齐文译，第729—730页。

② S. Gopal, *Selected Works of Jawaharlal Nehru*, Second Series, Volume 2, p.503.

③ Ibid., p.506.

这不仅仅是亚洲的未来，而且是整个世界的未来，因为我们不会组建新的亚洲国家集团反对其他国家，而是要促进世界所有国家的合作，共同推进和平和自由的伟大事业。[①]

他驳斥了认为亚洲国际关系会议是泛亚主义的说法，说亚洲国际关系会议并不针对其他国家，而是为了促进世界和平与发展。尼赫鲁认同并期待亚洲民族主义复兴的势不可当。[②]

尼赫鲁特别强调亚洲在遏制冲突、维护世界和平中的重要性，认为亚洲是世界和平的关键。"在这个原子时代，亚洲将会在维护和平方面发挥有效的作用。如果亚洲不发挥作用，确实没有和平而言。现在，许多国家都发生了冲突，亚洲国家也有自己的问题。然而，亚洲精神和观点是和平的，亚洲在世界事务中的崛起将会是世界和平强有力的影响力量。"[③] 显然，尼赫鲁提倡超越两大阵营之间的对立，建立平等的世界秩序，反对霸权。

在这个阶段，尼赫鲁力图将亚洲主义思想付诸实施，为此进行了多次尝试，但最终都归于失败。尼赫鲁在东南亚总理会议上谈到此前的多次尝试。他同意印尼总理阿里·沙斯特罗阿米佐约（Ali Sastroamidjojo）的看法，召开亚非会议会遭遇诸多困难，包括邀请哪些国家参加，与会国家是否会达成一致的协议等。[④] 虽然在召开亚非会议之前遭遇了诸多困难，但印度、印尼等国的领导人还是共同促成了亚非会议的召开。

第三阶段，1954年中印缅倡导的和平共处五项原则和1955年万隆会议的召开，标志着亚洲主义思想付诸实施。亚非会议决议文件阐明了亚非国家之间在经济、文化领域的合作，以及促进世界和平与合作。在冷战背景下召开亚非国家会议并不容易，因为这样的行为会导致两大集团的不满和猜忌。尼赫鲁在亚非会议筹备和召开过程中的一系列行动体现了他要争当世界一流大国、不愿沦为二等国家的雄心。

---

① S. Gopal, *Selected Works of Jawaharlal Nehru*, Second Series, Volume 2, p.501.

② Mira Sinha, "China: Making and Unmaking of Nehru Foreign Policy," *China Report*, March 1, 1979, Volume 15 Issue 2, pp.51-64.

③ S. Gopal, *Selected Works of Jawaharlal Nehru*, Second Series, Volume 2, p.507.

④ S. Gopal, *Selected Works of Jawaharlal Nehru*, Second Series, Volume 25, New Delhi, Jawahalal Nehru Memorial Fund Teen Murti House, 1999, pp.431-432.

1954年6月，周恩来总理在访问印度和缅甸时发表了和平共处五项原则声明。在万隆会议上，和平共处五项原则被正式写入决议文件。万隆会议的召开显示了亚非国家求同存异、共同反对殖民主义和帝国主义的决心和勇气。周恩来总理在闭幕大会上指出："会议的成就是开始了，或者增进了亚非各国之间的了解，并在某些主要问题上达成了协议，这对于我们在反对殖民主义、拥护世界和平、增进彼此之间友好合作的共同任务上将有很大帮助。这个会议相当地满足了亚非人民和世界人民的愿望。"[①]

印度是万隆会议的发起国之一，在亚非会议召开之前，尼赫鲁积极与南亚和东南亚国家协调筹备，邀请中国与会也离不开他的努力。尼赫鲁非常看重这次会议，认为"万隆会议是亚洲国家第一次作为独立国家，在没有受到外部压力情况下，清楚地表明自己的立场和观点的会议"。[②] 亚非会议是亚非国家第一次以独立国家的身份在国际舞台上发声，"今天世界上有两个超级大国，它们谁都无法击败对方，但显然可以毁灭对方，也能毁灭世界。"[③] 在维护世界和平与安全方面，亚洲国家无疑是最重要的。

对于亚非国家如何发挥作用才能维持世界和平，尼赫鲁既强调民族国家作为独立主权的个体在维护世界和平和自我防卫中的重要性，同时也指出，在处理原子弹爆炸、核辐射等问题上，单个国家的力量还是有限的。[④] 在这种情况下，亚洲必须以自己的思想和理念发挥影响。

> 不论我们的影响是大还是小，如果我们代表亚洲的理念，如果我们代表亚洲的活力，这种影响必须以思想和目标作为支持，朝向正确而独立的方向发挥作用。如果我们不能代表亚洲，那我们代表什么？我们是欧洲或者美洲或者俄国的复制品，还是什么？我们是亚洲人或者非洲人。如果我们成为俄国或者美国或者欧洲任何国家阵营的追随者，这与我们的尊严，我们新获得的独立，我们新获得的自由，我们新的精神和我们新的独立自主地位

---

① 《庆贺亚非会议的成就》,《人民日报》1955年4月26日。

② S. Gopal, *Selected Works of Jawaharlal Nehru*, Second Series, Volume 28, New Delhi, Jawahalal Nehru Memorial Fund Teen Murti House, 2001, p.157.

③ Ibid., p.108.

④ Ibid., p.126.

非常不相称。①

我们面对的是军事力量，但是我认为道德力量很重要，亚洲和非洲的道德力量是世界必须倚重的力量！②

在尼赫鲁看来，亚洲事务已不仅仅是亚洲地区的事情，而是具有世界意义的大事。"在过去的几年，亚洲在世界事务中的地位在逐步改变，亚洲国家与欧洲或者美洲国家之间的关系也在发生变化。"③ "今天亚洲有另一种精神。因为今天的亚洲不再僵化，不再被动，并不唯命是从，不再容忍长期套在亚洲身上的锁链。亚洲是活跃的，充满活力，充满生机。"④ 他认为这样一股新生力量应该在建立国际新秩序上发挥更大的作用。

在亚洲合作议题上，尼赫鲁更强调经济和文化的主体地位，军事力量建设属次要因素：

每个出席会议的国家都迫切希望在经济、工业或者经济工业相关领域取得进步，使这些产业成为我们的力量源泉——基本的力量源泉。我认为，这是一个国家士气、活力和生机之所在。⑤

如果我们有一支军队，但是没有后备支持力量，也毫无用处。因此，工业支持才是国家所真正需要的；如果没有经济力量，军队无法生存，因为武器在别处制造，我们就不得不依赖他者。⑥

因而，他反对军事联盟，认为在科技发达的时代，小国之间的联合也无法实现真正的互助。小国之间的军事联盟根本无法降低冲突。⑦

在尼赫鲁的亚洲合作设想中，中国和印度是亚洲东部和南部的主导，

---

① S. Gopal, *Selected Works of Jawaharlal Nehru*, Second Series, Volume 28, New Delhi, Jawahalal Nehru Memorial Fund Teen Murti House, 2001, p.127.

② Ibid., p.109.

③ Ibid., Volume 20, Volume 27.

④ Ibid., p.126.

⑤ Ibid., p.115.

⑥ Ibid., p.114.

⑦ Ibid., p.120.

西亚则在一定程度上由不结盟运动的代表之一埃及所取代。在一份有关亚非国家在联合国中地位的备忘录中，尼赫鲁谈到，“我们承认所有这些国家（指西亚国家）的个体独立存在，但事实上，中东政治主要取决于埃及的情况。因此，开罗是我们最重要的中心。……从本质上说，埃及主要眼朝西亚。因此，我们对中东的主要途径是通过埃及”。[①] 在这些力量中，印度是自然的中心。尼赫鲁在亚洲国际关系会议所致开幕词中说：“印度在亚洲新的发展时期发挥她的作用是应该的。除了印度成为自由而独立国家这一事实外，她也是亚洲诸多势力中天然的中心和关键的地方。地理是一个令人瞩目的因素，从地理上说，印度位于西亚、亚洲北部、东亚和东南亚的交汇点。”[②] 这十分清晰地体现了尼赫鲁的大国思想。

当然，尼赫鲁也意识到不能忽视中国的力量。早在布鲁塞尔被压迫民族大会上，尼赫鲁就表现出对中国人年轻活力的赞赏，期盼中国革命早日成功：

> 随着第二次世界大战的结束，在亚洲发生了一个重大的事件。这就是伟大的中国在经历数百年的动荡和压迫之后的崛起。这是战后局势的主要方面。印度虽然没有任何军事力量，但却有力量应对任何可能到来的危险。……我确信，没有任何国家能够征服印度，即使两个超级大国联合也不能征服印度；即使有原子弹或氢弹也无法征服印度。我知道我的人民。但是我也知道，如果我们依赖其他国家的支持，不论是哪个超级大国，我们都会变得真正的虚弱。[③]

他引用缅甸领导人吴努（U Nu）的话来表明中印在亚非合作中的主导地位：“事实上，出席万隆会议的两个最重要的国家是中国和印度。确实，吴努曾在私人会面中指出，如果没有中国和印度，万隆会议将不具有任何意义。”[④]

---

① S. Gopal, *Selected Works of Jawaharlal Nehru*, Second Series, Volume 24, New Delhi, Jawahalal Nehru Memorial Fund Teen Murti House, 1999, p.556.

② S. Gopal, *Selected Works of Jawaharlal Nehru*, Second Series, Volume 2, p.506.

③ S. Gopal, *Selected Works of Jawaharlal Nehru*, Second Series, Volume 28, p.107.

④ S. Gopal, *Selected Works of Jawaharlal Nehru*, Second Series, Volume 28, p.107.

亚非会议后不久，1959年中印关系开始逐渐明显恶化，直至1962年中印边界战争的爆发，之后尼赫鲁的对外政策明显转向，他所倡导的亚洲主义思想也名存实亡。

三、尼赫鲁亚洲主义思想的特点

尼赫鲁的亚洲主义思想继承有英帝国的遗产，将印度复兴与外交上的单边主义和霸权主义相结合，体现了尼赫鲁争当世界大国的雄心与抱负。大体来说，尼赫鲁亚洲主义思想具有以下三个特征。

第一，延伸性。尼赫鲁的亚洲主义思想具有纵向时间和横向空间的延伸性。从纵向的角度看，尼赫鲁亚洲主义思想的发展与印度殖民统治时期、独立前夕和独立后的发展阶段契合，是英帝国遗产与印度复兴思想的结合。古代印度只是一个地理概念，英国进入印度后，开始设想“建立一个印度实体，而这就需要确保包括今天的巴基斯坦、印度、孟加拉国和缅甸在内的整个次大陆的安全。尽管这片土地上不存在印度这个国家，但这里被当作国家来治理，还确定并赋予了它类似印度国家利益的特征”。[①]尼赫鲁将古代印度文化的复兴、英帝国遗产和独立后印度的发展结合在一起，力图“打造以印度为主干的南亚地区秩序，并反对任何国家企图在与印度毗邻的土地上集结足以构成威胁的力量，无论这样的国家国内政治如何”[②]。从横向空间来看，尼赫鲁的亚洲主义思想以印度是南亚的自然霸主为核心，首先掌控周边的南亚国家，然后以南亚为中心，向东延伸至东南亚，东北延伸至中国，向西延伸至中东，向北延伸到中亚，实现印度争当世界一流大国的梦想。

第二，混杂性。尼赫鲁的亚洲主义思想既强调亚洲古老的文化传统，又以西方现代民族国家作为体系建构的基础，以亚洲和平的文化来拯救西方现代民族国家体系的败落。尼赫鲁的上述思想旨在确认印度亚洲身份的同时，赋予其一个特殊的身份，即东西方交流的跳板。印度作为英国的殖民地，在语言和文化方面有一定优势，可以作为东西方交流沟通的桥梁。这是尼赫鲁亚洲主义思想背后隐藏的动机。亚洲主义思想混杂性的另一个

---

① 〔美〕亨利·基辛格：《世界秩序》，胡利平等译，中信出版社，2015，第256页。
② 同上。

内容是印度文化发展的特点。印度文化自古以来以吸收外来文明、接纳外来文化并融入本土文化体系见长，近代以来，英国文化入侵虽不同于古代，但印度似乎很好地融合了东西方文明。尼赫鲁将东方文明与西方文明相结合，意在表明这是印度文化悠久的传统，在这方面，印度甚至可以作为世界文化交流的样板，印度模式在世界上是独一无二的，对当代国际秩序的建构具有典型意义。

第三，世界性。两大阵营以社会主义和资本主义作为建构世界的基础，尼赫鲁虽然强调民族国家的主体建构地位，但民族国家这个最基本的单元在建构国际秩序上显然有些苍白，亚洲地方主义则可以作为世界通行的标准。在亚洲，既有社会主义国家，又有资本主义国家。但是在亚洲合作体系内，这些国家可以超越意识形态，实现地区合作，这样的组织和合作当然具有世界意义。因而，他指出，亚洲的事务并不只局限于亚洲范围内，而成为世界性的事务，认为亚洲、欧洲、美洲的地位也在不断发生变化，欧洲近代以来民族国家的发展已进入衰败期，亚洲则进入崛起复兴期，世界力量对比的天平正向亚洲倾斜。亚洲的文化理念与和平发展趋势将成为全世界的主流。

四、尼赫鲁亚洲区域合作思想与中印关系

在英国殖民统治时期，中印关系非常友好。对面对苦难中国人展现出的勇气、乐观和精诚团结的精神，尼赫鲁由衷地钦佩。[①] 在布鲁塞尔被压迫民族大会上，尼赫鲁对中国代表印象深刻。他在报告中写到，大部分中国代表非常年轻，满是能量和热情，是一股积极向上的力量。这颠覆了他对中国人平静而超然的看法。他还说希望印度也能出现这样有活力、积极向上的力量。[②] 在抗日战争时期，尼赫鲁为首的印度民族主义力量向中国派出了医疗队。但是，1947年印度自治领建立后，印度继承了英帝国的殖民遗产，在“西藏问题”上觊觎英印特权，更企图把西藏作为“缓冲”区，导致中印关系逐步恶化。

早在印度独立前，尼赫鲁就认识到太平洋地区在未来国际格局中的重

① 杨天石:《蒋介石与尼赫鲁》,《中国文化》2009年第2期，第144页。

② S. Gopal eds., *Selected Works of Jawaharlal Nehru*, Volume 2, p.280.

要性：

> 在将来，太平洋将要代替大西洋而成为全世界的神经中枢。印度虽然并非一个直接的太平洋国家，却不可避免地将在那里发挥重要影响。在印度洋地区，在东南亚一直到中亚细亚，印度也将发展成为经济和政治活动的中心。在那个正将要迅速发展起来的世界的一部分，它的地位在经济上和战略上是有重要性的。[①]

对尼赫鲁而言，印度洋地区是印度的天然控制范围，至于太平洋地区，虽不是印度的势力范围，但它要在太平洋国际体系中发挥作用。印度不能作为二流国家，要做一流的大国。

中国是亚太地区最重要的国家，印度要在亚太政治中发挥作用，就必须与中国合作。在当时的冷战大背景下，印度在经济、政治和军事实力较弱的情况下要实现登上世界政治舞台中心的野心，唯有仰赖中国的支持。中国拥有古老的传统，丰富的文化。尼赫鲁认识到，如果没有中国合作，他的亚洲主义、新民族主义等外交构想都无法实现。为了让中国以合作者的身份出现在印度的外交政策框架内，尼赫鲁尽量降低意识形态在中国身份认同上的分量，强调中国身份认同中的亚洲民族国家单元的主体地位，通过民族主义思想冲淡意识形态上的划分，将中国与苏联区分开来，纳入亚洲主义体系范围内。

在对中国的地位进行定位后，在中印关系上，尼赫鲁曾确立了自己的原则，即走平衡战略，以印度地区利益为主，尽可能采取政治解决方式，拒谈争议问题，同时，压制印度国内反华右派势力将中国作为敌人的强势姿态。尼赫鲁既然需要中国的合作，就尽量避免在意识形态问题上与国内外保守力量发生冲突，为此，他极力贩卖所谓的“新民族主义”，即不同于西欧原生民族主义的第三世界民族国家建构中的民族主义思想，[②] 通过强调民族主义思想，超越意识形态上的差异，以亚洲民族主义原则建立两国之间的和平共处关系，这样可以向旧世界展示不同社会制度和意识形态的国家之间可以和平共处，说明第三世界国家，也就是新民族主义国家可

---

① 〔印〕贾瓦哈拉尔·尼赫鲁：《印度的发现》，第712页。

② Mira Sinha, *China: Making and Unmaking of Nehru Foreign Policy,* p.52.

以创造新的世界秩序和国际社会运行规则。

在确立平衡战略后，20世纪50年代初，尼赫鲁大体上以合作伙伴的身份来处理中印关系，包括承认中华人民共和国、支持中国恢复联合国合法席位等。在“西藏问题”上，尼赫鲁本人实际上想将西藏作为中印之间的缓冲区。在中国人民解放军进驻西藏后，尼赫鲁明确表示抗议和反对，称：“中国政府的行为危害了印度在西藏的利益以及我们对西藏的承诺；为了世界和平，我们希望促成中国得到世界认可的努力遭遇挫折。”[①] 他认为解放军驻藏辜负了印度的友好行为。尼赫鲁在接受路透社记者采访时说：“我们感觉印度并没有因为外交上对北京的友好态度而收到回报。我们在两个备忘录中向北京表达了不满和愤怒。”[②] 尼赫鲁还指出，如果西藏向联合国提出申诉，印度可能会重新审视其对华政策。[③] 中国政府明确宣布西藏是中国的一部分，“西藏问题”完全是中国的内政。1951年5月23日，中央人民政府代表和西藏地方政府全权代表在北京签订《中央人民政府和西藏地方政府关于和平解放西藏办法的协议》，以法律条文的形式确认西藏是中国不可分割的一部分。当时，尽管中印在“西藏问题”上存在分歧和矛盾，但并没有影响中印友好关系的发展大势。1950年11月1日，尼赫鲁发给B.N.劳（B.N. Rau）的电报中，强调这些发展（中国在西藏的军事行动）不会影响印度总的政策，或者影响到他们对中华人民共和国恢复联合国合法席位的支持。[④]

这一时期，印度外交政策的目标是将其他大国排除在亚洲区域范围之外，再加上中印两国在民族解放运动中积累的友谊和双方历史上的友好关系，虽然在“西藏问题”上出现分歧，中印关系的主流依然是和平而友好的。但是，美国与巴基斯坦结盟打破了南亚地区微弱的地区平衡，导致整个南亚地区政治生态环境的恶化，印度开始逐步改变外交政策。

朝鲜战争后，以反共为首要目标的美国开始重新评估其对南亚的政策，因为尼赫鲁坚持不结盟政策，美国转而支持巴基斯坦，在联合国关于

---

① S. Gopal, *Selected Works of Jawaharlal Nehru*, Second Series, Volume 15, Part II, New Delhi, Jawahalal Nehru Memorial Fund Teen Murti House, 1993, p.333.

② Ibid., p.335.

③ Ibid., p.336.

④ Ibid., p.339.

克什米尔问题的投票中，美英都支持巴基斯坦的主张。[①] 1954年5月19日，巴基斯坦与美国订立防御互助同盟条约，这对尼赫鲁的不结盟政策产生了较大影响，他以克什米尔问题为契机表达了不满。在1953—1954年间举行的几次印巴两国总理谈判中，尼赫鲁一直坚持以巴基斯坦人撤出、巴基斯坦退出“侵占”的克什米尔土地、减少联合国的干预、不设立公投行政官等作为谈判的前提条件，这些苛刻的条件实际上等于宣布否定了联合国提出的地区公投方案。[②] 与此同时，印度总统发布命令，宣布印度宪法适用于克什米尔邦，克什米尔正式成为印度的一部分。这样的政治行为实际上是宣布克什米尔不再是争议领土，而是成为印度的一个行政单位。因为巴基斯坦的亲美态度，导致南亚地区平衡的倾斜，尼赫鲁虽然没有放弃不结盟政策，但已开始明显向苏联靠拢。

1953年斯大林逝世后，赫鲁晓夫调整了苏联的外交政策，提出了和平共处、和平竞赛、和平过渡的对外政策总路线。1956年初苏共二十大召开后，中苏不和的传言使尼赫鲁的外交政策架构发生改变。因为赫鲁晓夫和平共处思想的提出，使两大阵营的敌对关系似乎有所缓和，这与尼赫鲁主张的超越意识形态，以民族国家作为国际关系主体，和平共处的原则是一致的。另外，1957年印度大选，国大党也获得了空前的胜利。亚洲乃至国际形势似乎与尼赫鲁的外交思想不谋而合，他所主张的民族主义、不结盟与和平共处成为处理亚洲事务乃至世界事务的准则。尼赫鲁的过度自负使他错误地判断了形势，认为可以抛弃意识形态上的成见，苏联比中国更为可靠。一旦尼赫鲁开始向苏联靠拢，就意味着他不再十分看重与中国的伙伴关系，但又试图利用苏联的力量，将中国被动纳入其外交体系框架之内，巩固印度在亚洲的中心位置。

据英国驻印度高级专员对中印冲突的观察，他认为尼赫鲁对中国和苏联的看法是这样的，即中国此时正处在革命后的“非正常”状态。历史上，中国强盛时经常向外扩张，现在因为工业化和快速的人口增长，扩张趋势更为明显，这对印度来说是危险的；反过来看，苏联现在正处于发展的成熟稳定期，因此，中国和苏联之间存在较大的差异。尼赫鲁在1959年

---

① Victoria Schofield, *Kashmir in Conflict: India, Pakistan and the Unending War* (London: I.B. Tauris& Co Ltd, 2003), p.85.

② Alastair Lamb, *Kashmir: A Disputed Legacy, 1846–1990* (Hertfordshire: Roxford Books, 1991), pp.226-227.

11月的议会辩论中说，他不认为世界上还有任何国家比苏联更向往和平，同时质疑世界上没有任何国家比中国更加不关心和平，在这种形势下（他认为的形势）继续用共产主义和资本主义的思维来思考国际形势已经过时了，甚至苏联和美国也正在彼此接近。接着，该英国官员又分析了尼赫鲁改变想法的原因。他认为，尼赫鲁预料，随着时间的流逝，“中国对印度的威胁只会增加，不会减少”。印度无法依靠自身努力保持独立和领土完整。尼赫鲁将希望寄托在美国对印度的支持或者苏联对中国的约束上。如果印度只依靠第一个希望，也就是说如果它公开与美国结盟，那么苏联可能会感觉到美国在印度建立军事基地的危险而给予中国更多可靠的支持。印度北部边界将成为两个世界集团的分界线，喜马拉雅将成为另一个朝鲜。因此，印度必须避免可能出现加强中苏联系的行动，同样，她必须尽可能利用苏联对印度的同情，鼓励苏联和西方达成和解，让中国离苏联越远越好，继续执行不结盟政策对实现所有这些目标非常关键。[①]

对以往搁置不谈的边境冲突，尼赫鲁也开始改变态度，从试图通过国与国进行政治协商解决问题转向单边采取法律手段非法改变边界现状。例如，印度企图通过地图绘制挑衅中国。1950年的印度地图中，非法的“麦克马洪线”仍是未定界，西段和中段边界同样是用水彩标明是“未定界”。尼泊尔、锡金、不丹都在印度领土范围之外。但是到了1954年，印度修改了地图，中印未定界都被印度单方面标成了已定边界，西段和中段的水彩未定边界线变成了确定的国际边界线。锡金和不丹都被纳入印度北部边界之内，印度官方的解释是印度已与上述两国签署特别协议和条约，将这两个国家纳入了印度防御版图之内。对地图的修改表明，尼赫鲁已从协调谈判的立场转向以法律的僵化手段来处理中印关系。1959年9月4日，在议会进行的关于将“西藏问题”提交联合国的辩论中，尼赫鲁说：“只有总体上接受麦克马洪线之后，我才准备讨论对麦克马洪线的任何解释；这儿或那儿的次要问题的解释——这是完全不同的问题——不是有关这些大面积领土的解释，而是次要细节的解释，究竟这个小山是在哪里，这块小地方是在那儿或这儿，都根据事实，根据地图和现有的证据来确定。这是我准备同中国政府讨论的。我准备接受任何和解的、调解的办法来处理这些问题，我准备在他们或者我们——不管是哪一方——提出异议的时候，由双

---

① “Sino-Indian Relations,” 1959–1960, top secret, DO: 35/8821, The National Archives, London.

方所同意的权力机构就这些次要的修正进行仲裁。这是一个不同的问题。我这样说是由于我并不采取那种狭隘的态度，认为我说的都是对的，别人说的都是错的。但是必须接受总的麦克马洪线，就我们而言，它是存在的，我们接受它。”① 也就是说，尼赫鲁的方法是宣布中印边界确实存在，而且已经明确划界，只有小的改变可以接受，他并不准备认可中印整个边界存在争议。

尼赫鲁虽然一直没有向中国提出非法的“麦克马洪线”问题，但其事实上却一直将非法的“麦克马洪线”视为既定事实。尼赫鲁这是在玩政治游戏，他并没有明确说明非法的“麦克马洪线”是“真正法律意义上的国际边界”。中国一直没有承认过非法的“麦克马洪线”，对于“西姆拉协议”，中国认为这是西藏地方政府代表的行为，与中央政府没有关系，否认条约有效性。1956年底，周恩来总理访问印度期间，在与尼赫鲁谈话时，明确宣布不承认“西姆拉协议”，表示在签订1954年中印友好协议时，西藏地方政府并不接受这条线，但是中央政府告诉西藏政府，这个问题暂时先搁置。② 周总理的谈话释放出一个明显的信号，即这个问题存在争议，需要双方协商解决。在当时，中印边境冲突的解决具有一定的基础，尤其是中国建立的革命政府不同于以往的政府，主张在边界问题上以和平协商的方式予以解决。

1959年十四世达赖喇嘛出逃印度前，中国和印度实际上都主张以协商谈判作为解决中印边界问题的首要方法。但1954年以后，尼赫鲁在中印关系的处理上态度日益僵化，双方边境摩擦事件增多，来自反对党的压力增大，美国总统艾森豪威尔访印等事件的发生，中印边境冲突已经失去了谈判协商解决的机会。尼赫鲁在中印边界问题上的判断出现错误，他认为中国和印度之间不可能发生战争，两者之间的战争会是世界大战，会是核战争。他因为印度收复果阿而信心大增，同时觉得中国刚经历三年自然灾害，苏联撤销援助，经济建设遭遇困难，因此在中印边界问题上的态度越来越强硬，最终导致边境冲突的爆发。随着1962年中印边界战争的爆发，

---

① “Reply to Questions, September 4, 1959,” *Rajya Sabha Debates*, Vol. XXVI, cols 6536-6554, in Madhavan K. Palat, *Selected Works of Jawaharlal Nehru*, Second Series, Volume 52, New Delhi, Jawahalal Nehru Memorial Fund Teen Murti House, 2014, p.245.

② Madhavan K. Palat, *Selected Works of Jawaharlal Nehru*, Second Series, Volume 52, New Delhi, Jawahalal Nehru Memorial Fund Teen Murti House, 2006, p.600.

尼赫鲁所建构的亚洲主义外交政策体系彻底瓦解。再加上国内发展遇到一系列问题，1964年尼赫鲁去世，印度复兴计划也被无限期地搁置。

中印边界问题从最初的协商解决到最后爆发武装冲突是由多种因素决定的，其中两个因素导致了战争的不可避免。第一，印度和中国之间相互理解上存在不对称性。印度受英语教育的精英更多受到东方主义观点的影响，他们对东方或者亚洲文化的理解更多与佛教联系在一起，认为佛教文化是东方文化的延续。佛教起源于印度次大陆，一些印度学者认为佛教的传播是中国印度化的体现。实际上，儒家文化才是中国文化体系中的核心，佛教只是边缘文化体系的一支，即便在佛教相对强盛的时期，佛教的思想体系也在发生转变，不再是原汁原味的印度佛教，而是中国化的佛教。东方主义观点的影响以及对印度复兴的执着，扭曲了印度人对印度文化在中国人世界观中的位置，从而导致双方看法上的错位。当时中国对印度的看法除了佛教来源于印度外，就是印度人到中国的外国列强租界当差，是英国殖民者的走狗和工具。双方认知上的差异也是导致后来中国和印度矛盾的原因之一。

第二，尼赫鲁在执行亚洲区域合作政策时，固守狭隘的民族主义思想。他曾说："无论确定什么样的政策，主持一国外交事务的艺术都在于找到对本国最有利的办法。我们说到国家间的善意时，可以语出至诚。但归根结底，政府是为了它治理的国家的利益服务的。没有一个政府敢于做出任何在短期或长期显然不利于自己国家的事情。"① 同时，在亚洲主义思想体系中，强调印度的中心地位，对外政策推行单边霸权主义。"这些因素导致了独立后的印度推行大国沙文主义的政策，常以'老大哥'自居，妄图把南亚地区变为自己的政治势力范围；而且还驱使他以'亚洲发言人'自居，试图建立一个以印度为核心的'第三势力'，与美、苏为首的两大阵营并立，使两极世界发展成为三极世界。"② 在中印关系方面，没有事先征求中国的观点，就单方面宣布非法的"麦克马洪线"是最终边界，不能有丝毫变动，将中印之间未定界变成最终的边界线，对周边小国边界的认定也是如此。对西藏自治和宗主权问题也持同样的单边主义政策。中国方面则认为边界问题并没有解决，需要谈判，要求双方互相让步，但尼赫鲁并

① 〔美〕亨利·基辛格：《世界秩序》，第259页。

② 王士录：《尼赫鲁外交政策中的霸权主义因素》，《南亚研究季刊》1987年第2期，第67页。

不理会中国协商解决问题的建议和立场，一味采取单边主义的做法。

尼赫鲁的亚洲主义外交思想体系强调国际大背景下亚非拉国家的合作，同超级大国的霸权主义和帝国主义对抗，强调亚非拉国家的复兴，故带有很强的反殖民主义色彩。尼赫鲁以民族国家为主体的国际体系思想，摒弃西方文化中的糟粕，试图将民族主义思想与亚洲古老的文化传统结合，强调和平共处，建构新的国际准则和理念，实现亚洲的复兴，这些都具有一定的进步意义。也是在这样的框架体系内，尼赫鲁在建构自己的国际秩序观念，考虑印度应承担的责任。但1958年之后，尼赫鲁的态度从灵活的政治处理方式转变为法律制度框架内的顽固坚持，以法律问题作为所谓的划分边界的历史依据，在边界问题上对中国横加诬蔑，摒弃了早先的灵活性，这就降低了达成和解并最终解决问题的可能性。1958—1959年，中印边界争端实际上成为零和游戏，非胜即败，中印关系也不断走向恶化，直至1962年中印边界战争的爆发。在这个过程中，尼赫鲁提出的不仅仅是中印边界问题，而且还要在推行外交政策的过程中践行自己的外交理念和亚洲主义思想。从这个角度看，1962年边界战争只不过证明了尼赫鲁亚洲主义政策的失败。

第二节　印度亚洲外交战略调整：从亚洲主义到“印太战略”

印度的亚洲外交战略在很大程度上体现了印度对大国战略的追求。在尼赫鲁政府亚洲主义政策失败后，20世纪90年代印度重拾亚洲主义，历届政府在外交政策上保持了相对的稳定性和一致性。从最初的“向东看政策”演变为“印太战略”，印度的外交重心开始向亚太转移。莫迪政府执政后，在外交上频频出手，相继推出季风计划、“向东干政策”和“印太战略”，文化、经济、军事层面齐头并进，构筑印度大国战略的升级版，国内一片赞誉声。在莫迪外交战略的架构中，“印太战略”是其核心。“印太战略”的历史渊源可追溯到尼赫鲁时期的亚洲主义政策，尼赫鲁亚洲主义政策与莫迪的“印太战略”有着深刻而密切的关系。

一、亚洲主义思想转变为“印太战略”

“印太战略”是印度亚洲政策在新时期的体现。印度国家海洋基金会执行主任库拉纳（Gurpreet S.Khuran）博士在知名智库——国防分析所杂志上发表的文章《海运线路安全：印日合作前景展望》，首次提到“印太”概念。印太概念是指印度洋和西太平洋之间的海域，这一海域沿岸地区包括亚洲国家（包括西亚/中东）和东非。[①] 印度官方提到印太概念是在2012年，时任印度总理曼莫汉·辛格（Manmohan Singh）在印度—东盟纪念峰会上首次提到“印太”。他说：“我们与东盟的战略伙伴关系不但是重新确认我们与邻邦的友好关系和经济联系，也是我们对稳定、安全和繁荣的

① Gurpreet S.Khurana, “Security of Sea Lines: Prospects for India–Japan Cooperation,” *Strategic Analysis*, No.1, 2007, p.150, note 1.

亚洲及周边印太地区战略展望的组成部分。”[①] 由此可见，印度版“印太战略”的覆盖区域包括整个亚洲，甚至远及东非，其发展经过了很长的历史时段，总体说来可分为以下三个阶段。

（一）“印太战略”的缘起：拉奥政府的经济外交和全方位多元外交

苏联解体后，美国独大，长期以来以不结盟为外交基石的印度面临着外交的调整，国内经济发展的需求也使印度追求经济和全方位外交。拉奥政府努力改善与美国和欧共体的关系，同时延续与俄罗斯等前苏联国家的友好关系。在亚洲，拉奥政府启动“向东看政策”，与东南亚国家开展经济上的合作。1992年印度成为东盟的“部分对话伙伴”，1996年升格为“正式对话伙伴”，并被邀请参加东盟地区论坛。此时，印度已经看到亚太在全球市场中的地位，表示有兴趣加入亚太经合组织。印度也改善与中国的关系，加强与南亚邻国的经济联系。

（二）“印太战略”的东西贯通：大国战略和现实主义外交

瓦杰帕伊（Atal Bihari Vajpayee）政府时期，印度在对外关系方面经济和军事兼顾。印度人民党一直强调大国战略，上台伊始就进行了五次核试验，并加强常规军事实力，大国外交也体现在拓展与东盟的关系，加强与西亚国家的经贸和军事合作方面。在战略层面，印度外长贾斯旺特·辛格（Jaswant Singh）在《外交事务》上发表文章，[②] 在地理范围上将东亚和西亚连接起来，这种贯通亚洲的政策是新时期印度亚洲战略的重要突破。在现实主义层面，首先，印度加强了与东盟的战略和防务合作。1998年，第一届东盟—印度高级官员会议通过决议，进一步加强双方防务合作。其次，印度通过加强与东南亚国家的双边关系实现向东延展。它先后与越南、缅甸等国开展军事和经济合作。曼莫汉·辛格政府继续深化同东盟在经贸和地区多边机制中的合作。再次，向西拓展。印度改变以往“亲阿反

---

① Manmohan Singh, “Opening Statement by Prime Minister at Plenary Session of India-ASEAN Commemorative Summit,” December 20, 2012, accessed December 1, 2020, https://www.mea.gov.in/Speeches-Statements.htm?dtl/20981/Opening+Statement+by+Prime+Minister+at+Plenary+Session+of+IndiaASEAN+Commemorative+Summit.

② Jaswant Singh, “Against Nuclear Apartheid,” *Foreign Affairs*, Vol. 77, No. 5, pp. 41-52.

以”政策，在阿拉伯与以色列之间奉行“平衡外交”。印度与以色列的关系迅速升温，双方在政治、经贸和军事战略上的交往与合作进一步加强。印度意欲通过改善与阿拉伯世界和以色列的关系，实现东西贯通。

（三）“印太战略”的扩张：莫迪政府打造两洋强国

曼莫汉·辛格领导的统一进步联盟政府积极开拓与亚太国家日韩的关系，但进展有限，莫迪执政后的积极行动给印度外交带来了很多新的变化。莫迪时期“印太战略”的变化体现在三个方面。首先，莫迪将印度“向东看政策”（Looking East Policy）转变为“向东干政策”（Act East Policy）。2014年11月12日，莫迪在东盟–印度峰会上宣布印度“向东看政策”已经变成“向东干政策”。[①] 莫迪政府将“向东看政策”提升到“向东干政策”阶段，就政策本身而言并没有什么新的内容，但在执行力度上的改变具有突破性。印度政府的执行力向来备受诟病，莫迪政府上台后确实为印度政坛带来一股行动之风，在相当大程度上改变了印度陈腐的官僚文化。在就任总理后三年半的时间里，莫迪就访问了东盟十国中的八个。除了营造印度东南亚区域合作态势外，莫迪政府将政策的实施区域扩大到太平洋核心区，加强与美日的联合。

其次，印度加强与美国的战略合作。2015年的印度共和国日，莫迪邀请奥巴马总统参加游行活动。在奥巴马访印期间，美印双方发表了《美印亚太和印度洋地区联合战略展望》的联合声明，声称美国和印度建立更加密切的伙伴关系，对于促进亚太和印度洋地区的和平、繁荣和稳定必不可少。[②] 印度一直寻求成为亚太经合组织的成员国，得到了美国的支持。印度谋求加入亚太经合组织已有20多年时间，因为地理原因始终未能如愿。莫迪政府期望以其积极行动带来新的变化。

再次，印日关系也在莫迪政府时期出现突破性进展，双方的合作范围扩大到国防和军事领域，并且还加强了在国际事务方面的合作。莫迪政府

---

① Prashanth Parameswaran, “Modi Unveils India’s ‘Act East Policy’ to ASEAN in Myanmar,” *Diplomat*, November 17, 2014, accessed December 3, 2020, https://thediplomat.com/2014/11/modi-unveils-indias-act-east-policy-to-asean-in-myanmar/.

② Sourabh Gupta,“ India’s Actions in South China Sea Will Speak Louder than Its Words,” June 1, 2018, accessed March 1, 2020, https://www.scmp.com/week-asia/opinion/article/2148867/indias-actions-south-china-sea-will-speak-louder-its-words.

上台后，双方在军事领域的合作不断增强。莫迪希望实现印度国防工业民族化，对日本的军事技术很感兴趣，希望能够合作生产。两国间也多次开展积极的军事演习活动。2016年，印日明确提出亚非发展走廊的概念，使印度和日本在非洲的合作似乎进入实质阶段。

在全面铺开"向东干政策"的基础上，莫迪的西向战略也取得一定进展。莫迪执政后访问多个阿拉伯国家，签订多项经贸合作协议。2017年7月，莫迪成为首位访问以色列的印度总理。印度和以色列两国扩大了在反恐、国防以及经贸领域的合作。

从拉奥政府开始，印度的"印太战略"就已经在布局，首先加强与东盟国家的经济联系，后来扩大到防务，然后实现海陆两个方向的地理贯通。在稳固与东盟关系后，印度开始向亚太出击，通过加强与亚太强国美日的合作进入亚太核心区域，但印度在亚太核心区的影响力还非常有限，说印度已成为印太强国还为时过早。

二、印度亚洲外交战略思想的特点

从尼赫鲁的亚洲主义到后来的印太外交，印度亚洲外交战略的布局范围在逐步扩大，体现了印度争当世界大国的野心与抱负。总体来说，印度亚洲外交战略思想具有以下三个特征。

第一，阶段性。印度亚洲外交战略具有纵向时间和横向空间的延伸性与阶段性。从纵向时间维度来看，亚洲战略的发展与印度殖民统治时期、独立前夕和独立后的发展阶段比较契合，呈现出亚洲团结合作因素越来越少、印度世界大国的要素越来越清晰的特征。大国主义追求一直贯穿印度亚洲战略的始终，但不同的时段展示出不同的特点：在英国殖民时期，国大党等印度民族主义力量的亚洲战略强调反殖反帝的亚洲团结；独立前夕则带有较强的亚洲崛起的民族主义情绪；1955年亚非会议期间，印度的亚洲战略则强调反对大国霸权的亚非合作主义。在偏离不结盟运动后，亚洲主义战略实际上与冷战格局交织在一起。20世纪90年代，印度的亚洲战略则更加强调印度在亚洲乃至世界格局中的地位。莫迪之前的历届政府一直在打造印度南亚强国的地位，莫迪则塑造印度世界文明大国的地位。再从横向空间维度来看，尼赫鲁的亚洲主义思想以南亚地区为依托，向东延伸至东南亚，东北延伸至中国，向西延伸至中东，向北延伸到中亚，并利用印度洋向东向西延伸的便利，扩充印度的势力范围，实现印度争当世界一流大国的梦想。尼赫鲁的这一战略构想为后来的历届政府所继承，其触及的地理区域呈涟漪式波动。拉奥政府将其扩展到东南亚地区，加强与东南亚地区的经济合作。瓦杰帕伊政府提升了印度与东盟的战略伙伴关系，加强印度与东南亚的互联互通。莫迪政府提出“印太战略”，加强印度与美日的合作，并力图实现亚洲战略与非洲战略的对接。

第二，印度的亚洲外交战略建立在印度人对印度文明独特性的理解基础之上。尼赫鲁的亚洲主义思想既强调亚洲复兴的文明基础，同时也以西方民族国家的体系来建构当代国际关系。以亚洲和平的文化来拯救西方现代民族国家体系的败落，体现的是东方文明与西方文明精华的结合，而印度作为英国的前殖民地，可以作为东西方交流沟通的桥梁，这是尼赫鲁亚洲主义思想背后隐藏的动机。这也为英迪拉·甘地、拉吉夫·甘地和历届国大党政府所继承。印度人民党在思想文化上则有自己的特殊性，它认为印度传统文明是辉煌而独一无二的，是救治现代泛滥的物质文明的良方。印度人民党在思想文化上的主张反映在外交领域，则是认为印度必须享有与自己文明匹配的国际地位。莫迪在外交政策上更加强调文明的独特性。

第三，印度亚洲外交战略深深受制于国际和国内政治。尼赫鲁时期冷战格局形成，以发展中国家为主的民族主义力量在美苏冷战格局中选择和确定生存策略。虽然尼赫鲁主张亚洲民族主义，但效果有限，其后的几届政府深受冷战格局影响，直到20世纪90年代冷战结束，国际格局多元化，印度开始发展全方位外交。进入21世纪以来，世界格局发生新的重大变化。欧美国家的优势地位进一步下降，亚非新兴经济体保持强劲增长势头。同时，全球化的环境问题和发展危机导致西方发展模式影响力弱化，人本主义、可持续发展等理念受到普遍关注，经济和社会层面的变化导致全球政治板块的变动，亚洲地区在全球发展中的重要性日益凸显，尤其是亚太地区受到全球瞩目。美国的亚太再平衡战略，日本脱欧入亚，都显示了这一地区战略重要性的增强。印度政府从20世纪90年代开始展开向东向西的双向战略拓展，把亚洲看作是展示印度大国地位和印度文明的重要平台。外交是一个国家政治的延伸。尼赫鲁时期，印度百废待兴，在国际上影响力有限。20世纪90年代初，印度在经济上出现严重困难，社会问题丛生，政治上极度不稳定，国力衰退导致印度无暇他顾。在实施经济改革政策后，印度综合国力明显提高，国内联合政治局面也渐趋稳定，在外交上的主动行动也开始增加。

三、中国的应对

中国推动的“一带一路”倡议期待印度的支持，印度的“印太战略”同样期待中国的支持。因此，中印两国应该从历史中汲取经验教训，以更加稳健和成熟的方式处理中印关系。

第一，在战略层面，秉持包容开放的心态，积极管理战略竞争，扩大战略共识。中印两国都是大国，现都处于上升态势，两者之间的竞争与合作，甚至摩擦将会成为常态。面对中印关系的现状，双方首先要加强沟通，谋求达成战略共识，增进互信。其次，两国应该保持平等开放的心态，积极看待对方，了解对方的核心利益，求同存异，及时解决双边关系中出现的问题。再次，双方在重大利益上应该采取协商谈判的方式，实现共赢。在一些存在共同利益的外交战略领域，实现对接。

第二，在文化层面，应该加强双方的沟通与了解。首先，加强中印民间文化的交流。莫迪执政后到处宣扬印度独特的文化，宣传瑜伽，开展佛教外交等。面对印度的文化外交，中国也应该加强中国特色文化的宣传。针对印度人对中国的疑虑，中国面向印度的宣传应重点展示中国文化的家族本位、爱好和平的特点。其次，在教育领域，增强中印青年学者的交流。尼赫鲁大学、德里大学都是印度学术研究重地，印度智库人员多来自这里。我们可以邀请青年学者到中国来访学，加深他们对中国文化的了解，这样可以充分发挥文化长效机制的作用。再次，加强对印度文化的研究，知己知彼方能百战不殆。对赴印从业人员开展文化培训，以防止因文化差异导致的矛盾和冲突。

第三，在社会层面，加强双方的合作，促进互惠互利。在经济层面，莫迪政府大力发展基础设施，中国在通信和基建上的优势可以填补印度资金和技术上的劣势，应该让印度看到我们的优势。我们也可以借鉴印度在医药和高等教育上的经验，加快我们在相关领域的发展。在地方层面，印度是两级议会体制，地方有很大的自主性，且印度社会多元特征明显。因此，在国家层面的交流难以短期奏效的情况下，可以通过与印度地方建立友好省邦的方式，以地方合作为突破口。我们可以以云南、贵州、四川等省份牵头、发达地区参与的方式，通过地方合作带动国家层面的友好合作。在民间层面上，开展以智库为中心的民间交流。在智库合作上，我们可以采取与南亚、东南亚等国智库合作的方式，间接实现中印智库的交流。

第三节 中印关系与亚洲未来前景

中国和印度互为邻国，都是世界文明古国，在宗教、文化、历史等方面源远流长，关系密切。在两千多年的交往史中，和平、友好一直是中印关系的主流。虽然两国社会制度、意识形态不同，但20世纪50年代末之前，“印中人民是兄弟”一直是两国关系的总体特征。1959年西藏叛乱及随后十四世达赖喇嘛逃亡印度，以及1962年的边界战争，使中印关系跌入低谷。两国关系在20世纪70年代初开始缓和，80年代末实现正常化。此后30多年来，两国虽在边界问题、“西藏问题”、外交政策等方面仍存有分歧、不和，近年来还发生过对峙和冲突，但总体来看，两国都集中精力发展经济，都需要和平的外部环境，对话、交流、竞争但不对抗应成为双边关系发展的主要特征。中印两国越来越多的政治家、学者和民众认识到，只要中印联手，亚洲就会和平，就会有光明的未来，就能对世界和平与繁荣作出贡献。

一、应理性看待边界问题的影响

妨碍中印关系健康发展的主因是英国殖民印度时期历史遗留下来的边界问题以及与之相关的所谓“西藏问题”，不存在其他什么大的问题。半个多世纪以来，两国虽因边界问题发生过分歧、对峙、武装冲突，乃至边界战争，双边关系因边界争端多有挫折和起伏，但从总的趋势来看，边界问题虽然近年来似乎再度凸显，但从长远来看，对中印关系大局的影响力将趋于减弱。双方都同意对边界问题实行成效管控，务实处理双边关系，印度方面也不乏具有战略眼光的有识之士。主要体现在以下几个方面。

一是边境形势总体上仍算平和。20世纪50年代后期，中印边界问题开始凸显，并导致两国关系不断恶化。20世纪50年代末60年代初，西藏叛乱，十四世达赖喇嘛出逃印度，特别是1962年边界战争，使中印关系全面恶化，印度与中国走向战略对立，中国把印度政府视为各国反动派的领头羊之一。60年代后半期至80年代，中印边界又爆发过几次严重危机。1970年，中印关系开始出现缓和，但缓和进程因第三次印巴战争和印方原因屡屡受挫。1971年12月，印度议会通过法案，将印控中印东段争议地区“东北边境特区”升格为“中央直辖区”。1974年9月，印度通过宪法修正案，把锡金变为它的一个“联系邦”，1975年4月又吞并了锡金。1975年10月，中印边境部队在东段土伦山口发生武装冲突，两国关系再度紧张，导致大使级外交关系迟至1976年9月才得以恢复。1979年2月，印度外长阿塔尔·比哈里·瓦杰帕伊正式访问中国，拟就改善和发展中印关系全面交换意见，但未接受中国提出的解决边界问题互谅互让的“一揽子解决”意见。1981年6月，中国副总理兼外长黄华进行了1960年以来中国政府领导人对印度的首次访问，双方同意边界分歧没有必要成为改善中印关系的障碍。同年12月，中印两国边界问题谈判在中断20年后得以恢复。自1981年12月至1987年11月的6年里，中印就边界问题和发展两国关系的具体措施举行了8轮会谈，虽边界问题进展不大，但印度在1987年第八次边界会谈时在边界问题上的强硬立场开始有所松动，除边界问题之外的其他方面获得了进展。1986—1987年，中印再度因扯冬和桑多洛河谷发生公开争辩和对峙；1986年12月，印度议会通过法案，将此前在中国藏南地区设立的所谓“阿鲁纳恰尔”中央直辖区升格为所谓“阿鲁纳恰尔邦”，中国政府提出严重抗议，宣布不予承认。

20世纪80年代中期，中印关系有了重大进展。1984年10月，接任遇刺身亡的英迪拉·甘地出任总理的拉吉夫·甘地接受访华邀请，中印关系的僵局被打破。1988年12月，拉吉夫·甘地应中国总理李鹏的邀请，在其外祖父尼赫鲁1954年访华34年后作为印度总理第一次访华，恢复了中断28年之久的两国最高领导人之间的对话，被称为“破冰之旅”，标志着1962年以来中印相互对立的结束和新的睦邻关系的开始，中印关系走向成熟。此后，中印边界问题虽有争论、争吵，但都有效避免了大规模武装冲突的发生。

二是对历史问题的认识分歧减少、共识增加。中印边界问题是典型的英国殖民主义的产物。中印两国在边界争端上的症结源于双方对历史遗留问题的不同认识和解读上的差异。

英国在中印边界问题的产生和发展上有着特殊的地位和作用。中印边界问题是英帝国主义者于19世纪末20世纪初期，通过精细谋划，狡诈地埋在中印之间的一颗炸弹。英国为了扩大英属印度势力范围，试图以文件形式划定英属印度的地理边界，为此采取了图谋西藏“自治”，制造非法的“麦克马洪线”等一系列措施，为日后中印边界争端埋下了纷争的种子。中印边界争端长期得不到解决，除了英国因素外，主要还由于中印双方对这一历史遗留问题截然不同的认识和解读。

人们通常把1913—1914年的西姆拉会议作为中印边界问题起源的主要历史事件，将“西姆拉协定”及所附的标有非法的“麦克马洪线”的地图作为中印边界问题起源的重要历史文献。对于此次会议及其文件的有效性，中印双方立场迥异。当时的中国中央政府代表陈贻范虽然（用英文）草签了“中英藏条约草约”，但并未在正式条约文本和地图上签字或盖章，中国中央政府通过三个管道[①]声明陈贻范的草签无效。对于这个十分重要的历史细节，印度方面避而不谈，只是笼而统之地说，尽管后来中国政府拒绝承认“西姆拉协定”，但“三方代表都在协议上签了字”，还进而主观得出结论，说西姆拉会议“确定了印度—西藏，西藏—中国之间的边界”。[②] 印度政府在1947年印度独立后即宣布自然继承英印政府在与中国西藏关系上的“遗产”，接管英国有关西藏的所有条约权利和义务，要求中国接受1914年西姆拉会议的结果，承认非法的“麦克马洪线”。印度的此种宣称显然没有半点道理：一是印度作为新独立国家，怎能“继承”殖民帝国的遗产；二是英国签署“西姆拉协定”时用的是英国政府——并非英印殖民政府——的名义，英印政府成员参加的是英国代表团，独立后的印度有何“资格”来“继承”英国政府的权益！

按照印度官方的立场，中印边界东、中、西段都已不存在问题。印度认为，其北部边界“不是习惯上早已被承认，就是已被条约所确定，或两者兼而有之”；其东段边界已在西姆拉会议上“正式确定下来”，“麦克马

① 这三个管道是：当时的中国中央政府代表陈贻范在西姆拉通知英方，称中国政府拒绝对他草签草约的行为承担责任，不会接受此种解决方案；中国政府照会英国驻北京公使朱尔典（Sir John Jordan），声明界务一端，不能承认；中国政府电告驻伦敦公使刘玉麟，要他到英国外交部声明：中国谈判代表陈贻范是在没有得到中央政府指示和被迫的情况下草签草约的，中国政府不能承认。

② 〔印〕D. R. 曼克卡尔：《谁是六二年的罪人》，第7—8页。

洪线”并非一条新产生的边界线，“只是确认了那个地区长期存在的、基于种族的、自然形成的行政管辖线”，“具有完全合法的地位”。[①] 尼赫鲁在1950年7月中国人民解放军入藏后声称，非法的“麦克马洪线”此后将继续作为印度与中国西藏之间的边界。[②] 关于中段边界，印度认为它沿河系之间分水岭延伸，所谓的根据是“旧时税收记录和地图”以及数百年来印度行使行政管辖权的范围界限。关于西段边界，印方坚称业已划定，所列“理由”是1684年的《丁莫冈条约》以及1842年10月查谟邦多格拉族统治者、克什米尔国王古拉伯·辛格（Gulab Singh）与西藏喇嘛古鲁莎黑巴和清朝皇帝的代表三方签订的一项协议。[③] 尼赫鲁虽然承认“中印边界并没有全线正式划定”，但在后来于1959年9月26日给周恩来的信中却要求把整个阿克赛钦地区划给印度。[④]

历届中国政府一直不接受西姆拉会议的结果，否认非法的“麦克马洪线”的合法性。中华人民共和国政府更是明确认为中印边界从未划定，但主张可根据历史实际情况，通过与印度进行友好谈判协商，重新商定边界线。

鉴于上述在边界历史问题立场上的根本性分歧，再加上国际环境的影响，以及对国内政治的考虑，再加上两国建国时间不长、外交上经验不足，20世纪70年代末之前，中印在处理边界问题和两国关系时，言辞和行动上都有不同程度的不够成熟。80年代以后，两国及国际上对中印边界这一历史遗留问题的认识越来越客观、全面，双方过激或情绪化的言行明显减少。虽然两国对非法的“麦克马洪线”的立场没有根本性改变，但在相关历史研究中出现了一些新的迹象，特别是近年来，包括中、印及英国等国在内的一些学者，利用原始档案资料对中印边界问题的起源、责任和影响，进行了深入研究和解读，提出了新的观点，甚至一些印度学者也接受了中国学者的看法，即英国当年在非法的“麦克马洪线”及“西藏问题”

---

① Dr. P. B. Sinha, Col. A. A. Athale, *History of the Conflict with China, 1962*, Chapter 1, “The Northern Border.”

② “Boundaries between India, Tibet and China,” 1950, FO: 371/84464, The National Archives, London.

③ Dr. Dr. P. B. Sinha, Col. A. A. Athale, *History of the Conflict with China, 1962*, Chapter 1, “The Northern Border.”〔印〕D. R. 曼克卡尔:《谁是六二年的罪人》，第31页。

④ 《尼赫鲁总理给周恩来总理的信》（1958年12月14日），中华人民共和国外交部编《文件汇编（1950年8月—1960年4月）》，第192—195页。

上玩了阴谋，对于中印边境冲突的历史根源难辞其咎，负有直接责任。值得关注的是，中印学术界的研究和交流活动，为官方通过会晤、谈判推动边界问题的解决发挥了越来越多的咨询和支持作用。

就中印两国对边界问题的反应和态度进行比较，可发现更多积极的变化。两国对1962年边界战争的态度大不相同。中国对此一直做淡化处理，认为这只是两国关系中的一个小插曲，近年来在官方媒体、学术会议等场合，较少提及边界问题，教科书中很少提及甚至略去了对这场冲突的记载。印度政界、议会、公众舆论虽然一直把1962年战败视为羞辱，但也提不出多少支持其边界立场的历史依据，激烈、好战的言论明显减少。此外，对待决策者的态度也差异明显。印度国内有些人把当年战败的责任归咎于尼赫鲁，甚至认为他是历史的罪人。中国虽然认为尼赫鲁对边境冲突和两国关系恶化负有不可推卸的责任，但仍然视他为印度民族独立运动的领袖、和平共处五项原则的主要倡导者之一、不结盟运动的主要发起者，是一位具有世界影响的领导人。中国的态度和做法对于中印关系的改善和正常发展，在官方交往、舆论动员等营造氛围方面，起了十分重要的作用。

三是在边界问题上不断增进互信、有效管控分歧。20世纪80年代后期，随着国际格局的变化，印度开始实行大力推进经济发展的政策，两国领导人增加互访，中印关系发展进一步加快，中印边界问题不断向前推进。1988年12月，拉吉夫·甘地访华为中印边界问题最终解决开设了最高层对话渠道。此后，中印就边界问题进行了旷日持久的谈判，在若干问题上达成共识，取得阶段性成果。1991年12月，李鹏总理在中国遭受西方国家制裁之时访问印度，双方对边界问题表示了共同的关心与愿望，签署了五项协议和备忘录，两国关系向前迈进一大步。1993年9月，印度总理拉奥访华，双方签署了几个文件，其中,《关于中印边境实际控制线地区保持和平与安宁的协定》规定双方通过和平友好方式协商解决边界问题，是自1981年两国边界问题谈判以来取得的一个重大进展。1996年11月，江泽民主席应邀访问印度，这是中国国家元首首次访问印度，为中印发展友好关系揭开了新的一页。其间，双方签署《中国和印度关于在中印边境实际控制线地区军事领域建立信任措施的协定》。1998年，两国关系因印度政府以“中国威胁”为借口进行地下核试验再次受到伤害。1999年1月，印度总统纳拉亚南公开收回“中国威胁”论。同年6月，印度外长辛格应邀访华，中印关系再次开始改善。2000年5月，印度总统纳拉亚南对中国进行国事访问。2001年1月，李鹏委员长访问印度，双方取得许多共识。此次访问被称为“了解之旅、友谊之旅、合作之旅”，中印关系得以修复。

进入21世纪之后，中印关系发展掀开新篇章。双方领导人致力于促进面向和平与繁荣的战略合作伙伴关系，推动建设持久和平、共同繁荣的和谐世界。2002年1月，朱镕基总理访问印度，双方签署了6项文件，促进了两国在多个领域的交流与合作，推动了中印关系的进一步发展。2003年6月，印度总理瓦杰帕伊访华，双方签署的《中华人民共和国和印度共和国关系原则和全面合作的宣言》为两国合作提供了一个共同认可的框架，被视为两国发展“长期建设性合作伙伴关系”的纲领性文件。根据《宣言》，“双方同意各自任命特别代表，从两国关系大局的政治角度出发，探讨解决边界问题的框架”，中印边界问题特别代表会晤机制得以建立，会晤内容从原来的聚焦边界问题扩大至整个中印关系。2005年4月温家宝总理访印，达成了《解决中印边界问题政治指导原则的协定》，中印边界问题有了重要进展。2016年4月，中印边界问题特别代表举行了第19次会晤。到2021年为止，边界问题取得了一些实质性进展。根据双方达成的协定：（1）在边界问题未解决的情况下，维护中印边境地区实际控制线两侧的和平与稳定。从1993年和1996年两个协定签订至2017年洞朗对峙事件，中印边境地区基本未发生冲突，双方边民、军队和平共处。（2）根据2003年和2005年领导人互访达成的协定规定，边界问题上的分歧不应影响双边关系的整体发展；双方应本着和平共处五项原则，从两国关系大局的政治角度出发，通过平等协商，寻求公平合理以及双方都能接受的解决边界问题的方案。1996年至2017年，中印边境地区未发生过冲突，双方边民、军队和平共处。莫迪总理2015年5月访华前夕对《时代》杂志说：“中印边境并非动荡不安。四分之一个世纪过去了，连颗子弹都没飞过。”在他访华期间发表的联合声明中写道：“双方确认，早日解决边界问题符合两国的根本利益，是两国政府努力实现的目标。”2015年8月1日，中印两军在2013年曾经对峙数周的斗拉特别奥里地设立第五个边防会晤点，16日，中印边防官兵又在此地共庆印度独立日。11月中下旬，中国中央军委副主席和印度内政部长互访，双方同意维护边境地区和平，决定加强军事合作。2016年1月，中印就在实际控制线一带开设第六个边防会晤点展开磋商，以强化两军之间的沟通和建立信任措施；3月发布的印度国防部报告在谈到中印边境地区时措辞和语气异常平和，称“继续和平”，“两国军队虽然对‘实际控制线’理解不同，但双方通过热线建立了会晤机制，举行了边防人员会议”；4月，中印为通过新一轮“建立互信措施”改善边境管理，双方就建立军事热线进行的会谈取得突破性进展，印度国防部长称“对华关系是印度最优先处理的事务”，印度“致力于进一步发展与中国的友好合作关系”。李克强总理4月21日会见中印边界问题印方特别代表、印度国家安全顾问多瓦尔（Ajit Doval）时表示，要继续从中印关系大局出发，探讨通过外交途径以和平方式妥善解决边界问题；在找到公平合理、双方都能接受的解决方案前，一定要管控好分歧，共同致力于维护边境地区的和平与安宁。这也可以为两国深入推进经贸合作提供稳定的预期。他还指出，当前世界经济复苏乏力，地缘政治动荡更加突出；中印两个最大新兴经济体经济保持中高速增长，对世界是鼓舞，对亚洲是带动；双方要珍惜和维护好两国关系发展势头，充分发挥经济互补优势，开展多领域务实合作，密切在国际和地区事务中的沟通协调，发出中印携手维护和平稳定、促进发展进步的积极信号。多瓦尔表示，印中关系取得了积极进展，两国既面临发展经济的艰巨挑战，也拥有开展合作的巨大机遇。印方愿同中方加强高层交往，深化经济、安全等各领域合作，妥善处理边界问题，推动两国关系取得更大发展。

二、处理南亚地区关系更加冷静、务实

影响中印关系发展的另一重要因素是中印两国与南亚其他国家的关系。南亚地区一向被印度视为其势力范围。在20世纪50年代末至70年代中期，尽管中国本着平等互利、坚持原则的方针发展与巴基斯坦、尼泊尔、不丹等南亚国家的关系，但印度却高度敏感。随着中印关系的明显改善，印度对中国发展与南亚国家的关系反应渐趋冷静，在处理与这些国家的关系时更加务实。目前中印两国在南亚地区有竞争，但难言对抗。

中国与巴基斯坦经济、军事、外交关系密切，但在处理印度最为敏感的克什米尔问题时一向坚持中立原则，在涉及印控克什米尔时谨言慎行，中印关系缓和后还在印巴之间做了大量的调解工作。印度虽然对目前正在推进的中巴经济走廊建设心有不悦，但也很少有过激言辞。有印度媒体对2015年6月中国潜艇首次访巴进行炒作，但也有印媒认为没必要对此过度

解读，印度洋不是印度的“内湖”。

中国西藏地区90%的对外贸易面向尼泊尔，中国对尼泊尔一直提供大量经济援助当在情理之中，但在尼泊尔长期有着主导性影响的印度在很长时间里戒心很重，并屡屡对尼施加影响。对于印度的做法，中国并没有提出批评和指责，甚至在20世纪50年代曾经为了照顾印度的心理，满足其部分要求，修改了与尼泊尔业已签署的道路建设协议，让出一部分路段给印度。2015年4月尼泊尔大地震后，中印都积极援助尼泊尔重建。10月，印度封锁尼印边境导致尼泊尔汽油严重短缺，中国应尼泊尔请求紧急提供了130万升汽油以解燃眉之急，但并未对印度的做法进行评论。

在与不丹、孟加拉国、斯里兰卡等国的关系中，中国也基本上遵循了上述原则。近年来，印度在与邻国的关系上越来越务实，如2015年6月与孟加拉国互换162块飞地，化解了长达300年的恩怨，被称为“南亚柏林墙倒塌”之举。令人感到欣慰的是，20世纪末以来，印度政府、议会、媒体和公众对中国与南亚其他国家发展关系的反应不再像以前那样敏感。如2016年印度国防部报告就与以往不同，没有直接点中国和巴基斯坦的名。在中国与南亚其他国家的关系方面，印度以往警惕、对抗为主调的心态逐渐被审视、竞争所替代。

三、域外因素对中印关系的影响越来越小

20世纪50年代以来，英国、美国、苏联等国，曾经在不同时期对中印关系的发展产生过较大影响。随着中印关系正常化、两国综合国力的提高，以及国际局势的变化，这些因素的影响力越来越小。中华人民共和国成立后一直奉行独立自主外交政策，在中印关系上没有受到任何外部因素的影响，1962年10月进行边境自卫反击战的决定，是在国内国际形势最困难的时候进行的。印度方面，其对华政策20世纪五六十年代多有其前殖民国英国的影子，此后由于主要接受苏联和美国的经济和军事援助，再加上出于共同对付中国的考虑，受这两国的影响较大。美国在1962年边界战争中先是误导印度进行军事冒险，后又向它提供大规模军事援助欲拖延战事，以图扩大美国在印度和南亚次大陆的影响。但印度独立后推行自主外交，即使在中印关系低谷时期最需要外部援助时，也不接受有损国家主权和民族尊严的苛刻条件，与其他国家基本上是互相利用的关系。近年来，

印度外交更加灵活，与其他大国的关系基本上是基于利益原则。2015年11月，就有印媒文章直言不讳，称印度可从中日之间的经济角力中“渔翁得利”。2016年4月，有印度学者直言，“印度永远不愿公开与美国携手”，但为了平衡中国可以与美国及其盟友进行合作。

特别值得注意的是，近年来，夸大、渲染中印不和甚至相互遏制、对抗的主要是日本、美国、英国等外国媒体，印度媒体则很少。如2015年5月，日本媒体称莫迪推行“近交远交”外交战略是为了遏制中国；9月初，日本媒体和澳大利亚媒体称印澳首次举行海军演习剑指中国潜艇；12月，日本媒体把首相安倍晋三访问印度、日印走近称意在应对“中国崛起”；美国媒体把印日签署铁路和防务协议说成是图谋制衡中国。2015年5月底，在莫迪访问孟加拉国前夕，英、日、美、澳等西方媒体更是齐声炒作“中印竞争”；6月，美国媒体称，中国潜艇首次访问巴基斯坦令印度不安；7月，莫迪展开史无前例的中亚之行，英国媒体称莫迪此行是为了在中亚追赶中国的影响力。印度有少数人，如空军参谋长妄称中国“遏制印度”，但多数媒体发声较为理性。如2016年4月，有印媒就中国在斯里兰卡建设港口，中斯加强防务合作只是说给印度带来了挑战，没有使用批评性的语气，还有印媒提醒对美国要保持戒心；同月，美国国防部长卡特访印，大谈美印“注定要在本世纪成为战略伙伴”。印媒直言警告，说卡特此行有中国因素，印度应“睁大眼睛”不要被他国利用。美国学者也认为，美方极力拉拢印度反华多半会失望。印度防长在卡特访印几天后便前往中国访问，主要目的是落实两国在2013年达成的边防合作协议。对于美国渲染美印战略同盟关系，声称在地区和全球层面上支持印度发挥更大作用，中国并未评头论足，而是胸襟宽广，泰然处之。而就在这个节点上，中俄印三国外长在莫斯科会晤时发表了南海问题应当通过当事国之间谈判解决的声明，支持了中国的立场。

四、中印之间共同利益远大于分歧

中印之间相互了解不对称，中国人对印度的了解要远远大于印度人对中国的了解。边界争端及其导致的关系恶化对中印两国来说，都有值得总结的地方，对于两国自身的建设和发展都造成了一些负面影响。特别是对印度来说，1962年战败对尼赫鲁和整个国家都是羞辱，心理和战略层面的影响持续至今。中、印分别在20世纪七八十年代末开始集中精力搞经济建设，虽然边界问题至今仍未解决，战略谋划多有不同，也存在竞争，但两国良好的双边关系至关重要，拥有越来越多共同的经济利益和商业利益。中印双边贸易额在2021年首破千亿美元，达到1256亿美元，且增长趋势明显。两国在地区和国际上的利益相同或接近的方面远大于分歧，其演进前景绝对应当是双赢而非零和博弈。2015年6月，中国自1962年战争后首次开放乃堆拉山口，为印度朝圣者进入西藏提供方便。印度分析人士认为中国此举表现出极大善意，印度也应释放出更多积极信号。不少印度媒体和高官认为，中国是发展"最好的榜样"，"一带一路"倡议、亚投行、金砖国家新开发银行、区域全面经济伙伴关系等，都是为了各国合作共赢；印度应积极看待"一带一路"倡议，其连通中亚政策应与"一带一路"倡议协调推进，心态应更加开放，搭上中国的"丝路班车"。2016年4月，中印高层表示要妥善处理边界问题，深化经济、安全等各领域合作，推动两国关系取得更大发展，成为亚洲发展的"巨大引擎"。

2022年3月25日，国务委员兼外长王毅对印度进行工作访问，会见印度国家安全顾问多瓦尔。王毅表示，作为两个发展中大国和新兴经济体代表，中印应坚持走好自己选择的道路，携手合作，为促进地区乃至世界和平稳定作出各自的贡献。王毅提出了以长远眼光看待双方关系，以共赢思维看待彼此发展、以合作姿态参与多边进程等三点思路。多瓦尔表示，印方同样认为印中是伙伴不是对手，"正如礁石不能阻挡河流奔涌向前，双方的分歧不应改变两国关系向好的大势"。就边界问题，会见中"双方肯定两国军长级会谈成果和外交共识，同意加快解决遗留的个别问题，管控好现地局势，避免误解误判。遵循2005年两国政府关于解决中印边界问题政治指导原则的协定，通过和平友好方式协商解决边界问题，互不使用武力或以武力相威胁"。[①]

虽然中印边界问题极其复杂，解决问题需要有长期准备，中印关系还有许多问题需要处理，今后的发展过程不可能一帆风顺，但我们应认识到，从长远来看，边界问题对中印关系的消极影响在趋向减少，维护边境地区的安宁、寻求共同发展已成为中印两国的共识。中印两大文明古国，

---

① 《王毅会见印度国家安全顾问多瓦尔》，新华网，2022年3月26日，https://baijiahao.baidu.com/s?id=1728332553508263801&wfr=spider&for=pc，访问日期：2022年4月27日。

有足够的智慧和耐心最终找到公平、公正地解决复杂棘手的边界问题的方法。只要双方都采取主动行动，进一步加强交往和互动，切实照顾彼此的利益关切，妥善管控分歧，就会实现共赢。越来越多的中印有识之士达成共识：只要中印携手，亚洲大陆就会和平、稳定，整个亚洲就不大可能出现大的动荡。中印关系的和平发展，对于亚洲乃至整个世界都具有十分重要的意义。

第四节　中美印关系发展与“印太战略”的前景

“印太战略”成为近年来国际上热炒的一个话题。美国和印度作为“印太战略”四国中最重要的两大政治体，其双边关系，它们分别与中国的关系，以及中美印关系的过去、现在和未来，将在很大程度上决定着“印太战略”的走向。鉴于美印之间缺乏平等和尊重、存在差异和分歧，中印关系和中美关系的相互影响日趋增强，以及印太区域内国家的态度等因素，印度在“印太战略”上长期与美国携手或相向而行的几率不大，美国拉拢印度遏制或围堵中国，防止中国在该地区扩大影响的图谋碍难实现。

从2010年开始，美国、印度、日本和澳大利亚的战略分析人士和政治人物纷纷提出“印太”（Indo-Pacific）概念。2014年以来，“印太”更是成为上述四国媒体热炒，国际上日益关注的词汇，已成为一种新的区域安全概念和地缘战略构想，并被广泛用于美、日等国的官方文件和政要的演说中，且在美、日、印、澳等国有升级为“战略”之势。美国和印度作为“印太战略”框架内最重要的两大政治体，两国关系及其与中国的双边关系和中美印三边关系的历史基础、现状及未来发展，将在很大程度上决定“印太战略”的地缘格局演变甚至结局。

一、中美印大不相同的历史基础

中印之间和平与友好有着深厚的基础。两国交往历史久远，且友好发展曾占据绝对主流。近代以来，两国命运类似，都曾是半殖民地或殖民地，摆脱帝国主义剥削和压迫成为两个国家各民族追求和奋斗的目标，相互关心、声援、支持和帮助成为两国关系史乃至世界历史上的佳话。中印在20世纪三四十年代的中国革命、抗日战争及印度的民族独立运动中相互支持。印度虽然早就开始了民族解放运动，但因种族、宗教、语言等原因，一直缺乏内合力和凝聚力，因此，印度民族运动的诸多领导人对中国人民在惨烈的革命运动和抗击日本侵略的战争中所表现出来的英勇顽强、不怕牺牲，特别是团结精神由衷地钦佩和赞赏，高度希望中国发生的事情能作为外力，促动印度国内民众的觉醒和团结，也期望中印能携起手来，为亚洲的联合与觉醒发挥重大作用。尼赫鲁在1938年曾赞扬中国人民团结战斗的精神是“为民族自由而团结和牺牲的榜样”，号召印度人民学习中国人民。1939年8月访问中国前夕，他盛赞中国人民的抗日战争，“中国是争取自由斗争的大无畏精神的象征，是战胜灾难的决心的象征，是在共同的敌人面前团结的象征”，① 以实际行动表达了对中国人民抗日战争的支持。他在1938年和1939年多次发表文章和讲话指出，都在争取自由的中印两国人民相互支持非常必要，中国抗战的成败直接影响着印度民族解放事业，支持中国有利于印度民族运动的发展。后出任印度共和国副总统和总统的拉达克里希南在1944年时认为，中国人民抵抗日本铸就的精神团结“显然优于印度”，② 意欲用中国军民团结一致抵抗外来敌人的形象来警醒也在为民族独立而斗争的印度民众。中国在抗战期间，共产党和国民党等各派政治势力都对印度在多个方面提供了宝贵支持，特别是敦促英国改变对印政策，把罗斯福、丘吉尔的大西洋宣言“从字面化为实际，不把民族自决当作空谈”。印度在1943年10月为史迪威组建和训练中国军队提供方便，而中国军队1944年在缅北取得的重大军事胜利大大鼓舞了印度的士气。1945年日本无条件投降第二天，尼赫鲁、阿扎德、甘地等印度民族主义领袖纷纷致电祝贺中国的胜利，中国人民也通过报刊、电台和集会等形式，向国大党和印度人民表示了最衷心的感谢。可以说，中国的抗战在精神、意志及外交和军事等方面给予了印度民众前所未有的鼓舞和支持，印度民族独立运动得到的最大的国际支持来自中国的政府、各派政治力量和人民。中印人民相互支持、相互帮助，凝结了深厚、真诚的感情，成为中印友好史上最为光辉的篇章，抗战使中印两国在现代史上第一次彼此成为重要伙伴。

---

① 尚劝余：《尼赫鲁与中国抗日战争——纪念反法西斯战争胜利50周年》，《南亚研究季刊》1995年第4期，第56页。

② S. Radhakrishnan, *India and China: Lectures Delivered in China in May 1944* (Bombay: Hind Kitabs Ltd., 1954), pp.28-29.

中华人民共和国成立之后，中印关系迅速发展，在20世纪50年代中期亲至“蜜月”。两国共同首倡了和平共处五项原则，中印友好关系在万隆会议上达到顶峰。1956年周恩来总理访印时表示，在伟大的甘地和尼赫鲁总理领导下，印度人民在争取独立的斗争中取得了辉煌的胜利，两国虽然取得独立的道路不一样，但“维护独立、建设祖国和保卫和平的共同目标是一致的。这些共同目标为我们两国的亲密合作提供了深厚的基础”。虽然50年代后期中印关系恶化、60年代初还发生过边界战争，但80年代后期就恢复了正常关系。尽管边界争端仍未解决，是制约两国深化友好关系的主要障碍，但已不足以影响两国关系的大局。2017年洞朗事件后，中印都更加务实，特别是2018年4月习近平主席和莫迪总理的武汉会晤，被莫迪一再强调具有“里程碑意义”，双方达成共识，两个国家不应彼此视为威胁和对手，而应成为通过合作实现共同发展的伙伴。此后，印度的对华言论比以前明显缓和，双方互信增加，中印关系有所升温，日趋成熟，比以前更少受到美国等外部因素的干扰，两国关系总体上步入平稳向好发展的轨道。

最近几年，中国在亚太地区的影响力不断扩大，为包括印度在内的地区国家的发展和稳定发挥了积极作用，未显现出削弱印度在南亚乃至亚洲地位的意图，还欢迎印度加入上合组织，希望印度在新开发银行等多国机构和多边机制中发挥其作用。2018年7月26日，习近平在南非与莫迪举行了三个月内的第三次会晤，双方表示要及时对双边关系进行顶层引领、宏观把握，保持密切对话沟通，深化各领域合作，妥善处理分歧，加强在多边框架内的合作，调动两国各方面积极因素，推进更加紧密的发展伙伴关系。9月，印度议会对外关系委员会发布的洞朗事件最终报告，对莫迪政府处理此次危机的总体做法予以肯定，这与此前批评意见为主的情况相比，印度对华态度显然更加积极、务实。从中印关系史的发展、特别是近几年来处理双边棘手问题的实践来看，与西方大国对它的“忽悠”、利用和不够尊重相对比，中国是最尊重印度的大国。

中美关系70年来经历了波浪起伏的发展历程。中华人民共和国与美国的关系发展史，麻烦和摩擦不断，还多有人员伤亡。中华人民共和国成立以后奉行向苏联“一边倒”的外交政策，美国则率一众西方国家对中国进行经济封锁和外交打压。美国在第二次世界大战后一直将意识形态和地缘政治作为其外交指导思想，把世界多个地区视为玩弄瓜分地盘和势力范围游戏的“大棋局”，发动或参与了世界上30多场战争，其中绝大多数都打赢了，甚至是完胜，只有在与中国较量或中国参与的战争或军事行动中遭到失败或未能获胜。1950—1953年，在朝鲜半岛，中国为主的中朝联军把以美国为首的16国组成的“联合国军”从鸭绿江边赶至“三八线”，美军司令官克拉克第一次在美国“没有获胜”的停战协议上签字。但美国对此心有不甘，接着于1954年又开始在印度支那与中国进行军事较量，最多时投入50多万军队。50年代中后期和90年代中期，美军数次把庞大舰队部署在台湾海峡，威慑中国大陆。70年代初，中美关系开始缓和，1979年正式建交。10年后，美国借1989年政治风波又率西方国家对中国进行严厉制裁。1993年7月，美国在国际公海上强行无理检查中国“银河号”货轮，还威胁要对中国进行制裁。1999年5月，美国B-2隐身轰炸机轰炸中国驻南斯拉夫联盟大使馆，造成我国使馆重大人员伤亡和财产损失。2001年4月，美国EP-3侦察机在中国海南岛附近海域与中国战斗机相撞，造成中国机毁人亡。然而，这50年里尽管过几年就发生一次较量、危机或摩擦，两国关系总体上还是曲折向前发展的。但是，进入21世纪、特别是2010年之后，美国对中国的基本判断开始发生巨大转变。商人总统特朗普上台后，认定中国的迅速崛起“打破了地区力量平衡”，形成对美国价值观与多种利益的“挑战”，把中国作为对手的意味更浓，出手更猛、更硬，2018年更是多次抬升与中国的贸易摩擦烈度、加大对中国实施制裁的力度。从目前中美关系的情势来看，两国即使在未来不走向持续性对抗，短期内的对峙和较量也不会戛然而止，很可能会持续较长时间，有时在某些领域还有可能会非常“惨烈”，从而使中美关系的发展有着诸多不确定性。不过，冷静下来细细分析不难看出，中国对于美国来说具有多重角色，在多个领域兼具伙伴、对手、竞争者、合作者、债权国等多种特性。在对华关系上，美国如想在各个领域取得优势，既无绝对实力，更无必胜信心，需要拉着印度等一帮国家来造势、施压。

美印关系缺乏历史基础。美国自第二次世界大战期间正式介入南亚事务后，[1] 对印度的态度经历了一个从不甚关注到重视程度不断提高、不断加大经济和军事援助的过程。20世纪40年代末50年代初，美国对印度大体上是经温政冷。印度独立后，尼赫鲁曾对印美关系寄予厚望，派其胞妹潘迪特夫人出任驻美大使，他本人于1949年10月11日至11月17日第一次访问美国更是极其罕见地长达40天，但因与美方在反共、承认中华人民共和国等问题上分歧太大，被美国冷遇，访问很不成功。不过，鉴于印度国内面临严重困难（50年代初每年饿死万计甚至数十万计人口）等因素，美国根据"第四点计划"，在1950年12月、1952年1月和11月向印度提供了120万美元的赠款和技术专家援助，1950年底在印度发生严重饥馑时还提供了70多万吨的紧急粮食援助。

美国虽然早在1952年就把印度称为"最大的民主国家"，但从来没有平等地对待过它，甚至有些轻视。如1952年3月23日的《纽约时报》称，无论美国向印度提供多少经济援助，也解决不了后者的贫穷等严重的社会问题，在印度无论撒多少钱，也买不来美国的那套民主等政治制度。[2] 美国虽然从50年代初期开始向印度提供经济和技术援助，但对它显然缺乏信任，除上述因素外，还不满尼赫鲁和印度政府反共"不力"，尤其对印度没有站在美国为首的西方国家一边，把当时世界上多个地区发生的冲突描述成"两个旨在主宰世界的大国之间的争斗"，"未能认识到苏联对印度意味的危险"甚而"盲目地赞扬"中国取得的成就而颇有微词。[3] 实际上，美国真正关注的是它自身的利益，而非印度的发展需要。

虽然出于同苏联的争夺等考虑，美国官方从1953年下半年开始重视"美国在印度的利益"，对印度比以前显得热络起来，美驻印大使艾伦称两国已建立起广泛关系，"在国际事务方面的合作比此前更富有成果"，美国对印度的理解和同情"与日俱增"，"更有决心消除对印度的误解"，坚定

---

① 美国与印度的官方关系始于第二次世界大战期间。主要事件有：1942年4月3日，罗斯福总统派其私人代表、前助理陆军部长路易斯·约翰逊率技术援助印度使团（即"约翰逊使团"）出使印度，此乃美国对印外交史上首个正式官方使团；1942年8月，美国战略情报局派遣情报官员伊利亚·托尔斯泰中校和布鲁克·多兰上尉经印度进入西藏；第二次世界大战期间有数千美军驻扎印度。

② *The New York Times Magazine*, March 23, 1952.

③ "India's Need for More U.S. Aid," *Times*, March 23, 1953.

地与印度发展“友好关系”。[①] 但是，整个50年代上半期，虽然美国政府总的来说对印度的重视程度在提高，但援印规模和力度均有限，主要原因有四：一是担心印度政局不稳，二是不满印度指责它干预克什米尔问题，三是印度抱怨和批评西方国家不重视其“在事关亚洲问题上的观点”，四是美国政府内部缺乏共识。

50年代后半期中印关系开始恶化，为美国“讨好”、拉拢印度提供了“可乘之机”。特别是1959年3月西藏平叛后，中印关系急剧恶化，美国谨慎地升温了与印度的关系，再加上苏联在印度“咄咄逼人”的攻势，东欧等社会主义国家不断加大对印度的经济援助，美国在英国的“撺掇”下，加大了对印度的支持，但言辞还算谨慎，极力避免对印度承担具体义务、特别是防务方面的责任和义务。9月和10月，美印关系明显拉近。如，美国为印度驻美大使查格拉提供平台，让其在华盛顿美国国家新闻俱乐部和《纽约时报》发表演讲和文章，攻击中国在西藏的平叛行动，宣称印度“将利用其所有的力量和资源”来保卫“神圣不可侵犯的边界”，“不怕与中国开战”。[②] 11月10日，印度驻联合国代表克里希纳·梅农拜会美国国务卿赫脱，争取美国在中印边界问题上支持印度的立场，为此极力渲染印度国内反对中印友好的气氛。而赫脱此时对中印边界问题表态还比较谨慎，12日对记者发表了言辞较为温和的讲话，没有像印度希望的那样，坚定、明确地在边界问题上站在印度一边，直截了当地“谴责中国在中印边界争端中使用武力”，[③] 引发印度媒体不依不饶地口诛笔伐。尽管赫脱随后马上改口，严厉批评了中国，也没能换得印度人的原谅。此时的美国媒体有的对尼赫鲁的困境“表示同情”，也有的认为尼赫鲁和印度的不结盟立场“很不明智”。[④] 总统艾森豪威尔对印度极为看重的中印边界问题表态“圆滑”，既对印度表达了有限的关注，同时又避免明确表态。他在14日祝贺尼赫鲁

① “Political Relations between USA and India and Pakistan: Visit of Vice President Nixon to India,” 1953, FO: 371/106857, The National Archives, London.

② “Voice for a Free India,” *The New York Times*, September 2, 1959; “Violation of Borders of India by China,” 1959, FO: 371/141271, The National Archives, London.

③ “Violation of Borders of India by China,” 1959, FO: 371/141273, The National Archives, London.

④ “Seventieth Birthday of Mr. Jawaharal Nehru, Prime Minister of India,” 1959, confidential, DO: 35/9660, The National Archives, London; “Sino-Indian Relations,” 1959, top secret, DO: 35/8819, The National Archives, London; “Voice for a Free India,” *The New York Times*, September 2, 1959.

70岁生日的二次修改的贺信中，为向尼赫鲁和印度释放善意，把第一封信中的“良好祝愿”改为“最衷心地祝愿”尼赫鲁健康长寿。① 艾森豪威尔随后在12月初作为首个访印的美国总统，在与印度领导人会晤时，既表示“很愿意”讨论中印边界之类的问题，又说他本人并不认为有哪个人能“对麦克马洪线知道得清清楚楚，并能说得准确无误”，有关国家必须通过“真诚的谈判和会谈来解决分歧”。艾森豪威尔虽对印度“示好”，但并未承诺一旦中国“企图大规模入侵印度”，美国会对印度提供何种具体帮助。② 另一个说明美国此时不想“真诚”帮助印度的一个事例是，1960年4月20日，英国自己不能、也不愿满足尼赫鲁提出的援助要求，内心里希望“如法炮制”第二次世界大战后在希腊和土耳其的做法，由美国代替它，更多地承担援助印度的责任和义务。但美国人这次在南亚没有痛痛快快“接盘”，而是提出由国际财团众筹援助印度，并一再坚持让英国在援助印度问题上充当“带头大哥”。

1962年10月中印边界战争爆发后，印度在军事上很快处于不利状态。美国为拉拢印度、扩大在南亚地区的势力和影响，表示要增加对印度的军事援助，但却借口对印国内情况不明，在提供援助时程序繁琐，步伐“拖沓”，实则担心被印度拖入同中国的战争。即便到了11月中旬，印度败局已定，国内恐慌气氛弥漫，美国对印度的援助请求仍“不急不忙”，还提出了先决条件，如要求印度保证“为美国驻印度使馆提供必要的设施”，以便美方评估和履行1951年美印协议中的防务条款。③ 即使面对“处于恐慌状态”的尼赫鲁的两度“求援”，美国不但在援助数量上很少满足，价钱不“打折”，甚至远高于国际市场价，而且还往往提出附加条件。

印度在面临困难、被迫求人之际仍极力保持民族“自尊”和“大国尊严”，没有对美国“低三下四”。1962年11月19日，尼赫鲁为获取更多援助第二次写信给美国总统肯尼迪，力陈印度面临的困难和“险情”，大表对抗中国的“决心”，对美既有“奉承”之词，又不失“体面”和“自尊”。

---

① “Seventieth Birthday of Mr. Jawaharal Nehru, Prime Minister of India,” 1959, confidential, DO: 35/9660, The National Archives, London.

② “Political Relations between China and India,” 1959, FO: 371/141264, The National Archives, London; “Mr. Eisenhower’s Talk on China,” *Daily Telegraph*, December 14, 1959.

③ “Military Aid to India following India/China Border Dispute,” 1962, secret, DO: 189/245, The National Archives, London.

他一方面请求美国立即提供至少12个中队的超音速、全天候战斗机等紧急援助，并“保证”美国提供的所有帮助和装备“将全部用于抵抗中国人”，同时又称印度“提出的援助要求很有节制”，“并不想使朋友为难”。[①] 美国对此没有正面答复，而是继续强调英国要在援助印度上发挥至关重要的作用。肯尼迪对尼赫鲁和印度不大信任，认为印度局势“令人烦扰，尼赫鲁似已精疲力竭”，故“美国可以尽其所能援助印度，但作用不宜太过突出”，否则“就只会增加使苏联在幕后全力支持共产党中国的机会”。[②] 此时中苏关系已经破裂，肯尼迪此种态度显然是美国不愿在援助印度上出头而找的托词，认为尼赫鲁“是要使美国紧紧卷入一场同中国的战争”。为避免此种结果，美国提出了援助条件。国务卿腊斯克20日对英国驻美大使戈尔说，如果此时美国出手援助印度，后者“须满足某种最低限度的条件”，如：与巴基斯坦就克什米尔问题达成协议；向美国报告局势进展，并请求联合国支持谴责中国对它的“侵略”。[③] 对于印度紧急提供大规模援助的请求，肯尼迪颇为“淡定”，在11月20日的记者招待会上大谈古巴导弹危机，中印边界战争则简单触及。

中印边界战争后，美国增加了对印度的经济和军事援助，但落实的数量和质量远逊于协议或承诺的数量。20世纪70年代初，美国因印度发动对巴基斯坦的战争并肢解后者而疏远了印度。70年代末80年代初，冷战呈苏攻美守之势，印度迅速靠拢苏联，美印关系趋于冷淡。90年代初，苏联解体后，美印关系又开始回暖。进入21世纪后，两国关系迅速升温，军事等方面更是频频靠近。克林顿总统2000年访问印度时强调，美、印作为世界上“最强的民主国家”和“最大的民主国家”，共有“民主基因”，双方关系为“天然盟友”。小布什总统任内，美印在反恐和军事方面有密切合作，如签署了《民用核能合作协议》等。奥巴马上台后提出“再平衡”战略，更加重视印度在地区战略中的作用，有公开支持印度谋求联合国“入常”等举措。近几年，印度频频向美国示好，与美国领导人更是互访频繁，签署了多项经济技术和军事协定，美印关系快速升温，似乎越抱越紧了。2016年6月莫迪访美，两国发表联合声明，美国承认印度为“主要防务伙

① “China-India Frontier Dispute: Part 2,” 1962, PREM:11/3839, The National Archives, London.

② “UK/US Talks concerning Borders Dispute with India,” 1962, FO: 371/164929, The National Archives, London.

③ “International Military Aid to India,” 1962, FO: 371/164880, The National Archives, London.

伴”，声称将进一步与印度分享技术，努力达到等同于最亲密盟友和伙伴的关系。美印还签署了多个关于美国向印度出售海陆空武器装备，两国在军事基地方面相互提供方便等军事协议。

然而，美印分歧从未减少，只是有时被掩盖或被有意无意地忽视、淡化。特朗普上台后，美印关系再临变数，其简单、粗暴的行事方式令渴望大国尊重的印度人颇受伤害，如特朗普宣称“不会像以前的美国总统以仁慈来对待印度”。[①] 就近期情势来看，印度对美国在战略上的需求不但明显减少，且已从战略上的大体同步逐渐变为战略不调、甚至战略离心和反向，新德里对华盛顿的战略疑虑和“心中没底”日益加深、加重。

总的来说，70多年来，美印关系虽在冷战时期没少磕磕绊绊，但少有太大起伏，大体上呈曲线平稳状，时有冷淡、倒退，却未至剑拔弩张、对峙或“横眉冷对”，有时则尚属热络。美国是印度主要的援助国之一，印度与美国多次拉手、牵手，但美国对印度难说平等和尊重，印度对美国也不乏微词、不满和抱怨。如2018年6月，美国单方面宣布推迟美印外长和防长2+2对话会，主要是因为国务卿蓬佩奥（Mike Pompeo）要去访问朝鲜，印美关系的重要性显然不及朝核问题和美朝关系，这让期待满满的印度人备感失落，疑虑顿增。在特朗普的心目中，美印关系分量、成色几何，印度人至少画着问号在观望、审视，并煞费心思地读解。美国对印度加征钢铝关税，以及如何看待印度与俄罗斯签署购买S-400防空导弹系统协议、印度继续采购伊朗石油等，都将对美印关系的走势产生重大、甚至是分水岭式的影响。

莫迪执政以来，印度外交更加灵活，左右逢源，以便为自己争取最大的利益。它一方面努力小心翼翼地避免过分惹恼或刺激中国，尽可能与中国维持和发展友好关系，并使之成为应对西方的筹码、甚至王牌；另一方面，印度在改善对华关系的同时，由于“联美遏华”的念想在其国内依然有相当市场，美国被认为是帮助其实现“大国梦”、提升国际地位和影响力的最重要的外部支持力量，故也没有忽视或冷淡美国，如邀请特朗普出席2019年的印度共和国日阅兵式。

---

① 张梦旭、苑基荣、柳直：《美印“2+2”对话遭遇制裁困局》，《环球时报》2018年9月5日。

二、中美印之间的关系互动和相互影响越来越强

就近些年而言，中美印之间，无论是双边关系还是三边关系，其互动性和相互影响呈越来越强、日益复杂趋势，特别是中国与美印之间，互动越来越大。2010年，美国总统奥巴马实施“重返亚太”（或曰“亚太再平衡”）战略，意即平衡或防范中国崛起，中美关系自此开始竞争大于合作。特朗普上台后，美国已经实施或威胁要实施的防范和压制、围堵中国的手段比奥巴马时期要粗鲁得多。自2017年12月美国《国家安全战略报告》将中国定位为首要战略竞争者之后，中美之间竞争加剧，“新型大国关系”内涵如何，实属难料。2018年10月4日，美国副总统彭斯（Mike Pence）的演讲反华味道之浓厚，以至于世界上有不少人认为特朗普政府要跟中国搞冷战了。10月14日，美国总统国家安全事务助理博尔顿（John Robert Bolton）再放重话，称“现在是制止中国的时候了”。中国对美方的无理指责进行了有理、有据的反驳，但并未采取升级中美对抗的报复行动，在姿态示强方面保持了极大的克制，但绝不会在原则上让步。这不是因为中国怕美国，而是我们决心维护并继续深入改革开放的局面，不因美国的高强度施压而走回封闭、保守。细而观之，中美之间目前的交手，犹如太极对拳击，多种力量将决定最终结局。尽管国内外对中美关系的走向有不同观点，但一个不争的事实是，中美将进入长期的战略博弈时期，有专家估计会持续20年或更长。[①] 相比之下，中印关系则明显趋稳，少了些浪漫，多了些务实和老道，比以前更加稳健，也更具建设性。三边关系中，最不确定的是美印关系。

纵观70多年来美印关系的发展，两国在政治、意识形态、经济、外交、发展战略等方面有许多共性和共识，也不乏相近和一致的利益，但其差异和分歧也显而易见。从历史发展来看，美印之间的差异和分歧不但未能弥合，有的反而有扩大趋势。

一是美印在意识形态和价值观上少有高度契合。双方虽然都反对共产主义意识形态，但异同显见，在历史上，美国既反共又反对大多数社会主义国家；印度也反对共产主义意识形态，但很少反对社会主义国家，而是

① 胡锦洋:《中美关系脱钩？美国做不到》,《环球时报》2018年10月15日。

欢迎社会主义国家的援助，故与大多数社会主义国家保持了密切的经贸、政治关系。印度在意识形态上从未按照美国的意愿行事。现如今，美国试图借“印太战略”从价值观和安全方面提升美印关系，强调美印是拥有共同民主价值观的“天然盟友”，但未见印度总理莫迪等高官提及“价值观”几个字。

二是美国对印度的“大国”雄心缺乏尊重，使“印度伟大”与“美国第一”难以协调。独立前就立志成为“有声有色的大国”的尼赫鲁很少得到美国等西方大国的尊重。印度历届政治领袖都有“使印度伟大”的抱负，并为此积极地参与国际事务，出人又出力，不遗余力地扩大其在南亚的地区影响力，力争增强印度在世界上的发言权，但在许多讨论重大国际问题的多边会议上，会议桌前排却鲜有印度的座签，这与美国对印度不够重视很有关系。20世纪五六十年代，美国感到与尼赫鲁打交道很麻烦，认为此人非常复杂，“对美国心存疑虑，并不欣赏”。印度一直奉行的自以为傲、引以为豪的旨在提高其大国地位的不结盟政策，却时常遭到美国的奚落、讥讽和诟病。在国际舞台上，美国政府动辄搬出“例外论”和“美国第一”，极力维护其霸权，在重大国际问题上排斥、压制和防范其他大国，经济体量快速增长、被视为其潜在竞争对手的印度自然也名列其中，在国际事务中的空间受到压制和限制。莫迪2014年上台后雄心勃勃地要把印度打造成“制造业大国”，这势必与特朗普重振美国制造业的执政方略形成对冲。追求利益至上、搞贸易霸凌的特朗普绝不愿印度成为继中国之后的又一个制造业大国，其贸易保护主义的铁拳迟早要砸在印度头上。因此，美国尽管表面上很重视印度，口头上说要在地区和全球层面帮助其实现“大国梦”，支持它联合国“入常”，还要它在阿富汗问题上发挥更大作用，但70多年来给予印度的实际支持力度都不很大。现在美国力推“印太战略”，要自己当老大，以日、印、澳几个战略支点的领导者自居，并极力拉拢印度，反而会在客观上促使印度继续坚持走不结盟、“战略自主”和“大国平衡”的外交方针和战略。

三是美印在“印太战略”的概念、设想、内涵、动机和态度等方面有某些共性，但差异也不小，对他方的期待大不一样。在美国的印太地缘战略中，虽然日本是“印太战略”最积极的推手，但美国最看重印度，对“印太战略”的考量首先与印度有关，既想拉拢印度，又试图促使中印相互消耗，也有对印度崛起未雨绸缪，尽早把美国加强对印度洋的控制或主导变为现实，防止印度成为对美国新的挑战之意。美国版“印太战略”的构想已经显露出其动机既不纯又露骨，声势既大又猛，但投入却吝啬得很，前不久竟然想拿出三四亿美元来帮助印太国家搞基础建设等，印太地区却没有一个国家响应。

对于美国的拉拢，印度显得平和、“稳健”。主打经济牌上台的莫迪执政后，印度经济快速发展，在地缘政治中的地位明显上升，扮演“有声有色”的大国角色，介入地区乃至全球事务的愿望和能力进一步增强。2018年以来，美印在战略上越发不在一个频道上。在2018年1月的达沃斯论坛上，莫迪高调力挺自由贸易，实则暗批美国的贸易保护主义及退出《巴黎协定》等极端自私利己行为。特朗普借“印太战略”颇显张扬地把印度的地位提升至与日本、澳大利亚等“铁血”盟国平等的地位，似乎是给了印度很高的“礼遇”，但印度并不领情，自认为作为亚洲地区大国和南亚军事强国，其量级自然在日、澳之上。在6月的香格里拉对话会上，“倔强”的莫迪不但没有领美国的情，在讲话中没去迎合美方的腔调，而是主张“建立自由、开放、包容的印太地区”，着重阐述印中合作的积极意义，令美国人心有不悦。不言自明的是，聪明的印度人当然乐见通过“印太战略”提高印度的分量，但又公开称之为一个不具排他性的地区性概念，除了有对美国“砍价”的味道外，就凭印度如此宏大的体量，也不会去为美国买单，更不愿为美国遏华、制华出血、割肉。由于印度将印度洋视为自己的禁脔，美国将太平洋司令部改称印太司令部，恐怕不能拉拢印度而反倒让印度认为动了它的奶酪。因此，莫迪在香格里拉未提及美国的“印太战略”，只是从“印太”概念出发，提到印度洋与太平洋之间需要加强联系，以及如何使印太地区成为一个合作、发展、共赢的地区。这清晰流露出印度要在其“印太战略”中强调独立性和自主性，不当受人摆布和操控的棋子。

因此，尽管近年来美印迅速走近，但主要动因是各有所需，各图其利。其中固然有遏制中国快速发展的因素，但实际上都意欲为自己增加筹码，博“势”取“实”，各种小动作也多为权宜之计。印度人在美国心目中的实际分量没有他们想象的那么重，2017年8月18日的美国媒体就宣称，印度在经济和地缘政治重要性方面都远不如中国。[①]

鉴于中美印关系的历史，考虑到印度的大国心态，如何处理中美关系将对印度产生重要影响。我们只要继续在对美关系上保持强大定力，面对特朗普的贸易“铁拳”和在台湾问题上屡触底线的“牌技”，在不使中美关系破裂的前提下坚定对美斗争，充分展示实力，就会对中印关系产生正面影响。需要指出的是，尽管目前整个世界都认为美国对中国的态度开始发生大转变，但美国对中国的政策目标似乎迄今为止无人能讲清楚。但从贸易相互需求来看，中国对美国的重要性要大于美国对中国的重要性。例如，从2001年到2016年，美国货物贸易对华出口增长了500%，远远高于美国对全球出口90%的增幅。先不说美国无论如何极限施压，也不会搞垮中国，反而会深深地伤害自身，退一万步讲，美国假如真的把中国这个世界最大的市场搅黄了，其价格昂贵的高科技产品、占主导地位的金融服务业又去挣谁的钱呢，资本到哪里去逐利呢！美国人真有那么傻吗！

美国当然不愿看到印中关系得到改善，一直企图拉印制华，热捧“印度重要论”的首要说辞当然是“中国威胁论”。它一直企图在中印这两个既拥有悠久的友好历史又长期面对棘手的历史遗留问题的大国之间打下不和的楔子，想打“印度牌”来对付中国。2017年洞朗事件期间，美国挑拨、分化中印关系的图谋未能得手，便提升了“印太战略”的调门。但从印度对“印太战略”的反应中不难看出，它最终被美国这一战略俘获的可能性很小。莫迪的“印太”和美国的“印太”不是一码子事。未来中印关系不大可能因为美国的“印太战略”而受到大的负面影响。

纵观目前中美印关系的发展趋势，中印更加现实和务实、共同点越来越多，关系稳定且温度明显上升；中美关系趋紧已是不争的事实；美印关系表面上的“一种相思、两处闲愁，掩盖不住背后的心思各异、貌合神离”。[②]美印之间军事上可能会走得很近，但中印之间外交上互动会更加频繁、不断深化。中美印三方之间，“势”与“实”的博弈和转换将越来越微妙，最终实实在在的“利益”将起决定作用。

① 《美称印度在经济与地缘政治重要性方面都远不如中国》，新浪网，2017年8月21日，http://mil.news.sina.com.cn/china/2017-08-21/doc-ifykcppx9872444.shtml，访问日期：2018年10月15日。

② 钱峰:《新德里知道什么是不可承受之重》,《环球时报》2018年9月5日。

三、“印太战略”势必受到多种不确定因素的影响

在明确提出“印太战略”的四国中，美国最为积极，日、澳紧随其后，印度则反应平和。“印太战略”未来如何发展，美、日、澳、印各自扮演何种角色固然重要，但中国与这四国及中国与东南亚国家的关系、东南亚国家对“印太战略”的态度以及美印关系的发展等，都是影响“印太战略”走势的不确定因素。

其一，中国因素十分重要。美、印、日、澳等国在“印太战略”上的共性和共识，多与对中国的考虑有关。近一年来，中印关系、中美关系在发生方向不同的变化，而这两种关系的演变及其互动又必然会影响美印关系的发展。因此，美、印与中国的关系是影响它们走近最重要的外部因素。此外，中国作为印太地区国家最为重要的经贸对象，在该地区的影响力迅速提高，自然也会影响域内国家对“一带一路”的态度。近年来，“一带一路”伙伴国项目的落地和实施，推进和加快了太平洋和印度洋的对接，也在诸多领域推进了亚欧大陆的经济一体化，共识越来越多，提高了中国的国际地位，进一步增强了中国在地区事务和国际问题上的话语权。连美国也承认，“中国力量上升对亚洲安全与政治秩序的影响”，是当今时代的“国际变革力量”。对于有关国家提出和不同程度地推进“亚太战略”，中国的态度一直非常明确：印太地区不存在零和游戏，谋求共同发展、互利共赢，符合本地区及域外绝大多数国家的利益，中国欢迎上述“印太战略”倡议国家共同参与该地区的基础建设等经济发展项目。对于中国的倡议和立场，美国和印度显然持有不完全相同的态度，且随着各方的反应和形势的发展，美印之间对付中国的共识将会减少，对各自国家利益的追求将会使其“分化”加剧，甚至渐行渐远。另外，需要强调的两个因素是：（1）“一带一路”倡议的继续推进、已落成项目的“示范”效应，将大大增加有关国家推行“印太战略”的经济、外交、军事成本；（2）“一带一路”对“印太战略”的对冲作用，即日、澳、印三国对“一带一路”已经表现出来的不同态度，将对三国与美国在“印太战略”上的“合力”产生对冲效应。日本态度的变化尤为明显。安倍在2006年首次当选首相时对“印太战略”是何等的积极，大谈要与印度等国建立“价值观同盟”，但2018年以来，特别是如愿实现访华后，便再也听不到他本人或其他重要阁员提这

个词了，甚至多次将“印太战略”解释为主要是经济合作而非军事合作。

其二，印太地区国家的态度是影响“印太战略”走势的重要变量。从迄今为止的发展情况来看，“印太战略”在地域上涵盖了东亚、东南亚、南亚、太平洋等地区，但核心区域应该是东南亚、南亚和太平洋方向。东南亚国家地处“印太”区域内，无论是美、印哪个“印太战略”版本，这些国家的态度和外交政策，都将在很大程度上发挥重要影响。美国已经对相关国家做了不少工作，但成效不大。印度与东南亚国家关系一直较为密切。莫迪上台后将印度的“向东看政策”落实为“向东干政策”，东盟处于核心地位，其中，新加坡和越南是这些政策的两个关键支柱。2015年新加坡资政李光耀去世，印度不但由总理莫迪亲自参加国葬，还把新加坡举行国葬的3月29日定为印度的国家哀悼日。2017年11月29日，新加坡与印度签署海军合作协议，内容包括海洋安全合作、举行联合演习、短暂使用对方海军设施并提供后勤支持等，还表示“樟宜军事基地对印度随时开放”。近年来，印度一直把焦点放在加强与东盟地区国家的安全和防务关系上，“印度和越南扩大防务伙伴关系”。印度不仅向越南提供数亿美元的信用额度，用于从印度购买国防装备，还邀请越南的海军和空军军官在印度接受训练。2018年1月16日的共和国日阅兵仪式，印度邀请了所有东盟十个国家的领导人前来观礼，被认为是到那时为止印度推进“向东看政策”最大的一次外交活动。此外，东盟国家领导人还参加了印度—东盟峰会，纪念双方建立对话伙伴关系25周年、建立领导人层面会晤15周年和建立战略伙伴关系5周年。

尽管印太地区多个国家与美、日、印、澳四国都保持着友好关系，但绝大多数国家对其发起和推动的“印太战略”未做积极响应。实际上，多数东南亚国家对“印太战略”的态度很大程度上受到其最大贸易伙伴和重要投资方中国对“印太战略”态度的影响。如果美、日、印、澳的“印太战略”把主要矛头对准中国的话，东盟国家将无可避免地需要在这种地缘战略对抗中选边站。此外，美、日、澳各自表述的“印太战略”中都有“自由”、“民主”，不少正处在政治转型过程中的东盟国家担心美、日、澳借“印太战略”干涉其内政。因此，尽管美、日、印、澳四国都声称要坚持东盟在“印太地区”的“中心地位”，并发挥东盟领导下的各种机制在区域架构中的作用，但东盟整体上仍反应消极。十个成员国中，只有越南和印度尼西亚出于各自动机，对“印太”明确表示了支持，但也是各有打算。

越南试图通过域外力量平衡中国不断增长的影响力，印尼是想藉此来追求其“印太”地区领导者的地位。

随着中国和印度的崛起，美国试图构建更大的包围圈，既围堵、遏制中国，又防范印度势力在南亚地区的过快扩张。印度固然有借外力抑制中国影响的考虑，为此宁愿美、日、澳在南亚和印度洋的势力扩大，但也绝不愿意看到自己的“后院”被外部势力过度渗透，从而威胁自己的传统主导地位。美、印、日、澳之间的相互借势、利用、慎防，将同时并存，相互交织，哪种作用何时何地消长，均为不可预测的变量。

其三，美印关系与“印太战略”的相互影响增加了不确定性。有美国学者认为，美国的“印太战略”没有正确对待、甚至错误评估了印度、日本和美国其他亚洲盟友的利益及自身的力量和能力，从而削弱了其未来发展的可行性。美印关系日益走向密切的同时，印度在美印相互关系中的分量和主动性也在不断增加。美国虽然把印度视为重要性不断加强的安全伙伴，但两国并没有建立安全同盟关系。美印关系在洞朗事件后已发生重大变化，热度明显下降。2017年11月12日，日、美、澳、印四国的外交负责人在菲律宾马尼拉举行了会谈，讨论印度洋和太平洋的“航行自由”及海洋安全保障方面合作问题。印度与其他三国有明显意见分歧：日美澳在法律秩序及核不扩散等9个主要项目上几乎全部达成一致，但印度避免谈及海洋安保等3个项目。印度在围绕其超音速巡航导弹“布拉莫斯”的安保政策方面，与美国之间的协调未取得进展。印度还希望在印度洋东端的海洋安保上与越南合作，并计划向越南出售“布拉莫斯”，而美国则“无法容忍有损美国主导的地区安保的出售计划”。印度对内倾趋势日强的特朗普也有着强烈的不信任感，虽然表面上与美国步调一致，如参与“印太”四国框架等，但印度的安保外交优先推行的是其自主的“印度洋战略”，仅仅是在其延长线上参与日美澳印在印度洋和太平洋的战略。[①]

其四，日、美、澳、印四国的历史“根脉”和“性格”大不相同。美国建国的历史不长，是世界“老大”，习惯发号施令、使唤一帮众兄弟，很少顾及别人的感受。其领导层和政治“精英”们越来越不愿正视自己的历史和他国的历史乃至世界发展史，特朗普更是在历史问题上屡屡显出幼

① 《日媒称印度对特朗普强烈不信任：只是表面与美日一致》，中国青年网，2017年12月10日，http://news.youth.cn/gj/201712/t20171210_11128075.htm，访问日期：2018年10月15日。

稚和无知，故时下的美国很难与他人平等合作。日本长期喊着要“脱亚入欧”，可如今，亚没有脱，欧也未能入，因身份和“性别”特殊，既缺少亚洲大国的底蕴和气节，也不被人视为欧美属性的国家，故只能作为美国在亚洲听话的小兄弟，大事上跟美国表面上高度一致，但内心却时有不甘，一有机会就想出出头，但美国一丢脸色就赶忙缩回。澳大利亚是欧洲人的“流放之地”，历史不长，体量有限，但一心想发挥地区大国作用，希望让人“瞧得起”，故只得依靠美国、依附美国，甘当美国的喉舌、马前卒甚至打手。靠着这条一成不变的道道，迄今为止得了不少好处，但今后恐怕为此所付的代价会越来越大，其对外政策调整是迟早的事。印度与日本和澳大利亚就不同了，它与中国一样有着悠久的历史和灿烂、自豪的文明，是百分之百的亚洲国家、十足的地区大国和强国，一向不看别人脸色行事，在维护自身利益上不乏“聪明”，不吃亏。因历史渊源，它与欧美大国一直友好；因历史和地缘关系，素来重视与亚洲国家特别是邻国的关系。尤其是在美国面前的分量和身段，日、澳没法跟它比。因此，四个“根脉”差异很大的国家，尽管都吹着“印太战略”的号，但声调不同、长短不一，注意力难聚，在“印太战略”上的动机、期待及所处态势甚为不同，美、日、印、澳或明或暗都希望自己当棋手，别人是棋子，能够按照自己的“印太战略”思维和步伐落棋布子。

鉴往知来、洞悉规律。“印太战略”的提出和概念有其历史渊源，但主要是一个现实问题，但要想全面、客观地认识中美印关系，考察其与“印太战略”的相互影响，就有必要通过对中美印关系的历史基础进行梳理，从长时段而非从几个月、半年甚或几年来的事件来做结论。通过对各种因素的分析，有助于对美印关系和“印太战略”及其相互影响保持理性的认识，特别是不要把四国、特别是美印的战术动作当成战略举措。

无论是从中美印关系的历史基础，还是从美印目前的外交政策、特别是与中国的关系来看，“印太战略”还没有成为美印双方合力推动的战略，也远非凝聚四国共识的定型的“战略”，只是一个尚处在发展过程中的概念。就“印太”而言，该区域自古以来就是一个相互联系密切、相互交流频繁、相互融合深广的地区，域内各国在文化、宗教、人文等方面均有深厚的历史基础，在政治、经济、安全等方面更是密不可分。因此，域外国家任何图谋私利、不充分照顾本区域国家民生福祉和国家利益的言行，都不会轻易得逞。就目前情势发展来看，作为美、印、日、澳四国都认可的

“印太战略”，在可预见的将来成型的概率不大。

中国提出“推动构建新型国际关系，构建人类命运共同体”的新概念，大力推动“一带一路”倡议，为加入该倡议的印太地区国家带来了实实在在的好处，使它们看到了大家共享一个地球家园，互相合作、包容，促进共赢的美好愿景。因此，美国等国主导的“印太战略”如果以发展经济为主，该地区的国家有可能积极响应；但是，如若意在推动其地缘政治战略，遏制中国的发展，削弱中国在该地区的影响力，域内多数国家是不可能加入或“帮衬”的。另一个至关重要的因素，对印度、日本、澳大利亚及域内国家产生越来越大的心理影响，即特朗普和拜登政府对其他多个国家的贸易施压，特别是与中国不断升级的贸易摩擦，究竟能给它们带来多少好处，是福还是祸，三国都会对其仔细观察、认真考虑，这也是“印太战略”能否成型的一个变量。美国如果不能“制服”中国，对其他国家也难得愿以偿，它对该地区的影响力必将大大缩水。鉴于印度与中国、南亚和东南亚国家的关系，它在“印太战略”上不大可能与美国走得太近。如果美印不能牵手，日本、澳大利亚等国影响力有限，“印太战略”在可预见的将来，还会是美国主唱、结局难料的一个戏码。极其复杂的地区和国际关系，对中国来说，既是挑战，更是机遇。

附　录

中印关系大事记（1949—2020）*

1949年

12月30日　印度正式承认中华人民共和国。

1950年

4月1日　中华人民共和国与印度共和国建立外交关系。

5月14日　印度驻中华人民共和国首任大使潘尼迦赴北京上任。

9月18日　中国首任驻印度特命全权大使袁仲贤向印度总统普拉沙德递交国书。

19日　至21日，印度总理兼外长尼赫鲁两次发表外交政策演说，主张联合国应有中华人民共和国的代表参加。

30日　印度总统普拉沙德致电祝贺中华人民共和国建国一周年。

10月3日　周恩来总理告知印度驻华大使，如果美国在朝鲜越过三八线，中国不可能坐视不理。

8日　和28日，印度两次就“西藏问题”向中国政府提出备忘录和照会。

26日　印度对中国人民解放军进军拉萨表示遗憾。

是月　中国在加尔各答设立总领事馆，姚仲康任总领事。

11月1日　印度又向中国提出关于“西藏问题”的照会。

20日　印度总理尼赫鲁宣布以非法的“麦克马洪线”为印度与中国

---

① 资料来源：综合《人民日报》、《半月谈》、新华社消息、中国外交部档案文件，以及相关世界史工具书、专著等学术资料整理。

西藏的边界。

12月19日　印度孟买举行“中华人民共和国儿童展览会”。

1951年

1月1日　中印签订第一个换货协定，中国以5万吨大米换取印度1.65万包麻袋。

24日　毛泽东主席、周恩来总理兼外长分别致电祝贺印度国庆。

26日　毛泽东出席印度驻华大使馆举行的印度国庆日招待会。

27日　《人民日报》发表短评《祝印度共和国国庆》。

2月19日　根据与印度签订的换货合同，中国运往印度的第一批大米抵达加尔各答。

是月　印度派兵占领达旺，赶走在达旺的西藏行政当局官员。

印度成立东北边境特区（NEFA），将国家管理范围延伸到非法的“麦克马洪线”一侧的中国领土。

3—4月　全印和平大会筹备委员会主席，世界和平理事会理事爱德华访问中国。

6月　印度新德里举行第一届亚洲运动会，吴学谦率中国体育观光团前往观摩。

9月13日　印度驻华大使潘尼迦代表印度政府将五百余册书籍赠送给北京大学、中山大学和交通部。

26日　至10月30日，以全印和平理事会理事、作家潘迪特·森德拉尔为团长的印度亲善访华团访问中国并参加中国国庆典礼。

30日　印度总统普拉沙德致电祝贺中华人民共和国成立两周年。

9—12月　中国文化代表团在新德里、孟买和加尔各答举行中国文化艺术展览会。

10月28日　至12月9日，以丁西林为团长的中国文化代表团访问印度。

11月4日　中国文化艺术展览会在印度首都新德里开幕。

同年　印度在第六届联大投票，反对诬蔑中华人民共和国是在朝鲜的“侵略者”的提案。

印度在第六届联大通过对中华人民共和国实行“禁运”的提

案时弃权。

1952年

1月26日 印度驻华大使馆举行印度国庆招待会。朱德、李济深副主席等应邀出席。

是月 中国电影代表团访问印度，参加第一届印度国际电影节。

4月29日 至6月6日，潘迪特夫人率印度文化代表团访问中国，5月9日受到毛泽东主席接见。

5月11日 毛泽东主席致电祝贺普拉沙德再度当选印度总统。

16日 中印友好协会在北京隆重成立，丁西林当选为会长。

26日 中印在北京签订中国以10万吨大米输往印度的合同。

是月 印度艺术展在北京展出，周恩来总理亲自主持开幕式。

6月16日 印度驻华大使潘尼迦奉调返国，中印友好协会举行酒会欢送。

9月13日 印度新任驻华大使赖嘉文抵京，26日向毛泽东主席递交国书。

10月13日 中印在北京签订中国出售给印度五万吨大米的合同。

12月12日 印度乒乓球队到达北京，访问中国。

1953年

1月7日 中国在印度孟买设立总领事馆。

24日 毛泽东主席、周恩来总理致电祝贺印度国庆。

7月20日 至8月25日，萨钦・森古普塔率印度艺术代表团在中国进行访问演出，毛泽东主席于7月26日观看表演并接见艺术团。

9月2日 尼赫鲁致电周恩来，建议两国政府尽早就印度与中国西藏地方的关系进行谈判。

10月4日 至12日，印度全国职工大会代表德赛、瓦萨瓦达两人访问中国。

15日 周恩来复电尼赫鲁表示同意谈判，并建议于同年12月在北京开始谈判。

11月11日 中国红十字会和中国人民救济总会向尼赫鲁递交287,356卢比（约合第一套人民币15亿元，第二套人民币15万元）支票，作为印度总理的国家救济基金，救济印度水灾灾民。

12月8日 至1954年1月12日，中印友好协会代表团访问印度，总统普拉沙德于12月10日接见代表团。

27日 中共中央致电祝贺印度共产党第三次全国代表大会召开。

31日 至1954年4月，中印就印度与中国西藏地方的关系举行谈判。

1954年

2月3日 中华全国总工会代表团开始对印度进行友好访问。

4月28日 至5月2日，印度、巴基斯坦、缅甸、印度尼西亚、锡兰（斯里兰卡）五国总理会议在锡兰首都科伦坡举行。

29日 中印签署《中印关于中国西藏地方和印度之间的通商和交通协定》，首次载入和平共处五项原则。

5月3日 尼赫鲁致电周恩来，祝贺《中印关于中国西藏地方和印度之间通商和交通协定》的签订。

6月8日 印度首都新德里举行群众大会，庆祝《中印关于中国西藏地方和印度之间通商和交通协定》的签订。

25日 至28日，周恩来访问印度。中印双方发表联合声明，重申了指导两国之间关系的（和平共处）原则。

是月 印军侵入中印边界中段的乌热。

7月1日 尼赫鲁向政府提交备忘录，指示所有印度官方地图显示印度的国际边界已划定。

16日 周恩来总理在日内瓦接见印度驻联合国代表梅农。

9月19日 至11月20日，中国政府贸易代表团访问印度。20日，普拉沙德总统接见代表团。10月12日，尼赫鲁总理接见代表团。

19日 至11月2日，印中友好协会访华代表团访问中国并参加中国国庆庆典。30日，毛泽东主席接见代表团团长乌玛·尼赫鲁夫人。

10月8日 印度全国工会大会友好代表团应邀开始访问中国。

14日 中印第一个贸易协定在新德里签订。

15日　至22日，印度加尔各答市长慕克吉应邀访问中国。
19日　至30日，尼赫鲁作为印度总理首次访问中国，是第一位访问中华人民共和国的外国元首。
11月2日　印度总理尼赫鲁谈及北京之行时说："中国不需要战争，而是希望通过几个五年计划来建立起它的经济。"
13日　周恩来总理致电祝贺尼赫鲁总理65岁寿辰，并将鹿、鹤和金鱼等礼物赠送印度儿童。
12月1日　毛泽东主席致电祝贺印度总统普拉沙德70寿辰。
15日　中国向印度输出生丝的合同在新德里签字。

1955年

1月3日　北京—新德里之间建立直达无线电报电路，并开始通报业务。
24日　毛泽东主席、周恩来总理分别致电印度总统普拉沙德、总理尼赫鲁，祝贺印度国庆。
26日　周恩来总理应邀出席印度驻华大使赖嘉文举行的庆祝印度共和国成立五周年招待会。
2月6日　印度各地举行"撤出台湾日"群众集会，要求美国把其武装部队撤离台湾海峡，并停止干涉中国内政。
25日　尼赫鲁在印度人民院发表演说，承认只有一个中国。
3月2日　北京、上海等地和印度新德里、孟买等地间直达无线电话业务开放。
4月1日　印度政府将其在中国西藏地方所经营的邮政、电报和电话等企业及其设备交予中国政府。
17日　至25日，周恩来总理率团出席在万隆举行的亚非会议。
5月11日　至21日，印度驻联合国首席代表克里希纳·梅农访问中国，五次同周恩来总理会谈，20日受到毛泽东主席接见。
6月1日　至7月7日，印度医学代表团应邀访华并讲学。
8日　印度文化代表团访华并演出，分别受到毛泽东主席、周恩来总理接见。
8月1日　中国与尼泊尔建交。

23日　首都各界人民举行支援印度人民收复果阿大会。

24日　《人民日报》发表社论《支持印度人民收复果阿的斗争》。

29日　中国红十字会赠款救济印度灾民。

9月11日　北京各界群众隆重举行印度阿旃陀壁画1500周年纪念。

29日　印度法律工作代表团和印度师生代表团开始访华。

30日　至10月18日，印度卫生部长考尔夫人访华并参加中国国庆典礼，受到周恩来总理接见。

10月1日　印度总统普拉沙德、总理尼赫鲁分别致电毛泽东主席和周恩来总理，祝贺中国国庆六周年。

14日　印度电影代表团抵达北京，参加16日的“印度共和国电影周”开幕式，分别受到毛泽东主席、周恩来总理和陈毅副总理接见。

23日　印度国家排球队开始访华，毛泽东主席观看印度国家排球队同中国体育学院排球队的友谊赛。

11月3日　中国红十字会再度捐赠印度“总理全国救济基金会”人民币五万元，作为对印度洪水灾区人民的援助。

5日　印度新任驻华大使拉·库·尼赫鲁到达北京，6日向朱德副主席递交国书。12月8日受到毛泽东主席接见。

12月16日　至1956年1月2日，宋庆龄副委员长访问印度。

1956年

1月17日　至3月2日，以吴晗为团长的中印友好协会代表团访问印度。

24日　毛泽东主席、周恩来总理分别致电普拉沙德总统、尼赫鲁总理，祝贺印度国庆。

25日　至26日，国务院副总理贺龙元帅访问印度。

4月11日　新华社报道：中国政府把43,000元人民币的抚恤金和慰问金赠给“克什米尔公主号”飞机失事遇难的印度机务人员家属和生还的机务人员。

4月　毛泽东主席任命潘自力为中华人民共和国驻印度大使。

5月26日　北京举行世界文化名人迦梨陀娑、海涅、陀思妥耶夫斯基纪念大会。

7月28日 周恩来总理致电尼赫鲁总理，向印度政府和地震受害者表示深切慰问。

9月27日 至11月1日，印度军事友好访华代表团访华，受到毛泽东主席和周恩来总理接见。

28日 至10月24日，印度国会代表团访华并参加中国国庆节庆祝活动，受到毛泽东主席接见。

10月1日 至2日，印度总统普拉沙德、总理尼赫鲁先后致电毛泽东主席和周恩来总理，祝贺中华人民共和国成立七周年。

17日 中印友协在北京举办的“印度第一个五年计划图片展览”开幕。

11月17日 至12月30日，周恩来总理访问越、柬、印、缅、巴。

25日 十四世达赖喇嘛和十世班禅额尔德尼应印度纪念释迦牟尼涅槃2500周年工作委员会的邀请抵达新德里。

28日 至12月10日，周恩来总理和贺龙副总理访问印度。

12月11日 《人民日报》就周恩来总理、贺龙副总理访印发表社论《十万万人民的伟大友谊》。

17日 至1957年1月7日，中国妇女代表团访问印度。

30日 至1957年2月6日，周恩来总理在访问亚欧11国期间四次经过印度，对印度进行访问。

31日 周恩来总理在访问巴基斯坦后与尼赫鲁在南加尔水闸区举行会谈。

1957年

1月12日 十四世达赖喇嘛在那烂陀代表中国政府把玄奘顶骨一份赠给印度政府。尼赫鲁总理代表印度政府接受顶骨。

24日 至25日，周恩来总理在结束访问苏联、阿富汗等国后到印度与尼赫鲁总理进行会谈。

25日 毛泽东主席和周恩来总理分别致电普拉沙德总统、尼赫鲁总理，祝贺印度国庆。

25日 印度宣称克什米尔成为印度的一个邦。

29日 至31日，周恩来总理再度访印，并于30日接受印度国际大学授予的名誉文学博士。

2月5日　周恩来总理向全印度人民发表题为《把亚洲变成一个友好相处的大家庭》的广播演说。

16日　十四世达赖喇嘛从印度返回西藏。

3月2日　中国杂技团在新德里举行首演，尼赫鲁总理观看表演。

4月20日　周恩来致电祝贺尼赫鲁连任印度总理。

29日　印度基督教教会及青年会联合访华团到达北京，受到周恩来总理接见。

5月12日　毛泽东主席致电祝贺普拉沙德连任印度总统。

25日　中印两国续订1954年的贸易协定，互致关于双方国营对外贸易公司加强联系的换文。

7月9日　周恩来总理和夫人邓颖超接见印度内阁统计顾问、印度统计学院院长、联合国统计委员会主席马哈拉诺比斯教授和夫人。

8月14日　周恩来总理致电尼赫鲁总理，祝贺印度独立十周年。

23日　至9月12日，印度亚洲团结委员会代表团访华，受到周恩来总理接见。

9月18日　至26日，印度副总统萨瓦帕利·拉达克里希南访问中国，受到朱德副主席、刘少奇委员长、周恩来总理接见和首都各界群众的热烈欢迎。

19日　朱德副主席、周恩来总理参加在北京举行的“印度展览会”开幕式。

10月1日　印度总统普拉沙德、总理尼赫鲁分别致电毛泽东主席、周恩来总理，祝贺中华人民共和国成立八周年。

4日　朱德副主席接见前印度抗日援华医疗队队员巴苏和夫人及该队成员柯棣华之弟柯迪斯。

31日　前印度援华医疗队队长、全印和平理事会副主席爱德华博士应中印友好协会邀请到中国访问。

11月4日　周恩来总理接见正在中国访问的印度全国乡村妇女联合会副主席苏希拉·那雅博士、印度诗人拉姆德哈利·丁卡。

1958年

1月23日　毛泽东主席在广州接见奉调回国的印度驻华大使拉·库·尼赫鲁及夫人。

23日　至3月3日，中国军事友好代表团访问印度。

24日　毛泽东主席和周恩来总理分别致电普拉沙德总统和尼赫鲁总理，祝贺印度国庆。

6月8月　中印政府就拉达克的归属等问题展开外交接触。

7月28日　印度新任驻华大使高·帕塔萨拉蒂向毛泽东主席递交国书。

9月7日　尼赫鲁在记者招待会上说台湾和沿海岛屿应当属于中国。

10月18日　印度首次对阿克赛钦提出正式要求。

12月14日　尼赫鲁就中印边界提出全面领土要求。

1959年

1月21日　印度水利灌溉代表团访问中国。

25日　毛泽东主席、周恩来总理分别致电普拉沙德总统和尼赫鲁总理，祝贺印度国庆。

2月18日　外交部副部长章汉夫到达新德里，开始访问印度。

3月10日　中国西藏地方政府和上层反动集团在拉萨发动武装叛乱。17日始，尼赫鲁污蔑中国进行“武装干涉”，说中国对西藏只有“宗主权”，并把叛乱说成是“起义”。

21日　至4月9日，印度钢铁考察团访问中国。

22日　尼赫鲁就中印边界问题致信周恩来总理，向中国提出大片领土要求。

28日　新华社发表西藏叛乱事件的公报，指出印度噶伦堡是叛乱中心。

31日　西藏叛乱分子伙同十四世达赖喇嘛逃往印度。印度外交部派高级官员到边境迎接。

4月2日　全印亚非团结会议在加尔各答举行，周恩来总理于会前致电祝贺。

3日	尼赫鲁在人民院宣布十四世达赖喇嘛在3月31日进入印度（实际是进入非法的“麦克马洪线”以南印度侵占区）。
21日	《人民日报》发表新华社记者评论《评所谓“达赖喇嘛的声明”》。
23日	印共总书记高士表示，损害印中友谊只有利于帝国主义。
24日	印度总理尼赫鲁亲赴穆索里会见十四世达赖喇嘛。
27日	尼赫鲁在人民院公然要求西藏“独立”。
5月6日	《人民日报》发表编辑部文章《西藏的革命和尼赫鲁的哲学》。
16日	印度人民社会党要求印度政府把“西藏问题”提交联合国。
25日	中印双方交换关于把中印两国贸易协定有效期延长至1959年底的信件。
6月	印军越过非法的“麦克马洪线”，侵占中国西藏的朗久和马及墩等地方。
8月26日	中印边境发生第一次武装冲突，即“朗久事件”。
9月8日	周恩来复信3月22日尼赫鲁关于中印边界问题的来信，表示不承认非法的“麦克马洪线”。
9日	从印度新德里发出一封以十四世达赖喇嘛名义写给联合国秘书长哈马舍尔德的信。
11日	尼赫鲁举行记者招待会，为非法的“麦克马洪线”多方辩解。
12日	《人民日报》发表社论《中印边界问题的真相》。
16日	《人民日报》就中印边界问题发表社论《我们的期待》，希望印度政府能采取正确的态度。
26日	尼赫鲁宣称非法的“麦克马洪线”合法。
是月	印度政府发表白皮书，陈述五年来中印政府之间的信函往来。
10月1日	印度总统普拉沙德和总理尼赫鲁分别致电刘少奇主席和周恩来总理，庆祝中国国庆十周年。
6日	中共中央主席毛泽东、副主席刘少奇分别会见正在中国访问的印共总书记高士。
20日	印度边境警察入侵中印边界西段空喀山口，造成中印之间第二次流血事件。
23日	中国外交部抗议印度在中印边界的“武装挑衅”。

29日 至11月10日，印度印苏文化协会主席巴利加医生及夫人访问中国。

11月7日 周恩来总理致信尼赫鲁总理，建议在中印边境的两国武装部队各自后撤20公里，两国总理近期举行会谈。

10日 周恩来再次致信尼赫鲁，建议双方撤出中印边境争议地区接触区20公里以外。

16日 尼赫鲁在人民院发表讲话，称谋求和平解决中印边界争端。

27日 《人民日报》刊登中国红十字会捐款救济印度水灾灾民的消息。

12月9日 印度总理尼赫鲁称中印将要对峙千百年之久。

26日 中国外交部复照印度驻华大使馆转印度政府，阐明中印两国从未正式划定边界、希望通过友好协商全面解决两国边界问题的原则立场。

1960年

1月23日 刘少奇主席、周恩来总理分别致电普拉沙德总统和尼赫鲁总理，祝贺印度国庆十周年。

4月3日 中国外交部就中印边界争议问题再次照会印度政府。

13日 至29日，周恩来总理访问缅甸、印度和尼泊尔。

25日 中印两国总理会谈，在新德里发表联合声明。

6月 至7月，中印外交人员在北京举行一轮边界会谈。

8月2日 印度政府要求新华社新德里分社“撤退”。

10月 印度数学家、世界和平理事会常务理事高善必访华，受到周恩来总理接见。

1961年

1月7日 印度国大党年会通过决议，污蔑中国“侵犯”和“占领”印度领土。

25日 刘少奇主席、周恩来总理致电祝贺印度国庆。26日，陈毅副总理到会祝贺印度驻华大使馆举行的国庆招待会。

2月 印共全国委员会通过关于“印中边界争端”的决议，支持非法的“麦克马洪线”为东段事实边界线的立场。

5月15日 首都文化艺术界集会纪念印度诗人罗宾德拉纳特·泰戈尔诞辰一百周年

7月14日 及16日，刘少奇主席、周恩来总理和陈毅外长分别接见印度外交秘书拉·库·尼赫鲁及其随行人员。

20日 印度驻华大使高·帕塔萨拉蒂离任回国。

26日 尼赫鲁在哈浦尔公众集会上诽谤中国“占领”印度领土。

10月8日 尼赫鲁在马德拉斯公众集会上诽谤中国“非法占领印度领土”。

12月6日 中国外交部发表中印边界问题声明。

15日 印度拒绝续订《中印关于中国西藏地方和印度之间的通商和交通协定》。

19日 中国政府发表支持印度政府收复果阿的声明。

27日 印度政府无理撤销中国银行加尔各答分行和孟买经理处的外汇营业执照。

1962年

1月14日 中共中央电唁印共总书记高士逝世。

25日 刘少奇主席、周恩来总理致电祝贺印度国庆。

2月18日 中国抗议印度飞机侵犯中国领空。

4月11日 印度政府再次拒绝谈判缔结新的中印通商和交通协定。

12日 周恩来总理致电祝贺尼赫鲁连任印度总理兼外交部长。

13日 中国重申和平解决中印边界问题的立场。

21日 和30日，中国政府两次照会印度政府，强烈抗议印军连续侵入中国新疆地区并设立新的军事据点。

30日 中国宣布在中印边界西段恢复巡逻。

5月10日 印度外交部“抗议”中国和巴基斯坦谈判边界问题。

12日 刘少奇主席致电祝贺前副总统拉达克里希南当选印度第二届总统。

29日 中国抗议印度政府没收中国驻印度大使馆的新闻公报。

31日　中国外交部断然拒绝印度政府就中巴边界谈判签订临时协议的无理抗议。

6月2日　中国要求印军撤离中国境内并拆除军事据点。

3日　《中印有关中国西藏地方和印度之间的通商和交通协定》期满失效。

7月9日　《人民日报》发表社论《印度政府应该悬崖勒马》。

18日　中国驻印度大使潘自力离任回国。

22日　中国外交部就印度军队入侵新疆奇普恰河谷地区并向中国边防部队发动武装攻击一事向印度政府提出照会。

8月6日　印度拒绝中国关于举行边界问题谈判的建议。

9月2日　侵入中国新疆奇普恰河谷的印军伏击中国边防运输小组。

21日　中国政府就印军在西藏扯冬地区进攻打死打伤中国官兵事件向印度政府提出最严重最强烈的抗议。

22日　《人民日报》发表社论《是可忍，孰不可忍！》。

尼赫鲁在巴黎污蔑中国"侵略"，再次表示此时不同中国谈判。

26日　尼赫鲁在尼日利亚发表讲话，再次表示要用"武力对付"中国人。

28日　拉萨各界集会追悼被印军杀害的烈士，抗议印度蚕食中国领土的军事挑衅。

10月5日　印度国防部宣布成立专门对付中国的第四军，任命考尔中将为军长。

6日　中国再次建议立即无条件讨论中印边界问题，印度政府再次拒绝。

12日　尼赫鲁宣称已下令把中国军队从"入侵地区""清除掉"。

16日　尼赫鲁召开高级军官会议，加紧作战部署，大量印军开赴前线。

17日　至18日，印军在中印边界东西两段同时向中国发动进攻。

20日　中国面对印度的大规模全面进攻进行自卫还击。

21日　中国就印军对中国边防部队发动大规模全面进攻，向印度政府发出最紧急、最严重、最强烈的抗议。

22日　中国国防部正式宣告：为防止印军卷土重来，中国军队在自卫战斗中不再受非法的"麦克马洪线"约束。
尼赫鲁发表全国广播演说，要人民"勒紧腰带"继续"斗争"下去。

24日 中国边防部队收复达旺，在西段清除了印军设在中国境内的43个侵略据点；中国政府提出三项建议，印度拒绝中国的建议。

26日 印度总统宣布全国处于"紧急状态"。
和27日，印度政府先后设立"国防基金""总理国防基金"。
印度总理尼赫鲁致函美国总统肯尼迪，要求美国提供军事装备。

29日 尼赫鲁扬言准备同中国长期打仗。

11月2日 至3日，印度政府封闭和强行接管中国银行加尔各答分行和孟买经理处。中国政府于5日向印度政府提出强烈抗议。

5日 不丹抗议印度政府为侵略中国之需擅自派军进入不丹。

8日 尼赫鲁再次拒绝中国政府的三项建议，称不达目的不结束战争。

15日 印军在中印边境东段向中国发动大规模进攻。
周恩来总理就中印边界问题致函亚非多国领导人。

16日 中国边防部队粉碎印军进攻，进驻瓦弄。

18日 中国边防部队被迫进行自卫反击第二阶段战役。
印度总统达拉克里希南希望中印分歧在桌子周围解决。

19日 中国边防部队进驻重镇邦迪拉。
尼赫鲁称要同中国打到底。

20日 中印边境西段印军侵略据点被全部清除。

21日 中国政府就中印边境武装冲突发表声明，再一次呼吁印度政府进行谈判。

22日 中国边防部队在中印边境全线主动停火。
22日和23日、27日，尼赫鲁三次表示要同中国"长期作战"。

25日 尼赫鲁主持国防委员会首次会议，决定成立"军事委员会"和"动员群众支持委员会"。

28日 周恩来总理致函尼赫鲁总理，呼吁共同推动当前局势向更缓和的方向发展。

12月1日　中国边防部队开始从中印边界全线主动后撤，至1963年2月28日全部完成后撤计划。

4日　印度政府发布命令：所有中国飞机和曾为中国国民的人一律不准飞临印度上空。

10日　至20日，锡兰（今斯里兰卡）、阿联、印尼、缅甸、柬埔寨、加纳六国就中印边界问题在科伦坡举行会议。

17日　中国政府决定撤销驻印度的两个总领事馆。

中旬　中国边防部队将自卫反击战中缴获的大批印度军用物资交还印方。

27日　印度当局强令孟买银行将中国银行总管理处在该行的存款全部移交加尔各答高等法院。

31日　至1963年1月9日，锡兰总理班达拉奈克夫人代表科伦坡会议六国访华。

1963年

1月10日　中国就印方越过锡金边界侵犯中国领土领空一事向印度政府提出严重抗议。

11日　中国外交部抗议印度政府强行接管中国使领馆的经费。

17日　中国外交部强烈抗议印度当局把噶伦堡中华学校校产交给台湾当局。

26日　尼赫鲁宣告成立“全国乡村志愿队”，要求全国乡村壮丁参加，为进一步扩大中印边界战争做准备。

28日　《人民日报》发表社论《欢迎科伦坡会议推动中印直接谈判的努力》。

2月25日　尼赫鲁在人民院声称，印军将开进中印边界中国军队撤出的地区。

3月1日　1日和2、3、9、13、20日，尼赫鲁在六次讲话中宣称同中国不会有任何妥协，要准备长期斗争。

3日　周恩来致函尼赫鲁，再次建议和平谈判解决中印边界问题。

5日　尼赫鲁复函周总理，要中国毫无保留地全盘接受科伦坡建议，否则不能谈判。

25日 中国外交部强烈抗议印度政府利用西藏叛乱分子干涉中国内政。

4月2日 中国外交部抗议印军3月10日侵入空喀山口西北中国新疆境内。

是月 至8月，中国政府三次派船接运共计2300多名在印华侨回国。

5月6日 印度步枪队开到非法的“麦克马洪线”以北的兼则马尼。

25日 中国政府完成释放和遣返全部被俘印军人员。

6月4日 中国外交部再次抗议印军不断侵犯中国领土。

6日 中国外交部向印度政府提出立即停止对华侨的一切迫害等三项要求。

28日 中国外交部强烈抗议印军入侵东姆拉山口。

7月30日 中国强烈抗议印军在4日和11日两次侵入中印边境东段的呷林公台地。

31日 中国外交部抗议印军越过锡金边界侵占中国领土。

9月20日 印度政府决定把西藏叛乱分子编入印军，并设立招募机构。

10月13日 《人民日报》发表社论《印度政府目前没有和平的诚意》。

11月9日 至19日，美英印三国联合空军演习在印度举行。

21日 《人民日报》发表社论《中印边界问题只能和平解决》。

1964年

1月23日 中国外交部抗议印度飞机于1963年第四季度侵犯中国领土共达42架次。

25日 刘少奇主席、周恩来总理致电祝贺印度国庆。

5月27日 周恩来总理致电印度总统拉达克里希南和英迪拉·甘地夫人，对尼赫鲁总理逝世表示哀悼。

6月10日 周恩来总理致电祝贺夏斯特里就任印度总理。

11日 夏斯特里重申拒绝同中国谈判的立场。

26日 中国外交部抗议印度议员代表团18日到台湾进行“访问”。

7月17日 圣雄甘地的孙子拉杰莫汉·甘地到台湾活动。

9月28日 中国外交部抗议印度军队越过锡金边界侵入中国西藏境内。

10月16日　夏斯特里称中国的核爆炸是对维护和平的威胁。

30日　夏斯特里说印度绝不会向中国屈服。

11月5日　至12月1日，夏斯特里先后发表17次公开讲话，称“中国是印度的敌人”。

11日　中国外交部严正谴责印度政府为美国政府制造“两个中国”的阴谋效劳。

月底　印度总统达拉克里希南接见台湾“佛教代表团”。

12月28日　中国抗议印度飞机连续侵入中国领空，谴责印度政府搞“两个中国”的活动。

1965年

1月18日　中国外交部抗议印度在1964年下半年继续侵犯中国领土领空的严重行为。

4月7日　印度抗议中国和巴基斯坦签订边界议定书。

7月29日　中国外交部抗议印度军队在上半年26次侵犯中国边境。

9月7日　中国政府严厉谴责印度对巴基斯坦的军事进攻。

16日　中国要求印度政府立即撤除中国—锡金边界印度一方的军事设施。

24日　印度投票赞成将“西藏问题”列入联大议程，改变了过去弃权的做法。

26日　印军三人携带武器侵入中国境内进行侦察挑衅，被中国驻防部队当场逮捕。

10月20日　中国强烈抗议印度政府于9月30日无理封闭加尔各答华侨报纸《中国新闻》。

11月24日　中国国防部警告印度必须马上停止一切挑衅行为。

12月12日　中国政府就印军在中锡边界达吉山口侵入中国境内并武装挑衅中国边防人员向印度政府提出严重抗议。

1966年

1月2日　中国外交部抗议印度政府利用所谓“西藏问题”反华，干涉中国内政。

28日 中国将1965年12月12日侵入中国达吉山口的两名印度士兵交还印方。

2月16日 印度总理英迪拉·甘地表示，如条件允许，准备同中国或其他任何人会谈。

3月1日 印度总理英迪拉·甘地污称中国在边境制造威胁，指责中国在世界上制造紧张局势。

4月2日 中国外交部抗议印度政府追随美国搞“两个中国”的阴谋。

8月11日 印度外交部照会中国驻印度大使馆，就“中国军事人员再次侵入中印边境西段斗拉特别奥里地区一事”“提出强烈抗议”。

1967年

1月16日 中国外交部详细列举印度方面1966年在中印边界和中国—锡金边界侵犯中国领土和领空事件，向印度政府提出抗议。

6月4日 印度驻华使馆二秘鲁冠南和三秘维杰在北京从事间谍活动被当场抓获。

13日 印度外长查格拉称中印缅交界处一块70—72平方英里的地区是“印度领土”。

16日 印度政府唆使大批暴徒冲进中国驻印大使馆，大肆殴打大使馆人员，破坏建筑，焚毁汽车。

9月2日 中国接管印度驻拉萨领事馆和印度驻噶大克及亚东的两个贸易机构和建筑。

11日 至13日，中印军队在锡金边境发生冲突。

10月4日 印方再次到中国境内认领入侵中国境内后被击毙的印军尸体和枪支弹药，并在认领清单上签字。

1968年

5月28日 至6月4日，印度连续派九架次军用飞机侵入中国西藏亚东地区上空进行侦察活动。

9月16日　印度政府指示印度官员不得接受或理睬中国大使馆的任何邀请。

11月27日　印度总理英迪拉·甘地在新德里"接见"十四世达赖喇嘛。

12月23日　英迪拉·甘地在加尔各答称印度要强大起来才能"改善"同中国的关系。

1969年

1月1日　印度总理英迪拉·甘地称应当设法寻求解决中印争端的途径。

9月12日　英迪拉·甘地称印度准备同中国进行"有意义的会谈"，以便解决中印争端。

10月10日　印度总统吉里和外长辛格分别"接见"十四世达赖喇嘛，辛格表示印度政府"始终支持"把"西藏问题"提交联合国大会。

11月12日　印度外交秘书对中国临时代办表示，要中国先派大使去印，印即可派大使到中国。

1970年

3月13日　英迪拉·甘地称"希望改善"对华关系，希望印巴友好。

24日　印度政府在"联合国人权委员会"上提出"西藏问题"，对中国内政横加干涉。

6月17日　英迪拉·甘地表示印度"目前不会改变"对中国的立场。

22日　印度政府污蔑中国5月份曾三次"入侵"不丹，并向中国提出所谓"抗议"。

9月8日　英迪拉·甘地说印度目前把全部精力用来"防御"中国和巴基斯坦。

10月3日　英迪拉·甘地致电周恩来总理，祝贺中国21周年国庆。

12月7日　印度国防部长拉姆污称中国在9月1日至11月30日"两次侵犯印度领土，两次侵犯印度领空"。

1971年

1月26日　印度驻华大使馆举行国庆招待会（1962年后首次举行）。
8月20日　中国邀请印度乒乓球队参加亚非乒乓球邀请赛。
10月2日　英迪拉·甘地总理致电周恩来总理，祝贺中国22周年国庆。
27日　英迪拉·甘地致电周恩来总理，祝贺恢复中华人民共和国在联合国的合法权利。
11月1日　印度外长斯瓦兰·辛格致电姬鹏飞外长，祝贺恢复中华人民共和国在联合国的合法权利。
12月16日　中国政府谴责印度对巴基斯坦悍然发动大规模侵略战争。
21日　印度议会通过"东北地区（改组）法案"，将非法的"麦克马洪线"以南"东北边境特区"九万平方公里中国领土改名为所谓"阿鲁纳恰尔邦"，划为中央直辖区。

1972年

4月27日　印度外长斯瓦兰·辛格称印度政府打算通过"双边会谈和和平手段"解决中国"撤离"拉达克问题。
8月7日　印度国防部长贾格吉凡·拉姆说印度将对巴基斯坦"让给"中国的克什米尔"被占领区"土地提出主权要求。
9月30日　印度外交秘书T.N.考尔等出席中国驻印度使馆国庆招待会。
10月2日　印度总理英迪拉·甘地致电周恩来总理，祝贺中国国庆23周年。
11月16日　印度外长辛格在人民院说"印度认为西藏是中国的一部分"，同时表示印度一向只承认中国对西藏的宗主权。

1973年

2月19日　印度总统吉里称印度政府"愿意推动中印关系正常化"。
4月29日　至7月20日，全印柯棣华大夫纪念委员会主席比乔埃·库马尔·巴苏医生访问中国。

6月2日 英迪拉·甘地夫人表示印度希望同中国建立正常关系。

10月4日 印度总理英迪拉·甘地致电周恩来总理，祝贺中华人民共和国成立24周年。

11月23日 印度外长斯瓦兰·辛格称同中国实现关系正常化不会以损害印苏友好关系为代价。

1974年

1月3日 中国向印度递交抗议印军在中锡边境越境修筑观察哨所的照会。7日，印军拆除上述哨所。

5月10日 印度外长斯瓦兰·辛格在联邦院重申西藏是中国的一部分。

24日 至6月26日，全印柯棣华大夫纪念委员会访华团访问中国，受到全国政协副主席叶剑英的会见和宴请。

6月15日 英迪拉·甘地称印度“愿在平等基础上改善对华关系”，指责中国“有许多挑衅行为”，称友谊“取决于中国怎样看印度”。

8月15日 印度政府重申愿意派特使到北京商谈两国关系问题。

19日 印度外长斯瓦兰·辛格说“希望同中国的关系正常化”。

9月11日 中国对印度议会通过宪法修正案对锡金王国实行殖民兼并表示极大愤慨和强烈谴责。

10月1日 印度总理英迪拉·甘地致电周恩来总理，祝贺中华人民共和国成立25周年。

1975年

1月24日 中国外交部副部长韩念龙出席印度驻华使馆举行的国庆招待会。

2月18日 至27日，中国乒乓球代表团在加尔各答参加第33届世界乒乓球锦标赛后在印度进行友好访问。

4月5日 印度外交秘书克瓦尔·辛格约见中国驻印度使馆临时代办，进行个人试探。

29日 中国政府强烈谴责印度政府把锡金变成印度一个邦的扩张主

义行径。

10月3日 印度总理英迪拉·甘地致电周恩来总理，祝贺中华人民共和国成立26周年。

22日 中国外交部就印军10月20日在中印边境东段土伦山口越过实际控制线向中方进行挑衅一事向印方递交抗议。

28日 印军代表到中国境内领回四具印军尸体和武器弹药。

1976年

1月9日 印度总理英迪拉·甘地致电邓小平副总理，对周恩来总理逝世深表哀悼；15日，英迪拉·甘地和外长恰范等前往中国驻印度大使馆吊唁。

1月26日 中国外交部副部长韩念龙出席印度驻华使馆举行的国庆招待会。

7月7日 印度新任驻华大使科切里尔·拉曼·纳拉亚南到达北京，24日向人大常委会副委员长吴德递交国书。

12日 印度总统法赫鲁丁·阿里·艾哈迈德致电全国人大常委会，对朱德委员长逝世表示哀悼。

9月9日 印度总统法赫鲁丁·阿里·艾哈迈德致电全国人大常委会，对毛泽东主席逝世表示哀悼。

印度总理英迪拉·甘地致电华国锋总理，对毛泽东主席逝世表示诚挚哀悼。11日，英迪拉·甘地总理和恰范外长前往中国驻印度大使馆吊唁。

10日 中国新任驻印度大使陈肇源抵达新德里，20日向印度总统艾哈迈德递交国书。

28日 印度共产党（马列）中央委员会（函）唁毛泽东主席逝世。

10月27日 英迪拉·甘地总理致电诚挚祝贺华国锋总理就任中共中央主席。

12月9日 柯棣华大夫纪念馆在石家庄举行开馆典礼。

1977年

2月13日 华国锋总理致电英迪拉·甘地总理，对艾哈迈德总统逝世深表哀悼。15日，乌兰夫副委员长前往印度驻华使馆吊唁。

3月30日 华国锋总理致电祝贺莫拉尔吉·德赛就任印度总理。

7月27日 华国锋总理致电祝贺尼兰·桑吉瓦·雷迪就任印度总统。

8月4日 中国政府就印度政府领导人接见十四世达赖喇嘛向印度政府提出强烈抗议。

10月19日 中国参加在印度班加罗尔举行的第一届“亚洲邮票展览会”。

12月4日 华国锋总理致电德赛总理，就印度南部遭受风灾表示慰问。

1978年

2月27日 至3月3日，印度新德里举办中国绘画、书刊和图片展览。

3月7日 至23日，中国人民对外友好协会代表团访问印度。

8月14日 全印柯棣华大夫纪念委员会主席巴苏医生和夫人到中国访问。

12月18日 印度新任驻华大使拉姆昌德·达塔特拉亚·沙梯向人大常委会副委员长乌兰夫递交国书。

1979年

2月9日 印度德里大学举行“历史悠久的印中文化关系”讨论会。

12日 至18日，印度外长阿塔尔·比哈里·瓦杰帕伊访问中国。

4月2日 印度总理德赛表示“要收复中国占领的领土”。

6月20日 印度总理德赛表示，边界问题解决之前，同中国实现全面关系正常化是不可能的。

23日 叶剑英委员长、聂荣臻副委员长、人大常委会法制委员会主任彭真会见印度巴苏医生。

7月31日 华国锋总理致电祝贺查兰·辛格就任印度总理。

10月3日 中国新闻代表团抵达新德里对印度进行访问。

11月5日　至17日，中国国际贸易促进委员会代表团在印度进行友好访问。

1980年

1月15日　华国锋总理致电祝贺英迪拉·甘地就任印度总理。

26日　印度驻华使馆举行庆祝国庆30周年宴会，黄华外长应邀出席。

2月21日　英迪拉·甘地说“中国占领了印度、不丹、尼泊尔和缅甸的大片土地”。

4月18日　黄华外长在津巴布韦会见印度总理英迪拉·甘地。

19日　英迪拉·甘地表示，印中两国悬而未决的问题不应妨碍两国改善关系。

5月8日　华国锋总理在贝尔格莱德应约会见英迪拉·甘地总理。

23日　中国乒乓球代表团应邀访问新德里。

25日　英迪拉·甘地说印度准备不带先决条件地同中国商讨关系正常化问题。

6月20日　至24日，印度外交秘书冈萨尔维斯一行访问中国。

21日　邓小平副总理会见印度友好人士，重申中国一揽子解决中印边界问题的方案。

27日　外交部副部长韩念龙前往印度驻华大使馆吊唁前总统吉里逝世。

8月20日　中国七名学习印地语的留学生抵达印度学习。

中国边防部队在中锡边界释放因越境被中国扣留的40名印度军事人员。

9月8日　全印柯棣华大夫纪念委员会主席比·库·巴苏夫妇到中国访问。

12月8日　英迪拉·甘地与苏共中央总书记勃列日涅夫在印度单独会谈时表示，印中改善关系不会牺牲苏联的利益。

1981年

1月26日　印度驻华使馆举行招待会，庆祝印度共和国日。外贸部部长李强、外交部副部长何英应邀出席。

4月14日　中国舞蹈家张均和刘友兰与印度舞蹈家在新德里同台演出。

5月5日　首都各界人士三百多人集会，纪念拉宾德拉纳特·泰戈尔诞辰120周年。

6日　英迪拉·甘地说印中两国之间关系将来只会得到改善。

13日　至19日，印度举办中国画展览会。

23日　人大常委会副委员长彭冲会见印中友好代表团。

31日　英迪拉·甘地致电赵紫阳总理，对宋庆龄名誉主席逝世表示诚挚哀悼，并于6月2日到中国驻印度大使馆吊唁。

6月3日　赵紫阳总理表示，中印两国要通过友好协商逐步解决边界问题。

26日　至30日，中国副总理兼外长黄华一行对印度进行正式访问，这是自1960年以来第一位中国政府领导人访问印度。

8月7日　泰戈尔学术讨论会在北京开幕，为我国首次就一位东方作家召开的全国性学术会议。

9月9日　至10月4日，18名印度香客到中国西藏冈底斯山和玛法木错湖（玛旁雍错湖）朝圣，为20年来第一批到中国该地区朝圣的印度香客。

14日　印度环境保护代表团到达北京，为印度派往国外的第一个环境保护代表团。

18日　印度外长拉奥说中国在拉达克地区“占领”印度领土约14,500平方英里。

30日　印中友好协会在新德里组织集会，庆祝中华人民共和国成立32周年。

10月22日　赵紫阳总理在墨西哥坎昆会见印度总理英迪拉·甘地。

11月3日　印度少年网球队到达北京，为近20多年来首次前来进行友好访问的印度体育团队。

9日　印度纪念鲁迅诞辰一百周年学术讨论会在新德里尼赫鲁大学

开幕。

12月7日　至14日，印度外交秘书埃里克·冈萨尔维斯访问中国。两国官员就中印关系、交流与合作等问题进行了会谈。

1982年

3月2日　印中友好妇女协会在新德里举行“中国妇女”专题讨论会。

23日　印度外交部发表中印关系报告，表示希望两国举行会谈从而使关系正常化。

5月15日　中国特使、参加中印官员第二轮会谈的代表团团长符浩到达新德里。中印双方认为会谈有助于进一步探索边界问题的解决办法。

6月21日　英迪拉·甘地总理会见正在印度访问的中国卫生部顾问马海德。

7月25日　叶剑英委员长致电祝贺吉亚尼·宰尔·辛格就任印度总统。

8月11日　印度—中国协会在新德里正式成立。

30日　中国驻印度大使申健表示，中巴开放两国边界的红其拉甫山口无可非议。

9月21日　正在苏联访问的英迪拉·甘地总理表示，希望印度和中国之间的对话能够使两国关系正常化。

26日　新德里印中友好协会和印度—中国协会将9月26日定为“印中友好日”。

27日　印度新任驻华大使阿伊兰姆·潘查巴凯萨·文卡特斯瓦兰到达北京，10月5日向人大副委员长乌兰夫递交国书。

10月22日　印度外交国务部长拉希姆在联邦院表示希望同中国改善关系。

11月7日　印中友好协会第五次年会闭幕，会议表示要进一步促进印中两国之间的友好关系。

20日　印度国家科学院院长梅农率印度国家科学院代表团访华。

12月11日　加尔各答市政委员会以柯棣华大夫的名字命名该市新阿利波尔德一条街。

15日　北京隆重集会，纪念柯棣华逝世40周年和爱德华逝世25

周年。

1983年

1月26日　印度驻华大使文卡特斯瓦兰和夫人在使馆举行招待会，庆祝印度共和国日，文化部长朱穆之、外交部顾问符浩应邀出席。

18日　至29日，中国青年代表团应印度青年国大党邀请访问印度。

28日　印度外交秘书瓦杰帕伊率印度代表团到达北京参加第三轮中印官员会谈。

2月19日　至20日，第一次印中贸易和经济合作讨论会在新德里举行。

3月30日　楚图南率中国对外友协代表团抵达新德里，对印度进行友好访问。

4月9日　至26日，陈宇率中华全国总工会代表团访问印度，为20多年来该工会代表团第一次访印。

7月23日　印度青年国大党（英）访华团应中华全国青联邀请访华。

8月29日　印度著名音乐家拉维·香卡在人民剧场举行访问演出。

9月2日　叶剑英会见全印柯棣华大夫纪念委员会主席巴苏医生和夫人。

10月22日　外交部副部长宫达非率代表团抵达新德里参加中印官员第四轮会谈。

11月14日　中国儿童电影《泉水叮咚》获第三届印度国际新青年电影节最高奖金像奖。

12月26日　印中友好协会德里分会举行纪念会，纪念毛泽东诞辰90周年。

1984年

1月7日　至20日，中国社会科学院代表团访问印度，受到总理英迪拉·甘地接见。

26日　印度驻华大使文卡特斯瓦兰和夫人为庆祝印度共和国日在使馆举行招待会，卫生部长崔月犁、外交部副部长宫达非等应邀出席。

自1980年以来，已有四百名印度香客前往西藏的冈仁波齐峰和玛法木错湖朝拜。

2月2日 中华全国青年联合会代表团应邀到访印度。

14日 中国人大代表团赴新德里出席亚洲议员人口和发展论坛首届大会。

17日 中国麻风病学家代表团赴印度出席第12届国际麻风病大会。

3月3日 至13日，中国工会代表团应邀访问印度，受到英迪拉·甘地总理接见。

4月29日 人大副委员长黄华会见印度柯棣华大夫亲属团。

5月11日 至24日，中国工艺美术展览会在新德里举行。

22日 印度喀拉克什特拉舞蹈团在北京人民剧场举行首演。

6月6日 中国驻印大使申健向印度总理英迪拉·甘地辞行。

7月3日 印度民青、学联联合代表团抵京访华。

8月20日 全印农民协会、全印农业工人工会联合代表团访问中国。

29日 中国外交部发言人驳斥印媒关于三个连的中国军队进入洪扎地区的报道。

9月15日 印度外交秘书纳特瓦尔·辛格率代表团到达北京，参加中印第五轮官员会谈。

27日 中国人民对外友好协会和中国社会科学院、北京大学南亚研究所举行纪念会，纪念圣雄甘地诞辰115周年。

30日 印度总统吉亚尼·宰尔·辛格、总理英迪拉·甘地分别致电李先念主席，祝贺中华人民共和国成立35周年。

10月31日 国家主席李先念和总理赵紫阳联名致电印度总统吉亚尼·宰尔·辛格，对英迪拉·甘地总理不幸遇刺逝世深表哀悼。

11月1日 国务院总理赵紫阳致电祝贺拉吉夫·甘地就任印度总理。

2日 中国政府特使、国务院副总理姚依林赴新德里参加英迪拉·甘地夫人葬礼。

30日 中国新任驻印度大使李连庆向印度总统宰尔·辛格递交国书。

1985年

1月1日 国务院总理赵紫阳致电祝贺拉吉夫·甘地就任印度总理。

15日 印度总理拉吉夫·甘地表示印中会谈取得一定进展，“但道路仍很遥远”。

17日 印度总统宰尔·辛格说印中关系已出现改善迹象，“应该继续努力，寻求解决边界问题的办法”。

25日 印度驻中国大使文卡特斯瓦兰和夫人举行招待会，庆祝印度共和国成立35周年。国务院副总理姚依林等应邀出席。

3月26日 印度新任驻中国大使梅农到达北京，28日向国家主席李先念递交国书。

31日 中印两国总理互致电报，祝贺中印建交35周年。

4月1日 印度驻中国大使梅农在使馆举行宴会，庆祝中印建交35周年。

2日 拉吉夫·甘地在总理办公室会见柯棣华大夫的遗孀郭庆兰女士。

5日 印度—中国协会和全印柯棣华大夫纪念委员会主办的“印度援华医疗图片展览”在新德里开幕。

6月6日 印度总理拉吉夫·甘地在开罗表示希望改善印中关系。

7月9日 孟德尔率领印中友好协会代表团访问中国，对外友协会长王炳南会见并设宴招待。

9月29日 印中友好协会在新德里举行庆祝会，庆祝中华人民共和国成立36周年。

10月12日 印度佛教文化代表团抵京访华。

19日 中共中央总书记胡耀邦到协和医院看望应邀来北京治病并访问的全印柯棣华大夫纪念委员会主席巴苏医生。

19日 中国外交部发言人断然否认巴基斯坦将在中国试验原子弹的说法。

27日 印度总理拉吉夫·甘地表示印中关系“一定能得到改善”。

11月1日 外交部副部长刘述卿率团前往新德里参加中印官员第六轮会谈。

12月5日 印度图书展在中国革命博物馆开幕。

26日 中国共产党代表团赴印度孟买参加国大党成立一百周年纪念活动。

1986年

1月25日 印度驻华大使梅农举行招待会庆祝印度共和国成立36周年，人大副委员长周谷城出席。

5月14日 中国外交部发言人表示，印度就中巴向第三国国民开放红其拉甫口岸一事向中国提出抗议毫无道理。

7月16日 外交部发言人驳斥印度就所谓“中国边防人员在中印边境东段入侵桑多洛河谷地区印度领土”向中方提出抗议。

21日 至23日，中印第七轮官员会谈在北京举行。

是月 自1981年12月至本月，中印两国共举行了七轮边界问题会谈，寻求解决边界问题和改善两国关系的途径，未取得实质性进展。

8月5日 印度出版巴苏医生1938—1943年在中国期间写的日记《延安的召唤》。

9月30日 印度总统和总理分别致电中国国家主席和国务院总理，庆祝中华人民共和国成立37周年。

10月10日 印度喜马偕尔邦舞蹈团在北京海淀影剧院举行首演。

12日 全印柯棣华大夫纪念委员会主席巴苏医生在加尔各答病逝，终年74岁。

29日 印度副总统拉玛斯瓦米·文卡塔拉曼发唁电悼念叶剑英同志逝世。

30日 印共（马）总书记南布迪里巴德向胡耀邦总书记发唁电悼念叶剑英同志逝世。

11月7日 至21日，最高人民法院代表团应邀访问印度。

12月9日 印度—中国协会在新德里举行集会，纪念柯棣华大夫逝世44周年。中国驻印度大使李连庆出席并讲话。

11日 中国外交部发言人发表书面谈话，称中国绝不承认印度在非法占领的中国领土上建立的所谓“阿鲁纳恰尔邦”。

20日　中国共产党代表团到印度访问。

1987年

2月20日　印度宣布所谓“阿鲁纳恰尔邦”由中央直辖区升级为正式的邦。中国政府声明绝不承认所谓“阿鲁纳恰尔邦”。

4月29日　印共（马）总书记南布迪里巴德应邀来华访问，邓小平会见。

5月27日　中国和印度1987年1月至1988年3月31日贸易议定书在北京签署。

11月15日　至17日，中印第八轮关于边界问题会谈在新德里举行。

上半年　印度在中印边境地区集结军队，并进行代号为“棋盘”的大规模军事演习。

1988年

3月28日　印共总书记拉奥率团访华。中国共产党同印度共产党恢复关系。

5月28日　中印第一个文化合作协定在北京签署。

6月8日　中印在北京签署《中华人民共和国政府和印度共和国政府一九八八年度贸易议定书》。

12月19日　至23日，拉吉夫·甘地应邀对中国进行正式访问，是自尼赫鲁总理1954年访华后，时隔34年印度总理对中国的第一次访问。

1989年

2月24日　钱其琛外长在东京会见印度外长拉奥，就双边关系和双方共同关心的一些国际问题交换意见。

3月6日　至12日，中联部副部长蒋光化一行应邀出席印共第14次代表大会。

6月30日　至7月4日，中国和印度边界联合工作小组首轮会谈和副外长级磋商在北京举行。

9月17日　至24日，中国经贸部长郑拓彬率政府经济贸易代表团访印。双方签署《中印经贸、科技联合小组第一次会议纪要》及1989年9月20日至1990年9月19日贸易议定书。

10月10日　至17日，吴学谦副总理对印度进行友好访问。

12月2日　李鹏总理致电祝贺维·普·辛格就任印度总理。

7日　维·普·辛格在致李鹏总理的感谢电中表示，相信印中两国人民之间的传统友谊和互相尊重以及两国对和平共处五项原则的共同承诺，将有助于双边关系的进一步发展和悬而未决问题的解决。

1990年

1月29日　中国妇女代表团赴印度参加全印妇女大会年会。

2月23日　中印在北京签署《1990年中印体育交流协定》。

3月20日　钱其琛外长访问印度，同印度外长古杰拉尔就双边关系和双方共同关心的国际问题举行会谈。

30日　杨尚昆主席、李鹏总理和钱其琛外长同印度总统文卡塔拉曼、总理维·普·辛格和外长古杰拉尔分别互致贺电，庆祝中印建交40周年。

4月22日　印度副总理兼农业部长戴维·拉尔率团参加在北京召开的联合国粮农组织第二十届亚太区域会议并顺访中国。

8月25日　至9月6日，以总书记贾卡尔为团长的国大党（英）代表团访华。江泽民总书记、吴学谦副总理分别会见。

30日　至31日，中印边界联合工作小组第二轮会谈和副外长级磋商在新德里举行。

9月　为庆祝中印建交40周年和中华人民共和国成立41周年，中国工艺美术图片展在印度新德里等市展出。

11月8日　北京战略学会副会长柴成文率团访问印度，印度陆军参谋长罗德里格斯上将会见柴一行。

是月　中印双方边防人员进行首次会晤。

1991年

2月1日　至6日，印度外长舒克拉访问中国，同钱其琛外长会谈。

3月4日　至13日，中共中央政治局委员李锡铭应邀率中国共产党代表团访问印度。

15日　至22日，国防外事局局长傅加平应邀对印度进行友好访问。

4月27日　至5月5日，印度国营贸易公司派团访华，同中国轻工进出口总公司签订中方每年向印度出口400万吨新闻纸张的协议。

5月12日　至14日，中印边界问题联合工作小组第三轮会谈和副外长磋商在北京举行。

22日　李鹏总理致电印度总理钱德拉·谢卡尔，对前总理拉吉夫·甘地不幸遇刺身亡表示悲痛。

24日　吴学谦副总理作为中国政府特使前往新德里参加拉吉夫·甘地的葬礼。

6月1日　江泽民总书记致电祝贺纳拉辛哈·拉奥当选印度国大党（英）主席。

22日　李鹏总理致电祝贺纳拉辛哈·拉奥就任印度总理。

23日　至30日，印度陆军情报局局长卡纳中将应邀访华。

7月11日　万里委员长致电祝贺帕蒂尔就任印度人民院议长。

15日　印度总理拉奥致电李鹏总理，对中国江苏、安徽和河南省遭受水灾表示慰问。

18日　中印在新德里签署《中印1991年体育合作交流议定书》。

8月3日　至10月30日，印度登山队在西藏攀登珠穆朗玛峰。

8日　印度政府通过其驻华使馆向中国灾区捐赠价值10万美元药品。

9月28日　至10月4日，印共（马）政治局委员苏吉特率党中央代表团访问中国。

10月21日　李鹏总理致电拉奥总理，对印度北方邦西北部山区发生地震、人民生命财产受到巨大损失表示慰问。

11月24日　至12月3日，印度国大党（英）代表团访华，江泽民总书记和李鹏总理分别会见。

12月4日　李鹏总理接受《印度斯坦时报》主编采访时表示，中国和印度是亚洲乃至世界上最大的发展中国家，都是文明古国。

11日　至16日，李鹏总理应邀对印度进行正式友好访问，为时隔31年后中国总理首次访印。

23日　中国敦煌艺术展在新德里展出。

1992年

1月2日　至9日，中组部长吕枫率中共代表团应邀参加印共（马）第14次代表大会。

2月1日　李鹏总理出席联合国安理会首脑会议期间同印度总理拉奥举行会晤。

20日　至22日，中印边界问题联合工作小组第四轮会谈和副外长级磋商在新德里举行。

27日　至3月2日，国务委员兼国家教委主任李铁映率中国教育代表团访印，签署中印1992—1993年教育交流议定书。

3月2日　江泽民总书记致电祝贺纳拉辛哈·拉奥当选印度国大党（英）主席。

4月14日　中共中央致电祝贺印度国大党（英）第79届全国代表大会召开。

5月18日　至24日，文卡塔拉曼应邀对中国进行国事访问，为中印建交以来印度总统首次访华，强调要进一步发展和加强印中合作。

31日　至6月8日，印中协会主席B.N. 潘特应邀访华。

6月13日　李鹏总理在参加里约热内卢环境与发展大会期间会晤印度总理拉奥。

7月1日　中国和印度《关于边境贸易出入境手续议定书》在新德里正式签署，规定中印每年6—9月在中国西藏的普兰和印度北方邦的贡吉开放边境贸易市场。中断30年的中印边境贸易恢复。

24日　至30日，印度国防部长帕瓦尔访华，为中印建交以来印防长首次访华。

25日 杨尚昆主席致电祝贺尚卡尔·达亚尔·夏尔马就任印度总统。

8月5日 由中国冶金进出口公司同印度中东有限公司合资创办的中印第一个小型钢铁合资企业在印度宣告成立。

9月20日 至25日，中国科学院院长周光召访印，并参加印度科学与工业研究委员会成立50周年庆祝活动。

10月24日 至11月6日，印共总书记古普塔率该党高级代表团访华。

27日 至29日，中印边界问题联合工作小组第五轮会谈和副外长磋商在北京举行。

11月25日 至12月8日，北京大学校长吴树青应邀率大学校长代表团访印。

30日 至12月8日，廖汉生副委员长率全国人大代表团访印，并主持首次在印度举行的中国文化节开幕式和中国孟买总领馆开馆仪式。

12月2日 “中国文化节”首次在印度举行。

1993年

1月11日 至19日，印度人民院议长帕蒂尔率代表团访华，并出席印度驻上海总领事馆开馆仪式。为中印建交以来印度议长首次访问中国。

16日 印度驻上海总领事馆开馆。

6月24日 至27日，中印边界联合工作小组第六轮会谈和副外长级磋商在新德里举行，就保持边境实际控制线地区和平与安宁的信任措施交换意见并达成协议。

9月6日 至9日，印度总理拉奥对中国进行正式友好访问。双方签订《中华人民共和国政府和印度共和国政府关于在中印边境实际控制线地区保持和平与安宁的协定》等一系列协定。

是月 钱其琛副总理兼外长在纽约出席联合国大会期间会见印度外长迪内希·辛格。

11月 全国政协主席李瑞环访问印度。

同年 中印双边贸易额为6.7573亿美元，其中中方出口为2.5916亿美元，进口为4.1657亿美元。

1994年

1月7日 至13日，中共中央政治局候补委员、书记处书记温家宝应邀率中共代表团访印。

2月3日 至6日，中印外交和军事专家小组在印度新德里举行第一次会议。

22日 至3月12日，全国政协常委、国家一级美术师韩美林应邀赴印度进行艺术交流访问。

23日 至3月1日，中共中央委员、中宣部副部长郑必坚应邀率中共友好代表团访印。

4月21日 至23日，印度外交部东北司联秘梅农率印方小组参加在北京举行的中印外交和军事专家小组第二次会议，双方签署《中印外交和军事专家小组工作条例》。

5月9日 首届印度文化节在北京开幕。

6月7日 外经贸部部长吴仪率中国政府经济贸易代表团访印。

8日 至15日，印共（马）总书记苏吉特应邀访华。

26日 至7月2日，印度国防学院院长、空军中将库尔卡尼等访华。

27日 中国和印度分别举行纪念中印共同倡导的和平共五项原则发表40周年活动。

7月6日 至7日，中印边界问题联合工作小组第七轮会谈和副外长级磋商在北京举行。

16日 中国西藏久巴与印度喜马偕尔邦的南加作为边境贸易市场正式开放，为中印间相互开放的第二对边境贸易点。

17日 至19日，钱其琛副总理兼外长应邀对印度进行正式友好访问。双方签署《中华人民共和国政府和印度共和国政府关于避免双重征税协定》。

9月7日 至12日，国务委员兼国防部长迟浩田应邀访印。

23日 中印合作的第一个孵鱼场在印度海德拉巴建成。

28日 至10月6日，印度国大党（英）总书记库马尔·辛德应邀访华。

29日 钱其琛副总理兼外长在出席第49届联大期间会见印度代表团团长、商业部长慕克吉。

10月21日 至28日，科杰里尔·拉曼·纳拉亚南应邀访华，为1957年后印度副总统首次访华。

11月9日 至15日，印度空军情报局长布拉尔少将应邀率印度空军代表团访华。

15日 至27日，中国驻印度大使程瑞声举行离任拜会。25日，前总统宰尔·辛格向程大使颁发“年度大使奖”。

21日 副总参谋长徐惠滋致电印度陆军参谋部，对印度陆军参谋长乔西上将逝世表示哀悼。

27日 中国钢铁技术贸易代表团访印，与印方签署八个技术合作谅解备忘录。

12月26日 江泽民主席致电印度总统夏尔马，就前总统宰尔·辛格逝世表示哀悼。

同年 中印双边贸易额为8.947亿美元。其中中方出口5.73亿美元，进口3.217亿美元。

1995年

3月2日 至4日，中印边界问题外交和军事专家小组在新德里举行第三次会议。

10日 李鹏总理在哥本哈根出席联合国社会发展首脑会议期间会见印度总理拉奥。

15日 至22日，印度陆军司令部战勤局拉姆少将应邀率印度陆军后勤代表团访华。

4月11日 李鹏总理电唁印度总理拉奥，对前总理莫拉尔吉·德赛逝世表示哀悼。

是月 外交部副部长唐家璇在出席亚非会议40周年纪念活动和不结盟运动协调部长级会议期间，在印尼万隆会见印度外秘海达尔。

8月18日 至20日，中印边界问题联合工作小组第八轮会谈和副外长级会谈在印度新德里举行。双方决定于9月在乃堆拉山口举行首次边防人员会晤。

9月8日　至11日，印度海军“坎贾尔”号轻型导弹护卫舰和“萨尤”号近海巡逻舰应邀访问上海。

28日　国务院副总理兼外长钱其琛在出席第50届联大期间会见印度外长慕克吉。

10月22日　江泽民主席出席联合国成立50周年特别纪念会议期间会见印度总理拉奥。

23日　至29日，国防大学副校长胡长发中将应邀率中国人民解放军国防大学代表团访问印度。

11月15日　至20日，乔石委员长应邀对印度进行正式友好访问，为中印建交以来全国人大常委会委员长首次访印。

12月8日　至18日，全国政协副主席、中印友好协会会长、中国人民对外友好协会高级顾问钱正英访印。

20日　至27日，空军副司令员刘顺尧中将应邀率中国空军友好代表团访印。

1996年

2月7日　至9日，中印边界问题外交和军事专家小组第四次会议在北京举行。

3月10日　至19日，印海军参谋长谢卡瓦特上将访问中国，为印度海军领导人首次访华。

7月　国务院副总理兼外长钱其琛在出席东盟会议期间会见印度外长古杰拉尔。

9月　国务院副总理兼外长钱其琛在纽约联合国总部会见印度外长古杰拉尔，就双边关系和共同感兴趣的国际问题交换了意见。

10月16日　至18日，中国和印度边界联合工作小组第九轮会谈和副外长级磋商在北京举行，在澄清中印边境实际控制线和在两国边防当局之间建立信任措施方面取得积极进展。

11月12日　至13日，中印边界专家级会议在新德里举行。

28日　至12月1日，江泽民主席对印度进行国事访问，为中国国家主席首次访印。双方强调两国要建立面向21世纪的建设性合作伙伴关系，并签署《关于在中印边境实际控制线地区军事领域建立信任措施的协议》等协定。

1997年

2月20日　至21日，印度总统夏尔马、总理高达、外长古杰拉尔就邓小平逝世分别唁电江泽民主席、李鹏总理和钱其琛副总理兼外长；印度议会两院发表讣告，悼念邓小平。

3月3日　至5日，中印边界问题外交军事专家小组第五次会议在新德里举行，就在中印边境东段建立新边防会晤点首轮会晤时间，调整西、东段定期会晤时间和加强两国边防当局交往等方面取得积极进展。

4月21日　李鹏总理致电祝贺古杰拉尔就任印度新总理。

5月19日　中印签署两国在民航领域的谅解备忘录。

25日　至31日，印度陆军第一副参谋长马利克中将应邀率团访华。

6月6日　至12日，成都军区司令员廖锡龙中将率中国人民解放军友好代表团访印。

28日　至7月1日，印度外交国务部长卡玛拉·辛哈赴港参加香港政权交接和特区政府成立仪式及其他庆祝活动。

29日　印度总理古杰拉尔致电李鹏总理，对中华人民共和国恢复对香港行使主权表示祝贺。

7月27日　国务院副总理兼外长钱其琛在吉隆坡出席东盟外长会议期间会见印度财政部长奇丹巴拉姆。

8月1日　江泽民主席致电祝贺纳拉亚南当选印度第11届总统。

4日　至5日，中印边界问题联合工作小组第十轮会谈和副外长级磋商在新德里举行。

21日　荣毅仁副主席致电祝贺克里尚·坎特就任印度副总统。

9月22日　钱其琛副总理兼外长出席第52届联大期间在纽约联合国总部会见印度总理兼外长古杰拉尔。

25日　至10月7日，印共（马）总书记苏吉特和印共总书记巴尔丹先后分别率团访华。

1998年

1月11日　印度总统纳拉亚南致电江泽民主席，就中国河北张家口地区发生地震表示慰问。

3月26日　朱镕基总理致函印度总理瓦杰帕伊，对印度西孟加拉邦和奥里萨邦遭受龙卷风袭击表示慰问。

5月11日　印度连续进行三次核试验，中国政府表示严重关切，外交部对此强烈谴责。

13日　印度又进行两次核试验，并污蔑中国对其构成“核威胁”。

是月　印度国防部长费尔南德斯多次发表讲话，公开污蔑中国是印度的“潜在头号威胁”。

6月1日　中国驻印度大使周刚向印度总统纳拉亚南递交国书。

3日　瓦杰帕伊总理表示印度并不想同中国对抗，愿意同中国在和平共处五项原则基础上建立友好、合作、睦邻和互利的关系。

8日　至9日，中印边界问题外交军事专家小组第六次会议在北京举行。会议主要涉及印度核试验问题，未具体谈及边界问题。

7月27日　外交部长唐家璇在出席东盟地区论坛会议期间应印方要求会见印度代表团团长贾斯旺特·辛格，为印度5月核试验后中印关系严重受挫背景下两国的首次高层接触。

8月12日　印度总理瓦杰帕伊致电朱镕基总理，对中国遭受水灾表示慰问。

12月23日　印度外长贾·辛格称印致力于进一步改善对华关系，愿与中国重新开始正式对话，并期待通过全面对话解决两国所有悬而未决的问题。

1999年

2月25日　至26日，中印外交部官员在北京举行会晤。双方重申和平共处五项原则是指导两国关系的基本准则。

4月26日 至27日，中印两国边界问题联合工作小组第11轮会谈和副外长级磋商在北京举行。

6月14日 至16日，印度外长辛格应邀访华。

11月24日 至25日，中印边界问题外交和军事专家小组第七次会议在新德里举行，双方就展示和交换边境实控线走向样图、边防会晤等边界问题和双边关系等问题交换了意见。

12月19日 至20日，印度外交国务部长阿·库·潘迦应邀来澳门出席中国政府恢复对澳门行使主权交接仪式。

2000年

2月20日 至22日，印度商业和工业部长马兰访华，双方签署关于中国加入世贸组织的双边市场准入协议。

3月6日 至7日，中印首轮司级安全对话在京举行。

8日 中国驻印大使周刚代表中国政府向印度奥里萨邦捐赠一万条毛毯，用于救济奥邦1999年10月遭受特大飓风袭击的受灾儿童。

29日 中共中央对外联络部长戴秉国应邀访问印度。

31日 江泽民主席、朱镕基总理和唐家璇外长就中印建交50周年分别与印度总统纳拉亚南、总理瓦杰帕伊、外长辛格互致贺电。

4月28日 至29日，杨文昌副外长赴印参加中印边界问题联合工作小组第12轮会谈。

5月28日 至6月3日，印度总统纳拉亚南应江泽民主席邀请对中国进行国事访问。

7月22日 外交部长唐家璇访问印度。

8月31日 印度新任驻华大使希夫香尔卡·梅农向江泽民主席递交国书。

9月16日 至19日，印度海军“德里”号驱逐舰和“科拉”号护卫舰对上海进行友好访问。

11月13日 中印边界问题外交和军事专家小组第八次会议在北京举行，双方交换了描述边境中段实控线走向的样图。

12月6日　至9日，外经贸部在新德里举行“中国工程和商品展览会”，为中国首次在国外举办的以工程为主题的展览会。

2001年

1月9日　至17日，李鹏委员长应邀对印度进行正式友好访问。

26日　印度古吉拉特邦发生强烈地震，江泽民主席、李鹏委员长和朱镕基总理分别致电印度总统、两院议长和总理，表示诚挚慰问，向遇难者表示沉痛哀悼。

28日　中国驻印度大使华君铎紧急约见印度外秘曼·辛格，表示中国政府向印度提供价值500万人民币的紧急救灾物资。

2月8日　外交部部长助理王毅率团赴印度参加第二轮中印安全对话。

4月1日　至7日，印度东部军区司令卡尔卡特中将应邀访华。

5月20日　至27日，印度空军参谋长蒂普利斯上将访华。

22日　至26日，国防大学副校长张兴业应邀率国防大学代表团访问印度。

27日　至30日，北海舰队副司令员张岩少将率海军舰艇编队访问印度孟买。

6月27日　至29日，中印边界问题外交和军事专家小组第九次会议在新德里举行，双方交换了中印边境中段实控线走向样图和合并样图。

9月17日　至18日，“中印名人论坛”首次会议在新德里举行，两国总理分致贺信。

10月9日　印度外长辛格与唐家璇外长通话，双方就中印边界、中印关系及当前国际、地区形势等问题交换看法。

11月2日　中印两国外交部官员在北京就当前南亚地区形势及反恐问题举行磋商。

12日　唐家璇外长在纽约联合国总部会见印度外长辛格，就双边关系及阿富汗问题等交换了意见。

12月16日　至22日，中国人民解放军副总参谋长张黎中将率团访问印度。

17日　中印边界问题外交和军事专家小组第10次会议在北京举行。

18日　中印第二轮外交部官员磋商在新德里举行。

2002年

1月13日　至18日，朱镕基总理对印度进行正式友好访问，为中国总理时隔10多年后首次访印。

14日　中印签署《中华人民共和国政府和印度共和国政府旅游合作协定》。

2月2日　外交部副部长王毅在慕尼黑参加国际安全政策会议期间会见印度国家安全顾问、总理首席秘书米什拉。

3月28日　中国东方航空公司正式开通北京/上海至德里的直航客运业务。

29日　至4月2日，印度外长贾斯旺特·辛格夫妇应邀乘中印首航班机访华。

4月23日　中印外交部主管官员在新德里举行中印首轮反恐磋商。

至30日，中国水利部代表团访印，双方签署有关中方向印方提供雅鲁藏布江水文信息的实施方案。

5月30日　中印外交官员第三轮会晤在北京举行。

6月4日　江泽民主席在阿拉木图出席亚洲相互协作与信任措施会议期间会见印度总理瓦杰帕伊。

11月22日　中印边界联合工作小组第13轮会谈和副外长级磋商在新德里举行。

23日　至12月1日，印度中部军区司令乔汉中将率团访华。

12月8日　中印签署《中国公民组团赴印度旅游实施方案的谅解备忘录》。

2003年

2月18日　“中印名人论坛”第三次会议在北京举行。

3月　中联部副部长王家瑞应邀率中共友好代表团访问印度。

4月20日　至27日，印度国防部长费尔南德斯应邀对中国进行正式友好访问。

5月31日　胡锦涛主席出席俄罗斯圣彼得堡建市300周年庆典期间会见印度总理瓦杰帕伊。

6月22日　至27日，印度总理瓦杰帕伊对中国进行正式访问，为印度总理10年来首次访华。双方签署《中华人民共和国和印度共和国关系原则和全面合作的宣言》，确认发展长期建设性合作伙伴关系，双方决定任命边界问题特别代表，从两国关系大局的政治角度出发，探讨解决边界问题的框架。

10月8日　温家宝总理在印尼巴厘岛出席中国—东盟会议期间会见印度总理瓦杰帕伊。

16日　印度工业联合会举办的“印度制造”商品展在北京开幕，为印度第一次在中国举行商品展。

23日　至25日，中印边界问题特别代表在新德里举行首次会谈。中国外交部副部长戴秉国特别代表赴印度与印方特别代表米什拉就边界问题举行会谈。

11月14日　中印海军在上海沿海海域进行海上搜救联合演习，为中印两国海军首次联合演习。

16日　至23日，印度陆军高级代表团访华，并首次获准进入西藏。

23日　至12月7日，全国政协主席贾庆林访问印度、斯里兰卡、孟加拉国、巴基斯坦和尼泊尔。

是月　“印度经济峰会2003”举行印中经济合作专题分会。

12月　中国人民外交学会代表团访问印度。

中国人民解放军副总参谋长吴铨叙上将率军事代表团访问印度。

2004年

1月12日　至13日，中印边界问题特别代表第二次会晤在北京举行。

4日　至8日，中宣部副部长、国家广电总局局长徐光春应邀访印。

2月18日　至20日，中共中央政治局委员、书记处书记、中央组织部部长贺国强率团对印度进行友好访问。

3月12日　中印边界问题外交和军事专家小组第14轮会议在北京举行。

26日　至30日，中央军委副主席、国务委员兼国防部长曹刚川上将访印，双方就进一步加强两军友好合作达成共识。

6月14日　至15日，中国人民外交学会举办“和平共处五项原则国际研讨会”。

18日　中国驻印度大使馆在新德里举办“中印手拉手艺术文化之夜”活动。

21日　李肇星外长在青岛出席亚洲合作对话第三次外长会议期间会见印度外长纳特瓦尔·辛格。

25日　中国驻印度大使华君铎在新德里举行和平共处五项原则创立50周年纪念招待会。印度外长纳特瓦尔·辛格出席并致辞。

7月2日　李肇星外长在出席东盟地区论坛会议期间会见印度外长纳特瓦尔·辛格。

26日　至27日，中方特别代表戴秉国赴新德里与印方特别代表迪克希特举行中印边界问题特别代表第三次会晤。

8月15日　我国边境部队官兵在边境地区印方一侧与印度官兵共同庆祝印度独立日。

9月18日　至20日，国务委员唐家璇应邀访问印度。

28日　李肇星外长在出席第59届联大期间会见印度外长纳特瓦尔·辛格。

10月2日　我国边境部队官兵与印度官兵在中方一侧共同庆祝中华人民共和国建国55周年。

11月17日　至19日，中方特别代表戴秉国与印方特别代表迪克希特在北京举行中印边界问题特别代表第四次会晤。

30日　温家宝总理在万象出席中国与东盟国家领导人会议期间会见印度总理曼莫汉·辛格，双方同意继续深化中印睦邻友好与互利合作关系。

12月22日　至29日，印度陆军参谋长维吉上将访华。

是月　胡锦涛主席和温家宝总理分别致电印度总统卡拉姆和总理曼莫汉·辛格，就印度遭受印度洋海啸袭击表示慰问。

2005年

1月6日　温家宝总理在出席东盟地震和海啸灾后问题领导人特别会议

期间会见印度特使、外长纳特瓦尔·辛格。

24日 外交部副部长武大伟与印度外秘萨仁山在新德里举行中印首次战略对话。

2月27日 至3月2日，国务院台湾事务办公室主任陈云林访问印度，与印度外秘萨仁山举行会谈。

3月29日 中印边界问题外交和军事专家小组召开第15次会议，双方着重就建立信任措施实施办法和澄清实际控制线走向等问题交换了意见。

30日 中印边界问题联合工作小组举行第15轮会谈，双方就《关于在中印实际控制线地区军事领域建立信任措施的实施办法和议定书》达成一致。

31日 中国人民对外友好协会举行中印建交55周年庆祝招待会。

4月1日 胡锦涛主席与卡拉姆总统、温家宝总理与曼莫汉·辛格总理、李肇星外长与纳特瓦尔·辛格外长就中印建交55周年互致贺电。

9日 至12日，温家宝总理访问印度。双方宣布“建立面向和平与繁荣的战略合作伙伴关系”，签署《中华人民共和国政府和印度共和国政府关于解决中印边界问题政治指导原则的协定》，发表《中印全面经贸合作五年规划》。

10日 中印边界问题第五次特别代表会晤在新德里举行，11日双方签署《关于解决中印边界问题政治指导原则的协定》。

23日 胡锦涛主席在印尼出席亚非峰会期间会见印度总理曼莫汉·辛格。

5月23日 至28日，中央军委委员、中国人民解放军总参谋长梁光烈上将访印。

6月2日 第四次中俄印三国外长非正式会晤在俄罗斯海参崴举行，李肇星外长会见印度外长纳特瓦尔·辛格。

15日 印度共产党总书记巴尔丹率团访华，中共中央政治局委员吴官正会见。

7月1日 至4日，中国国家体育总局局长、中国奥委会主席刘鹏访问印度，双方签署《体育合作谅解备忘录》。

4日 胡锦涛主席在上海合作组织阿斯塔纳峰会期间会见印度外长

纳特瓦尔·辛格。

7日 胡锦涛主席在纽约出席联合国成立60周年首脑会议期间会见印度总理曼莫汉·辛格。

9月7日 至11日，印度内政部长帕蒂尔访华，双方签署《中华人民共和国公安部与印度共和国内政部合作谅解备忘录》。

20日 联大会议期间，李肇星外长与俄、印外长举行三国外长非正式会晤。

26日 至28日，中印边界问题第六次特别代表会晤在北京举行，为双方进入框架阶段谈判后的首次会晤。

10月9日 国家主席胡锦涛和国务院总理温家宝分别向印度总统阿卜杜尔·卡拉姆和总理曼莫汉·辛格就10月8日南亚大地震给印度带来的人员伤亡和财产损失表示慰问。

26日 温家宝总理在上海合作组织成员国总理第四次会议期间会见印度外长纳特瓦尔·辛格。

27日 至11月1日，中共中央政治局委员、书记处书记、中宣部部长刘云山访问印度。

11月2日 至12月1日，中国军舰编队对印度科钦港进行友好访问，并在印度洋海域与印海军举行代号为“中印友谊—2005”的联合搜救演习。

8日 至14日，全国人大常委会副委员长王兆国访印。

12月14日 温家宝总理在出席东盟与中日韩等领导人会议期间会见印度总理曼莫汉·辛格。

2006年

1月1日 胡锦涛主席、温家宝总理分别同卡拉姆总统和曼莫汉·辛格总理互致贺电，揭开中印“友好年”序幕。

9日 至10日，外交部副部长武大伟与印度外秘萨仁山在北京举行第二次中印战略对话。

3月11日 至13日，中方特别代表戴秉国赴印度参加中印边界问题特别代表第七次会晤。

15日 至20日，商务部长薄熙来率经贸代表团访问印度，双方确定了落实《中印全面经贸合作五年规划》工作计划，草签了《中印投资促进和保护协定》，启动了中印区域贸易安排联合可行性研究。

5月28日　至6月2日，印度国防部长慕克吉访华，双方签署《中印国防部防务领域交流与合作谅解备忘录》。

6月16日　胡锦涛主席在上海会见出席上海合作组织峰会的印度政府代表、石油与天然气部长迪奥拉。

25日　至27日，印方特别代表纳拉亚南来华参加中印边界问题特别代表第八次会晤。

7月3日　至5日，印度议会人民院议长查特吉访华，双方签署《中华人民共和国全国人民代表大会与印度共和国人民院谅解备忘录》。

17日　胡锦涛主席在出席八国集团同发展中国家领导人对话会议期间与俄、印领导人举行会晤。

9月6日　至12日，印度科技部长卡皮尔·希巴尔访华，两国科技部签署《科技合作谅解备忘录》，成立部长级中印科技合作指导委员会。

23日　李肇星外长在出席第61届联合国大会期间与印度国防部长慕克吉会晤。

10月8日　至17日，印度青年与体育事务部秘书马度卡·古普塔率印度百人青年团访华。

11月19日　至29日，全国青联副主席尔肯江·吐拉洪率中国青年百人团访问印度。

20日　至23日，国家主席胡锦涛对印度进行国事访问，双方发表《联合宣言》，制定了深化战略合作伙伴关系的十项战略。

12月22日　至26日，印度文化旅游部部长安碧卡·索妮访华。

2007年

1月16日　至20日，中方特别代表戴秉国赴印度参加中印边界问题特别代表第九次会晤。

是月　温家宝总理与印度总理辛格在菲律宾宿务出席东亚峰会期间

会晤。

2月 李肇星外长访问印度并出席中印俄三国外长会晤。

4月3日 至4日，李肇星外长赴印度新德里出席第14届南盟峰会。

12日 印度海军舰艇编队访问青岛，与中国海军举行联合演习。

20日 至23日，中方特别代表戴秉国再次赴印度与印方特别代表纳拉亚南举行第十次特别代表会晤。

5月23日 印度参谋长委员会主席兼陆军参谋长辛格上将访华。

28日 至29日，杨洁篪外长在德国汉堡出席第八届亚欧外长会议期间会见印度外长慕克吉。

6月6日 至8日，胡锦涛主席出席八国集团同发展中国家领导人对话期间与印度总理辛格会晤。

8月22日 国家旅游局局长邵琪伟访问印度。

9月19日 至29日，杨洁篪外长在出席第62届联合国大会期间会见印度外长慕克吉。

24日 至26日，印方特别代表纳拉亚南来北京参加第11次特别代表会晤。

11月21日 国务院总理温家宝与印度总理辛格在新加坡东亚峰会期间举行会晤。双方一致决定携手努力，把中印关系提高到新的水平。

12月21日 中印陆军首次联合反恐训练在昆明举行。

2008年

1月13日 至15日，印度总理曼莫汉·辛格对中国进行正式访问，双方签署《中印关于二十一世纪的共同展望》，并出席10个双边合作文件的签字仪式和“纪念柯棣华中印联合医疗队”成立仪式。

2月29日 外交部部长助理何亚非访问印度，在新德里与印度外秘梅农举行中印外交磋商。

4月2日 外交部长杨洁篪与印度外长慕克吉通过中印外长热线举行首次通话，就双边关系交换意见。

是月 中印跨境河流专家级机制第二次会议在新德里举行。

北京奥运火炬在印度首都新德里成功传递。

印度青年事务和体育部秘书阿罗拉率百名青年代表团访华。

5月 外交部长杨洁篪在俄罗斯叶卡捷琳堡出席中俄印和“金砖四国”外长会晤期间会见印度外长慕克吉。

6月4日 至7日，印度外长慕克吉访华并出席《关于中方向印方提供雅鲁藏布江—布拉马普特拉河汛期水文资料的谅解备忘录》签字仪式、印度驻广州总领馆开馆仪式，在北京大学发表演讲。

7月9日 胡锦涛主席与辛格总理在日本出席八国集团与发展中国家领导人对话会议期间举行会晤。

29日 印度总理特使、总理府国务部长查万访华。

是月 中印第三次反恐磋商在新德里举行。

9月7日 中国驻加尔各答总领事馆开馆。

至10日，杨洁篪外长访问印度和斯里兰卡。

18日 至19日，中印边界问题第12次特别代表会晤在北京举行。

是月 中国红十字会向印度红十字会提供五万美元抗洪救灾款。

10月9日 至12日，商务部副部长高虎城率中国政府经贸代表团访问印度，双方签署《建立中印贸易救济合作技术专家组的谅解备忘录》。

25日 胡锦涛主席会见来华出席第七届亚欧首脑会议的印度总理辛格。

11月 团中央书记处书记、全国青联副主席汪鸿雁率百名青年代表团访印。

12月6日 至14日，中印陆军第二次反恐联合训练在印度贝尔高姆举行。

15日 副总参谋长马晓天与印度国防秘书维杰·辛格在新德里举行中印第二次防务安全磋商。

17日 “纪念拉吉夫·甘地访华20周年”中印关系研讨会在北京举行。

同年 中印双边贸易总额为517.8亿美元。中国首次超过美国成为印度第一大贸易伙伴，印度为中国第十大贸易伙伴。

2009年

1月5日 外交部副部长何亚非作为中国政府特使访问印度，并与印度外秘梅农举行会谈。

3月19日 商务部副部长钟山率团访问印度以解决贸易摩擦问题。

4月5日 印度总统帕蒂尔首次访问中国藏南达旺地区（印度称“阿鲁纳恰尔邦”），在视察当地边境部队时称她至今仍然记得1962年的“瓦弄之战”。

19日 印度海军参谋长梅赫塔率印度海军“孟买”号和“兰维尔”号导弹驱逐舰赴青岛参加中国海军建军60周年庆祝活动。

是月 中印跨境水资源第三次专家会议在北京举行。

5月29日 国务委员戴秉国在俄罗斯出席“金砖四国”安全事务高级代表会议期间会见印度国家安全顾问纳拉亚南。

30日 至31日，首届中国—印度论坛在北京举行。中印人士认为两国不仅存在“龙象之争”，更存在“龙象共舞”的良好互补。

是月 中国红十字会向印度红十字会提供三万美元紧急援助，用于救助印度西孟加拉邦遭受飓风袭击的地区。

6月16日 胡锦涛主席在俄罗斯叶卡捷琳堡出席上海合作组织峰会和首次“金砖四国”领导人正式会晤期间会见印度总理辛格。

6月初 印度称将向所谓“阿鲁纳恰尔邦”（即中国藏南地区）增兵近六万人，并增加火力，修建机场。

19日 印度财政部决定对中国铝箔铝板产品征收特保税，征税期两年。

7月 外交部长杨洁篪在出席东盟地区论坛系列外长会议期间会见印度外长克里希纳。

8月7日 至8日，中印边界问题特别代表第13次会晤在印度首都新德里举行。

是月 中国海军“深圳”号导弹驱逐舰完成亚丁湾护航任务后在归国途中访问印度科钦港。

9月 印度陆军东部军区司令维杰·库马尔·辛格中将率团访华。

10月7日 印度中国问题研究所（ICS）和德里大学东亚研究系在新德

里举行中国问题及中印关系研讨会，祝贺中华人民共和国成立60周年。

21日 中印气候变化国家行动计划联合研讨会在印度首都新德里举行，双方签署《中国政府与印度政府关于应对气候变化合作的协定》。

24日 温家宝总理在泰国华欣与印度总理辛格举行会谈。两国总理就边界问题达成部分共识。

是月 印度总理曼莫汉·辛格访问所谓“阿鲁纳恰尔邦”（即中国藏南地区），并在当地竞选集会上发表讲话。

外交部长杨洁篪赴印度班加罗尔出席中印俄三国外长会晤。

中国红十字会向印度捐款五万美元，用于救助印南部严重水灾。

11月8日 至14日，印度政府“允准”十四世达赖喇嘛再度往访达旺。

12月 温家宝总理与印度总理辛格通话，就中印关系和气候变化问题交换意见。中国人民解放军副总参谋长葛振峰和西藏军区司令员舒玉泰分别率团访印。

2010年

1月19日 中印经贸科技联合小组第八次会议在北京举行，签署《中华人民共和国商务部和印度共和国商工部联合经济工作组关于扩大贸易和经济合作的谅解备忘录》。

是月 中印国防部举行第三次中印防务与安全磋商。

2月 杨洁篪外长在出席第46届慕尼黑安全政策会议期间会见印度国家安全顾问梅农。

印度外交部东亚司司长班浩然来华举行中印外交官员磋商。

3月 国务院副总理回良玉访印。

4月1日 胡锦涛主席、温家宝总理、杨洁篪外长就中印建交60周年分别与印度总统帕蒂尔、总理辛格、外长克里希纳互致贺电。

7日 “印度节”开幕式在北京举行。

20日 “中国节”开幕式在新德里举行。

是月 国家主席胡锦涛在巴西巴西利亚出席“金砖四国”领导人第

二次正式会晤期间会见印度总理辛格。

中印两国外长签署《关于建立两国总理直通保密电话通信线路的协议》。

印度总理辛格和外长克里希纳就青海玉树强烈地震分别向胡锦涛主席、杨洁篪外长致慰问信。

中印跨境河流第四次专家会议在新德里举行。

5月26日　至30日，印度总统帕蒂尔对中国进行国事访问，为印度国家元首10年来首次访华。

是月　温家宝总理、杨洁篪外长就印度卡纳塔克邦严重空难事件分别向印度总理辛格、外长克里希纳致慰问电。

7月　印度总理特使、国家安全顾问梅农访华，向温家宝总理转交辛格总理的亲笔信函。

9月2日　中印在京举行第四次财经对话。

11月29日　至30日中印边界问题中方特别代表、国务委员戴秉国同印方特别代表、印度国家安全顾问梅农在北京举行中印边界问题特别代表第14次会晤。

12月15日　至17日，国务院总理温家宝对印度进行正式访问，并同辛格总理共同出席庆祝中印建交60周年纪念活动暨“中国节”闭幕式，双方宣布2011年为“中印交流年”，并签署一些列重要文件。

2011年

4月13日　国家主席胡锦涛在海南省三亚市会见来华出席金砖国家领导人第三次会晤的印度总理辛格。双方同意深化中印战略合作，扩大经贸合作和人文交流，继续推进两国边界问题谈判，探讨建立中印边境事务磋商和协调工作机制，共同维护边境地区和平安宁。

是月　中印跨境河流第五次专家会议在北京举行。

6月　印度边防部队代表团访华。

7月　中印举行第四次反恐事务磋商。

9月26日　中印战略经济对话首次会议在北京举行。

是月　印度500名青年代表访华。

11月　温家宝总理在出席东亚峰会期间会见印总理辛格。

12月9日　中印第四次防务与安全磋商在新德里举行。

同年　中印双边贸易总额达739亿美元，其中中方出口505亿美元，进口234亿美元。

2012年

1月16日　至17日，国务委员戴秉国赴印出席中印边界问题特别代表第15次会晤。

17日　中印在新德里正式签署《中华人民共和国政府和印度共和国政府关于建立中印边境事务磋商和协调工作机制的协定》。

2—3月　中国500名青年访问印度。

3月5日　至6日，中印边境事务磋商和协调工作机制首次会议在北京举行。

月初　中国外长杨洁篪访问印度，会见印度总理辛格，与外长克里希纳举行会谈。

28日　至29日，国家主席胡锦涛赴印度出席金砖国家领导人第四次会晤期间同印度总理曼莫汉·辛格举行会见，共同宣布并启动2012“中印友好合作年”。

是月　中印第五次反恐磋商在印度举行。

4月13日　杨洁篪外长同克里希纳外长在莫斯科举行的第11次中俄印外长会晤期间举行双边会见。

5月9日　中国海军“郑和”号训练舰开始对印度进行为期四天的友好访问。

6月13日　四艘印度海军舰艇开始对上海进行为期四天的友好访问。

20日　温家宝总理出席里约热内卢联合国可持续发展大会期间会见印度总理辛格。

8月27日　中国—印度经贸科技联合小组第九次会议在新德里举行。

9月2日　至7日，国务委员兼国防部长梁光烈上将访问印度，达成多项共识，发表联合公报。

11月26日　中印第二次战略经济对话在新德里举行，双方签署联合研究、铁路、软件、工业能效等部门间合作备忘录和总额为48亿美元的企业间双向投资意向协议。

至27日，博鳌亚洲论坛与印度工商联合会首次在孟买举行亚洲金融合作会议，共同探讨如何寻求创新、开发和监管的亚洲式平衡。

是月　中印边境事务磋商和协调工作机制第二次会议在新德里举行。

12月3日　中印边界问题特别代表非正式对话在北京举行。双方同意在边界问题最终解决前应继续保持边境地区的和平与安宁，同时确保边界问题不影响双边关系的积极发展。

2013年

1月10日　至11日，国务委员戴秉国应邀出席在新德里举行的金砖国家安全事务高级代表会议，与印度总理辛格和国家安全顾问梅农举行双边会见。

3月21日　至23日，中国人民解放军副总参谋长戚建国率团对印度进行正式访问。

27日　习近平主席出席南非金砖国家领导人峰会期间会见印度总理辛格。

4月11日　中印第六次反恐磋商会议在北京举行。

21日　至5月6日，中印两国军队在边境克什米尔拉达克地区发生“帐篷对峙”。

5月9日　至10日，印度外长库尔希德访华。

19日　至22日，李克强总理访印，中印正式倡议共同建设孟中印缅经济走廊。

6月28日　国务委员杨洁篪与印度国家安全顾问梅农在北京举行中印边界问题特别代表第16次会晤。

7月5日　印度国防部长安东尼开始对中国进行正式访问，为印度防长七年来首次对中国进行正式访问。

10月22日　至24日，印度总理辛格访华，双方发表《中印战略合作伙伴关系未来发展愿景的联合声明》。

是月　北京、成都、昆明分别与印度德里、班加罗尔、加尔各答签署建立友好城市关系协议书。

12月18日　至19日，孟中印缅经济走廊联合工作组首次会议在昆明召开，研究孟中印缅经济走廊建设的具体规划。

同年　中印双边贸易额为654.71亿美元（同比下降1.5%），其中中方出口额为484.43亿美元，进口额为170.28亿美元。

2014年

1月24日　中国国家副主席李源潮在北京出席“中印友好交流年”启动仪式。

2月10日　至11日，国务委员杨洁篪与印度国家安全顾问梅农在新德里举行中印边界问题特别代表第17次会晤，与印度副总统安萨里在新德里共同出席“中印友好交流年”启动仪式。

24日　第六届中印防务与安全磋商在印度新德里举行。

3月18日　中印第三次战略经济对话在北京举行，双方签署关于可持续城镇化、信息通信技术等领域部门间合作备忘录，以及开展城镇化和能源领域联合研究的行动计划。

5月29日　李克强总理同印度新任总理莫迪通电话。

6月8日　至9日，国家主席习近平特使、外交部长王毅应邀访问印度。

26日　至30日，印度副总统安萨里访华并出席和平共处五项原则发表60周年纪念活动。

7月2日　至5日，印度参谋长委员会主席兼陆军参谋长比克拉姆·辛格上将访华。

15日　习近平主席和莫迪总理在巴西福塔莱萨举行的金砖国家领导人第六次会晤期间举行双边会见。

9月2日　中印经贸联合小组第十次会议在北京举行。

9日　国务委员杨洁篪在北京同印度总统特使、国家安全顾问多瓦尔举行会谈。

17日　至19日，习近平主席对印度进行国事访问。双方发表《中华人民共和国和印度共和国关于构建更加紧密的发展伙伴关系的联合声明》，签署了涵盖经贸、投资、人文等领域共12项合作文件。习近平主席在世界事务委员会发表题为《携手追寻民族复兴之梦》的政策演讲，会见“和平共处五项原则友谊奖”首批获奖人士和团体。

17日 下午，在习近平主席和莫迪总理亲自见证下，广东省与古吉拉特邦签署友好省邦协议，成为中印两国首对友好省邦。

18日 在习近平主席和莫迪总理见证下，上海与孟买正式缔结友好城市关系，启动了在政府、经贸、文化和人才培养、智库等领域的合作交流。

11月 李克强总理在缅甸出席东亚合作领导人系列会议期间会见印度总理莫迪。

12月17日 至18日，孟中印缅经济走廊四国联合工作组第二次会议在孟加拉国科克斯巴扎召开，四方签署了会议纪要。

同年 中印贸易额为706.05亿美元，同比增长7.8%。

2015年

1月31日 至2月3日，印度外长苏希玛·斯瓦拉吉访华并出席中俄印三方合作外长会。

3月23日 至24日，国务委员杨洁篪访问印度，与印度国家安全顾问多瓦尔举行第18次中印边界问题特别代表会晤。

4月10日 第七届中印防务与安全磋商在北京举行。

5月14日 至16日，印度总理莫迪正式访华，中印就充实中印战略伙伴关系内涵、构建两国更加紧密的发展伙伴关系达成重要共识。

15日 首届中印地方合作论坛在北京举行，国务院总理李克强和印度总理莫迪共同出席并发表致辞。

是月 四川省与卡纳塔卡邦、重庆市和金奈市、青岛市和海德拉巴市、敦煌市和奥朗加巴德市建立友好省邦/城市关系。

6月13日 至16日，全国人大常委会委员长张德江访问印度。

22日 中国为印度官方香客开通经乃堆拉山口入出境的朝圣路线，标志着印度香客赴西藏朝圣的新路线正式开通。

7月8日 至9日，习近平主席在俄罗斯乌法参加金砖国家领导人第七次会晤期间与印度总理莫迪会面。

9月23日　印度铁道部宣布中铁总公司中标新德里至孟买高铁可行性研究项目。

11月3日　至7日，国家副主席李源潮对印度进行正式访问。

中旬　中央军委副主席范长龙上将访问印度。

19日　主题为“构建投资共赢伙伴关系”的第四届中印论坛在孟买举行。

是月　李克强总理在马来西亚出席东亚国家领导人系列峰会期间会见印度总理莫迪。

12月　印度边防代表团访华。

同年　中印双边贸易额为716.2亿美元，同比增长1.5%。

2016年

4月18日　外交部长王毅赴俄罗斯出席中俄印外长第14次会晤并会见印度外长斯瓦拉吉。

20日　至21日，印度国家安全顾问多瓦尔访华，与国务委员杨洁篪在北京举行中印边界问题特别代表第19次会晤。

是月　印度国防部长帕里卡尔访华。

5月24日　至27日，印度总统普拉纳布·慕克吉应邀访华。

6月23日　国家主席习近平在出席上海合作组织塔什干峰会期间会见印度总理莫迪。

8月30日　至31日，中印边境事务磋商和协调工作机制第九次会议在新德里举行。

9月4日　至5日，印度总理莫迪出席二十国集团杭州峰会，其间习近平主席同其会见。

15日　国务委员杨洁篪赴印度出席金砖国家安全事务高级代表第六次会议。

27日　国务院副秘书长、中央政法委秘书长汪永清同印度联合情报委员会主席拉维在华举行中印高级别长效反恐机制首次会议。

10月7日　中印第四次战略经济对话在新德里举行，双方签署金额达

160亿美元的16类项目合作协议。

15日　国家主席习近平赴印度出席金砖国家领导人第八次会晤。

31日　外交部军控司司长王群与印度外交部裁军与国际安全司司长阿曼迪普在京举行军控磋商。

11月8日　中央军委联合参谋部副参谋长孙建国上将与印度国防秘书库玛尔在新德里举行第八届中印防务与安全磋商。

21日　印度陆军参谋长辛格开始为期四天的访华活动。

是月　国家主席习近平特使、中共中央政治局委员、中央政法委书记孟建柱访问印度。

杨洁篪国务委员同印度国家安全顾问在印度举行中印边界问题特别代表非正式会晤。

中印在印度举行第六次陆军反恐联合训练。

12月1日　首次中俄印亚太事务磋商在北京举行。

同年　中印双边贸易额为701.5亿美元（同比下降2%），其中中方出口额为583.9亿美元，进口额为117.6亿美元。

2017年

4月25日　至26日，孟中印缅经济走廊联合研究工作组第三次会议在印度加尔各答召开，就四国联合编制的研究报告进行讨论。

6月8日　至9日，习近平主席在出席上海合作组织阿斯塔纳峰会期间会见印度总理莫迪。

18日　至8月28日，印度边防部队非法越过中印锡金段边界进入中国洞朗地区并非法滞留，制造“洞朗事件”。

7月28日　印度国家安全顾问多瓦尔来华出席金砖国家安全事务高级代表第七次会议。

8月2日　中国外交部发布《印度边防部队在中印边界锡金段越界进入中国领土的事实和中国的立场》文件。

9月5日　印度总理莫迪来华出席金砖国家领导人第九次会晤和新兴市场国家与发展中国家对话会，习近平主席同其会见。

11月16日　至17日，中印外交官员磋商及中印边境事务磋商和协调工作机制第十次会议在北京举行。

12月8日　济南市与马哈拉施特拉邦那格浦尔市举行缔结友好城市协议签署仪式。

11日　王毅外长率团赴印度出席中俄印外长第15次会晤。

22日　中印边界问题特别代表第20次会晤在新德里举行，就中印关系、中印边界问题及共同关心的国际和地区问题深入交换意见。

同年　中印双边贸易额达844.11亿美元（同比增长20.5%），其中中方出口额为680.67亿美元，进口额为163.44亿美元。

2018年

3月26日　中国商务部长钟山和印度商工部长普拉布在新德里共同主持召开中印经贸联合小组第11次会议，探讨深化两国经贸务实合作。

4月10日　外交部军控司司长王群与印度外交部裁军与国际安全司司长沙玛在北京举行新一轮军控磋商。

13日　中印第五次战略经济对话在北京举行。

中共中央政治局委员、中央外事工作委员会办公室主任杨洁篪在上海同印度国家安全顾问多瓦尔举行会谈。

27日　至28日，习近平主席与印度总理莫迪在武汉进行非正式会晤。

6月9日　至10日，上海合作组织成员国元首理事会第18次会议在中国青岛举行，印度、巴基斯坦以正式成员国身份与会。期间习近平主席会见莫迪总理。

29日　中共中央政治局委员、中央外事工作委员会办公室主任杨洁篪出席南非第八次金砖国家事务高级代表会议期间会见印度国家安全顾问多瓦尔。

7月13日　中国—印度第二轮海上合作对话在北京举行。

26日　习近平主席同印度总理莫迪在金砖国家领导人约翰内斯堡会晤期间举行双边会见。

8月21日　至24日，国务委员兼国防部长魏凤和上将访问印度。

10月22日　中印首次执法安全高级别会晤在新德里举行。国务委员兼公安部长赵克志与印度内政部长辛格共同主持，双方签署《中华人民共和国公安部与印度共和国内政部合作协议》。

11月24日　中印边界问题特别代表第21次会晤在中国四川成都举行。

30日　习近平主席同印度总理莫迪在二十国集团领导人布宜诺斯艾利斯峰会期间举行双边会见。

12月21日　国务委员兼外长王毅访问印度期间，同印度外长斯瓦拉吉在新德里共同主持中印高级别人文交流机制首次会议。

同年　中印双边贸易额为955.43亿美元（同比增长13.2%），其中，中方出口额为767.05亿美元，进口额为188.38亿美元。中国是印度第一大贸易伙伴和最大进口来源国，印度是中国在南亚的最大贸易伙伴。

2019年

1月29日　至30日，中印边境事务磋商和协调工作机制第13次会议在新德里举行。

2月27日　中俄印外长第16次会晤在中国浙江乌镇举行。

6月3日　外交部军控司司长傅聪在新德里与印度外交部主管裁军与国际安全事务的辅秘潘迪举行新一轮中印军控与防扩散磋商。

7月29日　中印边境事务磋商和协调工作机制第14次会议在北京举行。

9月11日　中国和印度军队在拉达克地区发生短暂对峙。中印双方在拉达克举行代表团级别会谈后对峙结束。

10月11日　至12日，习近平主席应邀赴印度金奈出席中印领导人第二次非正式会晤。两位领导人都积极评价此次会晤成果，同意继续保持有益和富有成效的战略沟通，同意办好2020年“中印人文交流年”，举行70场活动庆祝两国建交70周年。

10月31日　印度政府正式实施《查谟—克什米尔重组法》，成立“查谟—克什米尔中央直辖区”和“拉达克中央直辖区”。

11月13日　习近平主席在巴西利亚参加金砖国家领导人第十一次会晤期间与印度总理莫迪会面。

12月7日　至20日，“携手—2019”中印陆军反恐联合训练在印度梅加拉亚邦西隆市乌姆罗伊军营开训。

20日　至21日，中方特别代表、国务委员兼外交部长王毅赴印度出席中印边界问题特别代表第22次会晤。

2020年

4月1日　习近平主席同印度总统科温德、国务院总理李克强同印度总理莫迪互致贺电，热烈庆祝两国建交70周年。

6月5日　中国外交部亚洲司司长吴江浩同印度外交部东亚司联秘史耐恩举行视频会议，就双边关系、新冠肺炎疫情及抗疫合作、中印建交70周年庆祝活动和多边合作等交换意见。

15日　中印军队在加勒万河谷地区发生冲突，造成重大人员伤亡。

17日　国务委员兼外长王毅同印度外长苏杰生通话，双方同意公正处理加勒万河谷冲突引发的严重事态，共同遵守双方军长级会晤达成的共识，尽快实现地局势的降温，维护边境地区的和平安宁。

22日　中印两国边防部队在边境地区举行第二次军长级会晤。

23日　国务委员兼外长王毅同俄罗斯外长拉夫罗夫、印度外长苏杰生举行视频会晤。

24日　中印边境事务磋商和协调工作机制第15次会议以视频方式举行。外交部边界与海洋事务司司长洪亮同印度外交部东亚司联秘史耐恩共同主持。

29日　印度信息技术部宣布已禁用59款中国App。

7月10日　中印边境事务磋商和协调工作机制第16次会议以视频方式举行。

24日　中印边境事务磋商和协调工作机制第17次会议以视频方式举行。

8月20日　中印边境事务磋商和协调工作机制第18次会议以视频方式举行。

25日　某印度媒体鼓吹所谓“台湾加入联合国和世界卫生组织”。

31日　印军破坏前期双方多层级会谈会晤达成的共识，在班公湖南岸、热钦山口附近再次非法越线占控，公然挑衅，造成边境局势紧张。

9月2日　印度电子和信息技术部宣称禁用118款“涉嫌参与危害印度主权与（领土）完整、印度国防、国家安全和公共秩序活动”的中国App。

21日　中印双方举行第六轮军长级会谈，就缓解边境地区局势坦诚深入地交换意见，双方同意继续就此保持对话和磋商。

30日　中印边境事务磋商和协调工作机制第19次会议以视频方式举行。

11月6日　中印两军在楚舒勒举行第八轮军长级会谈。

12月18日　中印边境事务磋商和协调工作机制第20次会议以视频方式举行。

中英文翻译对照表

A

Abdullah, Sheikh　谢赫·阿卜杜拉
Acharya, Alka　阿卡娅
Acheson, Dean　迪安·艾奇逊
Act East Policy　（印度）向东干政策
Adenauer, Konrad　阿登纳
Addis, John　约翰·艾迪斯
Ahmed, Aziz　阿齐兹·艾哈迈德
Ahmedabad　艾哈迈达巴德
Aksai Chin　阿克赛钦
Al Ahram　《金字塔报》
Ali, Mohammed　穆罕默德·阿里
Allen, George V.　乔治·艾伦（曾任美国驻印度大使）
Amritsar　阿姆利则
Amory, Robert　艾默里（曾任美国中央情报局副局长）
Anglo-Burmese Treaty　《英缅条约》
Anglo-Tibet Trade Regulations Agreement（1914）　英藏贸易章程协议
Ardagh, John　阿尔达·约翰（19世纪末英国参谋总部军事情报处处长）
Arunachal Pradesh　伪“阿鲁纳恰尔邦”
Asianism　亚洲主义
Asiatic Federation　亚洲联合会
Assam　阿萨姆
Atal, Dr. Mohanlal　[印]爱德华大夫

Ali Khan, Liaquat　利亚格特·阿里·汗（曾任巴基斯坦总理）
Australian and New Zealand Weekly　《澳大利亚和新西兰周刊》
Ayub Khan, Mohammad　穆罕默德·阿尤布·汗（曾任巴基斯坦总统）

B

Ba Swe　巴瑞（曾任缅甸总理）
Baghat, P.S.　巴加特（印度准将，调查1962年印度战败原因的负责人之一）
Baghdad Pact　《巴格达条约》
Bahadur, Mohan Shamsher Jung　莫汉·沙姆舍尔·江格·巴哈杜尔
Bahpai, Sir G.S.　巴杰帕伊爵士
Bailey, Frederick Marshman）　贝利（曾任英国驻锡金政治官）
Bajpai, Girija Shankar　巴杰帕伊（又译巴吉帕依，曾任印度独立后第一任外交秘书）
Baker, Sir Philip J.Noel　纽贝克（20世纪40年代后期英联邦事务大臣）
Baluchistan　俾路支斯坦
Bandaranaike, Sirimavo　班达拉奈克夫人
Bandung Conference　万隆会议
Bangal　班加尔
Bangalore　班加罗尔
Bannerjee (Banerjee), Shri P.K.　班纳吉（曾任印度驻北京使馆代办）
Barahoti　巴拉霍提（中国的乌热）
Barker, W.　巴克
Barrington, N.J.　巴林顿
Bartholomew, John　约翰·巴索罗缪
Barua, Shri Heh　施里·赫·巴鲁阿
Barwick, Garfield　加菲尔德·巴威克爵士（曾任澳大利亚外交部长）
Bashahr　巴沙尔
Basu, Jyoti　乔迪·巴苏
Bedi, S.V.　贝迪
Beg, Yakub　雅库布·贝格
Belcher, Ronald　罗纳德·贝尔彻

Bell, Charles　查尔斯·贝尔（又译“柏尔”，英国的西藏通、早期侵藏的谋划着之一）
Ben Bella, Ahmed　本·贝拉
Bennett, Sterndale　斯滕代尔·班尼特爵士
Bevin, Ernest　欧内斯特·贝文
Bezsolov　别索洛夫
Bhabha, Homi　霍米·巴巴（曾任印度原子能委员会主席）
Bhalla, Madhu　马杜·帕拉
Bhairabkund　巴伊拉布昆德
Bhakra Nangal　布哈拉—楠格尔
Bhandari, Bidhya Devi　比迪娅·德维·班达里
Bharucha, Naushir　诺什尔·巴鲁查
Bhatia, Prem　普雷姆·巴蒂亚
Bhattacharjea　巴特查里亚
Bhattacharjia, Mira Sinha　白蜜雅
Bhatwari　巴特瓦里
Bhilai　比莱
Bhutan　不丹
Bhutto, Zulfikar Ali　佐尔菲卡尔·阿里·布托
Biagdangdo　比阿格当多
Bieting　比廷
Bihar　比哈尔
Birdwood　伯德伍德
Bishan　比申
Bolton, John Robert　约翰·罗伯特·博尔顿
The Bombay Chronicles《孟买记事报》
Bomdilla (Bomdi La)　邦迪拉
Booth, Paul G.　布斯（20世纪50年代曾任英国驻印度高级专员）
Border Security Force　（印度）边界安全部队
Boshirov　博斯洛夫
Boun Oum　文翁
Bourguiba　布尔吉巴

Bowles, Chester　切斯特・鲍尔斯
Brecher, Michael　迈克尔・布雷彻
Brezhnev, Leonid　勃列日涅夫
Brimelow, T.　布赖姆洛
British Military Mission　英国军事使团
British Raj　（大英帝国的）“印度王国”
Brooks, Henderson　亨德森・布鲁克斯（调查1962年印度战败原因的负责人之一）
Buddha Jayanti　佛祖诞辰纪念日
Bulfanin　布尔加宁
Burtse　布尔茨
Bushell　布谢尔
Buxton, Martin　马丁・巴克斯顿
Byatt, H.C.　拜厄特（曾任英国外交和联邦事务部南亚司副司长）

C

Caccia, Lord　卡西亚勋爵（曾任英国外交部常务次官）
Calcutta (Kolkata)　加尔各答
Camp Lalee Mukh　拉里木克营地
Cannes　戛纳
Cariappa　卡里阿帕（将军，20世纪50年代印度军队总参谋长）
Caste system　种姓制度
Ceylon　锡兰
Ceylon Observer《锡兰观察家报》
Chabua　查布亚
Chagla, Mahomed Ali Currim　查格拉（曾任印度驻美大使）
Chakravarti (Chakravarty), Tripurari　查克拉瓦蒂（曾任印中友协组委会主席）
Chamdo　昌都
Challaney, Brahma　布拉马・切兰尼
Chamoli　查莫利

Curzon, George Nathaniel　乔治・纳萨尼尔・寇松（1898—1905年英国驻印度总督）

D

Dalai Lama　达赖喇嘛

Dalton, P.G.F.　达尔顿

Dalvi, John P.　约翰・达维尔（准将，印度第7旅旅长）

Daman　达曼

Dangam　丹加姆

Dange, S.A.　丹吉（曾任印共主席）

Darjeeling　大吉岭

Darogah, Tuckha Mahomed　图卡・马哈默德・达洛伽

Dasappa，H.C.　达萨帕

Daulat Beg Oldi (DBO)　斗拉特别奥里地

Davies, Ernest　厄尼斯特・戴维斯

Davis, Jonh　德庇时（曾任英国驻香港总督）

Dawang Chu　达旺曲

Dayal, H.　达亚尔（20世纪50年代印度政府驻锡金代表）

Dawe　达韦

Dawn　《黎明报》（巴基斯坦）

Dayal　达雅尔

de Gaulle, Charles André Joseph Marie　夏尔・安德烈・约瑟夫・马里・戴高乐

Demchok (Parigas)　碟穆绰克（印度称巴里加斯）

Denning　丹宁

Deolali　戴拉利

Deoli　德奥里（1962年边界战争后印度关押华人的拘禁地）

Desai, M.J.　马・贾・德赛

Desai, Morarji　莫拉尔吉・德赛

Desang Plains　迪普桑平原

Deshingkar, Giri　吉里・德辛卡尔

Despang 德斯庞
Dharamsala 达兰萨拉
Dhillon, J.S. 乔・辛・迪隆
Dhola 多拉（中国称扯冬 Che Dong）
Diefenbaker, John George 约翰・乔治・迪芬贝克（曾任加拿大总理）
Diem 吴庭艳
Digra 迪格拉
Dixon, Pierson 皮尔逊・迪克逊
DMI 军事情报局局长
Dobi, Istvan 伊斯特万・道比
Dogra, Zorawar Singh 左拉瓦尔・辛格・多格拉
Doje-Phagmo 多吉帕姆（女活佛）
Dolan, Brooke 布鲁克・多兰
Donald, Claude Mac 窦纳乐
Donnelly, Desmond 德斯蒙德・唐纳利
Dorbuk 多尔布克
Dorji, Jigme 吉格梅・多尔吉
Dorjieff, Agvan 阿旺・多治夫（又名多尔吉或德尔智，藏文名字为阿旺洛桑）
Doval, Ajit 阿吉特・多瓦尔（曾任印度国家安全顾问）
Dufferin, Marquess of 达弗林伯爵（曾任英国驻印度总督）
Dulles, John Foster 约翰・福斯特・杜勒斯
Dumchek (Demchok) 杜谍木卓克（杜姆切克）
Durgapur 杜尔加布尔
Durand Line 杜兰线
Dutt, R. Palme 帕尔米・杜特
Dwivedy, S.N. 德维韦迪

E

Eastern Locarno 东方洛迦诺
Eisenhower, Dwight David 德怀特・戴维・艾森豪威尔

Elgin　额尔金（曾任英国驻印度总督）
Elibank, Viscount　埃利班克
Elliot, Anthony　安东尼 · 埃利奥特
Emery　埃默里
Emmanuel　埃曼努尔

F

Faringdon　法林顿
Fernandes, Gorge　费尔南德斯
Forward Policy　前进政策
Freeman, John　约翰 · 弗里曼（曾任英国驻印度高级专员）
Friedenberg, Walter　弗里登贝格
Front line　《前线》(半月刊，印度）

G

Gadeu　迦杜
Gadkari, Shri D. A.　加德卡里
Galbraith, John Kenneth　约翰 · 肯尼斯 · 加尔布雷思（曾任美国驻印度大使）
Galwan Valley　加勒万河谷
Galwan Shyok river junction　加勒万河与什约克河交汇处
Gandhi, Indira　英迪拉 · 甘地
Gandhi, Mahatma　圣雄甘地
Gandhi, Rajiv　拉吉夫 · 甘地
Ganga　刚嘎河
Ganges　恒河
Gangtok　甘托克
Gartok　噶大克
Garver, John　加文（美国研究中印关系的"中国通"）
Garvey, Terence　特伦斯 · 加维（曾任英国驻印度高级专员）

Gauhati　高哈蒂
Ghanden Chongwa　甘丹才旺
Goa　果阿
Godber, Joseph Bradshaw　约瑟夫·布拉德肖·戈伯（曾任英国外交和联邦事务大臣）
Golds　戈茨
Gopal, S.　戈帕尔
Gopalachari　高帕拉查里
Goray, Shri　施里·戈雷
Gore, D.Ormsby　奥姆斯比·戈尔（曾任英国驻美大使）
Gore, Paul　保罗·戈尔
Gorkhas　廓尔喀联队
Gorsam　戈尔萨姆
Gould, Basil　巴兹（西）尔·古尔德（曾任英国驻锡金政治官员）
Graham, John A. N.　约翰·A.N. 格雷厄姆
Grant, James　格兰特（曾任美国国务院副助理国务卿）
Greenhil　格林希尔
Gregorson　格雷哥尔森
Grenadiers　近卫军联队
Gromyko, Andrei　安德烈·葛罗米柯
Gupta, Karunakar　卡鲁纳格尔·古普塔
Singh, Gurbaksh　格巴什·辛格
Gurkhas　廓尔喀人
Gurung, Naib Subedar Jang Bahadur　奈布·苏贝达尔·金格·巴哈杜尔·古隆
Gyalu Thondup (Gyalo Thondup)　嘉乐顿珠
Gyantse　江孜

H

Habibullah Khan, Haji　哈吉·哈比布拉汗
Hammarskjöld, Dag　达格·哈马舍尔德（联合国第二任秘书长）

Hanler　汉勒
Hardinge, Henry　哈定（曾任英属印度总督）
Hardinge, Charles　查尔斯·哈丁（曾任英属印度总督）
Harriman, Averell　哈里曼（曾任美国助理国务卿）
Hartley, J.C.　哈特利
Hastings, Warren　瓦伦·哈斯丁斯（曾任英属印度总督）
Healey, Denis　丹尼斯·希利（曾任英国国防大臣）
Heimsath, Charles　查尔斯·海姆萨
Hejaz　汉志
Herat　赫拉特
Henderson, Loy Wesley　韩德逊（韩德森）（曾任美国驻印度大使）
Henker (Henkar)　亨卡
Hillary Diane Rodham Clinton　希拉里·克林顿（曾任美国国务卿）
Himachal Pradesh　喜马偕尔邦
Hindi-Cheeni Bhai Bhai　“印度中国是兄弟”
The Hindu　《印度教徒报》
Hindu Kush Tts.　兴都库什山
Hindu Mahasabha　印度教大斋会
Hindustan Times　《印度斯坦时报》
Hoffman, Paul　保罗·霍夫曼
Home, Alec Douglas（The Earl of Home）　霍姆（曾任英国外交大臣）
Hon, Right　霍恩（曾任英国外交大臣）
Hot Spring　温泉城
Houston Chronicle　《休斯顿记事报》
Huffmann, Steven　史蒂文·霍夫曼
Hughes, Thomas L.　休斯（曾任美国国务院情报与研究局主任）
Hupsang Khad　胡普桑·卡德
Hyderabad　海德拉巴

I

Indian Council for Cultural Relations　印度对外文化关系局

Indian Council of World Affairs　印度世界事务委员会
The Indian Express　《印度快报》
Indian Horizon　《印度地平线》(《印度与中国特刊》)
Indian Protectorate of Sikkim　印度保护国锡金
Indo-China Friendship Society　印中友好协会
The Indo-Pacific Strategy　印太战略
Indo-Tibet Border Police Force (ITBP)　印藏边境警察部队
Indus River　印度河
Ingram, E.M.　应歌兰（曾任英国驻华使馆代办）
Ishapore　伊莎波尔（兵工厂）
Itanagar　伊塔纳加尔
Ivan Chen　陈贻范
Iyengar, Lt.　依延加尔中尉

J

J. Walsham　华尔身（19世纪80年代英国驻华公使）
Jageshwar　贾格希瓦尔
Jainism　耆那教
Jaitley, Arun　阿伦·贾伊特利（曾任印度国防部长兼财政部长）
Jalapahar　贾拉帕哈尔
James, Morrice　莫里斯·詹姆斯（曾任英国驻巴基斯坦高级专员、驻印度高级专员）
Jammu　查谟
Jammu ladakh　查谟的拉达克
Jan Sangh Party　人民联盟（印度）
Janata Party　人民党（印度）
Jaswantgarh　贾斯万特高尔
Jawan　印度士兵
Jenkins, Frans　法朗士·简肯斯
Jetly, Nancy　南茜·杰特里
Jibti　吉布提

Jinnah, Mohammed Ali　真纳
Jiranjan prasad　吉让江布拉沙（印度将军）
Johnson, Alexis　亚历克西斯·约翰逊（曾任美国代理副国务卿）
Johnson, Louis　路易斯·约翰逊（曾任美国助理陆军部长）
Johnson, Lyndon Baines　林登·贝恩斯·约翰逊（美国总统）
Johnson, McKenzie　麦肯齐·约翰逊
Sir John Jordan　朱尔典（曾任英国驻华公使）
Jung, Ali Yavar　阿里·亚瓦尔·忠格（曾任印度驻埃及大使）

K

Kabadi, Sunder　森德·卡巴迪
Kailash Range　冈底斯山
Kalam, Abudul　阿卜杜勒·卡拉姆
Kalapani　卡拉帕尼
Kalimpong　噶伦堡
Kameng Frontier Division　卡门边区
Kandahar　坎大哈
Kandschut　坎巨提（又名洪扎Hunza、棍杂、谦珠特、乾竺特）
Kanpur　坎普尔
Karakash R.　喀拉喀什河
Karakoram　喀喇昆仑山
Kashag　噶厦
Kashgar　喀什
Kashgaria (Kashgar)　喀什噶尔
Kashmir　克什米尔
Kathhara　卡特哈拉
Katmandu　加德满都
Kaur, Armrit　阿姆里特·考尔
Kaul, Bijji　比日·考尔
Kaul, Brij Mohan　布里吉·莫汉·考尔（曾任印度陆军参谋局长/后勤部长、参谋长，1962年战争时任第四军军长）

Kaul, T.N.　考尔（曾印度外交部联合秘书、驻苏联大使、外交部长）
Kaur, Rajkumari Amrit　拉杰库玛丽·阿姆里特·考尔
Kechilang River　克节朗河（印度称南卡楚河 Namka Chu）
Kennedy, John Fitzgerald　约翰·菲茨杰尔德·肯尼迪（美国总统）
Keskar, B.V.　凯斯卡尔（曾任印度外交部副部长）
Keylong　基隆
Kham (Khampa)　康巴
Khan, Asghar　阿斯加尔·汗
Khan, Ayub　阿尤布·汗
Khan, Sayed Ahmed　赛以德·艾哈迈德·汗
Khan, Yahya　叶海亚·汗
Khanna, Vinod C.　康维诺
Khathing, R.　卡辛
Khenzemane (Khinzemaane)　兼则马尼
Khera, S.S.　凯拉（曾任印度内阁秘书）
Khrushchev, Nikita S.　赫鲁晓夫（苏联领导人）
Khunjerab Pass　红其拉甫山口
Khuran, Gurpreet S.　库拉纳
Khurnak Fort　库尔纳克堡
Khursheed, K.H.　卡·哈·胡希特
Kiaochou　（山东）胶洲
Kimin　基明
Kingdon-Ward　华金栋
Kinnaur　吉瑙尔
Kinthup, A. K.　金索普
Klaproth, Jules　克拉普洛特
Knowland, William Fife　威廉·法夫·诺兰
Kohima　科希马
Koirala, B.P.　柯伊拉腊
Kokand　浩罕
Kokonor　青海湖
Kondapalli, Srikanth　谢刚

Kone 科尼
Kongka Pass 空喀山口
Kongka Pass Incident 空喀山口事件
Kosygin, Aleksey Nikolayevich 阿列克谢·尼古拉耶维奇·柯西金
Kotelawala, John 约翰·科特拉瓦拉
Kratzer, M.B. 克拉策尔
Kripalani, Acharya 阿查里雅·克里帕拉尼
Krishna, M.F. 克里希纳
Krishnamachari, T. T. 蒂·塔·克里希纳马查里（曾任印度经济和国防协调部长）
Kulkani, D.G. 库尔卡尼
Kumaramangalam, Mohan 莫汉·库马拉曼加拉姆
Kunza 洪扎（坎巨堤）
Kunzru, H.N. 孔兹鲁
Kutch-Rann 库奇–兰恩
Kushan Empire 贵霜帝国
Kyodo News Agency 共同社

L

Lachen 拉金
Lachung 拉冲
Ladakh 拉达克
Lagala Gompa 拉加拉·戈姆帕
Lagam 拉加姆
Lahaul 拉胡尔
Lahore 拉合尔
Laithwaite, G. 莱思韦特
Lakhimpur 拉金普尔
Lalitasura Deva 拉里塔苏拉·德瓦王
Lamang 拉曼
Lamb, Alastair 阿拉斯太尔·兰姆

Lansdowne　兰斯多恩

Leghorn Operation　莱克亨军事行动（即里窝那计划 Livorno Operation）

Lek　列城

Lendum　莱杜姆

Lhobrak　罗布拉克

Lie, Trygve　赖伊

Limeking　里米金

Linda　林达

Line of Actual Control（LAC）　实际控制线（实控线）

Locarno Treaty　《洛迦诺公约》

Lok Sabha　人民院（印度下议院）

Lonchen　伦钦

Longju　朗久

Looking East Policy　（印度）向东看政策

Lower Tsayul　下察隅

Lungar　兰加尔

Lungnak Lungspa　隆纳克·隆斯帕

M

Macartney, George　马继业

Macdonald, Claude　窦讷乐

Macdonald, David　麦克唐纳（曾任英国驻亚东商务专员）

Macdonald, Malcolm　马尔科姆·麦克唐纳（曾任英国驻印度高级专员）

Macfarquhr, Roderich　麦克法夸尔

MacLehose　麦理浩

Madhya Pradesh　中央邦

Madras　马德拉斯

Maharashtra　马哈拉施特拉

Mahatma　圣雄

Mahayana Buddhism　大乘佛教

Mahendra　马亨德拉

Mainstream 《主流》（杂志）

The Malay Mail 《马来邮报》

Male, Peter J.E.　彼得·J.E.梅尔（1970—1974年任英国驻印度副高级专员）

Malgonkar, Manohar　马诺哈尔·马尔贡卡

Malhotra, Inder　马尔霍特拉（印度学者）

Malik, B.N　马利克

Malik, Yakov (Jacob)　雅科夫·亚历山德罗维奇·马立克

Malkani, K.R.　马尔加尼

Mallard　马拉德

Mandal　曼达尔

Manekrai (Menilkrai)　麦尼克赖

Manekshaw, H.J.F.　马内克肖

Mangan (Mangen)　门根（锡金）

Manila Central News 《马尼拉中央新闻》

Manila Conference　马尼拉会议

Mansarovar Lake　玛法木错湖（西藏）（玛那萨罗沃驰）

Mansingh, Surjit　苏吉特·曼辛格

Mara　马拉

Margherita　马尔盖里塔

Mare, Arthur de la　阿瑟·德拉马尔

Marmang　马尔芒

Masani, Minoo　米奴·马萨尼

Matsu　马祖

Maudling, Reginald　雷金纳德·莫德琳

Maund　孟德（印度计量单位，约等于38公斤）

Mauryan　孔雀王朝

Maxwell, Neville　内维尔·马克斯韦尔

McConaughy, Walter P.　麦康瑙希（曾代任美国驻巴基斯坦大使）

McMahon Line　麦克马洪线

McMahon, Sir A. Henry　麦克马洪（曾任英印政府外交部长，西姆拉会议英国代表团团长）

McNamara, Robert Strange　罗伯特·麦克纳马拉

Mechuka (Mechukha) 梅楚卡
Meda, Srinath 斯里纳特 · 梅达
Meerut 密拉特
Mehta, Asoka 阿索卡 · 迈赫塔
Mehta, G.L. 梅达（曾任印度驻美国大使）
Mendes-France 孟戴斯–弗朗斯
Menon, K.P.S. 梅农（曾任印度驻中华民国大使、外交秘书、驻华大使）
Menon, Lakshmi 梅农（曾任印度内务部长）
Menon, M. Gopala 梅农（曾任印度驻纽约领事馆领事）
Menon, V.K. Krishna 克里希纳 · 梅农（曾任印度国防部长）
Meto 墨脱
Middle East Defense Organization（MEDO） 中东防御组织
Migyitun (Migyitum) 马及墩
Mikoyan, Anastas Ivanovich 阿纳斯塔斯 · 伊凡诺维奇 · 米高扬
Milan 米兰
Miles, F. Stephen F. 斯蒂芬 · 迈尔斯（曾任英国驻加尔各答副高级专员）
Milling 米林（西藏）
Milner-Barry 米尔纳–巴瑞
Minto, Lord 明托（曾英属印度总督）
Misamari 米萨马里
Mishra, Brajesh 密史拉（曾任印度驻华使馆临时代办）
Mishra, S.N. 米希拉（密施拉）
Mitter, Rana 拉纳 · 米特
Mizo 米佐
Modi, Narendra 莫迪（印度总理）
Moghul 莫卧儿
Mogul Empire 莫卧儿帝国
Mohan, Raja 拉贾 · 莫汉
Mohanty, Manoranjan 莫汉蒂
Monbas 门巴人
Montgomery, Bernard Law 伯纳德 · 劳 · 蒙哥马利（英国元帅）
Monyal 门隅

Mookerjee, Hiren　希伦 · 慕克吉
Moradabad　莫拉达巴德
Morley, Viscount　威斯康特 · 莫尔利（曾任英国印度事务部大臣）
Moti　莫蒂
Mount Everest　埃佛勒斯峰（珠穆朗玛峰）
Mountbatten, Louis　路易斯 · 蒙巴顿（英国末代驻印度总督）
Mukherjee, Pranab　普拉纳布 · 慕克吉
Mukhitdinov, Nuritdin　努里金 · 阿克拉莫维奇 · 毛希丁诺夫
Muksar　穆克萨尔
Mullik, B.N.　穆立克（曾任印度情报局局长）
Muskar　马斯卡
Mussoorie (Mussorie)　穆索里
Myitkyina　密支那
Mysore　迈索尔

N

Naga　纳伽
Nagaland　那加兰邦
Nagiti　纳吉提
Naguib　纳吉布
Namgyal, Sidkeong　纳木亚尔（国王）
Namgya　南姆加
Namkachu (Namka Chu、Namkha Chu)　克节郎河（南卡丘）
Nanda　南达（曾任印度内务部长）
Napier　莱皮尔
Narayan, Jayaprakash　贾亚普拉卡什 · 纳拉扬
Narayanan, K.R.　纳拉亚南（曾任印度总统）
Naryshkin　纳里什金
Nasser, Gamal Abdel　玛尔 · 阿卜杜尔 · 纳赛尔
Nathal　那德尔
Nathula (Natu La)　乃堆拉山口（中锡边界）

The Nation 《民族报》(缅甸)
National Herald 《国民先驱报》(印度)
Nazimuddin, Khawaja 卡瓦贾·纳兹穆丁(曾任巴基斯坦总理)
NDA (印度)全国民主联盟
Ne Win 奈温
Neetee 尼提
Nehru, Jawaharlal 贾瓦哈拉尔·尼赫鲁
Nehru, Pandit 潘迪特·尼赫鲁
Nehru, R.K. 拉·库·尼赫鲁(尼赫鲁的侄子,曾任印度驻华大使)
Nehru, Uma 乌玛·尼赫鲁
Nelang 奈朗
Neutral Nations Commission 中立国委员会
New York Herald Tribune 《纽约先驱论坛报》
The New China Daily 《新中国日报》
Ngari 阿里
Nilam 尼兰姆
Nilang-Jadhang 尼伦–贾德亨
Niranjan 尼让加(印度将军)
Nixon, Richard Milhous 理查德·米尔豪斯·尼克松
Nkrumah, Francis Nwia Kwame 弗朗西斯·恩威亚·克瓦米·恩克鲁玛
Nolan, William 威廉姆·诺兰
North and North-East Defence Committee 北部和东北部防务委员会
North Bengal 北孟加拉邦
North China Daily News and Herald 《字林西报》
North Eastern Frontier Agency (NEFA) 东北边境特区(印度)
North Lakhimpur 北拉吉普尔
North Lungthang-Sangti 北龙唐–桑提
Northern Frontier of British Hinoostan 英属印度斯坦北部边界图
North and North-East Defence Committee 北部和东北部防务委员会
Nu 努
Nyerere 尼雷尔
Nyimek 奈伊梅克

O

O'Connor　奥康诺（曾任英国驻江孜商务代表）
Odalguri　奥达古里
Oliver　奥利弗
Onkar Operation　昂卡行动
Oodalgooree　乌代古里
Operation Leghorn　里窝那行动
Opulla reddy　奥普拉瑞地（曾任印度国防部常秘）
Orissa　奥里萨（1962年边界战争后印度与美国合作建立的秘密援藏据点）

P

Pa Deshkit　帕・德什基特
Package Deal　一揽子计划
Palam　帕拉姆（巴勒姆）
Palit　帕利特
Pan-Asianism　泛亚主义
Panchsheel (Pancasila)　潘查希拉
Pandit, Vijaya Lakshmi　维贾雅・拉克希米・潘迪特（尼赫鲁之妹，曾任印度驻苏联大使）
Pangong (Bangong tso) Lake　班公湖（班公措湖）
Panikkar, K.M.　潘尼迦（曾任印度驻华大使）
Panjim　潘吉姆
Pant, Apa B.　阿帕・B.潘特（曾任印度驻英国高级专员）
Pant, Govind Ballabh　戈文德・巴拉布・潘特（曾任印度内政部长，1955—1961）
Pant, K.C.　潘特（曾任印度内政部长）
Paranjpe, Vasant　V. 白春晖（1954年尼赫鲁访华时印度译员）
Parasuram, T.V.　帕拉苏拉姆
Parigas (Demchok)　巴里加斯（碟穆绰克）

Parkha　巴嘎（西藏）
Parthasarathi, G.　高・帕塔萨拉蒂（曾任印度驻华大使）
Patel, H.M.　帕特尔
Patel, Sardar Vallabhai　萨达尔・瓦拉卜巴依・帕特尔（曾任印度副总理）
Pathania　帕塔尼（曾任印军第四师师长）
Pathet Lao　帕特寮
Patil, S.K.　帕蒂尔（曾任印度粮农部长）
Patnaik, B.J.　帕特奈克（曾任印度奥里萨邦首席部长）
Peck　佩克
Pence, Mike　迈克・彭斯（曾任美国副总统）
Peshawar　白沙瓦
Petric　彼得里奇
Phari Daong　帕里（亚东附近）
Pickard, C.S.　皮卡德
Pillai, Raghavan　拉加万・皮拉伊
Point Four　第四点计划
Pokhara　博克拉
Pompeo, Mike　迈克・蓬佩奥（曾任美国国务卿）
Pondicherry　本地治里
Pongging　邦金
Poona　浦那
Praja Socialist Party　（印度）人民社会党
Pramodak　普拉莫达克
Prasad, Niranjan　尼兰詹・普拉萨德
Prasad, Tanka　坦卡・普拉萨德
Pratap, Raja Mahendra　普拉塔普
Press Information Bureau Comment of India　印度新闻通讯社
Pritchard　普里查德
Pritchett　普里切特
The Public Works Department　公共工程局
Puling-sumdo　波林三多
Punjab (Punjap)　旁遮普

Q

R

Rediff.Com　雷迪夫网站（印度）
Reddy, Sanjiva　桑吉瓦・雷迪（曾任印度国大党主席）
Re Star《红星报》
Reading, Lord　雷丁勋爵
Reding　莱丁
Rego　雷格（雷戈）
Reid, Escott　埃斯科特・里德（曾任加拿大驻印度高级专员）
Report of Simon Commission《西蒙委员会报告》
Rezang La (Rezangla)　热赞拉山口
Rho　罗村
Riaza, Agha Muhammad　阿加・穆罕默德・里扎
Richardson, H.E.　黎吉生（曾任印度驻拉萨代表）
Rima　察隅
Rob, J.V.　罗布
Roberts, Chalmers　M. 查尔默斯・罗伯茨（美国著名记者）
Romulo, Carlos　罗慕洛（曾任菲律宾外长）
Rose, Archibald　罗斯（曾任英国驻重庆、宁波、腾越等地领事、驻华公使，西姆拉会议英国副代表）
Roosevelt, Franklin Delano　富兰克林・德拉诺・罗斯福（美国总统）
Roy, S.G.　罗伊
Rudok　日土
Rumbold, Algernon　阿尔杰农・朗博尔德
Rusk, Dean　戴维・迪安・腊斯克
Russell, Bertrand Arthur William　伯特兰・阿瑟・威廉・罗素
Rustomijee　拉斯托米吉
Rustomji, N.K.　卢斯托姆奇

S

Sabry, Ali　阿里・萨布里
Samzungling　萨木崇岭
Sandys, Duncan　邓肯・桑德斯

Sangchamalla　香扎
Sanjay, Wancha　旺查·桑杰（曾任不丹国王法律顾问）
Sankei Shimbun　（日本）产经新闻社
Sapngur　撒恩格尔
Sapper Camp　萨帕尔营地
Sarabhai, Vikram A.　萨拉巴伊（曾任印度原子能委员会主席）
Sarin, S.C.　施·克·萨林（曾任印度国防部联合秘书）
Sarli　沙里
Sarit Thanarat　沙立（曾任泰国总理）
Se La　色拉（西山口）
Sastroamidjojo　阿里·沙斯特罗阿米佐约（曾任印尼总理）
Schlesinger, Arthur　亚瑟·施莱辛格
Seaborg, Glenn　格伦·西堡
Seemkolee Aka Raja　西姆科里阿卡王
Segmour, HJ.　薛穆（曾任英国驻华大使）
Sen, L.P.　森（印度将军）
Serrano　赛拉诺（曾任菲律宾外长）
Shah, Manubhai　马努拜·沙阿
Shahidulla　赛图拉
Shamul Lungpo　沙穆尔·隆波
Sharif, Nawaz　谢里夫（曾任巴基斯坦总理）
Sharma, K.N.　夏尔马
Shastri, Lal Bahadur　拉尔·巴哈杜尔·夏斯特里（曾任印度总理）
Shatra Palijor Dorje　夏扎·边觉多吉
Shaw, Robert　肖
Sheel　希尔
Shepard, Elaine　谢巴德
Sherabthang　谢拉布瑭（锡金）
Shigatse　日喀则
Shimla (Simla)　西姆拉
Shipki La　什布奇山口（什普奇山口）
Shyok　什约克

Sikkim　锡金
Siliguri　西里古里
The Simla Conference　西姆拉会议
The Simla Convention　西姆拉协定
Simong　西蒙
Sinchula Treaty　辛楚拉条约
Singapore Tiger Standard　《新加坡虎报》
Singh, Amrik　阿姆里克·辛格
Singh, Arjan　阿尔然·辛格
Singh, Barj Raj　巴杰·拉吉·辛格
Singh, Daulat　道拉特·辛格
Singh, Dinesh　迪奈什·辛格（曾任印度外长）
Singh, Gulab　古拉布·辛格（古拉伯·辛格）
Singh, Gurbax　格巴兹·辛格
Singh, Gurmeet Ram Rahim　古尔米特·拉希姆·辛格
Singh, Harbaksh　哈巴什·辛格（印度将军）
Singh, Jaswant　贾斯旺特·辛格（曾任印度外长）
Singh, K.Natwar　纳塔沃尔·K.辛格
Singh, Karam　卡拉姆·辛格
Singh, Kulwant　库万·辛格
Singh, Manmohan　曼莫汉·辛格（曾任印度总理）
Singh, Rajendra　拉吉德拉·辛格
Singh, Rajnath　拉杰纳特·辛格（曾任印度内政部长、国防部长）
Singh, Ranjit　兰吉特·辛格
Singh, Surjee　苏尔吉特·辛格（曾为印共领导人）
Singh, Swaran　斯瓦兰·辛格（曾任印度外交秘书）
Singh, Umrao　乌姆拉欧·辛格
Singhalese　僧伽罗人
Sircar, B.N.　西尔卡尔
Skaczkow, Siemion　谢·安·斯卡奇科夫
Slim, Taieb　斯利姆
South-East Asia Treaty Organization（SEATO）　东南亚条约组织

Spaak, Paul Henri　保罗·亨利·斯帕克

Spangur Lake (Spanggur Lake)　斯潘古尔湖

Special Frontier Force　边境特种部队（情报界称之为“22号机关”）

The Spectator　《旁观者》(杂志）

Spens, Lord　斯彭斯勋爵

The Spiti Area　司丕提地区（印度叫法）

Spiti River　司丕提河

Srinagar　斯利那加（克什米尔首府）

The Statesman　《政治家报》(印度）

Statesman Overseas Weekly　《政治家海外周报》

Subansiri　苏班西里

Subharayan　苏布哈拉扬

Suhrawardy, H.S.　苏拉瓦底

Subrhamanyam (Subramaniam), K.　苏布拉曼尼亚姆（曾任印度钢铁与重工业部长）

Sukarno, Bung　苏加诺

Sultan Chushku　苏尔坦·丘什库

Sutlej-Ganges　苏特莱杰河–恒河

Sumdorong Chu　桑多洛河谷（中国称旺东 Wangdong）

Sundarji　桑搭吉（曾为印度军方领导人）

Sundrayya, P.　孙德拉亚（曾为印共领导人）

Sunder Lal, Pandit　潘迪特·森德拉尔

Suri, Nalin　苏理宁（曾任印度驻华大使）

Sutherland　萨瑟兰

Suzerainty　宗主权

Svaraj　自治

Swami, Subramanyam　苏布拉马尼亚姆·斯瓦米（斯瓦密）

Swaraj, Sushma　斯瓦拉吉（曾任印度外长）

Swarup, Anand　斯瓦鲁普

Swatantra Party　〔印〕自由党

Symon, Alexander C.　亚历山大·西蒙（曾任英国驻巴基斯坦高级专员）

T

Taba Tabo　塔巴（塔博）

Tachienlu (Darchendo, Ta-Chien-Lu)　打箭炉

Tagdumbash Pamir　塔格杜姆巴什·帕米尔

Tamaden　塔马顿

Tamil Nadu　泰米尔纳德邦

Tan Chung　谭中

Tan Yunshan　谭云山

Tangkhal　唐卡尔

Tarim　塔里木

Tashi Lama　九世班禅

Tashigong　塔希贡（西藏称扎西岗）

Tashkent　塔什干

Tato　达东

Tatu　塔图村（西藏）

Tawong (Towang)　达旺

Tawong Tract　达旺地区

Tebhaga Peasant Movement　特帕加农民运动

Teen Murti House　欢喜宫

Tehri-Garhwal　泰里–加瓦尔

Teju　提祖

Telengana Peasant Movement　特伦甘纳农民运动

Tezpur　提斯浦尔

Thadani, M.R.　塔达尼（曾任印度驻华使馆一秘/代办）

Thakin Than Tun　德钦丹东

Thakur, Ravni　妲玉妮

Thapa　塔帕

Thapar　塔帕尔（曾任印度总参谋长）

Thebengia　泽本伽尔

Thembang　登班

Thimaya (Thimayya), K.S.　克・斯・蒂迈雅
Thinley, Jigmi Y.　吉格梅–廷莱（曾任不丹首相）
Thompson, Llewellyn E.　莱韦林・汤普森
Thorat　托拉（印度中将）
Thorneycroft　桑尼克罗夫特
Thuling Math　图林・马特
Tibet Swaraj Committe　（印度的）"西藏自治委员会"
The Tibetan Foreign Bureau　西藏外事局
Tibetan Marches　四川与西藏的交界地区
Tibetan Trade Mission　西藏贸易特派团
The Times of India　《印度时报》
The Times London　《伦敦泰晤士报》
Tilney, J.D.　蒂尔尼
Times of Ceylon　《锡兰时报》
Tinai　提奈（敌能）
Tinpatta　廷帕塔
Tito, Josip Broz　约瑟普・布罗兹・铁托
Tolstoy, Ilia　伊利亚・托尔斯泰
Treaty of Sagauli　萨高里条约
Trebeck, George　乔治・特莱贝克
Trevelyan　特里威廉
Tribune　《论坛报》
Trump, Donald　唐纳德・特朗普
Tsangdhar　章多
Tsangle (Tsang Le)　章勒
Tsangpo R.　雅鲁藏布江
Tsari R.　杂日河（察里河）
Tsayal/Zayul Chu　察隅河
Tsela Dzong　采拉宗（林芝）
Tseng Jong (jang)　僧崇
Tsona Chu　错那河
Tsung Sha (Tsungsha)　葱莎

U

V

W

Walong 瓦弄
Waqnis 瓦克尼斯（印度专栏作家）
Weisner, Jerome 杰罗姆·韦斯纳
Weisner, Jerry 杰里·韦斯纳
Wheeler, Charles 惠勒
Wiesner, Jerome 杰罗姆·威斯纳
Wilde 王尔德
Willianmson, F. 威廉森（曾任英国驻锡金政务官员）
Wilson, Duncan 邓肯·威尔逊
Wuje 乌热（印度称巴拉霍提）

Y

Yaqub Beg 阿古柏
Yarkand 叶尔羌
Yatung 亚东
yellow peril “黄祸”
Yorkshire Post Economist 《约克郡经济学家邮报》
Younghusband, F. 荣赫鹏（杨赫斯本）
Yueh-chi 月氏

Z

Zayul Chu 察隅河
Zia-ul Haq 齐亚·哈克
Zikla 齐克拉

参考文献

一、档案文献

（一）中国

中国外交部档案馆档案（1950—1966年，依档案建档时间排序）

1. 《我驻印度大使袁仲贤与达赖喇嘛、西藏全体大会及噶厦的来往信件》(1950年1月18日)，中国外交部档案馆，档案号：105-00018-09。
2. 《周恩来总理就西藏问题的批示》(1950年7月12日)，中国外交部档案馆，档案号：105-00018-03。
3. 《西藏全体大会就西藏问题复廖汉生函》(1950年9月1日)，中国外交部档案馆，档案号：105-00018-05。
4. 《美国驻印度大使欲与袁仲贤大使非正式晤面的请示电》(1950年10月7日)，中国外交部档案馆，档案号：105-00072-09。
5. 《外交部电示我驻印度使馆关于美国驻印大使欲与袁仲贤大使晤面事》(1950年10月8日)，中国外交部档案馆，档案号：105-00072-10。
6. 《关于在青海当头寺和昌都俘获四名印度籍报务员案的来往文件及谈话记录》(1950年10月29日)，中国外交部档案馆，档案号：105-00097-01。
7. 《关于印度干涉我解放西藏事的外交通报》(1950年11月24日)，中国外交部档案馆，档案号：105-00011-02。
8. 《周恩来关于拒绝联合国提案与潘尼迦谈话记录》(1951年1月17日)，中国外交部档案馆，档案号：113-00068-01。
9. 《关于我向印度提供粮食的情况》(1951年3月28日)，中国外交部档案馆，档案号：105-00081-07。
10. 《章文晋关于印度欲购粮食的请示》(1951年11月1日)，中国外交部档案馆，档案号：105-00081-07。

11. 《章汉夫副外长就中印关系等问题与印度驻华使馆高尔谈话记录》（1951年11月27日），中国外交部档案馆，档案号：105-00082-03。

12. 《关于印度在我西藏边境活动情况的报告》（1952年1月2日），中国外交部档案馆，档案号：118-00262-02。

13. 《南疆军区报告：印度驻西藏商务代表在藏散发反动传单案》（1952年7月20日），中国外交部档案馆，档案号：105-00095-01。

14. 《报告：印度商务代表团活动情况》（1952年8月28日），中国外交部档案馆，档案号：105-00095-01。

15. 《周恩来总理就朝鲜问题与印度驻华大使赖嘉文的谈话稿》（1952年10月8日），中国外交部档案馆，档案号：105-00027-06。

16. 《我驻印度使馆对印度、西藏贸易的几点意见》（1953年2月4日），中国外交部档案馆，档案号：105-00116-06。

17. 《美国军事势力渗入印度》（1953年2月20日），中国外交部档案馆，档案号：105-00247-02。

18. 《中共中央对印度实施对西藏禁运的对策》（1953年3月7日），中国外交部档案馆，档案号：105-00116-08。

19. 《1952年以来英国如何加强对印度的控制及英美矛盾（驻印使馆三月份月报第一号）》（1953年4月1日），中国外交部档案馆，档案号：105-00247-05。

20. 《驻印使馆：杜勒斯访问印度情况报告》（1953年5月），中国外交部档案馆，档案号：105-00247-04。

21. 《凌其翰、陆殿栋委员对于印度要求假道西藏以军火运往不丹问题的意见及对保护制度的说明》（1953年6月29日），中国外交部档案馆，档案号：118-00262-04。

22. 《西藏外事处对印兵猖狂活动的处理意见》（1953年8月14日），中国外交部档案馆，档案号：105-00114-16。

23. 《西藏外事处与印度驻拉萨总领事雁谒森就外交事宜的谈话纪要》（1953年8月29日），中国外交部档案馆，档案号：105-00114-28。

24. 《印度外交部就解决印度、中国西藏悬案事与我驻印度大使袁仲贤谈话记录》（1953年9月6日），中国外交部档案馆，档案号：105-00032-03。

25. 《章汉夫副外长就中印关系接见印度大使赖嘉文谈话记录（附说帖）》（1953年10月3日），中国外交部档案馆，档案号：105-00032-05。

26. 《外交部致张经武：印度政府照会我国要求解决西藏悬案》（1953年10月7日），中国外交部档案馆，档案号：105-00032-22。
27. 《关于中国、印度在西藏关系之诸问题（附处理意见表）》（1953年10月21日），中国外交部档案馆，档案号：105-00032-23。
28. 《印度外交部联合秘书高尔谈中印关于西藏谈判问题》（1953年11月13日），中国外交部档案馆，档案号：105-00032-12。
29. 《印度外交部联合秘书高尔谈中印谈判问题》（1953年12月7日），中国外交部档案馆，档案号：105-00032-16。
30. 《关于印度在西藏特权问题简述（概论）》（1953年12月19日），中国外交部档案馆，档案号：105-00153-02。
31. 《关于中印在中国西藏地方的关系问题的第二次会谈记录》（1954年1月4日），中国外交部档案馆，档案号：105-00136-02。
32. 《原国民党驻西藏办事处处长陈锡璋提供的有关西藏对外关系的材料（英国、印度对西藏的侵略和攫取特权）》（1954年1月6日），中国外交部档案馆，档案号：105-00118-02。
33. 《关于中印在中国西藏地方的关系问题的第四次会谈记录》（1954年1月8日），中国外交部档案馆，档案号：105-00136-04。
34. 《关于中印在中国西藏地方的关系问题的第五次会谈记录》（1954年1月9日），中国外交部档案馆，档案号：105-00136-05。
35. 《关于中印在中国西藏地方的关系问题的第六次会谈记录》（1954年1月11日），中国外交部档案馆，档案号：105-00136-06。
36. 《关于中印在中国西藏地方的关系问题的第九次会谈记录》（1954年1月21日），中国外交部档案馆，档案号：105-00137-02。
37. 《西藏外事处关于如何答复帕里头人不解放不丹事致外交部的请示电及外交部的复电》（1954年2月1日），中国外交部档案馆，档案号：118-00262-07。
38. 《关于中印在中国西藏地方的关系问题的第十次会谈记录》（1954年2月2日），中国外交部档案馆，档案号：105-00137-03。
39. 《印度对美国、巴基斯坦军事条约之反应（驻印使馆报）》（1954年4月17日），中国外交部档案馆，档案号：105-00247-06。
40. 《周恩来总理访问印度目的和计划》（1954年6月22日），中国外交部档案馆，档案号：203-00005-01。
41. 《印度报刊背景》（1954年9月），中国外交部档案馆，档案号：204-

00496-07。

42. 《一周电报汇编第93期（近来印度、尼泊尔、锡兰反美情绪及对我友好态度的发展）》（1954年9月21日），中国外交部档案馆，档案号：102-00159-16。
43. 《一周电报汇编第94期（印度、印尼、缅甸、巴基斯坦、尼泊尔报界对尼赫鲁访华的反应）》（1954年11月3日），中国外交部档案馆，档案号：102-00159-17。
44. 《一周电报汇编第95期（印度、缅甸报界评论尼赫鲁访华结果）》（1954年11月19日），中国外交部档案馆，档案号：102-00159-18。
45. 《我驻印度大使袁仲贤与尼赫鲁总理谈话纪要》（1955年1月27日），中国外交部档案馆，档案号：105-00058-03。
46. 《周恩来总理接见印度驻华大使赖嘉文谈话记录》（1955年2月6日），中国外交部档案馆，档案号：105-00057-01。
47. 《驻印度使馆关于尼赫鲁"社会主义类型社会的理论与实践"的报告》（1955年7月11日），中国外交部档案馆，档案号：105-00291-02。
48. 《周总理接见尼赫鲁大使时谈话的纪要（1955年12月21日）》（中国外交部档案馆，档案号：105-00062-08。
49. 《达赖、班禅访问印度安排与印度商谈》（1956年4月11日），中国外交部档案馆，档案号：105-00328-02。
50. 《周恩来总理接见印度驻华大使尼赫鲁谈老挝问题、中英关系、印巴关系、中尼关系纪要》（1956年4月29日），中国外交部档案馆，档案号：105-00327-03。
51. 《周恩来总理接见印度驻华大使尼赫鲁谈邀请毛泽东主席访印、国际形势及我政策纪要》（1956年6月18日），中国外交部档案馆，档案号：105-00327-06。
52. 《周恩来总理接见印度驻华大使尼赫鲁时谈话纪要，谈朝鲜、越南问题，中美关系问题》（1956年6月23日），中国外交部档案馆，档案号：105-00327-07。
53. 《尤金面交周恩来11月1日布尔加宁致尼赫鲁的信》（1956年11月2日），中国外交部档案馆，档案号：109-00989-09。
54. 《外交部致西藏工委：杨公素去印迎接达赖事》（1957年1月22日），中国外交部档案馆，档案号：105-00480-03。
55. 《印度总理尼赫鲁致函达赖（英文）》（1957年5月8日），中国外交部档案馆，档案号：105-00373-01。

56. 《尼赫鲁访瑞典情况报告：称西藏为国家》（1957年6月29日），中国外交部档案馆，档案号：105-00590-02。

57. 《中调部“调查资料”：从尼赫鲁目前的苦闷看印度政局》（1958年12月9日），中国外交部档案馆，档案号：105-00891-09。

58. 《西藏叛乱事件发生以来涉及同印度等国关系大事记》（1959年4月23日），中国外交部档案馆，档案号：105-00650-01。

59. 《印度驻拉萨总领馆与美国进行电讯联络问题》（1959年4月25日—5月5日），中国外交部档案馆，档案号：105-00662-06。

60. 《人民日报》国际资料组编《关于西藏叛乱事件印度动态大事记》（1959年4月30日），中国外交部档案馆，档案号：105-00650-02。

61. 《尤金大使给周总理的信，关于〈人民日报〉谈尼赫鲁的文章》（1959年5月7日）。中国外交部档案馆，档案号：109-00873-01。

62. 《陈毅接见尤金谈话记录（附印度副总统与苏大使谈话、高士给苏共中央的信）》（1959年5月8日），中国外交部档案馆，档案号：105-00657-03。

63. 《收音快报：尼赫鲁关于西藏问题的历次讲话》（1959年5月9日），中国外交部档案馆，档案号：105-00654-01。

64. 《印度驻苏代办谈中印关系问题》（1959年5月9日），中国外交部档案馆，档案号：105-00659-01。

65. 《我方反击印度干涉大事记》（1959年5月16日），中国外交部档案馆，档案号：105-00650-01。

66. 《西藏叛乱后叛乱分子在印度活动情况》（1959年5月27日），中国外交部档案馆，档案号：105-00944-01。

67. 《驻印使馆报：有关西藏问题的情况和反应》（1959年6月13日），中国外交部档案馆，档案号：105-00657-02。

68. 《驻印使馆报：尼赫鲁访尼情况》（1959年6月16日），中国外交部档案馆，档案号：105-00947-03。

69. 《驻印使馆致外交部电：达赖记者招待会情况》（1959年6月21日），中国外交部档案馆，档案号：105-00406-01。

70. 《新华社德里分社致新华总社并外交部电：森恩拒绝对达赖声明发表意见》（1959年6月24日），中国外交部档案馆，档案号：105-00406-01。

71. 《驻印使馆致外交部电：达赖记者招待会后的情况》（1959年6月25日），中国外交部档案馆，档案号：105-00406-01。
72. 《印度对西藏问题的反应（1959年7月份）》（1959年7月3—25日），中国外交部档案馆，档案号：105-00659-03。
73. 《印度对西藏问题的反应（1959年8—12月）》（1959年8月10—12日），中国外交部档案馆，档案号：105-00659-04。
74. 《最近印度有关中印边界问题和锡金、不丹问题的一些提法》（1959年9月10日），中国外交部档案馆，档案号：105-00944-03。
75. 《曾涌泉会见安东诺夫谈苏联领导人赫鲁晓夫访华时间及中国与印度边界问题》（1959年9月10日），中国外交部档案馆，档案号：109-00873-12。
76. 《驻苏使馆致外交部电：苏报未刊登总理8日致尼赫鲁的信》（1959年9月11日），中国外交部档案馆，档案号：109-01354-03。
77. 《驻苏使馆致外交部电：苏各报摘要发表周总理致尼赫鲁信》（1959年9月12日），中国外交部档案馆，档案号：109-01354-03。
78. 《中国驻苏使馆关于今日下午赫鲁晓夫接见印度驻苏大使梅农致外交部电》（1959年9月12日），中国外交部档案馆，档案号：109-01354-04。
79. 《驻苏使馆致外交部电：〈真理报〉刊登我人大就中印边界通过的决议》（1959年9月14日），中国外交部档案馆，档案号：109-01354-03。
80. 《中国驻苏使馆关于贾丕才谈中印边界问题致外交部电》（1959年9月14日），中国外交部档案馆，档案号：109-01354-04。
81. 《军情通报：印度掀起第二次反华高潮的阴谋》（1959年9月29日），中国外交部档案馆，档案号：105-00944-07。
82. 《驻印使馆报：印报对中印边境事件的反映》（1959年10月27日），中国外交部档案馆，档案号：105-00408-01。
83. 《驻巴使馆报：巴报关于中印边境事件的反映》（1959年11月3日），中国外交部档案馆，档案号：105-00992-01。
84. 《中国驻印使馆关于印方对赫鲁晓夫有关中印边界问题讲话反应致外交部电》（1959年11月20日），中国外交部档案馆，档案号：105-00946-04。
85. 《驻苏使馆报：苏对中印边界问题的态度》（1959年11月28日），中国外交部档案馆，档案号：105-00946-04。
86. 《驻印使馆报：尼泊尔对尼赫鲁的讲话反应》（1959年11月30日），中国外交部档案馆，档案号：105-00947-03。
87. 《国际时事资料：艾森豪威尔访问印度》（1959年12月3日），中国外交部档案馆，档案号：105-00946-02。
88.《中国驻印度使馆关于苏联同志对中印边界问题的反应致外交部并中联部电》（1959年12月3日），中国外交部档案馆，档案号：105-00946-04。
89.《国际时事资料：关于美国、印度会谈的一些参考情况》（1959年12月5日），中国外交部档案馆，档案号：105-00939-02。
90.《国际时事资料：艾森豪威尔访问印度》（1959年12月31日），中国外交部档案馆，档案号：105-00946-02。
91.《德里分社关于尼、赫会谈中曾谈到中印边界问题致新华总社电》（1960年2月24日），中国外交部档案馆，档案号：109-02087-02。
92.《驻印使馆报：印报对中苏关系反应大大增加》（1960年8月29日），中国外交部档案馆，档案号：105-01001-07。
93.《印度就我与不丹、锡金的边界问题给我非正式照会及我复照》（1960年12月12日），中国外交部档案馆，档案号：105-00725-01。
94.《驻印使馆致外交部：1960年印度对外关系中的几个问题》（1961年1月30日），中国外交部档案馆，档案号：105-01001-09。
95.《驻印使馆致外交部电：关于我国与印度1954年签订交通协定即将满期（1961年1月30日）》（中国外交部档案馆），档案号：105-01123-02。
96.《印度目前的内外动向：对外政策显著右摆，消极面突出，积极面愈来愈少》（1961年4月27日），中国外交部档案馆，档案号：105-01455-02。
97.《章文晋与印度驻华大使帕蒂萨拉蒂谈话记录》（1961年7月17日），中国外交部档案馆，档案号：105-01056-03。
98.《潘自力大使与印中友好协会会长森德拉尔谈话记录》（1961年9月26日），中国外交部档案馆，档案号：105-01060-02。
99.《驻印度大使馆：印度政府迫害华侨的有关交涉材料》（1961年10月1日—11月28日），中国外交部档案馆，档案号：118-01787-02。
100.《调查资料：印度对外扩张的新趋势》（1961年11月24日），中国外交部档案馆，档案号：105-01456-02。
101.《中国致印度备忘录》（1961年12月2日），中国外交部档案馆，档案号：105-01061-01。
102.《中国致印度备忘录》（1961年12月4日），中国外交部档案馆，档案号：118-01787-02。
103.《驻印使馆致外交部：印度谈华侨情况》（1961年12月12日），中国外交部档案馆，档案号：118-00974-06。
104.《外交部致驻印度使馆：我支持印对果阿的行动，但不能同意印要我撤出哨所》（1961年12月19日），中国外交部档案馆，档案号：105-01057-02。
105.《印政府对于我支持印收复果阿表示“深切感谢”》（1961年12月23日），中国外交部档案馆，档案号：105-01775-01。
106.《耿飚接见印度临时代办班纳吉谈话记录》（1961年12月23日），中国外交部档案馆，档案号：105-01775-01。
107.《对勃列日涅夫访印及近期苏印关系的看法》（1961年12月30日），中国外交部档案馆，档案号：109-03026-03。
108.《驻印使馆：1961年印度对外关系概况》（1962年1月），中国外交部档案馆，档案号：105-01519-01。
109.《中印关于印度纵容达赖集团在印活动的交涉》（1962年1月27日），中国外交部档案馆，档案号：105-01128-01。
110.《驻印度大使馆关于最近苏联在印度活动情况的报告》（1962年2月），中国外交部档案馆，档案号：109-03216-03。
111.《1961年印度对外关系概况》（1962年2月3日），中国外交部档案馆，档案号：105-01519-01。
112.《驻印使馆致外交部电：关于最近苏联在印度活动情况的报告》（1962年2月20日），中国外交部档案馆，档案号：105-01519-03。
113.《驻罗使馆：印度大使姆·普·马图尔（M.P.MATHUR）到任拜会许大使》（1962年3月1日），中国外交部档案馆，档案号：109-02531-02。
114.《印度领事工作重要情况汇报》（1962年3月10日），中国外交部档案馆，档案号：118-01455-05。
115.《美新处报道在最近接见英国记者时尼赫鲁公然诬蔑我把西藏变成了“殖民地”》（1962年4月6日），中国外交部档案馆，档案号：105-01128-01。
116.《苏联对印度比莱钢铁厂的技术援助》（1962年4月16日），中国外交部档案馆，档案号：109-03216-03。
117.《美国援助印度情况》（1962年4月20日），中国外交部档案馆，档案号：105-01519-02。
118.《印度领事工作重要情况汇报：迫害华侨》（1962年4月26日），中国外交部档案馆，档案号：118-01455-05。
119.《苏联对印度的援助和贸易额猛增》（1962年5月3日），中国外交部档案馆，档案号：105-01519-03。
120.《驻印度大使馆致外交部电:〈新世纪〉载苏将对印提供援助》(1962年5月5日)，中国外交部档案馆，档案号：109-03216-03。
121.《印度无理迫害华侨的来往交涉》(1962年5月6日)，档案号：118-01787-02。
122.《夏尔玛谈中印关系问题》(1962年5月7日)，档案号：109-03216-03。
123.《关于中印互设电台问题的请示》(1962年5月14日)，中国外交部档案馆，档案号：105-01119-02。
124.《章文晋与印度代办班纳吉谈话记录》(1962年5月17日)，中国外交部档案馆，档案号：105-01128-02。
125.《驻印度大使馆：近年来印日关系的一些情况》(1962年5月18日)，中国外交部档案馆，档案号：105-01519-01。
126.《亚洲司：近几年苏联对印度的做法》(1962年6月)，中国外交部档案馆，档案号：105-01519-03。
127.《关于印度在亚东、拉萨所设非法电台处理意见的请示报告》(1962年6月8日)，中国外交部档案馆，档案号：105-01119-02。
128.《西藏外事处：封闭印总领馆电台事》(1962年6月20日)，中国外交部档案馆，档案号：105-01119-02。
129.《停用印在拉萨电台事》(1962年6月23日)，中国外交部档案馆，档案号：105-01119-02。
130.《美、印矛盾和尼赫鲁的“牢骚”美国继续给予印度大量援助》(1962年7月19日)，中国外交部档案馆，档案号：105-01519-02。
131.《苏为印提供飞机事》(1962年7月26日)，中国外交部档案馆，档案号：109-03216-03。
132.《苏联对印度经济援助的一些数字》(1962年9月14日)，中国外交部档案馆，档案号：105-01519-03。
133.《驻巴使馆致外交部：丁大使与巴外事秘书谈中印边境冲突等问题(巴揭露印美早有秘密协定)》(1962年10月20日)，中国外交部档案馆，档案号：105-01111-01。
134.《章汉夫副部长接见苏联驻华大使契尔沃年科谈话记录——苏联答复周总理10月8日同苏联大使关于中印边界问题谈话的备忘录》(1962年10月22日)，中国外交部档案馆，档案号：109-03804-02。
135.《驻锡使馆致外交部：锡各党派对中印边界问题的反映》(1962年10月23

日），中国外交部档案馆，档案号：105-01144-04。
136.《驻锡使馆致外交部：建议我大使向锡总理说明中印边界情况和我立场》（1962年10月23日），中国外交部档案馆，档案号：105-01148-01。
137.《驻缅使馆致外交部并李大使：印使馆拟邀缅新闻界人士采访中印边界事》（1962年10月23日），中国外交部档案馆，档案号：105-01490-01。
138.《苏联和印度的经济关系》（1962年10月23日），中国外交部档案馆，档案号：109-03216-03。
139.《驻缅使馆致外交部：关于印侨民在我使馆周围示威事》（1962年10月24日），中国外交部档案馆，档案号：105-01068-02。
140.《外交部致驻锡使馆：我大使暂不向锡总理谈中印边界问题》（1962年10月24日），中国外交部档案馆，档案号：105-01148-01。
141.《章汉夫副部长同朝鲜驻华使馆临时代办郑凤珪参赞谈话记录：郑凤珪请求介绍中印边界局势和我对美国侵略古巴内陆的态度》（1962年10月24日），中国外交部档案馆，档案号：106-00642-02。
142.《苏欧司余湛副司长接见苏、捷、波、德、匈、罗、保、阿大使谈话记录——交我国政府关于中印边界问题的声明》（1962年10月24日），中国外交部档案馆，档案号：109-03798-03。
143.《驻印尼使馆致外交部：总理给苏加诺的信已交迪第》（1962年10月25日），中国外交部档案馆，档案号：105-01786-02。
144.《外交部致各驻外使馆、代办处：关于苏联就中印边界问题和苏联卖飞机给印度问题给我的备忘录》（1962年10月25日），中国外交部档案馆，档案号：109-03804-02。
145.《关于中印边界、美国封锁古巴问题》（1962年10月25日），中国外交部档案馆，档案号：111-00439-06。
146.《摘发"印度迫害华侨的情况和对策意见"》（1962年10月29日），中国外交部档案馆，档案号：118-01787-12。
147.《驻苏商务参赞处致李强电：苏卖给印度飞机情况》（1962年11月3日），中国外交部档案馆，档案号：109-03216-03。
148.《注意印方对我使领馆动态，加强应变准备》（1962年11月4日），中国外交部档案馆，档案号：105-01120-01。
149.《外交部致驻缅使馆：请使馆了解缅甸对中印边境冲突的态度》（1962年11月8日），中国外交部档案馆，档案号：105-01068-02。

150.《外交部致驻缅使馆：关于向外提供中印边界资料事》（1962年11月8日），中国外交部档案馆，档案号：105-01490-01。
151.《林兆南致外交部并陈大使：阿联国务秘书谈中印边界问题》（1962年11月8日），中国外交部档案馆，档案号：107-00488-05。
152.《关于印度可能宣布同我绝交和我对策》（1962年11月9日），中国外交部档案馆，档案号：105-01120-01。
153.《驻印度大使馆致外交部电：蒋帮开会支持印度事》（1962年11月9日），中国外交部档案馆，档案号：118-01788-04。
154.《外交部有关印度俘虏的几个问题的请示及周恩来的答复》（1962年11月11日），中国外交部档案馆，档案号：105-01819-01。
155.《驻锡使馆致外交部、调查部：班夫人对中印边界问题的立场》（1962年11月12日），中国外交部档案馆，档案号：105-01144-04。
156.《解放军总政治部关于处理印度俘虏问题给罗瑞卿的报告》（1962年11月12日），中国外交部档案馆，档案号：105-01819-01。
157.《外交部致黄代办：关于中印边界问题的指示》（1962年11月12日），中国外交部档案馆，档案号：111-00596-01。
158.《驻锡使馆致外交部：锡平等社会党对中印边界问题的态度》（1962年11月13日），中国外交部档案馆，档案号：105-01144-04。
159.《驻伊使馆致外交部、对外文委：一个月来中印边境冲突问题对外活动及宣传工作总结》（1962年11月13日），中国外交部档案馆，档案号：107-00509-01。
160.《关于印可能同我绝交问题》（1962年11月14日），中国外交部档案馆，档案号：105-01120-01。
161.《驻锡使馆致外交部：戴斯谈中印边界问题》（1962年11月14日），中国外交部档案馆，档案号：105-01148-01。
162.《外交部致李代办：约见苏班德里约谈中印边界问题》（1962年11月14日），中国外交部档案馆，档案号：105-01787-06。
163.《驻缅使馆致外交部：驻仰使节要求提供中印边界材料事》（1962年11月15日），中国外交部档案馆，档案号：105-01808-02。
164.《周恩来致巴基斯坦总统的信》（1962年11月15日），中国外交部档案馆，档案号：105-01183-01。
165.《周恩来致尼泊尔国王的信》（1962年11月15日），中国外交部档案馆，档案号：105-01808-02。
166.《苏报世和主席贝尔纳关于中印冲突的声明》（1962年11月15日），中国外交部档案馆，档案号：109-03216-03。
167.《驻苏使馆致外交部电：苏报贝尔纳关于中印冲突的声明》（1962年11月15日），中国外交部档案馆，档案号：109-03216-03。
168.《外交部致黄代办：关于中印边界问题的指示》（1962年11月15日），中国外交部档案馆，档案号：111-00596-01。
169.《关于同印度绝交或宣战的准备》（1962年11月16日），中国外交部档案馆，档案号：105-01120-01。
170.《外交部通知印度使馆关于印俘情况》（1962年11月16日），中国外交部档案馆，档案号：105-01194-01。
171.《第一亚洲司副司长张彤接见印度驻华大使馆一秘塔达尼谈话记录：通知关于印度俘虏的情况》（1962年11月16日），中国外交部档案馆，档案号：105-01194-01。
172.《驻印尼使馆致外交部：苏班德里约对中印边界问题提出两点建议》（1962年11月16日），中国外交部档案馆，档案号：105-01787-06。
173.《耿飚副部长同蒙古驻华大使策伯格米德谈话记录：面交周总理就中印边界问题给泽登巴尔的信》（1962年11月16日），中国外交部档案馆，档案号：106-01383-04。
174.《驻伊使馆致外交部：对中印问题的一些反映》（1962年11月16日），中国外交部档案馆，档案号：107-00509-03。
175.《黄镇副部长接见阿、捷、波、德、古、苏、匈、罗、保驻华大使及代办：交周总理11月15日就中印边界问题致亚洲各国首脑的信的副本》（1962年11月16日），中国外交部档案馆，档案号：109-03798-03。
176.《再撤我使领馆人员事》（1962年11月17日），中国外交部档案馆，档案号：105-01120-01。
177.《驻古使馆致外交部：关于中印边界问题对外宣传的作法》（1962年11月18日），中国外交部档案馆，档案号：111-00596-01。
178.《外交部办公厅致驻印尼使馆：11月15日周总理致亚非国家负责人的信》（1962年11月19日），中国外交部档案馆，档案号：105-01786-02。
179.《驻捷使馆致外交部电：朝驻捷使馆代办谈中印边界和古巴局势》（1962年11月19日），中国外交部档案馆，档案号：111-00439-04。

180.《驻伊使馆致外交部：卡塞姆谈中印边界问题》(1962年11月20日)，中国外交部档案馆，档案号：107-00509-03。
181.《关于委托印度协助在美的中国人归国的经过和在印一旦同我绝交时取消此项委托的意见》(1962年11月21日)，中国外交部档案馆，档案号：105-01120-01。
182.《对外贸易资料：苏联与印度的经济关系》(1962年11月22日)，中国外交部档案馆，档案号：109-03216-03。
183.《对外贸易部办公厅：对外贸易资料(增刊)：苏印经济关系；苏联对印度的经济技术援助；苏联与社会主义国家之间互相供给技术资料的情况》(1962年11月22日)，中国外交部档案馆，档案号：109-03216-03。
184.《驻印尼使馆致外交部：苏班德里约对中印边界问题提三点》(1962年11月23日)，中国外交部档案馆，档案号：105-01787-06。
185.《新情况：缅甸政府对中印边境冲突的态度》(1962年11月24日)，中国外交部档案馆，档案号：105-01068-02。
186.《第一亚洲司章文晋司长接见巴基斯坦驻华大使罗查谈话纪要：罗查说印美之间早在1951年即缔结了秘密协定》(1962年11月24日)，中国外交部档案馆，档案号：105-01111-01。
187.《驻缅大使致外交部：使馆公报宣传中印边界问题事》(1962年11月24日)，中国外交部档案馆，档案号：105-01490-01。
188.《外交部致驻西亚非洲各使馆：关于加强中印边界问题的对外宣传活动问题》(1962年11月24日)。中国外交部档案馆，档案号：107-00509-02。
189.《驻苏联大使馆致外交部：扎哈洛夫在讲国际形势时谈中印边界问题》(1962年11月24日)，中国外交部档案馆，档案号：109-02416-03。
190.《外交部致姚仲明大使：同意派董副部长赴印尼向苏加诺说明中印边界问题》(1962年11月25日)，中国外交部档案馆，档案号：105-01787-06。
191.《周恩来总理致锡兰总理西丽玛沃·班达拉奈克夫人：请班夫人推动印度同中国举行谈判》(1962年11月26日)，中国外交部档案馆，档案号：105-01786-04。
192.《驻锡使馆致外交部：锡兰和平理事会总书记撒拉南卡拉法师对中印边界争端的态度和立场》(1962年11月26日)，中国外交部档案馆，档案号：105-01861-01。
193.《驻缅使馆致外交部：关于印军进缅境要求予以照顾事》(1962年11月27

日），中国外交部档案馆，档案号：105-01068-02。
194.《外交部办公厅致外交部：中印边界问题》（1962年11月27日），中国外交部档案馆，档案号：105-01786-01。
195.《龚澎与巴基斯坦大使罗查谈话记录》（1962年11月28日），中国外交部档案馆，档案号：105-01111-01。
196.《外交部致驻古使馆：复中印边界问题对外宣传事》（1962年11月28日），中国外交部档案馆，档案号：111-00596-01。
197.《领事司冯贤弼专员约见印度驻华使馆秘卡·巴·劳谈话记录》（1962年11月29日），中国外交部档案馆，档案号：105-01120-01。
198.《所传美印“秘密军事防御条约”的有关情况》（1962年11月30日），中国外交部档案馆，档案号：105-01519-02。
199.《驻印尼使馆致外交部：黄镇副部长与西哈努克谈话记录》（1962年11月30日），中国外交部档案馆，档案号：106-01398-04。
200.《有关撤退人员问题》（1962年12月1日），中国外交部档案馆，档案号：105-01120-01。
201.《驻印尼使馆致外交部：印尼对六国会议和中印边界问题看法》（1962年12月1日），中国外交部档案馆，档案号：105-01787-06。
202.《驻苏使馆致外交部：莫斯科大学一俄文教员对中印边界问题发表的谬论》（1962年12月1日），中国外交部档案馆，档案号：109-02416-03。
203.《外交部第一亚洲司：中印关系大事记》（1962年12月），中国外交部档案馆，档案号：204-01253-02。
204.《驻锡使馆致外交部、中联部：大使等与锡共主席魏克码泌克谈中印边界问题》（1962年12月3日），中国外交部档案馆，档案号：105-01144-04。
205.《东德对印度的态度》（1962年12月6日），中国外交部档案馆，档案号：105-01519-03。
206.《驻印尼使馆致外交部：报上西哈努克致周恩来信事》（1962年12月7日），中国外交部档案馆，档案号：106-01398-05。
207.《驻也公使馆致外交部并陈大使：李代办会见隆拉尔谈中印边界争端、中国增加对也援助等问题的情况》（1962年12月7日），中国外交部档案馆，档案号：107-00987-01。
208.《驻苏使馆致外交部：苏联许多院校举行中印边界和古巴问题报告会》（1962年12月7日），中国外交部档案馆，档案号：109-02416-03。

209.《外交部致中国驻朝鲜大使郝德青：请转交朝方周总理就中印边界问题的复信》(1962年12月9日)，中国外交部档案馆，档案号：106-00642-05。
210.《苏欧司余湛副司长同苏联代办梅晓滋夫关于中印边界问题谈话纪要》(1962年12月12日)，中国外交部档案馆，档案号：109-03804-04。
211.《驻锡使馆致外交部、中联部：锡共前进报歪曲我在中印边界问题上的立场》(1962年12月21日)，中国外交部档案馆，档案号：105-01148-03。
212.《外交部第一亚洲司编：11月21日以来中印双方各种做法的对比》(1962年12月27日)，中国外交部档案馆，档案号：204-01253-02。
213.《最近美、印在美援和解决克什米问题上的矛盾》(1962年12月30日)，中国外交部档案馆，档案号：105-01519-02。
214.《驻伊拉克使馆致外交部：现卡塞姆等对中印边界问题的看法》(1962年12月31日)，中国外交部档案馆，档案号：107-00509-03。
215.《苏联对中印边界问题的态度和苏印关系》(1963年1月1日)，中国外交部档案馆，档案号：105-01272-01。
216.《接待印度尼西亚苏班德里约就中印边界问题和亚非六国会议简报》(1963年1月2日)，中国外交部档案馆，档案号：105-01792-09。
217.《驻印度使馆致外交部、总参二部：缅武官对班夫人来印时尼赫鲁做法的估计》(1963年1月5日)，中国外交部档案馆，档案号：105-01545-02。
218.《驻印度使馆致外交部：锡代办探询我对印将中印边界问题提交国际法庭的反映》(1963年1月10日)，中国外交部档案馆，档案号：105-01586-02。
219.《外交部致陈叔亮大使：请将有关中印边界问题的四个文件交柬方》(1963年1月11日)，中国外交部档案馆，档案号：106-00754-02。
220.《驻印度使馆致外交部、总参二部：班夫人与尼赫鲁就中印边界问题会谈等情况》(1963年1月12日)，中国外交部档案馆，档案号：105-01586-02。
221.《苏联对印度的援助》(1963年1月20日)，中国外交部档案馆，档案号：105-01575-06。
222.《驻印使馆武官处：关于苏联对印度的援助附印度与东欧关系》(1963年1月20日)，中国外交部档案馆，档案号：105-01575-06。
223.《驻缅使馆致外交部：关于与印度使馆的关系问题》(1963年1月22日)，中国外交部档案馆，档案号：105-01545-02。
224.《西方国家对印度的援助》(1963年1月24日)，中国外交部档案馆，档案号：105-01575-05。

225.《苏联对中印边界问题的反映及苏印关系》(1963年1月26日)，中国外交部档案馆，档案号：105-01575-06。
226.《驻苏使馆致外交部电：苏联对中印边界问题的反映及苏印关系》(1963年1月26日)，中国外交部档案馆，档案号：105-01575-06。
227.《当前对印斗争几个问题的请示》(1963年2月3日)，中国外交部档案馆，档案号：105-01569-02。
228.《驻印度使馆致外交部：柬大使询问苏班德里约要求澄清事》(1963年2月5日)，中国外交部档案馆，档案号：106-00754-02。
229.《马隆德副科长接见柬埔寨驻华大使馆三秘林山谈话记录：柬方正式否认印度报纸报导西哈努克曾赞成把中印边界争端提交国际法院的消息》(1963年2月7日)，中国外交部档案馆，档案号：106-00754-02。
230.《驻锡使馆致外交部：班夫人访中印回国后的反映》(1963年2月10日)，中国外交部档案馆，档案号：105-01586-02。
231.《驻缅使馆致外交部：综合缅报对中印边界问题和六国建议反应》(1963年2月11日)，中国外交部档案馆，档案号：105-01545-02。
232.《驻罗使馆：最近罗对中印问题的一些反应》(1963年2月12日)，中国外交部档案馆，档案号：109-02664-02。
233.《苏欧司余湛、徐明副司长同波兰驻华大使克诺泰、参赞傅拉托谈话记录——关于共运停止公开争论、苏共是否支持民族解放运动、中波贸易、中印关系等问题》(1963年2月15日)，中国外交部档案馆，档案号：109-02596-02。
234.《陈家康致外交部：最近阿联对中印问题的态度》(1963年2月16日)，中国外交部档案馆，档案号：107-00528-01。
235.《驻苏使馆致外交部电：最近苏联更暴露对尼赫鲁的支持》(1963年2月17日)，中国外交部档案馆，档案号：105-01575-06。
236.《印度同美国等西方国家的关系》(1963年3月2日—12月24日)，中国外交部档案馆，档案号：105-01575-05。
237.《美、英、加、澳空军代表团访印的一些情况》(1963年3月6日)，中国外交部档案馆，档案号：105-01575-05。
238.《关于达赖声明和“西藏宪法”事》(1963年3月13日)，中国外交部档案馆，档案号：105-01853-02。
239.《关于对西藏叛匪采取联合行动问题》(1963年3月18日)，中国外交部档案馆，档案号：105-01857-01。

240.《苏联对中印边界问题的态度和苏印关系问题提要》(1963年4月1日)，中国外交部档案馆，档案号：105-01272-01。

241.《驻印使馆致外交部电：今年来苏印关系的一些情况》(1963年4月1日)，中国外交部档案馆，档案号：105-01575-06。

242.《驻缅使馆致外交部：向缅转达我遣返印俘事》(1963年4月2日)，中国外交部档案馆，档案号：105-01545-02。

243.《印度外交部给我驻印度大使馆的照会（译文）》(1963年4月15日)，中国外交部档案馆，档案号：105-01853-02。

244.《外交部致驻柬使馆：印度起草的所谓澄清与班夫人交给中印双方的"六国建议所根据的原则"有实质上的差别》(1963年4月27日)，中国外交部档案馆，档案号：106-00754-02。

245.《从蒙巴顿、桑迪斯、腊斯克的印度之行看印美英在长期军援问题上的矛盾》(1963年5月11日)，中国外交部档案馆，档案号：105-01575-05。

246.《驻印度大使馆：苏联为配合印度反华在文化方面的活动情况》(1963年5月15日)，中国外交部档案馆，档案号：105-01575-07。

247.《印度经济和国防统筹部长赴美英加乞求军援的情况》(1963年6月5日)，中国外交部档案馆，档案号：105-01575-05。

248.《驻印使馆致外交部电：关于印修加紧勾结事》(1963年6月27日)，中国外交部档案馆，档案号：105-01575-06。

249.《周秋野接见柬埔寨驻华大使西索瓦特·西里克·马塔克：面交给科伦坡会议六国的关于中印边界问题的备忘录、谈关于改换中援项目问题》(1963年7月17日)，中国外交部档案馆，档案号：106-00754-02。

250.《关于就在尼泊尔的留下叛匪最近活动向尼方表态的请示》(1963年7月30日)。中国外交部档案馆，档案号：105-01857-01。

251.《中国外交部致印度驻华大使馆：中国外交部就中国红十字会派人赴中印边界西段中国边防部队撤出的1959年实际控制线中国一侧20公里宽地带内的某些地方清理和焚化印军死亡人员尸体事项与印度的备忘录》(1963年8月13日)，中国外交部档案馆，档案号：105-01850-01。

252.《中国外交部致柬埔寨驻华大使馆：中国外交部就清理和焚化印军死亡人员尸体事项向科伦坡会议参加国发出的照会》(1963年8月13日)，中国外交部档案馆，档案号：106-00754-02。

253.《关于西藏叛匪在科达里活动事》(1963年8月14日)，中国外交部档案馆，档案号：105-01857-01。
254.《关于1962年前印度接受美国军援的若干情况》(1963年8月15日)，中国外交部档案馆，档案号：105-01575-05。
255.《驻苏使馆致外交部电：苏报公开站在印度一边对我污蔑》(1963年8月15日)，中国外交部档案馆，档案号：105-01575-06。
256.《中华人民共和国外交部：关于处理中印边界西段印军人员尸体问题的补充报告》(1963年8月18日)，中国外交部档案馆，档案号：105-01850-07。
257.《驻印度大使馆：印苏勾结情况》(1963年10月，中国外交部档案馆，档案号：105-01575-08。
258.《外交部致捷、波、苏使馆：关于我驻苏联东欧使馆不就中印边界问题单独约见班夫人事》(1963年10月17日)，105-01860-02。
259.《外交部致陈家康大使：请约见隆布里谈中印边界问题》(1963年10月17日)，中国外交部档案馆，档案号：107-00523-04。
260.《逃尼康藏叛匪资料(一)》(1963年10月20日)，中国外交部档案馆，档案号：105-01202-02。
261.《外交部致驻锡兰、缅甸、印尼、柬埔寨、尼泊尔、阿联、加纳、坦噶尼喀、几内亚、摩洛哥使馆：请报驻在国官方和舆论对中印边界问题的态度和反映》(1963年12月9日)，中国外交部档案馆，档案号：107-00528-01。
262.《驻印使馆致外交部：关于苏联在印度宣传工作新动向的报告》(1963年12月15日)，中国外交部档案馆，档案号：105-01575-06。
263.《关于尼赫鲁曾表示印军不越麦线问题的请示》(1964年2月3日)，中国外交部档案馆，档案号：105-01262-03。
264.《驻印度大使馆致外交部电：对夏斯特里发表对华讲话的分析》(1964年2月21日)，中国外交部档案馆，档案号：105-01639-01。
265.《外交部对达赖声明并拟往东南亚活动的对策》(1964年3月13日)，中国外交部档案馆，档案号：105-01885-02。
266.《驻印度大使馆致外交部电：尼赫鲁6日在议会的反华叫嚷》(1964年4月7日)，中国外交部档案馆，档案号：105-01639-01。
267.《外交部关于达赖在纽约设立办事处的处理意见》(1964年4月7日)，中国外交部档案馆，档案号：105-01885-01。
268.《驻锡兰使馆致外交部：关于锡观察家报载中印边界信件事》(1964年4月11

日），中国外交部档案馆，档案号：105-01894-01。
269.《印度外交部给我驻印度大使馆的照会（译文）》（1964年4月25日），中国外交部档案馆，档案号：105-01885-02。
270.《周总理致印度总统的唁电》（1964年5月27日），中国外交部档案馆，档案号：105-01263-01。
271.《外交部致驻印尼、柬埔寨、缅甸、阿联、加纳并印度、巴基斯坦、尼泊尔、几内亚、坦桑尼亚使馆：关于锡兰最近对中印边界问题公开表态和我对策》（1964年8月31日），中国外交部档案馆，档案号：105-01894-02。
272.《周总理与谢克西大使谈话：有关中印边界问题、印度洋无核区问题和苏联占据东欧国家领土问题》（1964年9月18日），中国外交部档案馆，档案号：105-01269-01。
273.《驻印度使馆致外交部：关于印准备提出的十点宣言情况》（1964年9月26日），中国外交部档案馆，档案号：105-01269-02。
274.《谢克西致外交部：约见班夫人情况等》（1964年9月26日），中国外交部档案馆，档案号：105-01895-01。
275.《驻印度使馆致外交部：印各界对夏访阿联和对“核爆炸”的反应》（1964年10月9日），中国外交部档案馆，档案号：107-00575-06。
276.《印度研究所：从夏斯特里访苏看当前印苏勾结》（1965年6月11日），中国外交部档案馆，档案号：109-03642-01。
277.《苏将助印建造地对空导弹工厂》（1965年8月30日），中国外交部档案馆，档案号：109-03642-01。
278.《巴基斯坦可能妥协情况简报四期》（1965年9月20日），中国外交部档案馆，档案号：204-01596-04。
279.《外交部关于就联合国讨论西藏问题向印度提出抗议照会的请示》（1965年12月30日），中国外交部档案馆，档案号：105-01939-03。
280.《中国政府就联合国讨论西藏问题对印度的抗议》（1965年12月30日—1966年1月2日），中国外交部档案馆，档案号：105-01939-03。
281.《驻印度使馆致外交部：加纳参赞告唐参赞事两件》（1965年12月30日），中国外交部档案馆，档案号：108-01186-02。

重要文献

1. 《关于西藏问题》（1959年3月—5月的文件、资料），人民出版社，1959。
2. 《毛泽东外交文选》，中央文献出版社、世界知识出版社，1994。

3.《中华人民共和国对外关系文件集1956—1957》，世界知识出版社，1958。
4.《中华人民共和国对外关系文件集》(第一集)，世界知识出版社，1959。
5.《中华人民共和国对外关系文件集》(第三集)，世界知识出版社，1959。
6.《中华人民共和国对外关系文件集》(第四集)，世界知识出版社，1959。
7.《中华人民共和国对外关系文件集》(第六集)，世界知识出版社，1961。
8.《中华人民共和国对外关系文件集》(第七集)，世界知识出版社，1962。
9.《中华人民共和国对外关系文件集》(第九集)，世界知识出版社，1964。
10.《中华人民共和国政府官员和印度政府官员关于边界问题的报告》，中华人民共和国外交部，1961年3月。
11.《中印边界问题》，世界知识出版社，1959。
12.《中印边界问题(二)》，世界知识出版社，1960。
13.《中印边界问题(三)》，世界知识出版社，1962。
14.《中印边界问题的真相》，世界知识出版社，1959。
15.《中印来往文件汇编(二)》(1960年4月—1962年3月)，中华人民共和国外交部编印。
16.《中印来往文件汇编(三)》,(1962年4月—1962年9月)，中华人民共和国外交部编印。
17.《中印来往文件汇编(四)》,(1962年10月—1963年3月)，中华人民共和国外交部编印。
18.《中印来往文件汇编(五)》,(1963年3月—1964年2月)，中华人民共和国外交部编印。
19.《周恩来与外国首脑及政要会谈录》，台海出版社，2012。
20. 北京大学历史系等编《西藏地方历史资料选辑》，生活·读书·新知三联书店，1963。
21. 编写组:《周恩来军事活动纪事(1918—1975)·下卷》，中央文献出版社，2000。
22. 国务院办公厅大事记编写组《中华人民共和国中央人民政府大事记》(送审稿)。
23. 黎家松主编《中华人民共和国外交大事记》，世界知识出版社，2001。
24. 刘树发主编《陈毅年谱》(下卷)，人民出版社，1995。
25. 人民出版社编《中印边界问题》，人民出版社，1962。
26. 外交部条约法律司编《中华人民共和国边界事务条约集》(中印、中不卷)，世界知识出版社，2004。
27. 王铁崖编《中外旧约章汇编》(第二册)，生活·读书·新知三联书店，1959。
28. 中共中央文献研究室、中共重庆市委员会:《邓小平西南工作文集》，中央文献出版社、重庆出版社，2006。
29. 中共中央文献研究室编《周恩来年谱1949—1976》，中央文献出版社，2007。
30. 中国藏学研究中心等编《元以来西藏地方与中央政府关系档案史料汇编(第6册)》，中国藏学出版社，1994。
31. 中华民国史事纪要编辑委员会、中华民国史料研究中心编《中华民国史事纪要(初稿)中华民国二年一九一三年七月至十二月》，正中书局，1981。
32. 中华人民共和国外交部编《中国和印度关于两国在中国西藏地方的关系问题，中印边界问题和其他问题往来文件汇编》(1950年8月—1960年4月)，中华人民共和国外交部编印，1960。

(二)英国(依部门和档案号排序)

英国国家档案馆(The National Archives, London.)档案

CAB(Cabinet Office, 内阁办公室)

1. “Tibet, the Simla Conference,” 1913, CAB: 37/116/68, The National Archives, London.
2. “India (Frontier Troubles),” 1908, CAB: 41/31/55, The National Archives, London.
3. “Supplies to China: Sino-Anglo-American Board in India,” 1943–1947, CAB: 122/774, The National Archives, London.
4. “The Sino-Indian Conflict,” 1962, top secret, CAB: 130/189, The National Archives, London.
5. “Chinese Policy towards Southern Asia up to 1970 with Particular Reference to India and Pakistan, Memorandum by the Foreign Office,” 1964, CAB: 148/4, The National Archives, London.
6. “Meeting of Commonwealth Prim Ministers,” 1965, Sino-Indian and Sino-Pakistan Relations, CAB: 148/43/18, The National Archives, London.

CO(Colonial Office, [旧]殖民部)

1. “Sino-Indian Border Areas,” 1962, CO: 1054/64, The National Archives, London.

DEFE（Defence Office, 国防部）

2. "Minutes of Meeting Number 68 of 1962 (3), Sino-Indian Hostilities," 1962, DEFE: 4/148/68, The National Archives, London.
3. "Minutes of Meeting Number 69 of 1962 (3), Sino-Indian Hostilities," 1962, DEFE: 4/149/69, The National Archives, London.
4. "Minutes of Meeting Number 70 of 1962 (1), Sino-Indian Hostilities," 1962, DEFE: 4/149/70, The National Archives, London.
5. "Minutes of Meeting Number 72 of 1962 (3), Sino-Indian Hostilities," 1962, DEFE: 4/149/72, The National Archives, London.
6. "Minutes of Meeting Number 73 of 1962 (1), Sino-Indian Hostilities," 1962, DEFE: 4/149/73, The National Archives, London.
7. "Minutes of Meeting Number 74 of 1962 (1), Chinese Intentions against India, 2) Sino-Indian Hostilities," 1962, DEFE: 4/149/74, The National Archives, London.
8. "Minutes of Meeting Number 75 of 1962 (5)Sino-Indian Hostilities," 1962, DEFE: 4/149/75, The National Archives, London.
9. "Minutes of Meeting Number 76 of 1962 (4)Briefs for the 29th Meeting of the Military," 1962, DEFE: 4/150/76, The National Archives, London.
10. "Scope and Content Records Mainly Relating to the Military Activities of the United Kingdom after the Second World War," 1963, DEFE: 4/155; DEFE: 4/156, The National Archives, London.
11. "India-Discussion with UK High Commissioner on Tibet," 1949, DEFE: 5/18, The National Archives, London.
12. "Memorandum Number 51 of 1965, US/UK Study on India," 1965, DEFE: 5/157/51, The National Archives, London.

DO（Dominions Office,［旧］自治领事务部）

1. "Attitude of USA towards Aid to South and South East Asia Development Plan," 1951, DO: 35/2712, The National Archives, London.
2. "Relations between China and Tibet and India, Tibet and Burma," 1949–1951, secret, DO: 35/2931, The National Archives, London.
3. "Appointment of Dr F. D. Graham, USA, United Nations Representative for India and Pakistan, on the Future of Kashmir," 1951, DO: 35/3028, The National Archives, London.

4. "Visit of Mr. McGhee of the US State Department for Talks between UK-US Officials on South Asia Problem," 1951, top secret, DO: 35/3055, The National Archives, London.
5. "Tibet: Effect of Communist Seizure of Power in China (1949–1950)," 1950, DO: 35/3094, The National Archives, London.
6. "Supply of Arms and Equipment to India (1954–1959)," 1959, top secret, DO: 35/5351, The National Archives, London.
7. "Supply of Arms and Equipment to India (1954–1959)," 1959, top secret, DO:35/5465, The National Archives, London.
8. "Genenral Policy on Arms Supplies and Other Military Assistance to India and Pakistan," 1958, secret, DO: 35/5470, The National Archives, London.
9. "India: Economic and Technical Aid from USA," 1954, confidential, DO: 35/5563, The National Archives, London.
10. "Trade Relations between India and Russia, China and the Satellite Countries," 1952, secret, DO: 35/5661, The National Archives, London.
11. "UK Consultation with India," 1959, secret, DO: 35/5976, The National Archives, London.
12. "The Plight of Anglo-Indians in East Pakistan and Elsewhere," 1954, confidential, DO: 35/6163, The National Archives, London.
13. "Visit to India by Harold Macmillan: Program of Visit," 1958, DO: 35/6523, The National Archives, London.
14. "Visit to India by Harold Macmillan: Records of Meetings in India," 1958, DO: 35/6524, The National Archives, London.
15. "Chinese Military Strength in Tibet (1952–1956)," 1956, confidential, DO: 35/6657, The National Archives, London.
16. "India's Relations with Tibet (1952–1954)," 1954, confidential, DO: 35/6709, The National Archives, London.
17. "India's Relations with Tibet (1954–1957)," 1957, top secret, DO: 35/6710, The National Archives, London.
18. "Supply of Sidewinder and 'Firestreak' to India and Pakistan," 1959, top secret, DO: 35/8262, The National Archives, London.
19. "Supply of Aircrafts to India," 1960, secret, DO: 35/8273, The National Archives,

London.

20. “Supply of Hilicopters to India,” 1959, secret, DO: 35/8277, The National Archives, London.
21. “Possible Manufacture of a Nuclear Weapon by India,” 1959, top secret, DO: 35/8289, The National Archives, London.
22. “Application of ‘Safequards’ to Export of Nuclear Power Reactor and Uranium to India,” 1959–1960, top secret, DO: 35/8302, The National Archives, London.
23. “Atomic Energy: India (1955–1959),” 1959, secret, DO: 35/8321; DO: 35/8322, The National Archives, London.
24. “Terms and Conditions for UK £19 Million Credit to India after March (1959–1960),” 1960, confidential, DO: 35/8546, The National Archives, London.
25. “Senator Kennedy’s Proposals for Long Term Aid to India,” 1959, confidential, DO: 35/8547, The National Archives, London.
26. “Form of UK Aid to India,” 1959–1960, secret, DO: 35/8548, The National Archives, London.
27. “Consortium Meeting for Further Aid for India,” 1960, secret, DO: 35/8553, The National Archives, London.
28. “Atomic Power Station in India Under Third Five-Year Plan,” 1960, secret, DO: 35/8555, The National Archives, London.
29. “Study of Future Policy in India,” 1960–1970, top secret, DO: 35/8600, The National Archives, London.
30. “Russian £45 Million Loan to India,” 1956–1959, confidential, DO: 35/8642, The National Archives, London.
31. “Russian Credit for India,” 1957–1960, confidential, DO: 35/8643, The National Archives, London.
32. “Soviet Economic Offensive: Reports from India,” 1956–1958, top secret, DO: 35/8644, The National Archives, London.
33. “Soviet Economic Offensive: Reports from India,” 1958–1960, secret, DO: 35/8645, The National Archives, London.
34. “India and China: A Comparison of Economic Progress,” 1958–1960, secret, DO: 35/8649, The National Archives, London.
35. “Russian 1,500 Million Roubll (£135m) Loan to India for Their Five-Year Plan,”

1960, secret, DO: 35/8650, The National Archives, London.

36. "Sino-Indian Relations," 1952–1959, top secret, DO: 35/8817, The National Archives, London.
37. "Mr. Nehru's Proposed Visit to Tibet," 1958, secret, DO: 35/8818, The National Archives, London.
38. "Sino-Indian Relations," 1959, top secret, DO: 35/8819, The National Archives, London.
39. "Sino-Indian Relations," 1959, top secret, DO: 35/8820, The National Archives, London.
40. "Sino-Indian Relations," 1959–1960, top secret, DO: 35/8821, The National Archives, London.
41. "Sino-Indian Relations," 1960, top secret, DO: 35/8822, The National Archives, London.
42. "Sino-Pakistan Relations," 1956–1960, secret, DO: 35/8823, The National Archives, London.
43. "Sino-Ceylon Relations," 1957, DO: 35/8824, The National Archives, London.
44. "Visit of Mr. Krushchev to India," 1960, secret, DO: 35/8846, The National Archives, London.
45. "India's Himalayan Frontier," 1959–1960, secret, DO: 35/8918, The National Archives, London.
46. "Relations between Nepal, Bhutan, Sikkim and India, in Event of Chinese Aggression," 1959–1960, confidential, DO: 35/8977, The National Archives, London.
47. "Chinese Political and Economic Consolidation of Tibet," 1952–1959, secret, DO: 35/8980, The National Archives, London.
48. "Chinese Political and Economic Consolidation of Tibet," 1959, secret, DO: 35/8981, The National Archives, London.
49. "Chinese Political and Economic Consolidation of Tibet," 1959, secret, DO: 35/8982, The National Archives, London.
50. "Chinese Political and Economic Consolidation of Tibet," 1959, secret, DO: 35/8983, The National Archives, London.
51. "Chinese Political and Economic Consolidation of Tibet," 1959–1960, secret, DO: 35/8984, The National Archives, London.

52. "Boundary Disputes between India and Pakistan," 1957–1960, secret, DO: 35/9002, The National Archives, London.
53. "Seventieth Birthday of Mr Jawaharal Nehru, Prime Minister of India," 1959, confidential, DO: 35/9660, The National Archives, London.
54. "US-UK Information in India," 1959, secret, DO: 35/9664, The National Archives, London.
55. "India-UK Exchange of Letters Constituting an Agreement for the Supply of Arms and Military "Equipment for Defence against Chinese Aggression,"New Delhi, 27, 11, 1962, DO: 118/246, The National Archives, London.
56. "Relations between India, The USA and the Commonwealth," 1961, confidential, DO: 133/145, The National Archives, London.
57. "Relations between India and China (Border Dispute between India and China) 1959–1960," 1960, top secret, DO: 133/148, The National Archives, London.
58. "Death of Prime Minister Nehru: Political Implications," 1962, DO: 133/151, The National Archives, London.
59. "India/China Conflict: Supply of Russian Military Equipment to India," 1963–1964, secret, DO: 133/159, The National Archives, London.
60. "Treaty of Friendship, Commerce and Navigation between India and US," 1948–1950, DO: 142/11, The National Archives, London.
61. "US Economic Aid to India," 1949–1950, DO: 142/166, The National Archives, London.
62. "India/Tibet Frontier," 1948, DO: 142/468, The National Archives, London.
63. "Visit to UK of Presidents of India and Pakistan," 1960–1963, secret, DO: 161/113, The National Archives, London.
64. "Messages of Sympathy on Death of Pandit Nehru," 1964, DO: 161/490, The National Archives, London.
65. "UK-US Talks on Aid to India," 1963, secret, DO: 164/3, The National Archives, London.
66. "Joint UK/US Air Defence Mission to India," 1962–1963, secret, DO: 164/35, The National Archives, London.
67. "Second UK-US Talks on Aid to India," 1963, secret, DO: 164/4, The National Archives, London.

68. "Military Aid to India," 1962–1963, top secret, DO: 164/68, The National Archives, London.
69. "Military Aid to India," 1963, secret, DO: 164/69, The National Archives, London.
70. "UK and US Aid to India," 1962–1963, top secret, DO: 164/71, The National Archives, London.
71. "Meetings of Co-ordinating Group for Aid to India," 1962–1963, secret, DO: 164/72, The National Archives, London.
72. "Supply of Ships to India," 1964, top secret, DO: 164/80, The National Archives, London.
73. "Pakistan Anger over UK and US Military Aid to India," 1964–1965, DO: 164/81, The National Archives, London.
74. "Communist China Seen as Main Enemy against India and Critical Report into 1962 Defeat by Chinese," 1964–1966, secret, DO: 164/84, The National Archives, London.
75. "Reactions from India on UK/Chinese Relations," 1961–1963, secret, DO: 169/4, The National Archives, London.
76. Visit of Mr. Nehru, Prime Minister of India, to UK: Brief on Malaya," 1961, confidential, DO: 169/90, The National Archives, London.
77. "Consortium Meeting 1961: Discussion on Aid to India," 1960–1961, secret, DO: 189/207, The National Archives, London.
78. "Consortium Meeting 1961: Discussion on Aid to India," 1961, confidential, DO: 189/208, The National Archives, London.
79. "Consortium Meeting on Aid to India: UK Contribution," 1962, secret, DO: 189/209, The National Archives, London.
80. "Consortium Meeting on Aid to India: UK Contribution," 1962–1963, secret, DO: 189/210, The National Archives, London.
81. "Form of UK Aid to India," 1960–1961, confidential, DO: 189/235, The National Archives, London.
82. "Despatch on US and Soviet Economic Assistance to India," 1960–1961, confidential, DO: 189/238, The National Archives, London.
83. "UK Aid to India," 1961–1962, secret, DO: 189/240, The National Archives, London.

84. "UK Aid to India," 1962–1964, confidential, DO: 189/241, The National Archives, London.

85. "Disbursements of UK £30m Loan to India," 1961–1963, confidential, DO: 189/243, The National Archives, London.

86. "Commitment and Comments on UK's £125m Loan to India," 1962, secret, DO: 189/244, The National Archives, London.

87. "Military Aid to India following India/China Border Dispute," 1962, secret, DO: 189/245, The National Archives, London.

88. "Military Aid to India following India/China Border Dispute," 1962–1963, secret, DO: 189/246, The National Archives, London.

89. "Consortia to Handle Defense Sales to India," 1962–1963, confidential, DO: 189/348, The National Archives, London.

90. "Visit of Secretary of State to India," 1962, secret, DO: 189/371, The National Archives, London.

91. "Import of Soviet Oil into India," 1964–1966, confidential, DO: 189/413, The National Archives, London.

92. "Possible Motives for Soviet Aid to India," 1964–1966, secret, DO: 189/548, The National Archives, London.

93. "Soviet Cultural and Information Activities in India," 1960–1961, secret, DO: 191/67, The National Archives, London.

94. "Chinese-India Dispute: Pro-Indian Propaganda," 1962–1963, secret, DO: 191/99, The National Archives, London.

95. "Broadcasting in India: Possibility of an Agreement with BBC to Counter Subversive Chinese Broadcasts," 1961–1963, confidential, DO: 191/138, The National Archives, London.

96. "UK Press Coverage on Kashimir Dispute between India and Pakistan," 1962–1963, confidential, DO:194/28, The National Archives, London.

97. "Visit to India by Miss Simms, Secretary of Tibet Society, to Study Tibetan Refugees," 1961–1962, confidential, DO: 196/102, The National Archives, London.

98. "Visit to India by Maledem Macdonald following Visit to China," 1962, secret, DO: 196/104, The National Archives, London.

99. "Proposed Visit by FM Montgomery to China and Tibet: Resultant Effects the UK/India Relations," 1961, secret, DO: 196/114, The National Archives, London.
100. "Visit of Mr. Nehru, Prime Minister of India to UK," 1961, secret, DO: 196/119, The National Archives, London.
101. "India/Pakistan Relations including Kashmir Dispute, following the Chinese Invasion of India," 1962, secret, DO: 196/146, The National Archives, London.
102. "Military Quarantees to India and Pakistan," 1962–1963, top secret, DO: 196/147, The National Archives, London.
103. "India/Pakistan Relations including Kashmir Dispute, following the Chinese Invasion of India 1962," 1962, DO: 196/148, The National Archives, London.
104. "India/Pakistan Relations including Kashmir Dispute, following the Chinese Invasion of India 1962," 1963, DO: 196/150, The National Archives, London.
105. "India/Pakistan Relations including Kashmir Dispute, following the Chinese Invasion of India 1962," 1963, DO: 196/154, The National Archives, London.
106. "Military Quarantees to India and Pakistan," 1963, top secret, DO: 196/156, The National Archives, London.
107. "Chinese-Indian Border Dispute, 1960–1961," 1961, secret, DO: 196/160, The National Archives, London.
108. "Chinese-Indian Border Dispute, 1961–1962," 1962, secret, DO: 196/161, The National Archives, London.
109. "Chinese-Indian Border Dispute, 1962," 1962, secret, DO: 196/162, The National Archives, London.
110. "Chinese-Indian Border Dispute, 1962," 1962, secret, DO: 196/163, The National Archives, London.
111. "Chinese-Indian Border Dispute, 1962," 1962, secret, DO: 196/165, The National Archives, London.
112. "Chinese-Indian Border Dispute, 1962," 1962, secret, DO: 196/166, The National Archives, London.
113. "Chinese-Indian Border Dispute, 1962," 1962, secret, DO: 196/167, The National Archives, London.
114. "Chinese-Indian Border Dispute, 1962," 1962, top secret, DO: 196/168, The National Archives, London.

115. "Chinese-Indian Border Dispute, 1962," 1962, top secret, DO: 196/169, The National Archives, London.
116. "Chinese-Indian Border Dispute, 1962," 1962, top secret, DO: 196/170, The National Archives, London.
117. "Chinese-Indian Border Dispute, 1962," 1962, top secret, DO: 196/171, The National Archives, London.
118. "Briefs for Secretary of State's Visit to India, November 1962," 1962, top secret, DO: 196/172, The National Archives, London.
119. "Briefs for Secretary of State's Visit to India, November 1962: Reports on Border Area," 1962–1963, secret, DO: 196/173, The National Archives, London.
120. "Chinese Military Intentions Against India," 1963, top secret, DO: 196/174, The National Archives, London.
121. "Chinese-Indian Border Dispute, US/UK Discussions," 1962, DO: 196/175, The National Archives, London.
122. "US/UK Discussion, 1962–1963," 1963, top secret, DO: 196/176, The National Archives, London.
123. "African/Asian/Latin American Reactions to Conflict," 1962, secret, DO: 196/177, The National Archives, London.
124. "African/Asian/Latin American Reactions to Conflict," 1962–1963, DO: 196/178, The National Archives, London.
125. "Chinese-Indian Border Dispute, US/UK Discussions," 1963, DO: 196/179, The National Archives, London.
126. "Chinese/Indian Political Relations after the Invasion," 1963, DO: 196/180, The National Archives, London.
127. "Chinese/Indian Political Relations after the Invasion," 1963, DO: 196/181, The National Archives, London.
128. "Chinese-Indian Border Dispute, Colombo Conference to Settle Dispute," 1962–1963, DO: 196/182, The National Archives, London.
129. "Colombo Conference to Settle Dispute," 1963, DO: 196/183, The National Archives, London.
130. "Chinese-Indian Border Dispute, Contingency Plan in Event of Further Chinese-Indian Hostilities," 1963, DO: 196/184, The National Archives, London.

131. "FO Research Paper on Chinese Policy to India," 1963–1964, confidential, DO: 196/185, The National Archives, London.
132. "India/UK Political Relations with China," 1963–1964, confidential, DO: 196/186, The National Archives, London.
133. "Pakistan's Reaction to Chinese/Indian Dispute," 1962–1963, DO: 196/187, The National Archives, London.
134. "Pakistan Attitude to Second Attack by China on India," 1963, secret, DO: 196/188, The National Archives, London.
135. "Chinese-Indian Border Dispute, Indian North East Frontier," 1962, DO: 196/189, The National Archives, London.
136. "Chinese-Indian Border Dispute, Indian Himalayan Frontier," 1962–1963, DO: 196/190, The National Archives, London.
137. "Chinese-Indian Border Dispute, Indian Himalayan Frontier: Chinese Aims," 1962–1963, DO: 196/191, The National Archives, London.
138. "UN Discussion on Tibet, 1960–1961," 1961, confidential, DO: 196/192, The National Archives, London.
139. "CHINESE-INDIAN BORDER DISPUTE, Financial Assistance to Tibetan Refugees," 1960–1963, DO: 196/193, The National Archives, London.
140. "Jawahalal Nehru," 1961, DO: 196/210, The National Archives, London.
141. "Sino-Indian Relations," 1964, top secret, DO: 196/242, The National Archives, London.
142. "Sino-Indian Relations," 1964–1965, secret, DO: 196/243, The National Archives, London.
143. "Sino-Indian Relations," 1965, top secret, DO: 196/244, The National Archives, London.
144. "Sino-Indian Relations," 1965–1966, secret, DO: 196/245, The National Archives, London.
145. "Sino-Indian Relations," 1966, confidential, DO: 196/246, The National Archives, London.
146. "Indian and British Relations with China," 1964, DO: 196/247, The National Archives, London.
147. "Frontier Settlements Negotiated by the People's Republic of China," 1966, DO:

196/256, The National Archives, London.

148. "Relations with India and China, 1964–1966," 1966, DO:196/260, The National Archives, London.
149. "Military Aid to India and Pakistan," 1964, secret, DO: 196/344, The National Archives, London.
150. "Political Consequences of Defense Aid to India," 1964–1965, secret, DO: 196/377, The National Archives, London.
151. "President Ayub's Visit to US for Resumption of US Aid to Pakistan," 1965, DO: 196/454, The National Archives, London.
152. "Military Aid to India," 1965, secret, DO: 196/471, The National Archives, London.
153. "US Military Aid to India and Pakistan," 1966, DO: 196/487, The National Archives, London.

FCO（Foreign and Commonwealth Office, 外交和联邦事务部）

1. "Political Relations between India and China, 1972," 1972, FCO: 37/1095, The National Archives, London.
2. "Political Relations between India and China, 1973," 1973, FCO: 37/1284, The National Archives, London.
3. "China's Relations with India, Pakistan and Nepal 1949–1967," 1967–1969, FCO: 51/56, The National Archives, London.
4. "Kenya: Afro-Asian Convention on Tibet," 1960, FCO: 141/6420, The National Archives, London.
5. "China: Special Editions of 'China Youth Bulletin' on Sino-Indian Border Dispute and Cuba, and Points of Interest to IRD in Reporting from Peking," 1962, FO: 1110/1499, The National Archives, London.

FO（Foreign Office, [旧] 外交部）

1. "Claims by China to Neighboring Territory in Burma and India," 1958, confidential, FO: 37/133391, The National Archives, London.
2. "Convention between the United Kingdom, China and Tibet, Simla," 1914, FO: 93/105/2, The National Archives, London.
3. "Convention, United Kingdom, China and Tibet," 1914, FO: 93/105/2, The National Archives, London.

4. "Draft Convention, United Kingdom, China and Tibet," 1914, FO: 93/105/5, The National Archives, London.
5. "Ratifications of Treaties, China and Tibet Regulations: Trade in Tibet," 1908, FO: 94/892, The National Archives, London.
6. "Sino-Soviet Relations: Policy towards India; Refugee Interrogation on Living Conditions," 1964, FO: 370/2753, The National Archives, London.
7. "Requests from India for Copies of Papers Relating to China and Sino-Soviet Dispute," 1965, FO: 370/2803, The National Archives, London.
8. "Chinese Threats to Tibet," 1943, FO: 371/35755, The National Archives, London.
9. "Chinese Threats to Tibet," 1943, FO: 371/35756, The National Archives, London.
10. "Sino-Tibetan Relations," 1943, FO: 371/35757, The National Archives, London.
11. "Sino-Tibetan Relations," 1943, FO: 371/35758, The National Archives, London.
12. "Sino-Tibetan Relations," 1943, FO: 371/35759, The National Archives, London.
13. "Sino-Tibetan Relations," 1943, FO: 371/35760, The National Archives, London.
14. "Sino-Indian Relations," 1943, FO: 371/35792, The National Archives, London.
15. "Sino-Indian Relations," 1944, FO: 371/41674, The National Archives, London.
16. "Sino-Tibetan Relations: Policy of H.M. Government: Lhasa Weekly Letters: Revised, WHO'S WHO in Tibet," 1945, FO: 371/46121, The National Archives, London.
17. "McMahon Line: Procedure for Dealing with Applications to Visit Tibet: Indo-Tibetan Relations," 1945, FO: 371/46122, The National Archives, London.
18. "Sino-Tibetan Relations: Policy of H.M. Government: Lhasa Weekly Letters: Indo-Tibetan Relations," 1945, FO: 371/46123, The National Archives, London.
19. "Indian-Tibetan Relations: Gyahtse News Reports: Visit of Tibetan Mission to China: Internal Situation," 1946, FO: 371/53613, The National Archives, London.
20. "Visit of Tibetan Mission to China: Internal Situation," 1946, FO: 371/53614, The National Archives, London.
21. "Tibet: H.M.G.'S Policy towards Tibet: Lhasa Weekly Letters: Indian-Tibetan Relations: Gyahtse News Reports: Visit of Tibetan Mission to China: Internal Situation. Code 10 File 71 (Papers 9185-14079)," 1946, FO: 371/53615, The National Archives, London.
22. "Tibet: H.M.G.'S Policy towards Tibet: Lhasa Weekly Letters: Indian-Tibetan

Relations: Gyahtse News Reports: Visit of Tibetan Mission to China: Internal Situation. Code 10 File 71 (Papers 14181-End)," 1946, FO: 371/53616, The National Archives, London.

23. "Report on China by the Agent-General for India in China. Code 10 File 12168," 1946, FO: 371/53762, The National Archives, London.
24. "Sino British Treaty of 1943 And Tibetan Trade Regulations of 1908, Cancellation by China," 1948, FO: 371/69749, The National Archives, London.
25. "Tibetan Trade Mission Visit to India, China, UK and USA. Chinese Suzerainty," 1948, FO: 371/70042, The National Archives, London.
26. "Tibetan Trade Mission Visit to India, China, UK and USA. Chinese Suzerainty," 1948, FO: 371/70043, The National Archives, London.
27. "Memorandum by Sardar Panikkar on Developments in the Border Areas of China and Repercussions upon India of a Communist Regime in China," 1949, FO: 371/75798, The National Archives, London.
28. "India: Foreign Policy," 1949, FO: 371/76090, The National Archives, London.
29. "Anglo-Indian Relations," 1949, FO: 371/76098, The National Archives, London.
30. "Sino-Indian Relations, Reply to Chinese Government regarding Tibetan Trade Regulation," 1949, FO: 371/76101, The National Archives, London.
31. "HMG Recognition of Chinese Suzerainty over Tibet, Chinese Communist Penetration into Tibet," 1949, FO: 371/76314, The National Archives, London.
32. "Report on Indian Mission, Lhasa," 1949, FO: 371/76315, The National Archives, London.
33. "Tibetan Government's Concern in regard to the Tibetan Frontier with China. Expulsion of Chinese Communists from Tibet," 1949, FO: 371/76316, The National Archives, London.
34. "Policy towards Tibet, India, UK and American Views," 1949, FO: 371/76317, The National Archives, London.
35. "Visit of Tibetan Trade Mission to the United Kingdom in 1948, Residual Affairs including Present from HM the King for the Dalai Lama," 1949, FO: 371/76318, The National Archives, London.
36. "Conversation between Indian Ambassador and Chinese Prime Minister on May 20, 1950; Indian Attitude towards China," 1950, FO: 371/83324, The National

Archives, London.

37. "Arrival of Mr Pannikar Indian Ambassador in Peking," 1950, FO: 371/83558, The National Archives, London.
38. "Chinese Interests in the States of North East India," 1950, FO: 371/84261, The National Archives, London.
39. "Chinese Interests in the States of North East India," 1950, FO: 371/84262, The National Archives, London.
40. "Chinese Interests in the States of North East India," 1950, FO: 371/84263, The National Archives, London.
41. "Assistance for Tibet to Help Combat the Chinese Communist Threat," 1950, FO: 371/84451, The National Archives, London.
42. "Assistance for Tibet to Help Combat the Chinese Communist Threat," 1950, FO: 371/84452, The National Archives, London.
43. "Monthly Reports of the Indian Mission, Lhasa," 1950, FO: 371/84453, The National Archives, London.
44. "Tibetan Appeal to the United Nations about the Chinese Invasion," 1950, FO: 371/84454, The National Archives, London.
45. "Tibetan Appeal to the United Nations about the Chinese Invasion," 1950, FO: 371/84455, The National Archives, London.
46. "Tibet-China Relations: Chinese Invasion of Tibet," 1950, FO: 371/84456, The National Archives, London.
47. "Chinese Invasion of Tibet," 1950, FO: 371/84457, The National Archives, London.
48. "Chinese Invasion of Tibet," 1950, FO: 371/84458, The National Archives, London.
49. "Izvestia Article Commenting on Times Article about British Treaty with Tibet," 1950, FO: 371/84459, The National Archives, London.
50. "Attitude of the United Kingdom Government towards the Tibetan Question," 1950, FO: 371/84462, The National Archives, London.
51. "India's Attitude towards Chinese Sovereignty over Tibet," 1950, FO: 371/84463, The National Archives, London.
52. "Boundaries between India, Tibet and China," 1950, FO: 371/84464, The National

Archives, London.

53. "Supply of Arms for Tibet," 1950, FO: 371/84465, The National Archives, London.
54. "Sino-Indian Relations," 1951, FO: 371/92248, The National Archives, London.
55. "Indian Foreign Policy; Review of Indian Foreign Policy and Internal Affairs," 1951, FO: 371/92870, The National Archives, London.
56. "Soviet Allegation that Bhutan belongs to Tibet," 1951, FO: 371/92871, The National Archives, London.
57. "Relations between India and China and between Pakistan and China," 1951, FO: 371/92879, The National Archives, London.
58. "US-Indian Relations, Comment on US Attitude to India," 1951, FO: 371/92884, The National Archives, London.
59. "Views on China Expressed by the Indian Ambassador in Peking," 1951, FO: 371/92898, The National Archives, London.
60. "The Nepal-Tibet Border; Chinese Claims on Nepal," 1951, FO: 371/92909, The National Archives, London.
61. "Scanty News about the Chinese Invasion of Tibet; Return of Dalai Lama to Lhasa with Chinese in Control," 1951, FO: 371/92996, The National Archives, London.
62. "Request for India's Diplomatic Support by the Tibetan Delegation to China," 1951, FO: 371/93000, The National Archives, London.
63. "HMG's Official Attitude to Tibet as Stated in a Memorandum by Anthony Eden in 1943," 1951, FO: 371/93001, The National Archives, London.
64. "India and Atomic Energy," 1951, FO: 371/93195, The National Archives, London.
65. "Political Relations between China and India; Satetements by Mrs Pandit Nehru about Her Impression of New China; Indian Cultural Mission to China," 1952, FO: 371/99270, The National Archives, London.
66. "Indian Diplomatic Representation in Peking," 1952, FO: 371/99378, The National Archives, London.
67. "Monthly Reports on Tibet Provided by the Indian Mission in Lhasa for Period December 1951 to August 1952," 1952, FO: 371/99659, The National Archives, London.
68. "Indian-Tibetan Relations: Indian Representation in Tibet," 1952, FO: 371/99664, The National Archives, London.

69. "Indian General Election: Vice-President Complaining UK and USA Fanning War Hysteria," 1952, FO: 371/101131, The National Archives, London.
70. "Participation of China in Talks with India on Tibet, covering Trade, Culture and Pilgrim Traffic," 1953, FO: 371/105627, The National Archives, London.
71. "Build-up Chinese Military Post on the Southern Himalayan Frontier of Tibet," 1953, FO: 371/105628, The National Archives, London.
72. "Political Relations between India and China; Chinese Goodwill Mission to India Planned for December, 1953", 1953, FO: 371/106856, The National Archives, London.
73. "Political Relations between USA and India and Pakistan: Visit of Vice President Nixon to India," 1953, FO: 371/106857, The National Archives, London.
74. "Political Relations between CPG and India: Visit of Chou En-Lai to New Delhi and of Nehru to Peking," 1954, FO: 371/110226, The National Archives, London.
75. "Visit of Dalai Lama to Peking as Tibet Region Deputy to the National People's Congress," 1954, FO: 371/110228, The National Archives, London.
76. "Political Relations between Tibet and India," 1954, FO: 371/110647, The National Archives, London.
77. "Geneva Conference: UK Foreign Secretary's Unwilling to Send Further Personal Message to Mr Nehru," 1954, confidential, FO: 371/112075, The National Archives, London.
78. "Geneva Conference: Information from Krishna Menon about Talks between Chou En-Lai and Mr Nehru," 1954, FO: 371/112076, The National Archives, London.
79. "Geneva Conference: Chou En-Lai's Reply to Mr Nehru's Congratulatory Message to Him on Success of the Conference," 1954, FO: 371/112084, The National Archives, London.
80. "Communism in India and Kashimir: Mr Nehru's Comments," 1954, FO: 371/112195, The National Archives, London.
81. "Statements by Mr Nehru and others on Indian Foreign Policy: Political Relations between India and China," 1954, FO: 371/112196, The National Archives, London.
82. "Statements by Mr Nehru and others on Indian Foreign Policy: Political Relations between India and China," 1954, FO: 371/112197, The National Archives, London.
83. "Political Relations between India and CPG," 1954, FO: 371/112210, The National

Archives, London.

84. “US Aid to India,” 1954, FO: 371/112217, The National Archives, London.

85. “Visit by Prime Minister of India, Mr Nehru, to China and Elsewhere,” 1954, FO: 371/112221, The National Archives, London.

86. “Political Relations between China and India,” 1955, FO: 371/115018, The National Archives, London.

87. “UK Foreign Secretary’s Message to Chou En-Lai: Request that Mr Nehru be Informed,” 1955, FO: 371/115039, The National Archives, London.

88. “Frontiers between China and India and Burma: Maps Showing Chinese Claims to Territory,” 1955, FO: 371/115204, The National Archives, London.

89. “Agreement between India and China on Tibet,” 1955, FO: 371/115373, The National Archives, London.

90. “Trade and Travel between Tibet and India,” 1955, FO: 371/115374, The National Archives, London.

91. “Statements by Mr Nehru and others on Indian Foreign Policy: Political Relations between India and “China; Attitude towards Foreign Possessions in India,” 1955–1956, FO: 371/117283, The National Archives, London.

92. “Political Relations between China and India,” 1956, FO: 371/120902, The National Archives, London.

93. “Exchange of Information about China between India and UK,” 1956, FO: 371/120992, The National Archives, London.

94. “Sovereignty or Suzerainty over Tibet by China,” 1956, FO: 371/121149, The National Archives, London.

95. “Political Relations between India and China,” 1956, FO: 371/123585, The National Archives, London.

96. “Political Relations between India and US,” 1956, FO: 371/123588, The National Archives, London.

97. “Political Relations between India and UK,” 1956, FO: 371/123589, The National Archives, London.

98. “Political Relations between China and India,” 1957, FO: 371/127296, The National Archives, London.

99. “Frontiers between China and Neighbouring Countries,” 1957, FO: 371/127312,

The National Archives, London.

100. "Commercial Relations between China and India," 1957, FO: 371/127346, The National Archives, London.
101. "Political Relations between Formosa and India," 1957, FO: 371/127477, The National Archives, London.
102. "Political Relations between Tibet and India," 1957, FO: 371/127642, The National Archives, London.
103. "The Mcmahon Linemarking Boundary between Tibet, Assam and Northern Burma," 1957, FO: 371/127644, The National Archives, London.
104. "Commercial Relations between Tibet and India," 1957, FO: 371/127645, The National Archives, London.
105. "Commercial Relations between India and US," 1957, FO: 371/129558, The National Archives, London.
106. "Conversation between Mr Nehru and Mr Eisenhower, US President, March 23, 1957, during Indian Prime Minister's US Visit," 1957, FO: 371/129773, The National Archives, London.
107. "Report of Statement Made by Mr Nehru in Indian Upper House," 1957, FO: 371/129778, The National Archives, London.
108. "Claims by China to Neighbouring Territory in Burma and India," 1958, FO: 371/133391, The National Archives, London.
109. "Political Relations between Tibet and India," 1958, FO: 371/133711, The National Archives, London.
110. "Postponement of Visit by Pandit Nehru of India to Tibet," 1958, FO: 371/133713, The National Archives, London.
111. "Supply of Military Equipment to India," 1958, FO: 371/135945, The National Archives, London.
112. "Political Relations between India and US," 1958, FO: 371/135947, The National Archives, London.
113. "Political Relations between India and China," 1958, FO: 371/135951, The National Archives, London.
114. "Political Relations between China and India," 1959, FO: 371/141264, The National Archives, London.

115. "Frontiers of China," 1959, FO: 371/141270, The National Archives, London.
116. "Violation of Borders of India by China," 1959, FO: 371/141271, The National Archives, London.
117. "Violation of Borders of India by China," 1959, FO: 371/141273, The National Archives, London.
118. "Commercial Relations between China and India," 1959, FO: 371/141285, The National Archives, London.
119. "Internal Political Situation in Tibet," 1959, FO:371/141601, The National Archives, London.
120. "Commercial Relations between Tibet and India," 1959, FO: 371/141609, The National Archives, London.
121. "Political Relations between Soviet Union and India," 1959, FO: 371/143449, The National Archives, London.
122. "Reactions in Countries of South East Asia to Suppression of Revolt in Tibet by China," 1959, FO: 371/143726, The National Archives, London.
123. "Political Relations between India and China," 1959, FO: 371/144182, The National Archives, London.
124. "Commercial Relations between India and US," 1959, FO: 371/144191, The National Archives, London.
125. "Safeguards and India: Prim Minister's Brief for Talks with Mr. Nehru," 1960, FO: 371/149465, The National Archives, London.
126. "Frontier Dispute with India," 1960, FO: 371/150438, The National Archives, London.
127. "Frontier Dispute with India," 1960, FO: 371/150439, The National Archives, London.
128. "Frontier Dispute with India," 1960, FO: 371/150440, The National Archives, London.
129. "Frontier Dispute with India," 1960, FO: 371/150441, The National Archives, London.
130. "Frontier Dispute with India," 1960, FO: 371/150442, The National Archives, London.
131. "Withdrawal of China News Agency from New Delhi," 1960, FO: 371/150496,

The National Archives, London.

132. "United Nations and Tibet," 1961, FO: 371/158601, The National Archives, London.

133. "International Economic Aid to India," 1962, FO: 371/164878, The National Archives, London.

134. "Economic and Military Aid to India," 1962, FO: 371/164879, The National Archives, London.

135. "International Military Aid to India," 1962, FO: 371/164880, The National Archives, London.

136. "Frontier Dispute with India," 1962, FO: 371/164910, The National Archives, London.

137. "Chinese-Indian Border Dispute, 1962," 1962, FO: 371/164911, The National Archives, London.

138. "Frontier Dispute with India," 1962, FO: 371/164914, The National Archives, London.

139. "Frontier Dispute with India," 1962, FO: 371/164915, The National Archives, London.

140. "Frontier Dispute with India," 1962, FO: 371/164916, The National Archives, London.

141. "Frontier Dispute with India," 1962, FO: 371/164918, The National Archives, London.

142. "Frontier Dispute with India," 1962, FO: 371/164919, The National Archives, London.

143. "Frontier Dispute with India," 1962, FO: 371/164920, The National Archives, London.

144. "Frontier Dispute with India," 1962, FO:371/164921, The National Archives, London.

145. "Frontier Dispute with India," 1962, FO: 371/164922, The National Archives, London.

146. "Frontier Dispute with India," 1962, FO: 371/164923, The National Archives, London.

147. "Frontier Dispute with India," 1962, FO: 371/164924, The National Archives,

London.

148. "Chinese-Indian Border Dispute," 1962, FO: 371/164925, The National Archives, London.

149. "Frontier Dispute with India," 1962, FO: 371/164926, The National Archives, London.

150. "Political Relations with Commonwealth Countries, including Border Dispute with Pakistan," 1962, FO:371/164927, The National Archives, London.

151. "Political Relations with Commonwealth Countries, including Border Dispute with Pakistan," 1962, FO:371/164928, The National Archives, London.

152. "UK/US Talks concerning Borders Dispute with India," 1962, FO: 371/164929, The National Archives, London.

153. "UK/US Talks concerning Borders Dispute with India," 1962, secret, FO:371/164930, The National Archives, London.

154. "Legality of McMahon Line (Boundary between Tibet and British India Agreed in 1914)," 1962, FO: 371/164932, The National Archives, London.

155. "United Nations and Tibet," 1962, FO: 371/165105, The National Archives, London.

156. "Border Dispute with India," 1963, FO: 371/170669, The National Archives, London.

157. "Border Dispute with India," 1963, confidential, FO: 371/170670, The National Archives, London.

158. "Border Dispute with India," 1963, confidential, FO: 371/170671, The National Archives, London.

159. "Border Dispute with India," 1963, FO:371/170673, The National Archives, London.

160. "Border Dispute with India," 1963, FO:371/170674, The National Archives, London.

161. "Relations between China, India and Pakistan," 1963, FO: 371/170681, The National Archives, London.

162. "Indian Prisoners of War Held in China," 1963, FO: 371/170709, The National Archives, London.

163. "Atomic Energy Agreement between India and US," 1963, FO: 371/171026, The

National Archives, London.

164. "Political Relations: India: Border Skirmishes," 1964, FO: 371/175929, The National Archives, London.
165. "Assistance to India," 1964, FO: 371/176267, The National Archives, London.
166. "Bilateral Relations: India: Border Incidents," 1965, FO: 371/180998, The National Archives, London.
167. "Bilateral Relations: India Frontier Dispute: Ideas on Joint CRO/FO Policy on Handling Problem," 1965, FO: 371/181003, The National Archives, London.
168. "Fears that Sino-Indian Conflict Might Affect ICI Exhibition in China," 1965, FO: 371/181036, The National Archives, London.
169. "Tibet: UN Debate," 1965, FO: 371/181205, The National Archives, London.
170. "Simla Convention," 1966, FO: 371/187264, The National Archives, London.
171. Mr. Rose, "Sketch Maps of the Frontiers of Burma, China, Tibet and North-East India," 1913, FO: 925/17136, The National Archives, London.
172. "Maps and Plans, Tibet and Adjacent Countries," 1914, FO: 925/17138, The National Archives, London.
173. "Boundaries of 'Outer' and 'Inner' Tibet of the 1914 Convention," 1919, FO: 925/17165, The National Archives, London.
174. "Reports on Activities of US Information Services in India," 1950, FO: 953/671, The National Archives, London.
175. "India: Report on Information Work; Use of US Information Services Material and Facilities," 1955, FO: 1110/818, The National Archives, London.
176. "India: Use of Anti-Communist Material in India, Madras and Calcutta Visit Reports, Implications of State of Emergency, Indian Counter-Propaganda Unit and Requests for Material on China," 1962, FO: 1110/1572, The National Archives, London.

PREM（Prime Minister's Office，首相办公室）

1. "Representation of China at UN: Message from Nehru, Prime Minister of India Supporting Soviet Opposition to Chinese Nationalist," 1950, PREM:8/1303, The National Archives, London.
2. "Statement by Mr Nehru on Soviet Union, US and UK Nuclear Tests," 1957, PREM:11/2159, The National Archives, London.

3. "Possibility of Nehru's Activities as P.H. 1958, Troubles in Congress Party," 1958, PREM:11/2359, The National Archives, London.
4. "Supply of Military Aircraft to India," 1957–1958, PREM:11/2360, The National Archives, London.
5. "Message to the P.H. from the Dalai Lama and Gift of a Scarf," 1959, confidential, PREM:11/2822, The National Archives, London.
6. "Meeting between Mr. Nehru and Mr Khrushchev, Moscow," 1961, PREM:11/3392, The National Archives, London.
7. "China/India Frontier Dispute," 1962, PREM:11/3838, The National Archives, London.
8. "China-India Frontier Dispute: Part 2," 1962, PREM:11/3839, The National Archives, London.
9. "Visit of Chief of Imperial General Staff to India, Nov 1962: Report on China-India Frontier Dispute," 1962, PREM:11/3976, The National Archives, London.
10. "China-India Frontier Dispute: Part 3," 1962–1963, PREM:11/4306, The National Archives, London.
11. "China-India Frontier Dispute: Provision of Military Aid to India; Joint UK-US-India Air Exercises," 1963–1964, PREM:11/4867, The National Archives, London.

WO（War Office,［旧］陆军部）

1. "TIBET. Lhasa Mission Diary, Control and Administration of the McMahon Line," 1940–1945, WO: 208/1965, The National Archives, London.

（三）美国

1. Central Intelligent Agency, The Sino-Indian Border Dispute, Section 1, 1950-59（中国社会科学院图书馆电子资源）.
2. Central Intelligent Agency, The Sino-Indian Border Dispute, Section 2, 1959-61（中国社会科学院图书馆电子资源）.
3. Central Intelligent Agency, The Sino-Indian Border Dispute, Section 3, 1961-62（中国社会科学院图书馆电子资源）.
4. Congressional Hearings Digital Collection（美国国会听证数据库，中国社会科学院图书馆电子资源）.
5. Congressional Record Permanent Digital Collection（美国国会议事录永久数据

库，中国社会科学院图书馆电子资源）.

6. Congressional Research Digital Collection（美国国会研究数据库，中国社会科学院图书馆电子资源）.
7. Declassified Documents Reference System (DDRS), Farmington Hills, Mich.: Dale Group, 2010.
8. Serial Set Digital Collection（中国社会科学院图书馆电子资源）.
9. Serial Set Maps Digital Collection 1789–1969（中国社会科学院图书馆电子资源）.
10. U.S. Department of State, Foreign Relations of the United States, 1955–1957, Volume VIII, South Asia (Washington, D.C.: U.S. Government Printing Office, 1987).
11. U.S. Department of State, Foreign Relations of the United States, 1958–1960, Volume XIX, China (Washington, D.C.: U.S. Government Printing Office, 1996).
12. U.S. Department of State, Foreign Relations of the United States, 1961–1963, Volume XIX, South Asia (Washington, D.C.: U.S. Government Printing Office, 1996).

（四）印度

1. Dr. P. B. Sinha, Col.A. A. Athale, *History of the Conflict with China*, 1962 (History Division, Ministry of Defence, Government of India, New Delhi, 1992).
2. Jawaharlal Nehru, *Jawaharlal Nehru's Speeches*, Vol.3 (1953–1957), Ministry of Information and Broadcasting Government of India, New Delhi,Publications Division, 1949.
3. *Jawaharlal Nehru Selected Speeches*, Vol.2 (1949–1953), Ministry of Information and Broadcasting Government of India, New Delhi, Publications Division, 1996.
4. *Jawaharlal Nehru Selected Speeches*, Vol.3 (1953–1957), Ministry of Information and Broadcasting Government of India, New Delhi, Publications Division, 1996.
5. *Jawaharlal Nehru Selected Speeches*, Vol.4 (1957–1963), Ministry of Information and Broadcasting Government of India, New Delhi, Publications Division, 1996.
6. *Jawaharlal Nehru Selected Speeches*, Vol.5 (1963–1964), Ministry of Information and Broadcasting Government of India, New Delhi, Publications Division, 1996.
7. Madhavan K. Palat, *Selected Works of Jawaharlal Nehru*, Second Series, Volume

52 (New Delhi: Jawahalal Nehru Memorial Fund Teen Murti House, 2006).

8. S. Gopal, *Selected Works of Jawaharlal Nehru*, Second Series, Volume 2 (New Delhi, Jawahalal Nehru Memorial Fund Teen Murti House, 1984).
9. S. Gopal, *Selected Works of Jawaharlal Nehru*, Second Series, Volume 15, Part II (New Delhi: Jawahalal Nehru Memorial Fund Teen Murti House, 1993).
10. S. Gopal, *Selected Works of Jawaharlal Nehru*, Second Series, Volume 24 (New Delhi, Jawahalal Nehru Memorial Fund Teen Murti House, 1999).
11. S. Gopal, *Selected Works of Jawaharlal Nehru*, Second Series, Volume 25 (New Delhi, Jawahalal Nehru Memorial Fund Teen Murti House, 1999).
12. S. Gopal, *Selected Works of Jawaharlal Nehru*, Second Series, Volume 27 (New Delhi, Jawahalal Nehru Memorial Fund Teen Murti House, 2000).
13. S. Gopal, *Selected Works of Jawaharlal Nehru*, Second Series, Volume 28 (New Delhi, Jawahalal Nehru Memorial Fund Teen Murti House, 2001).

（五）苏联（俄罗斯）

1. Китайскоя Народная Республика – Индия, 02.01.1964-31.12.1964, Государственный архив Российской Федерации, ф.4459, оп.43, д.3417.
2. Индия-Неру, 10.12.1961-31.12.1961, Государственный архив Российской Федерации, ф.4459, оп.43, д.211.
3. СССР-Индия, Покистан Т. 1, 01.01.1962-23. 06.1962, Государственный архив Российской Федерации, ф.4459, оп.43, д.1510.
4. СССР-Индия, Т. 1, 12.01.1961-23.09.1961, Государственный архив Российской Федерации, ф.4459, оп.43, д.454.
5. СССР-Индия, Т. 2., 27.10.1961-29.12. 1961, Государственный архив Российской Федерации,
6. Делапостоянного хранения за 1954–1968 гг, Российский государственный архив экономики, ф.365, оп.2, .
7. Контракты №.264 на поставку оборудования для проведения буровых работ на нефть и газ, активая заметка о выполнении поставок и расчетов с гензаказчиком, Индия. Июнь 1960 – декабрь 1962, Российский государственный архив экономики, ф.365, оп.6, д.223.
8. Контракты №.5442, 646, 9661 с дополнениями на оказание технического

содействия Индии и активные заметки о выполнении обязательств по контракатам. Февраль 1961 – декабрь 164., Российский государственный архив экономики, ф.365, оп.6, д.225.

二、著作

（一）中文

1. 《钓鱼台档案》丛书编写组:《钓鱼台档案：中国与亚洲其他国家之间的重大国事实录》，红旗出版社，1998。
2. 《西藏外交文件》，王光祈译，上海中华书局，1930。
3. 曹小冰:《印度特色的政党和政党政治》，当代世界出版社，2005。
4. 曹英编《神秘之门：共和国外交实录》，团结出版社，1993。
5. 曹永胜等:《南亚大象——印度军事战略发展与现状》，解放军出版社，2002。
6. 陈平生:《印度军事思想研究》，军事科学出版社，1992。
7. 高鲲、张敏秋主编《南亚政治经济发展研究》，北京大学出版社，1995。
8. 顾维钧:《顾维钧回忆录（第一分册）》，中国社会科学院近代史研究所译，中华书局，1983。
9. 郭书兰编《中印关系大事记》，中国社会科学院亚太所，1987。
10. 韩念龙主编《当代中国外交》，中国社会科学出版社，1987。
11. 贺文宣编著:《诸朝驻藏大臣大事记》，中国藏学出版社，1993。
12. 吉柚权:《西藏风雨纪实》，西藏人民出版社，1993。
13. 季羡林:《中印文化交流史》，商务印书馆国际有限公司，1998。
14. 贾瓦哈拉尔·尼赫鲁:《印度的发现》，向哲濬、朱彬元、杨寿林译，上海人民出版社，2016。
15. 雷英夫:《在最高统帅部当参谋——雷英夫将军回忆录》，陈先义执笔，百花洲文艺出版社，1997。
16. 梁洁筠:《尼赫鲁家族沉浮录》，时事出版社，1994。
17. 林承节:《印度独立后的政治经济社会发展史》，昆仑出版社，2003。
18. 林承节:《印度近现代史》，北京大学出版社，1995。
19. 林承节:《印度史》，人民出版社，2004。
20. 林承节:《殖民统治时期的印度史》，北京大学出版社，2004。
21. 林承节:《中印人民友好关系史（1851—1949）》，北京大学出版社，1993。

22. 林良光、叶正佳、韩华:《当代中国与南亚国家关系》，社会科学文献出版社，2001。
23. 刘建、朱明忠、葛维钧:《印度文明》，中国社会科学出版社，2004。
24. 刘彦:《中国近时外交史》，商务印书馆，1921。
25. 吕昭义、孙建波:《中印边界问题、印巴领土纠纷研究》，人民出版社，2013。
26. 吕昭义:《英属印度与中国西南边疆（1774—1911）》，中国社会科学出版社，1996。
27. 马加力:《关注印度——崛起中的大国》，天津人民出版社，2002。
28. 马嫛:《当代印度外交》，上海世纪出版集团，2007。
29. 牛大勇、沈志华:《冷战与中国的周边关系》，北京大学出版社，2004。
30. 尚劝余:《尼赫鲁时代中国和印度的关系（1947—1964）》，中国社会科学出版社，2009。
31. 沈志华、梁志主编《窥视中国：美国情报机构眼中的红色对手》，东方出版中心，2011。
32. 沈志华:《冷战的再转型》，九州出版社，2012。
33. 师博编《1962年：中印大战纪实》，中国大地出版社，1993。
34. 师博主编《西藏风雨纪实》，中国华侨出版社，1993。
35. 随新民:《中印关系研究：社会认知视角》，世界知识出版社，2007。
36. 孙士海、江亦丽主编《二战后南亚国家对外关系研究》，方志出版社，2007。
37. 孙士海主编《印度的发展及其对外战略》，中国社会科学出版社，2000。
38. 孙士海主编《南亚的政治、国际关系及安全》，中国社会科学出版社，1998。
39. 孙晓、陈志斌:《喜马拉雅山的雪》，北岳文艺出版社，1991。
40. 王宏纬:《当代中印关系述评》，中国藏学出版社，2009。
41. 王宏纬:《喜马拉雅山情结：中印关系研究》，中国藏学出版社，1998。
42. 吴永年、赵干城、马嫛:《21世纪印度外交新论》，上海译文出版社，2004。
43. 谢彬:《西藏交涉略史》，中华书局，1936。
44. 薛克翘:《中国印度文化交流史》，昆仑出版社，2008。
45. 牙含章:《达赖喇嘛传》，人民出版社，1984。
46. 杨公素:《沧桑九十年——一个外交特使的回忆》，海南出版社，1999。
47. 杨公素:《中国反对外国干涉西藏地方斗争史》，中国藏学出版社，1992。
48. 尹锡南:《印度的中国形象》，人民出版社，2010。
49. 张贵洪等:《中美印三边关系研究》，时事出版社，2013。

50. 张力:《印度总理尼赫鲁》，四川人民出版社，1997。
51. 张敏秋主编《跨越喜马拉雅障碍：中国寻求了解印度》，重庆出版社，2006。
52. 张敏秋主编《中印关系研究（1947—2003）》，北京大学出版社，2004。
53. 张云侠编《康藏大事纪年》，王辅仁校注，重庆出版社，1986。
54. 张植荣:《国际关系与西藏问题》，1994。
55. 张忠祥:《尼赫鲁外交研究》，中国社会科学出版社，2002。
56. 赵干城:《印度：大国地位与大国外交》，上海人民出版社，2009。
57. 赵蔚文:《印美关系爱恨录》，时事出版社，2003 。
58. 赵蔚文:《印中关系风云录（1949—1999）》，时事出版社，2000。
59. 郑汕、郑绍生、杨平学编《中印军事斗争历史回顾与启示》，军事科学出版社，2004。
60. 中印边境自卫反击作战史编写组:《中印边境自卫反击作战史》，军事科学出版社，1994。
61. 周广健等:《南亚风云——印巴三次战争始末》，世界知识出版社，1997。
62. 周宁主编《世界之中国：域外中国形象研究》，南京大学出版社，2007。
63. 周伟洲主编《英国俄国与中国西藏》，中国藏学出版社，2000。
64. 周卫平:《百年中印关系》，世界知识出版社，2006。
65. 朱明权主编《20世纪60年代国际关系》，上海人民出版社，2001。
66. 祝启源、喜饶尼玛:《中华民国时期中央政府与西藏地方的关系》，中国藏学出版社，1991。
67. 〔美〕阿兰·内文斯编《和平战略——肯尼迪言论集》，北京编译社译，世界知识出版社，1961。
68. 〔美〕德怀特·D.艾森豪威尔:《艾森豪威尔回忆录——白宫岁月（下）》，静海译，生活·读书·新知三联书店，1977。
69. 〔美〕弗朗辛·R.弗兰克尔:《印度独立后政治经济发展史》，孙培钧等译，中国社会科学出版社，1989。
70. 〔美〕亨利·基辛格:《世界秩序》，胡利平等译，中信出版社，2015。
71. 〔印〕D. R.曼克卡尔:《谁是六二年的罪人》，杨双举、王鸿国译，范名兴校，西藏社会科学院西藏学汉文文献编辑室，1985。
72. 〔印〕阿玛蒂亚·森:《惯于争鸣的印度人》，刘建译，上海三联书店，2007。
73. 〔印〕阿索卡·拉伊纳:《研究分析处——印度国外情报局真相》，英石译，群众出版社，1984。

74. 〔印〕贾瓦哈拉尔·尼赫鲁:《印度的发现》，齐文译，世界知识出版社，1956。
75. 〔印〕杰伦·兰密施:《理解CHINDIA：关于中国与印度的思考》，蔡枫、董方峰译，宁夏人民出版社，2006。
76. 〔印〕卡鲁纳加尔·古普塔:《中印边界秘史》，王宏纬、王至亭译，中国藏学出版社，1990。
77. 〔印〕尼兰詹·普拉沙德:《一个印度侵华将军的自白》，汇苓译，世界知识出版社，1984。
78. 〔印〕谭中、耿引曾:《印度与中国——两大文明的交往与激荡》，商务印书馆，2006。
79. 〔印〕谭中主编《中印大同：理想与现实》，宁夏人民出版社，2007。
80. 〔印度〕贾瓦哈拉尔·尼赫鲁:《尼赫鲁自传》，张宝芳译，世界知识出版社，1956。
81. 〔英〕A.L.巴沙姆主编《印度文化史》，闵光沛等译，商务印书馆，1999。
82. 〔英〕阿拉斯泰尔·兰姆:《中印涉藏关系史（1904—1914）》，梁俊艳译、张云校对，社会科学文献出版社，2017。
83. 〔英〕阿拉斯泰尔·蓝姆:《中印边境》，民通译，世界知识出版社，1966。
84. 〔英〕爱德华·卢斯:《不顾诸神：现代印度的奇怪崛起》，张淑芳译，中信出版社，2007。
85. 〔英〕柏尔（C.Bell）:《西藏史》，宫廷璋译，商务印书馆，1934。
86. 〔英〕贝兰特·罗素:《中国问题》，秦悦译，学林出版社，1999。
87. 〔英〕戴维·史密斯:《龙象之争：中国、印度与世界新秩序》，丁德良译，当代中国出版社，2007。
88. 〔英〕哈罗德·麦克米伦:《麦克米伦回忆录（六）——“从政末期”》，陈体芳译，商务印书馆，1980。
89. 〔英〕内维尔·马克斯韦尔:《印度对华战争》，陆仁译，世界知识出版社，1981。
90. 〔英〕荣赫鹏:《英国侵略西藏史》，西藏社会科学院资料情报研究所编印，1984。

（二）英文

1. Ajay B. Agrawal, *India Tibet and China: The Role Nehru Played* (Mumbai: N A

Books International Publication, 2003).

2. Alastair Lamb, *Kashmir: A Disputed Legacy, 1846–1990* (Hertfordshire: Roxford Books, 1991).
3. Appadorai, *Select Documents on Indian Foreign Policy and Relations, 1947–1972, Vol.1* (Oxford University Press, 1982).
4. Ashok Kapur, *India: From Regional to World Power* (Routledge, NEW YORK, 2006).
5. B. N. Mullik, *My Years with Nehru: The Chinese Betrayal* (Bombay: Allied Publishers, 1971).
6. B. R. Deepak, *India and China 1904–2004* (New Delhi: Manak Publications Pvt. Ltd., 2005).
7. B. R. Deepak, *India-China Relations in the First Half of the 20th Century* (New Delhi: A. P. H. Publishing Corporation, 2001).
8. B. R. Nanda ed., *Indian Foreign Policy: The Nehru Years* (Delhi: Vikas Publishing House Pvt. Ltd., 1976).
9. B.N. Mullik, Chinese Betrayal, *My Years with Nehru* (Allied Publisher, Bombay, 1971).
10. Banerjee, D. K., *Sino-Indian Border Dispute* (Delhi: Intellectual Publishing House, 1985).
11. Bhim Sandhu, *Unresolved Conflict China and India* (New Delhi: Radiant Publishers, 1988).
12. Bipan Chandra, Mridula Mukherjee, Aditya Mukherjee, *India after Independence 1947–2000* (New Delhi: Penguin Books, 2002).
13. D. R. Mankekar, *The Guilty Men of 1962* (Bombay: the Tulsi Shah Enterprises, 1968).
14. Dennis Kux, *India and United States: Estranged Democracies, 1941–1991* (Washington, DC: National Defense University Press, 1993).
15. Dr. K. T. Varkey, V. K. Krishna, *Menon and India's Foreign Policy* (Delhi: Indian Publishers and Distributors, 2002).
16. Durga Das, *India: From Curzon to Nehru and After* (New Delhi: Rupa, 2004).
17. Edward Friedman and Bruce Gilley Ed., *Asia's Giants: Comparing China and India* (Palgrave Macmillan, New York and Basingstoke, 2005).

18. Gyaneshwar Chaturvedi, *India-China Relations: 1947 to Present Day* (Agra: MG Publishers, 1991.
19. Henry Kissingr, *Henry Kissingr ON CHINA* (Penguin Books, 2012).
20. J. N. Dixit, *India's Foreign Policy 1947–2003* (New Delhi: Picus Books, 2003).
21. J. P. Dalvi, *Himalayan Blunder: The Curtain-raiser to the Sino-Indian War of 1962* (Bombay: Thacker & Company Limited, 1969).
22. Jayantanuja Bandyopadhyaya, *The Making of India's Foreign Policy: Determinants, Institutions, Process and Personalities, Revised Edition* (New Delhi: Allied Publishers Privated Limited, 1980).
23. John Rowland, *A History of Sino-Indian Relations: Hostile Coexistence* (Bombay: Allied Publishers, 1971).
24. John W. Garver, *Protracted Contest: Sino-Indian Rivalry in the Twentieth Century* (London: Oxford University Press, 2001).
25. K. M. Munshi, R. R. Diwaker, *Chinese Agression and Its Implication* (Bombay: Bharatiya Vidya Bhavan, 1963).
26. Karunakar Gupta, *Sino-Indian Relations 1948–1952: Role of K. M. Panikka*r (Calcutta: Minerva Associates /Publications Pvt. Ltd., 1987).
27. M. G. Gupta, *Indian Foreign Policy: Theory and Practice* (Y. K. Publishers, India, 1985).
28. Mira Sinha Bhttacharjea, *China, the World and India* (New Delhi: Samskriti, 2001).
29. Mohan Ram, *Politics of Sino-Indian Confrontation* (Delhi: Vikas Publishing House, 1973).
30. Naheed Murtaza, *Parliament and Foreign Policy: Reflections on India-China Relations* (New Delhi: CADPLAN Publisher & Distributor, 1998).
31. Nancy Jetly, *India-China Relations: 1947–1977, A Study of Parliament's Role in the Making of Goreign Policy* (New Jersy: Humanities Press, 1979).
32. Norman D. Palmer, *South Asia and United States Policy* (Boston: Houghton Mifflin Company, 1966).
33. S. Gopal, Uma Iyengar, ed., *The Essential Writings of Jawaharlal Nehru* (New Delhi: Oxford University Press, 2003).
34. Sarvepalli Gopal, *Jawaharlal Nehru: A Biography, Volume Three, 1956–1964*

(Harvard: Harvard University Press, 1984).

35. T. S. Murty, *Paths of Peace: Studies on the Sino-Indian Border Dispute* (Delhi: ABC Publishing House, 1983).
36. V. P. Dutt, *Sino-Indian Relations since Independence* (New Delhi: Vikas Publishing House, 2007).
37. Victoria Schofield, *Kashmir in Conflict: India, Pakistan and the Unending War* (London: I.B. Tauris& Co Ltd, 2003).
38. Xuecheng Liu, *Sino-Indian Border Dispute and Sino-Indian Relations* (Maryland: University Press of American, 1994).
39. Yaacov Y. I. Vertzberer, *Misperceptions in Foreign Policymaking: The Sino-Indian Conflict, 1959–1962. Boulder* (Colorado: Westview Press, 1984).

三、论文（按作者姓氏拼音首字母顺序）

1. 蔡佳禾:《肯尼迪政府与1962年的中印边境冲突》,《中国社会科学》2001年第6期。
2. 成晓河:《中国—巴基斯坦关系的嬗变（1962—1965）》,《南亚研究》2009年第4期。
3. 戴超武:《关于1962年中印边境冲突和中苏分裂研究的若干问题》,《当代世界与社会主义》2010年第4期。
4. 戴超武:《中印边境冲突与苏联的反应和政策》,《历史研究》2003年第3期。
5. 房建昌:《近代中印西段边界史略》,《历史研究》1997年第5期。
6. 冯云飞:《1962年古巴导弹危机与苏联对中印边界问题立场的转变》,《党史研究与教学》2009年第2期。
7. 奉学勤:《1962年中印边境冲突时期的印美、印苏关系》,《天府新论》2007年第1期。
8. 管银凤:《中印边境冲突时期美国南亚安全政策失败原因探究》,《中南大学学报》（社会科学版）2009年第4期。
9. 郭尚鑫:《1962年中印边境冲突与美国的反应》,《江西师范大学学报》2001年第1期。
10. 郭永虎、李晔:《美国中央情报局在中国西藏的准军事行动新探（1949—1969）》,《当代中国史研究》2006年第5期。

11. 韩建萍:《试论印度独立后对英属印度与中国的殖民边界遗产的继承》,《喀什师范学院学报》2007年第5期。
12. 韩晓青、齐鹏飞:《20世纪60年代初期巴基斯坦积极推动中巴边界谈判之动因分析》,《南亚研究》2010年第4期。
13. 韩晓青:《20世纪50年代巴基斯坦对中华人民共和国的"矛盾"外交政策探析》,《云南社会科学》2010年第6期。
14. 韩晓青:《20世纪60年代初期巴基斯坦从根本上改善巴中关系的原因探析》,《国际论坛》2011年第2期。
15. 韩晓青:《无意识的推动者——中巴边界谈判过程中的印度因素》,《南亚研究》2010年第3期。
16. 何洁:《试论西姆拉会议中的陈贻范》,《西藏研究》2002年第3期。
17. 佳禾:《肯尼迪政府与1962年的中印边境冲突》,《中国社会科学》2001年第6期。
18. 景辉:《有关中印边界争端的一些情况和背景》,《国际问题研究》1986年第2期。
19. 康遍霞:《1962年的中印战争与美国对印度的关系》,《中山大学研究生学刊》(社科版)2010年第1期。
20. 康民军:《试析20世纪五六十年代中印关系恶化的原因——中印边界战争40周年回顾》,《当代中国史研究》2003年第1期。
21. 康民军:《中印边界西段的东半部分有条约根据吗?——试析20世纪五六十年代中印双方关于边界问题的一个分歧》,《中国边疆史地研究》2008年第2期。
22. 孔德生:《周恩来与中印边界谈判》,《文史精华》1998年第2期。
23. 兰江、毛德金:《1954—1965年美国对巴基斯坦的军事援助及其影响》,《南亚研究季刊》2004年第2期。
24. 兰江:《浅析阿尤布·汗执政时期的美巴关系》,《南亚研究季刊》2005年第3期。
25. 李向前:《从领土主权之重看一九六二年中印边界反击作战决策》,《中共党史研究》2012年第5期。
26. 刘炳峰、赵俊颖:《中印边界争端始末》,《文史精华》2002年第8期。
27. 吕利珍:《英国麦克米伦政府对1962年中印边境冲突的反应和政策(1962.10—1963.5)》,华东师范大学2015年硕士学位论文。
28. 吕昭义、吴云宏、杨晓慧:《〈西姆拉条约〉草案附图"红线"存疑》,《南亚研究》2006年第2期。
29. 吕昭义:《19世纪中期中印边界东段的若干协定》,《中国边疆史地研究》2013年第1期。
30. 吕昭义:《关于中印边界东段的几个问题》,《历史研究》1997年第4期。
31. 孟庆龙:《从印度的心态看洞朗事件》,《边界与海洋研究》2017年第5期。
32. 孟庆龙:《西方霸权阴影下的弱国旧事——英国图谋西藏"自治"与中印边界问题缘起》,《人民论坛·学术前沿》2014年12月下。
33. 孟庆龙:《印度对中印边界问题态度的变化》,《清华大学学报(哲学社会科学版)》2016年第5期。
34. 孟庆龙:《中印边境冲突中的英国因素》,《清华大学学报(哲社版)》2014年第6期。
35. 邱美荣:《中印边界争端研究综述》,《南亚研究季刊》1999年第2期。
36. 邱永辉:《美国的南亚政策试析》,《南亚研究季刊》2000年第2期。
37. 尚劝余:《20世纪80年代以来印度学界对中印边界战争的解析》,《当代中国史研究》2010年第4期。
38. 尚劝余:《尼赫鲁外交思想略论》,《宝鸡文理学院(哲社版)》1995年第3期。
39. 宋德星:《试析中国周边安全环境中的印度因素》,《南亚研究季刊》1999年第3期。
40. 唐健:《友好协商、互谅互让——解决中印边界问题的根本途径》,《国际展望》1987年第12期。
41. 宛传莉:《1959—1962年中印边界危机恶化的原因》,《沧桑》2014年第4期。
42. 汪婧:《中央情报局对1962年中印边境冲突的评估与美国政府的应策》,《四川师范大学学报(社会科学版)》2007年第1期。
43. 王琛:《美国对1962年中印边境冲突的反应》,《史学月刊》2002年第1期。
44. 王琛:《试论1962年中印边境冲突对中巴关系的影响》,《河南大学学报(社会科学版)》2005年第5期。
45. 王宏纬:《1962年边界战争及其对中印关系的影响》,《南亚研究》2002年第2期。
46. 王士录:《尼赫鲁外交政策中的霸权主义因素》,《南亚研究季刊》1987年第2期。
47. 邢和明:《赫鲁晓夫与中印边境冲突》,《文史精华》2004年第7期。
48. 杨仁德:《印军实力和印度统治阶级在中印边界问题上态度的变化》,《南亚研究季刊》1987年第1期。
49. 杨天石:《蒋介石与尼赫鲁》,《中国文化》2009年第2期。
50. 詹欣、石丽娜:《试析艾森豪威尔政府对中国核武器计划的评估与预测》,《东北师大学报(哲学社会科学版)》2015年第2期。
51. 张皓:《1949—1952年苏联对中国西藏和平解放的态度》,《当代中国史研究》2016年第2期。
52. 张婧:《阿尤布·汗政府时期巴基斯坦的对华政策》,郑州大学2014年硕士学位论文。
53. 张世均:《19世纪后期至20世纪初英国构建"印度安全"战略与中印边界争端问题的源起》,《思想战线》2015年第1期。
54. 张永攀:《21世纪以来的中印边界研究述评》,《中国边疆学》2016年第1期。
55. 赵磊:《中印、中缅边界问题比较研究》,《湖南师范大学社会科学学报》1995年第2期。
56. 朱昌利:《中印边界东段麦线以南地区的历史和现状》,《和平与发展》1989年第3期。

四、报刊

(一)中文(下述报刊有关文章)

1. 《参考消息》
2. 《光明日报》
3. 《环球时报》
4. 《人民日报》
5. 《新华日报》

(二)英文(下述报刊有关文章)

1. *Australian and New Zealand Weekly*
2. *China Report*
3. *China Times*
4. *Daily Telegraph*
5. *Daily Workers*
6. *Diplomat*

7. *Foreign Affairs*
8. *Front line*
9. *Hindustan Times*
10. *Indian Horizon*
11. *National Herald*
12. *Pacific Historical Review*
13. *Press Information Bureau Comment of India*
14. *Strategic Analysis*
15. *The Hindu*
16. *The Indian Express*
17. *The Indian Standard*
18. *The Malay Mail*
19. *The Nation*
20. *The New York Times*
21. *The New York Times Magazine*
22. *The Spectator*
23. *The Straits Times*
24. *The Times*
25. *Times*
26. *Times of Ceylon*
27. *Times of India*

（三）俄文（下述报刊有关文章）

1. «Известия»《消息报》
2. «Правда»《真理报》

后 记

本研究成果是集体劳动、精诚合作的结晶。虽然从作者构成来看只收入了七位课题组成员的研究成果，但课题组其他成员及参与课题工作的所有人员都作出了各自的贡献。整个团队有分工，有合作。具体分工为：课题组全体成员首先进行档案调研，然后由项目主持人孟庆龙选定各国档案搜集范围，孟庆龙及宋丽萍、陈蓉、孙洁等负责搜集英国、印度、美国、苏联（俄罗斯）等国的外文档案，孟庆龙等负责搜集中国外交部档案，王眉、郭晓晖、徐景慧等主要搜集中文报纸的文章；孟庆龙、陈蓉、宋丽萍等负责英国、印度等国英文档案的中文标引，孙洁负责对俄文档案进行搜集和中文标引。孟庆龙除搜集绝大部分英国档案外，最终确定专著结构，并撰写第一章第一节、第二节；第二章第二节、第三节；第三章第一节、第二节；第四章第三节、第四节及序言和后记，合作完成附录，汇集整理参考文献，对全书进行修改、统稿。宋丽萍撰写第四章第一节、第二节；张瑾撰写第三章第三节；陈蓉撰写第二章第一节；孙洁撰写第三章第四节；万丽丽和孟庆龙编纂整理中印关系大事记；孟庆龙和陈蓉整理中英文译名对照表。李成龙负责部分中文报纸的核查及书稿的最后编辑工作。课题组其他成员吕昭义、杜继东、李成刚、周红江、洪共福、陶亮、林延明、陈晓鸿、贾亚娟、徐娜、刘新颖、赵海锋、陈金涛、王眉、郭晓晖、郭远英、王宏波、李成龙、杜静、信美利及参与课题工作的关培凤、徐世平、徐景慧、刘启超、范丽梅、田睿、李漪镔、许文、王陆野等承担了中外文档案文献资料的部分搜集、整理、翻译、录入（含中文繁体转简体）、技术处理、校对和编辑、阶段性成果打印等各种繁杂而十分有价值的工作。

本成果的完成，要特别感谢多位专家学者的大力支持。世界史专家武寅、于沛和我的老师华庆昭，不但对项目的设立和实施提供了宝贵支持和帮助，而且还对多个章节的相关内容亲自进行修改或提出修改意见和建议。李世安、胡德坤、郭小凌、王红生、林利民、孙宏年、张永攀、徐友珍等多位专家从不同方面对该项目给予大力支持，特别就其历史研究价值和现实意义予以肯定和鼓励。此外，中国社会科学院近代史所和边疆所、云南大学、武汉大学、四川大学、浙江大学、厦门大学、上海师范大学、中国社会科学院大学、军事科学院、国防大学、天津市委党校、西藏社会科学院、哈尔滨师范学院等单位和机构的学者朋友，也都提供了各种可贵的支持。也要感谢外交部边海司、海洋局及水利部国际司等国家有关部门领导和专家的支持和帮助。

还要特别感谢两位外国学者。一位是英国牛津大学中国研究中心主任米特（Rana Mitter）教授，他为孟庆龙和陈蓉及课题组合作成员赴英国搜集档案和进行学术交流提供了大力支持和诸多方便；另一位是印度新德里中国研究所前所长阿卡娅（Alka Acharya）教授，她邀请孟庆龙赴印度参加国际会议并进行学术交流，还提供了多位印度学者的著作和其他文献及论文资料。

要感谢课题的管理和组织单位中国社会科学院世界历史研究所为孟庆龙提供了2009年、2012年和2013年三次赴英国进行学术交流和搜集资料的机会，为陈蓉2013年赴英国、孙洁2014年赴俄罗斯进行学术交流和搜集资料提供了支持；也要感谢中国社会科学院国际合作局和英国学术院，双方的院际合作项目为孟庆龙2009年赴英国进行学术活动提供了重要支持。最后，必须感谢课题组成员及参与此项工作的人员的家人，他们的默默支持和辛勤付出为此项工作顺利完成作出了重要贡献。

令人欣慰和颇受鼓舞的是，本国家社会科学基金重大招标项目在2020年课题结项时获优秀等级，给我们继续深入研究注入了莫大的动力。略有遗憾的是，由于搜集的档案资料数量较大，整理难度远超预料，再加上时间较紧、资金和人手有限，本专著对各国档案资料未能做到应用尽用。此外，由于本研究涵盖时间段较长，涉及的历史、法律、国际关系、外交、宗教、文化等相关领域十分宽泛，课题组成员因受知识结构所限，难免挂一漏万，所有表述不一定都准确无误。作为一次利用多国档案文献资料进行专题研究的尝试，谬误、欠当之处难免，真诚希望各方面的专家、同行及学术朋友和广大读者不吝指正，提出修改意见和建议。

孟庆龙

2022年3月